THE JOURNEY OF A DREAM BUILDER

追梦者知行录

殷旭 / 著

中国发展出版社
CHINA DEVELOPMENT PRESS

图书在版编目（CIP）数据

追梦者知行录/殷旭著．—北京：中国发展出版社，2017．9
ISBN 978－7－5177－0565－9

Ⅰ．①追…　Ⅱ．①殷…　Ⅲ．①旅游业—旅游文化—研究—中国　Ⅳ．①F592

中国版本图书馆CIP数据核字（2016）第207031号

书　　　名：追梦者知行录
著作责任者：殷　旭
出 版 发 行：中国发展出版社
（北京市西城区百万庄大街16号8层　100037）
标 准 书 号：ISBN 978－7－5177－0565－9
经　销　者：各地新华书店
印　刷　者：北京市密东印刷有限公司
开　　　本：710mm×1000mm　1/16
印　　　张：27
字　　　数：385千字
版　　　次：2017年9月第1版
印　　　次：2017年9月第1次印刷
定　　　价：68.00元

联 系 电 话：（010）68990535　68990692
购 书 热 线：（010）68990682　68990686
网 络 订 购：http：//zgfzcbs.tmall.com//
网 购 电 话：（010）68990639　88333349
本 社 网 址：http：//www.develpress.com.cn
电 子 邮 件：179788905@qq.com

丨横店靠什么创造了1500万的年游客量丨

（代　序）

横店集团是一个多元化发展、专业化经营、规模化投资的民营企业，拥有电气电子、医药化学、影视娱乐三大主导产业，与其他新兴产业以及现代服务业协调有序发展的中国最具实力的民营企业之一。

走过40年发展历程的横店集团涉足影视旅游行业始于1996年为谢晋导演拍摄《鸦片战争》建广州街外景基地。经过20年持之以恒的创新努力，横店影视城以骄人的业绩和稳健的发展态势位居国内影视与旅游两大行业的前列。CCTV2014中国品牌价值评价信息向全球独家发布横店影视城品牌价值为42.59亿元。

至2015年底，横店影视城累计接待中外游客突破1亿人次，累计接待中外剧组拍摄影视作品1600多部，42000多部集。其中，2015年度接待中外游客1518万人次，影视剧组171个，名列2015年中国旅游总评榜“年度最受游客欢迎景区”。

本序源于作者的一次演讲。2016年6月16~17日，我国旅游投资行业的顶级盛会——2016第六届中国旅游项目投资大会在北京举行。横店影视城的成功经验受到了海内外旅游投资者的高度关注。本届大会主题是“文旅大时代中的机遇和未来”，会上，横店集团影视旅游行业副总裁殷旭作了题为《横店靠什么创造了1500万的年游客量？》的演讲。横店影视城从无到有、从小到大、从大到强，在于始终不渝地致力于产品、营销、管理和服务创新，并主动借助互联网的优势，实现传统旅游产业的转型升级，使企业的盈利能力得到不断提升。进入“后门票时代”后，与演艺、文创、体育、健康、养生、会展、微电影等多种新兴产业融合发展，推动横店成为声名远播的“影视名城·休闲小镇”。

横店影视城实现了从影视拍摄基地（观光游），向国家5A级旅游景区（影视旅游主题游），向影视旅游主题公园群（观光与休闲相结合的复合型旅游目的地）的华丽转身，继而向“影视名城，休闲小镇”目标挺进。

横店靠什么创造了1500万的年游客量？“罗马不是一天建成的”，横店影视城1500万人次的年游客量也非朝夕之功，结合横店影视城20年发展历程，我想从四个方面与大家作一次分享与探讨：

第一，清晰的品牌定位。即：影视为表，旅游为里，文化为魂的品牌战略定位。

第二，创新的经营业态。即：影视与旅游双产业链交融驱动发展。

第三，独到的运营模式。即：营销、产品、管理三位一体，统分结合的运营模式。

第四，多产业融合的平台战略。即：以互联网思维，布局“横店影视城+”多元化发展战略。

回眸20年实践，细数发展历程中关键的几步，作为一名追梦者，深感自豪与欣慰。

横店影视城从1996年为拍摄《鸦片战争》而建造广州街外景基地起步，至2000年“八面山影视城”被国家旅游局授予4A级旅游景区称号，标志着横店影视城开始步入旅游行业。2001年横店集团旗下的从事影视拍摄基地、风景点、宾馆、饭店等相关经营业务的20余家企业进行高度整合，组建了浙江影视旅业有限公司，依托雄厚多元的资源优势，影视旅游的集约化经营优势马上得以凸显。2003年，完成了整合的浙江影视旅业有限公司更名为浙江横店影视城有限公司，真正跻身于业内并树起了“横店影视城”影视旅游品牌之旗，确立了“影视为表，旅游为里，文化为魂”的发展战略。

2003年横店影视城公司成立国内首家旅游营销专业公司，独创“统分结合，一城一策”的市场营销方略，在以江浙沪为中心的华东旅游客源市场以派驻市场部的形式，拓展旅行社销售渠道，构建营销网络。秉承“义利并重、和谐共赢”的合作理念，借助渠道推广的力量，借势影视作品的

1 2
3 4

1. 横店集团创始人徐文荣（右）与著名导演谢晋（左）的极具历史意义的一次握手
2. 这样的拍摄片场每天都在横店上演
3. 广州街·香港街景区——横店影视城从这里起步
4. 右起徐文荣、周润发、张艺谋、殷旭

宣传，迅速打开了市场，当年横店影视城就被评为“浙江省十佳最具吸引力的旅游景区”。至2015年，营销公司已经拥有53个市场部，形成了以长三角城市与乡村为中心的半径400公里的一级客源市场，和以珠三角及中部城市为中心的半径上千公里的二级客源市场。国内 3000多家旅行社成为横店影视旅游代理商，其中162家VIP批发商旅行社成为横店影视城忠诚的合作伙伴。通过渠道输送的团队游客量一直在横店影视城总游客量中保持50%以上的占比。2009年，横店影视城依托官网自营电商平台，联手OTA，进军线上散客市场。2013年线上销售额突破1亿元，2015年达到3亿元，横店影视旅游市场营销进入互联网时代。

从2002年打造首个影视场景再现体验秀《英雄》开始，以“横店演艺秀”为主打的横店影视旅游体验系列产品相继推出。特别是以国内首个灾难体验实景演出《暴雨山洪》为代表的一批旅游演艺产品的开发与推出，标志着横店影视城旅游产品已经从单纯的场景观光产品向影视体验主题公园类产品转型。

2007年，国内首个大型影视旅游主题公园梦幻谷建成开放，同时推出全球规模最大的火山实景演出《梦幻太极》，成为横店标志性旅游演艺项目，2011年《梦幻太极》、2013年《暴雨山洪》入选“最具国际影响力的中国十大旅游演出”。至2015年，横店影视城已经拥有23台规模不一、形式多样、精彩纷呈的旅游演艺节目，成为名副其实的“中国旅游演艺之都”。

2005年，横店影视城继2004年被国家广电总局批准为中国首家国家级影视产业发展基地，浙江横店影视产业实验区正式挂牌后，又被评为“中国十大影视基地”。2007年被上海国际电影节评为“最具特色影视拍摄基地”。美国好莱坞大片《功夫之王》《木乃伊3》在横店影视城拍摄，2016年，由横店影视城主导制定的《影视拍摄基地服务规范》被国家标准化管理委员会正式列为国家标准（于2017年3月在全国推广）。

2008年，横店影视城全年接待中外游客505万人次，接待影视剧组突破100个，创下历史新高，成为国内接待剧组最多的影视拍摄基地。同年，被评为浙江省旅游标准化工作先进单位，入选“中国最美旅游胜地”。

2010年，横店影视城被国家旅游局授予国家5A级旅游景区，荣获“长三角十大旅游品牌景区”和“浙江省十大品牌旅游景区”称号。年接待游客量达841万人次，年接待剧组143个。

《横店影视城十年（2011~2020年）规划》确定十年新目标：在横店打造影视、旅游两大产业国内制高点。实现横店影视城从观光景区到观光休闲复合型旅游目的地的转型，成为中国影视旅游第一品牌，中国著名的“影视名城，休闲小镇”。

2011年横店影视城年接待游客量达1080万人次，接待影视拍摄剧组150个，创下历史新纪录，标志着横店影视城跻身国内屈指可数的年接待游客超千万人次的主题公园行列。

2012年横店影视城成为首批“全国旅游标准化示范单位”之一。

2015年横店影视城全年共接待中外游客1518万人次，接待影视剧组171个。2016年接待游客1577万人次，接待影视剧组271个，在散客旅游、体验旅游、全域旅游风起云涌的互联网时代，横店影视城再一次成功实现了产品、营销、管理的模式转型与内容创新，实现了传统旅游产业的稳健、快速发展。

在新十年规划中，我们将以互联网思维布局“横店影视城+”的多元发展格局，实施“横店影视城+”的多元文化平台发展战略，这是基于横店影视城规模和内容两大优势的相关多元化发展平台，进入“后门票时代”的横店影视城稳健与持续发展的保证。目前，横店体育、横店演艺、横店文创、横店博物馆、横店微电影、横店教育、横店会务、横店养生等一大批关联延伸产业应运而生，蒸蒸日上。

奋发自强的横店影视城，正在成为中国主题公园的一线品牌。

殷　旭

2016年12月

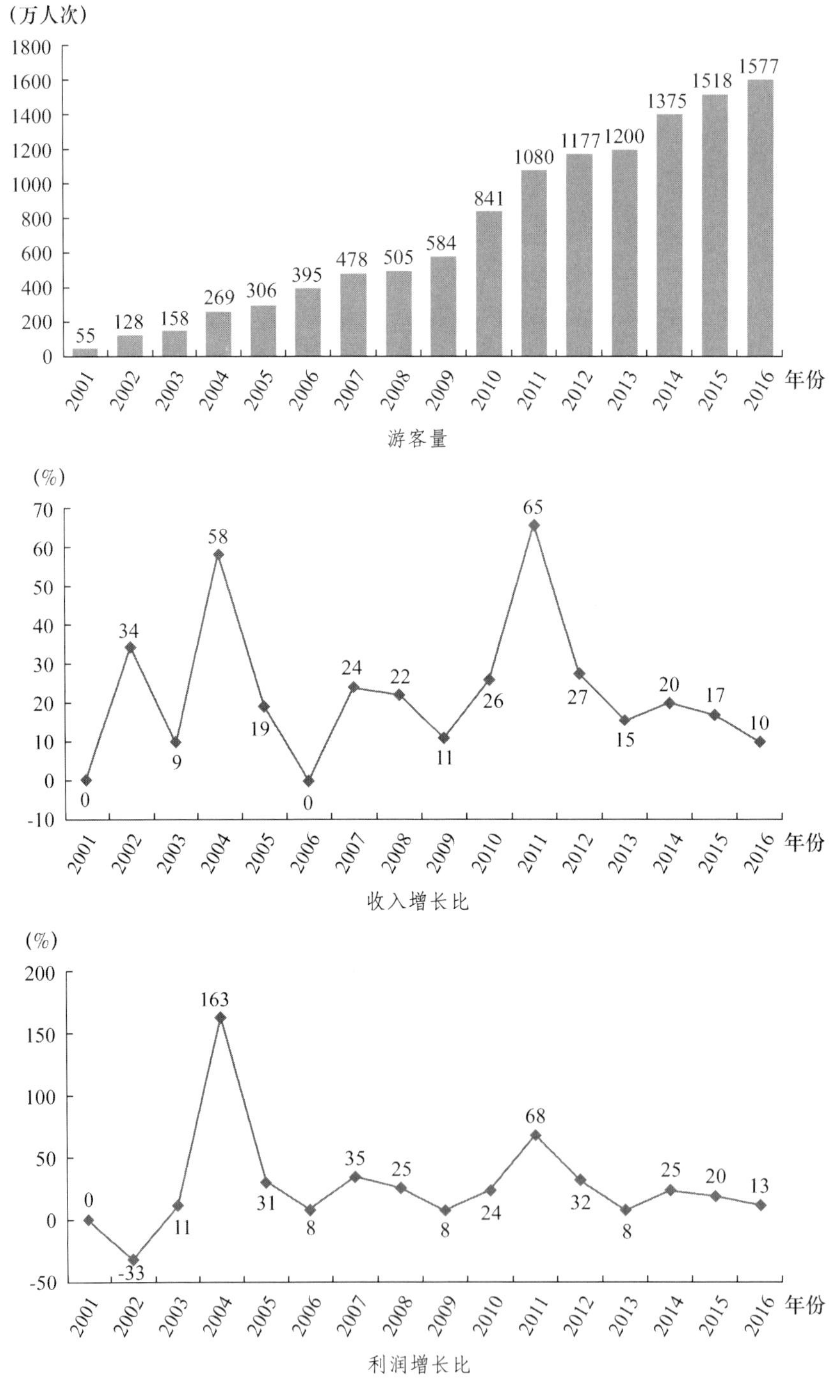

横店影视城历年相关数据增长比（2001~2016 年）

前　言

郁郁乎文，气象万千，美轮美奂，蔚为大观。

不是“中国好莱坞”，也不是“中国的拉斯维加斯”，而是中国横店。

什么是美？美，就是回来做自己。

从水土贫瘠的浙中盆地上一个没有任何旅游资源的小镇，到全球最大的室外影视城、国家5A级主题公园景区，乃至声名远播的“影视名城·休闲小镇”“中国旅游演艺之都”——这一巨变，始自1996年，横店集团为配合谢晋导演拍摄历史巨片《鸦片战争》而建的广州街景区。

2001年9月5日，横店影视城的前身——横店集团浙江影视旅业有限公司成立，殷旭[①]就任董事长兼总经理。之后，横店影视城团队用汗水、心血、智慧和童真，缔造了一个奇谲瑰丽、溢彩流光的梦想。

2001年至今，横店影视城大体经历了三个“五年计划”，完成了三次蜕变：从单一的影视拍摄基地到影视主题观光景区；从单纯的影视观光景

① 殷旭，原浙江桐庐县风景旅游管理局局长。中国旅游从溶洞开始，溶洞旅游从桐庐开始。当年桐庐旅游是浙江的一面旗帜，是全国县级旅游之冠。中国旅游的诸多第一，如旅游局成为风景旅游管理局、成立全国第一家景区股份公司、列车冠名、溶洞火车、精品理论等均源自桐庐。而桐庐旅游的策划者、实施者便是殷旭。2001年，横店集团创始人徐文荣，在谢晋来横店成功拍摄《鸦片战争》之后，请殷旭来坐镇横店影视城。此时，横店已建起一大片令人惊叹不已的影视城。之后这些投入巨资建起来的仿古建筑群发生了质的变化，相继进入国家5A级旅游景区、全国旅游系统先进集体、全国旅游标准化示范单位等荣誉之列。殷旭正是把这一座座普通的影视基地嬗变成观光与休闲复合型的中国式主题公园群的操盘手。

区到今天的观光休闲复合型度假目的地；从名扬四海、光怪陆离的“中国好莱坞”“中国的拉斯维加斯”，再到英雄本色的“影视名城”“中国横店”，在超越中一步步回归，其整体观、前瞻性、文化直觉与文化宿命，历历可鉴。

作为世界真正意义上的影视旅游，迪士尼乐园最早开创了主题公园这种形式。1955年7月，迪士尼乐园[①]开园，立刻成为世界最具知名度和人气的主题公园。中国主题公园的起点则是1983年在北京兴建的大观园，现代意义上的主题公园从1989年深圳的锦绣中华开始，之后迎来全国性的主题公园建设热潮，几年之内，超过500家主题公园迅速发展又迅速倒闭，大部分生命周期不过四五年。90年代中期后，是一个“主题公园恐惧症”时期。进入21世纪，主题公园再度兴起，快速开创新局面。尤其是迪士尼、环球影城等国外主题公园品牌大举进入，一方面将国内主题公园的规模和品质提高到一个新的阶段，另一方面对国内主题公园的研究策划、规划设计、设备制造、工程建设、运营管理、演艺旅游，都提出了新的挑战，使得整个产业竞争更趋白热化。

这就是横店影视城突出重围、领先行业的整体背景。

“经之营之，庶民攻之，不日成之”，我们现在回过头来，通过一个追梦者贡献的这份营运实录，透视横店影视城的发展历程，无论是战略操演、品牌熔铸，还是细节管理、营销推广乃至建章立制、组织创设，这个企业都显示了控而不死、纵而不乱的临阵法度；大大小小基于常识和具体处境的创新，则使企业在动态的演进中保持着清新锐气和源源不绝的活力。

“影视为表，旅游为里，文化为魂”，这是殷旭概括的横店影视城的发展逻辑，也是一种取法乎上的战略思维。在旷日持久的产业实践中，他以强烈的品牌意识与有恒的文化建设作为企业的双翼，辅之整套的服务体系、影视旅游的全产业链、源于实践的独立思想，既成其大，复成

① 美国电影动画师沃尔特·迪士尼创办。

其久。

“修己安人、义利并重、和谐共赢”，这是殷旭在引领横店影视城生存、发展、走向行业巅峰的同时，为企业确立的品牌价值观。秉承东阳木匠的精勤诚朴、志士仁人的君子之风，通过正其义而谋其利，通过明其道而计其功，在当下这个层次分化、高端稀缺的文化旅游产业格局中，横店影视城以大开大合的中国作派，气度恢弘的文化形象，践履了其“营造一方健康有益、传承中国文化的乐土”的使命，也在传播中国传统文化上，展现了一个现象级的传奇。

2012年，横店集团为影视城的领航者殷旭颁发了“创始人徐文荣奖”，授奖辞极富感染力：“这是一个尊崇仁爱、内心柔软的企业管理者。他坚信文明的力量最为强大，而持之以恒地推进企业文化建设，不断致力于企业的制度化、标准化，为横店影视城实现更远大、更辉煌的美丽梦想夯实基础。”2015年，殷旭获集团40周年杰出贡献奖（横店集团首次颁发这一奖项，在4万多名员工中仅3人获此殊荣）。

儒家讲“尽心知性，尽性知天“，也可以说尽性知命。殷旭把一己使命安放在一个职业经理人的角色上，力求通过做好企业，对创始人有交待，对员工有交待，对社会有交待，最终对自己也给出一个交待。

在横店影视城最关键的发展和上升期，除了精勤不懈地持续推进辐射全员的企业文化建设，如创建读书会，建设和提升团队，他还有三件极具战略眼光和务实效应的创举：一是以演艺秀为主的产品创新；二是以扁平化营销体系为主的营销创新；三是以演员公会的创建为典型案例的制度创新。

这三项创举几乎是交织在一起的，但是其背后的整体思维和开放格局是贯通一致的。在强烈的品牌意识下，殷旭直接策划或主导创编的二十余台演艺节目，依托独特的影视IP，使得横店影视城从中国旅游演艺的后起之秀一跃而为独领风骚的“中国演艺之都”。这些结合现代科技手段、立足中国本土文化、融合影视元素的“横店秀”，成为横店影视城旅游的流量担当、中国拉斯维加斯的形象诠释。

国内首创的旅游营销专业公司，是一个扁平化的营销体系，一部可以完全公之于众、“不怕别人学去”的活版教科书。“统分结合，以统为主”的营销机制使内部营销资源得以高效整合；“一城一策”的营销策略给予市场销售部门充分自主权的同时，造就了一支务实高效的营销团队；“义利并重，和谐共赢”的合作方式，为合作商提供了盈利的平台，把影视城的盈利建立在让合作商赚钱的基础上，赢得了合作商极高的忠诚度。营销创新，没有任何地方可资借鉴，均是源于实践、独出心裁，所以横店影视城的营销体系，在整个浙江省乃至全国意义上，已经成为一种模板，也被称为“横店模式”。

演员公会的创建也是内本仁爱之心、解决现实困境的创举。作为国内规模最大的影视拍摄基地，大批中外影视剧组的到来，吸引了大量外地演员来横店拍戏或追逐自己的影视梦想，他们被称为“横漂”。2003年7月，为解决剧组、演员、村庄三者之间时有发生的摩擦，同时也为了避免因流动人口剧增而出现一些社会不稳定因素，从行业需求和社会责任出发，深思熟虑之下，殷旭发起成立了一个全国首创的力求保障群头利益、剧组利益、演员利益的协调机构，一个公开的、公众的组织“演员公会”。群众演员与公会签约，可以顺利拿到有统一标准的公道报酬；剧组把钱交给公会，公会再给演员发工资、证件和对工单。剧组得到软环境支持，得到公会组织的优秀演员，提高了效率；群众演员得以各自提升个人发展空间；公会则通过特约演员拿到提成作为利润，维持日常开支。经过这一典型的制度创新，大量矛盾被标本兼治。

2016年2月，演员公会在东阳市民政局完成注册后，有了正式“身份”。实践证明，演员公会不仅在演员和剧组之间起到了纽带和桥梁的作用，还在职业培训、活动开展、困难帮扶等多方面做了大量工作，为社会维稳做出了较大贡献，成了一个全国独一无二的规范化管理和服务群众演员、特约演员等基层演艺工作群体的社会公益性组织，使横店影视城成为国内影视拍摄基地管理最规范、最健康的范本，获得了国家行业主管部门的肯定与赞扬。2017年3月1日，由横店影视城主导制定的《影视拍摄基地服务规范》被国家标准化管理委员会列为国家标准，正式在全国推广。

精诚所至，剑及履及。十余年来，殷旭足迹踏遍企业的每个偏僻角落，对国内顶级景区和主题公园，直至美国奥兰多、拉斯维加斯等众多国际老牌主题公园都进行了实地考察学习。他一面自由自主、运思造奇，调动最经典的东方文化符号与最新的科技手段，打造出一台台震撼心灵的演艺节目，一面求真务实、化繁为简，面对内外交织的矛盾与市场挑战，推演出纵横捭阖、丝丝入扣的制度设计……最瑰丽的梦都是最清醒的人做出来的，在日复一日的会议、调研、部署、动员、督战、总结中，成形显现。大幕拉开，背景深远，前景开阔，穿越20年的时空，管理层和团队的如切如磋耳提面命，既有出处又有着落。坐言起行中，充满不羁想象和进取精神，尘劳苦乐外，更散发着不尽的哲思与美感。

在很多场合，殷旭都反复地、笃定地指陈："旅游的内核是文化"，对于一个文化旅游企业，其企业文化的内核又是什么？它其实就是企业领导者内心真正理解、深信不疑的东西，外化为能够攻城略地、建章立制的实战智慧，落实到人们的行为习惯，体现为组织人格的提升与个体的自我完善。从根本上说，它是一种精神价值和生活方式，是一切经济行为、社会行为的最终目的。

如果说一个企业物质财富的积累过程就是精神财富的积累过程，横店影视城的产业实践，正是一场地地道道的人文实践。它的可贵之处，不仅在于对一支杰出的职业经理人队伍的成功打造，更在于把一个企业推上持久的良性运转轨道，让一份事业开启生机勃勃的自我更新机制，如同孤木蔚然成林，有了生态的意义。

本书是一个追梦者的知行录，一份实践者的真实知识贡献，撷取企业内刊《横店影视城通讯》杂志对作者的企业文化建设系列访谈、作者历年来的相关文章、会议发言等内容辑录成篇。全书分七个篇章，包括"文化铸魂篇""品牌战略篇""人本管理篇""细节管理篇""绿色美学篇""影视旅游主题公园景区实战篇""职业操守与文化慧命——职业经理人十课”。每篇文章，都是一个具体而微、富于现场感的横切面，最大程度地还原了企业发展理念与战略决策的落地过程，也让各种突破与创新有章可循。由于是作者历年来分别在不同场合和语境下的文章，而本书内容系按主题编辑，未按时间顺序辑录，故请读者诸君参照相应注释标明的时间阅读。

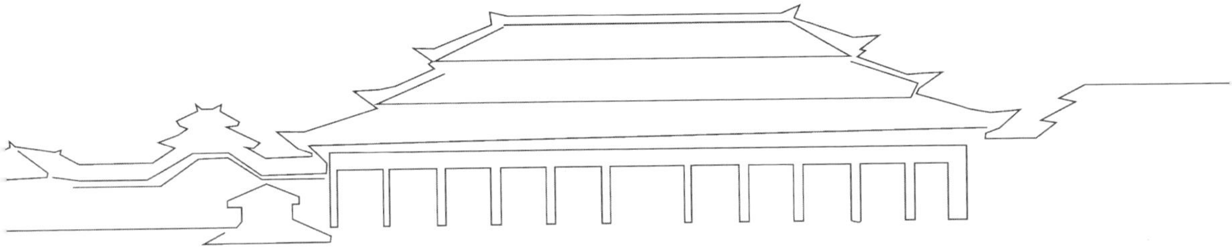

目录

contents

Part 1 文化铸魂篇

Part 2
品牌战略篇

Part 3
人本管理篇

Part 6 影视旅游主题公园景区实战篇

Part 1
文化铸魂篇

- 我们的文化起点
- 文化建设首先是思想引导
- 制度建设的目的是形同虚设
- 企业效益不好，就不用搞企业文化了
- 创新是本能更是工作态度
- 先不谈十年，谈下一个五年
- 创新并不神秘，好点子来自现场
- 一个有关人的价值观及底线的问题
- 重要的角色应该由职业经理人来担任
- 如何引导职业经理人推进企业文化建设
- 企业文化建设中最大最重要的举措
- 解码企业文化的“五个三”
- 地域意识与文化认同
- 对企业文化建设做个动态评估
- 企业文化是种子、大树与土壤的生态关系
- 追求人与自然和谐的企业文化
- 基层企业的自由空间其实很大

1 我们的文化起点[①]

横店影视城创办于上世纪90年代中期。

1996年，横店集团创始人徐文荣先生为配合著名导演谢晋拍摄历史巨片《鸦片战争》建起广州街景区，这是横店影视城的真正起点；2001年，我正式加盟横店集团；到2007年，横店影视城已经走过11个年头。[②]

自2001年起，五年来，我带领团队，设计了企业的发展蓝图，搭建了企业的文化框架，制订了系列制度规范。很多人心里有了一种模糊的指向，但是真正的企业文化仍没有形成。

我们经常提到的企业文化的形成，究竟有什么标志，是什么概念呢？

所谓形成，是说当这个文化所体现的任何行为已经成为员工的一种习惯，甚至是下意识的习惯，这个文化才叫真正形成了。因为文化最后是不

① 摘编自2007年4月9日企业文化访谈系列之《创新是企业前进的最大推动力》一文。2007年4月份起，横店影视城内部刊物《横店影视城通讯》上连续刊发了“企业文化访谈”系列文章，直接对话公司董事长兼总经理，第一次将企业文化建设的重要思想和举措直达全体员工，在公司上下引起了强烈反响。

② 横店影视旅游基于影视拍摄基地建设而兴起，从“一无所有”到“无中生有”再到“应有尽有”，仅用了短短11年，为中国影视旅游业界竖起了一座丰碑。自1996年到2007年12月，横店影视城累计接待国内外近500个剧组，共拍摄近2万部（集）影视剧，中国三分之二以上的古装剧在此拍摄，横店成为中国影视明星聚集最多、出没最频繁的地方之一。截止2007年底，横店集团累计投资50多亿元，兴建了包含秦王宫、清明上河图、明清宫苑、广州街·香港街、梦幻谷、大智禅寺、屏岩洞府、明清民居博览城、华夏文化园、民国街、春秋（唐）园等十余个跨越五千年历史时空、汇聚南北地域特色的影视拍摄基地和多个现代化大型摄影棚所构成的世界上最大的实景基地。总面积达到15000多亩，成为全球规模最大的影视拍摄基地。到2016年，横店已先后投资近500亿元，利用荒山、荒坡、荒地、荒滩，陆续建起十余个大型景区和30多座大型室内摄影棚，成为全球最大的影视实景拍摄基地。这些基地服务影视拍摄的同时，迅速带动了旅游业的发展，影视文化旅游经济从此成为横店经济的重要组成部分，影视文化则成了横店的金名片。

片场掠影——《鸦片战争》群众演员与主演合影

片场掠影——《荆轲刺秦王》在秦王宫拍摄

需要用刚性制度或规范来约束的，要看员工是不是从自己心里认同这个文化所体现的价值观。所以我觉得现在还不能认为我们的企业文化已经形成，只不过初步搭起了一个框架，设立了一个起点。这个框架要真正立起来，站得稳，还在于我们能否在全体员工至少是企业高层管理者中形成认同，并在里面添砖加瓦。

“知道-认同-信念”

横店影视城是成长在横店这块土地上的，因此它的企业文化就是横店集团文化的具体表现，最大的特色是传统与现代的结合。它的核心理念具体表现为这样三点：

愿景：集中国影视旅游文化之精义，打造国际化的观光与休闲的梦幻之城、快乐之都；
使命：以高品质的产品满足游客体验梦幻和快乐的需求；
品牌价值观：修己安人、义利并重、和谐共赢。

这是从本质的、核心的方面讲的。从外在部分（表现形式）上看，如企业的规章制度、组织架构、企业标识等，框架也基本搭建起来了。这些都是以文字形式表现的，并用小册子的形式公之于众了。从静态方面讲，我们的企业文化内容是明确的，框架是完整的；但是，另一方面，如果我们用动态的、发展的眼光看，目前的状况还是不理想。因为从认识论的角度看，员工对企业文化的理解和把握，其实是一个逐渐深化的动态过程。一般说，要经历这样一个阶段：知道——认同——信念。我认为，只有当企业的文化理念成为员工的信念、成为员工内心深处的需求并形成一种习惯时，我们才能够说企业文化真正地、实实在在地形成了。

坦率地讲，目前我们的员工仅仅处在“知道”这个层面，从这个角度说，公司的企业文化还处在一个形成的动态过程中，需要员工从更高层面

游客徜徉在影视场景街道——清明上河图景区·大御街

深刻掌握并在实践中彻底落实；另一个角度，企业要不断创新、不断发展，原来那套规章制度也要随之完善和深化，我们的企业文化也将始终处在一个需要进一步完善的动态过程中。因此，在企业文化建设这个问题上，任重道远，还有很长的路要走。

“五个三”：企业文化的形象描述[①]

企业文化不是哪一个人创造出来的，领导层只起了一个引领的作用，真正的形成还要依靠全体人员的共同努力。为了形象地表述企业文化，我把它归纳为五个“三”，具体如下：

① 摘自2007年9月12日《吸取儒家理学精华　做好职业经理人——在浙江横店影视城有限公司2007年度工作会议上的讲话》。

有良好的三“人”氛围：尊重人，关心人，培养人；
有潜在的三“关”规则：权力关，节俭关，绩效关；
有和谐的三“度”现象：忠诚度，愉悦度，合适度；
有明确的三“观”理念：价值观，和合观，进取观；
有强大的三“力”能量：执行力，公信力，创造力。

所谓良好的三“人”氛围是指：我们公司是一个大学校，员工进来以后，对他们的生活、工作等各方面都要尊重和关心，在让员工获取合理收入的同时，还要给他们学习提高的机会，即要培养人。

潜在的三“关”规则是指：我们的管理层都有一定的权力，有了权力你可以去施展你的抱负，去创造你的业绩，权越大，你拥有的平台就越大，业绩也可能就越大。但权力是把双刃剑，要用对地方，如果出于公心，你的权力越多越好。但若是出于私心，就会走向反面。为什么称为“潜在”？因为钱应该怎么用并没有规定，用王阳明的说法就是要“致良知”，要你自己心里有杆秤。让我们的员工看看我们在座的谁能把权力用得最好，这也可以说是一个潜规则。它没有写进制度，但是可以感觉到。“节俭关”也很难把握，我认为这也是个潜意识。再说“绩效关”，当你没有业务做出来时，自己心里是很难过的，甚至会自卑，但是一旦完成了，甚至完成得特别好，或许有些人就会飘飘然了。所以绩效关怎么把握，完不成应该怎样调整？完成了又该怎样做得更好？这中间不要留有余地。我们公司从来不给自己留有余地。有人曾说，全国80%的企业利润是总经理和财务做账做出来的，但是我们公司有铁律，我们的利润100%是财务利润，绝对不会由我个人的意志来确定，这也是

片场掠影

片场掠影

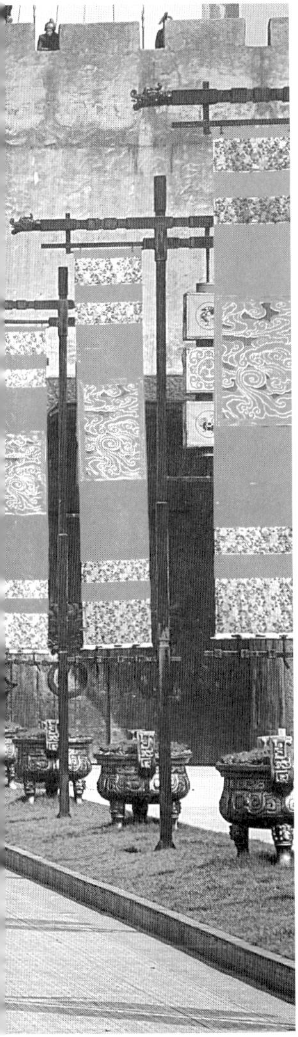

个绩效关的问题。

和谐的三“度”现象是指：忠诚度，不仅是指对企业忠诚，还要对游客忠诚，对同事忠诚，这是一个广泛意义上的忠诚。愉悦度，我们的口号是“你来了，所以你快乐”，要给游客提供快乐，同事之间、上下级之间也要和谐相处，这样我们的工作氛围才会好。合适度，即分寸，一个单位很有规矩，员工都彬彬有礼，这些让别人一进入就能感觉到你的单位很有素养。但这里也有一个度，比如过分客气了反倒不好。当然我们的领导和自己单位的员工之间的关系也要合适，有个说法我很赞成，就是反对单位的领导与下属在单位里称兄道弟。作为现代企业里的管理者，你与员工的关系再好，那也是同事之间，不能在上班时间用江湖义气称兄道弟。上下级之间是非常和睦的关系，却也有着非常严格的管理制度，不能因为关系好，就在制度上适当放松，也不能因为个人感情不好，把本该你得的不让你得。

明确的三“观”理念是指：价值观，即修己安人，义利并重，和谐共赢。和合观，“和”，儒家的中正平和；“合”，道家的天人合一，和睦和谐，合作协调，在我们公司里面要有一种和睦和谐的风气，人与人之间的和谐反映了个人的素养和团队的战斗力。进取观，我们的进取观就是把工作做好，效益优先，绩效优先。

强大的三“力”能量是指：有了强大的执行力，公司的决策和制度才不会是一纸空文。有较强的公信力，即讲信誉，才会让很多合作单位都信任我们。当企业有了良好的企业文化时，企业就会有丰富的创造力。

2 文化建设首先是思想引导①

横店影视城的员工，文化教育程度差别很大，很多人之前并没有旅游行业的从业经验，在这种状态下，该怎样着手建设我们的企业文化？

这个问题再具体一点，就是如何把管理层正确的思想决策传达到企业的各个层面。因为企业文化的形成是慢慢积累起来的，在这一过程中，领导层的思想起了重要的引导作用。我们的做法如下：

一是通过培训，开启终身教育。任何一个人，一生一直都要受教育，到了企业以后，接触企业的过程也要从启蒙、扫盲开始，慢慢经过类似小学、初中、高中这样一个过程，这个教育过程包括自学、培训以及主导者的言传身教等等。首先从管理者开始，逐步带动全体员工实现从量变到质变的飞跃。等他进入一个境界，再接受企业文化，加上自己的领悟，才会渐变形成完整的企业文化。

二是通过组织措施，不断实行优胜劣汰。其实我们这几年就是这样走过来的，通过不断地选拔，把一些优秀者选入我们的高层或中层管理队伍，这一批人将得到多数人的认可和信任，通过他们的带动，感召更多的人。优胜劣汰必然会挤出一批不合格的。前几年我们是一种纯组织的手段，认为他不合格就直接免了或降职，早期免的那些都是犯了错误的。但近几年我们加大了力度，有些不一定犯错误，只要不称职我们就会调整。然而现在这个力度还不够，所以我们要求人资部逐步建立一个完善的考核体系，一定要对干部进行考核，通过考核体系来完成对一部分不合格者的淘汰。这个组织体系还包括对我们员工的考核，如导游、营销员等，要把工作与绩效、考评联系起来。

① 摘自2007年4月9日企业文化访谈系列之《创新是企业前进的最大推动力》一文。

三是因地制宜，因材施教。企业文化是由大家来创建的，每个企业文化都植根于一种特定的土壤。因为自然环境不一样，每个企业肯定是不一样的，因此我们的企业文化要植根于横店这块土壤上，必须依据横店的实际来制订我们的企业文化，那么在这一过程中肯定需要大家一起参与，每个人都把自己经过深思熟虑的想法提出来，然后得到高层或者更高层的认可。在采纳了大家比较先进的想法后，最终形成一个大家共同的认知，而不是仅仅变成某一个高层的想法。对于不同教育背景和不同行业汇聚起来的员工队伍，还是应"因材施教"，就是分职别、分技能制定不同的学习方法，提出不同的学习目标，在学习中共同创建我们的企业文化。

3 制度建设的目的是形同虚设①

文化是制度之母，企业文化建设的核心内容之一就是制度建设。当企业发展到一定阶段，就要建章立制，相应的制度建设才能使企业运作更加规范。

我们公司非常注重制度建设，现实的情形却是制度的备受抵触。这不奇怪，世界上任何一个制度的出台都是有部分人要反对的。

即便是建章立制者，包括我自己，也不认为所有的制度都是正确的，这也是人的一种本能。因为人生来有两样东西是共有的——健康和自由，它们是钱买不到的，正因为人有这样的天性，所以会感觉到有制度是不自由的。关键在于，我们的制度对公司现有的水平而言是否合理，这就需要公司的制度建设对现状要有一个度的把握。所以我们的制度也是在不断完善的，从初级到逐步严密，由简到繁，逐步稳定下来形成定规。若干年后，

① 摘自2007年4月9日企业文化访谈系列之《创新是企业前进的最大推动力》一文。

我们的资深经理人对制度把控得游刃有余，由不自觉变成自觉，这个制度就形同虚设了。就像现在，国家的法律对不违法的人来说是自由的，制度有着同样的道理，它对随心所欲不逾矩的人来说，也是自由的。因此，制度建设一定要循序渐进，没到一定水平就需要有个过渡。我们的制度，必须先简单再复杂，最后才能达到形同虚设的境界。

在前几年制度试行阶段，我们没有因为制度真正处罚过一个人，仅仅是口头批评。第二年因为制度处罚了一些人，但没有直接因为这个制度降薪多少，罚款多少。为什么这样做？就是为了让人有个适应的过程，因为制度是人制定的，除非你真的犯了原则性的问题，我们会严格按照制度来处罚，一般的还是以教育为主。

因此，我们首先会给员工一个适应的过程，让他们慢慢地习惯。其二，不断完善我们的制度，结合横店这块特定的土壤，寻找适合我们发展的制度。其三，强制性。当我们有了适应过程，又经过各方面努力建立了适合我们企业发展的制度，这个时候再违反，就要受到一定的惩罚了，舆论上也能得到大多数员工的认同。这三方面，缺一不可，我觉得这样一来，我们的制度才会比较容易被大家接受。

4 企业效益不好，就不用搞企业文化了①

有人说，企业文化是一件很奢侈的事情，企业效益如果不好，还搞什么企业文化？

是的，企业效益不好，就不用搞企业文化了，因为你没有说服力。

“仓禀实而知礼节，衣食足而知荣辱”，管子的这句话一点儿都没有错，员工必须吃饱肚子才可以谈文化。谈精神层面，首先要解决生存问题。文化是在人有了基本的生存条件下派生出来的，这也是为什么我们企业在

① 摘自2007年4月9日企业文化访谈系列之《创新是企业前进最大的动力》一文。

2001年组建，2002年开始运作，第一年根本没有提“企业文化”的原因。当时我们全力以赴的目标是把营业收入抓起来，把利润提上去，不然是没有办法说服别人的。当然，企业文化和效益是相互作用的，因为你要搞企业文化肯定要付出一定的代价，如培训、制订企业标准以及必要的宣传，哪怕单位的拔河比赛、歌咏比赛都需要一定的费用。搞文化就要让员工看得到、摸得着，让员工感受到企业发展与自己的命运是连接在一起的，有了经济效益，企业文化再跟进就有成效了。

但是，企业没有效益时千万不要空谈文化，效益不好企业制度制订得再好，也执行不好。企业文化做好的话，对企业下一步的发展将起到很大的推动作用，会带来无穷的动力，所以它们终究是相辅相成的。

5 创新是本能更是工作态度

横店影视城这些年来的快速发展，得益于不断创新。对于文化旅游企业来说，创新思想是我们企业文化的重要内容。

企业主导者应成为创新的践行者①

这句话反过来说就是，缺乏创新思想的企业管理者是不合格的管理者。

思想是用来指导实践的。创新思想落实到各企业管理者的具体工作中，主要体现在这样几个方面：管理、产品、营销，这是搞好企业工作的基本要素，而创新思想则是统领、贯穿这些基本要素的，因此，我对各企业管理者是否具备企业文化必备的创新思想的评估也是围绕这些方面展开的。

回顾我们公司这几年的发展历程，无论是当年的营销、产品，还是后

① 摘自2010年12月6日企业文化访谈系列之《企业主导者应成为创新的践行者》一文。

来引进的“六常法”[①]、设立培训师、建立督导机制等管理方法，如果没有创新，我们不可能在这9年里持续取得这样的业绩。因此，我们对全体员工在创新上努力的成果是基本满意的，不满意的地方是所有管理层没有形成对创新孜孜以求、永不满足的势态，而这已成为我们迫切需要解决的问题。

从我个人来说，我认为我们目前的创新氛围仍然不够。具体表现为：不是在公司本部督导下的、原创性的创新太少，如果很多工作能自下而上在每个层面上都有不同程度的创新，再由本部总结后形成新的事物加以推广，这样的创新才能具有很强的生命力，才能源源不断地持续下去。而我们的现状是：基层单位的创新往往是在本部的提醒、引导，甚至是督促下产生的。当然，也不排除有个别单位主动去做过一些尝试，比如我们开始提“六常法”管理时，虽然当时并没有强制性地要求下属单位都去做，但旅游大厦却率先引入了这一管理理念，广州街也在景区里试行。将我们企业原来没有的管理理念或方法引进来，并结合自身实际加以改造后用于提升企业管理，这也是创新，可惜这样的案例太少了。希望更多的创新能像雨后春笋般在我们意想不到的地方出现，让我们目不暇接，多一些选择的余地和惊喜。

---

① 六常法：早在两百多年前，一些日本的文人就将日本的家居文化归纳成“5S”法（在英语中是以S打头的）：常整理、常整顿、常清扫、常清洁、常素养，并将这种方法广泛应用于工作、生活的方方面面。20世纪50年代，日本制造企业将“5S”法作为工厂现场管理的基础，从而形成了日本企业独特的一种管理方法。因其简单有效、操作方便，日益被中国的工厂、医院、酒店等组织所接受，并广泛应用于现场管理中，并发展出一套中国人自己的“六常管理法”，即常分类、常整理、常清洁、常维护、常规范、常教育。2009年年初，横店影视城酒店管理公司引入“六常法”管理办法，先是在各种会议上宣传“六常法”的重要性，组织相关部门经理外出培训，之后按“六常法”要求，将休闲山庄闲置的公厕进行简单改造，做成仓库或剧组服装间；把旅游大厦原利用率不高的会议室改为司陪房，把工作间改为标间，以增加营收；工程人员每天对房间进行检查，发现问题及时解决，有效节省能耗和维修费用；库管人员对房务中心库房进行重新整理，将物品分类摆放，签上标记，注明存量，做到一目了然；所有员工应知应会的内容和台帐资料分别上墙，摆放位置美观大方，井然有序；平时多次组织检查和落实整改。接着，广州街景导入“六常法”，形成一套行之有效的方法，随后，影视城公司全面推行。“六常法“的引进，促进了公司员工转变思想观念，不断想方设法提高工作效率，节省了经营管理成本。

创新绝不能仅仅停留在一个决策人的头脑里和几个高层的执行上，这样的状况持续时间久了，创新就会枯竭。为此，企业主导者本身要成为创新的力行者、实践者，然后带动管理层组成一个创新的团队，这个团队再带动全体员工在企业内形成一种创新的氛围。

对我们在创新方面提出更高要求的还有市场和社会，这也是最为关键的。首先，从集团总部和总裁对我们企业的要求来看，我们现有的创新力度是远远不够的。目前，集团总部将我们定位为三大支柱产业之一——影视娱乐里的主导产业，甚至有朝一日，还会要求我们在整个城市建设过程中起到骨干或带头作用，而我们的盈利能力、发展速度以及全体员工的综合素养目前都还达不到这一要求。其次，再从我们企业对外的影响力和自身实际的管理水平来看，目前也达不到社会对我们的要求。我们的景区已被评为国家5A级景区，一些宾馆的星级也在陆续上升。纵向比较，我们的确是有了很大进步，但跟其他优秀企业相比，我们仍有很大差距，这迫使我们更要把创新提上议事日程。

目前，我们各企业管理层在创新方面的现状是：对创新的渴求、积极的心态以及善于捕捉员工思想火花并将其变成具体行为的能力还很缺乏，更多的人还只是执行者，缺少原创性。正是在这种状况下，如果我们不尽快促使自己具备这一能力，一定会慢慢被社会和市场所淘汰。

创新，关键是一种思维①

面对现状，我们应该从哪些地方着手加快创新步伐，提高创新能力呢？

创新，关键是一种思维。在任何一个企业里，不可能每位员工都能做出一项新的发明，每个企业也不可能都创造一种新的模式，但这并不妨碍有好的企业产生。我们如果没有原创的产品，只要有好的思维，紧紧跟随潮流，及时捕捉有用的信息并化为已有，在企业管理中推陈出新，企业就不会落后。

---

① 摘自2010年12月6日企业文化访谈系列之《企业主导者应成为创新的践行者》一文。

如果你实在找不到新的模式，若能在别人成功的基础上加以消化和优化，也是一种创新，因为“他山之石，可以攻玉”。

比如我们在酒店中引进的“六常法”管理①。国际会议中心大酒店虽是后来才开始引进，但由于善于创新和吸收，他们反倒在很多方面做得更好，成为后起之秀。在创新的过程中，我们要始终在“不变中的变”和“变中的不变”的辩证关系中谋得发展。“不变”的是企业的目标、追求以及刚性的制度，但在方式方法上要不断优化。比如我们要始终坚持创立企业一流的品牌，争创同行业中最佳的业绩，并在企业创造财富的过程中让员工享受到创新的成果，同时对社会有良好的带动作用。要实现这一目标，我们必须学会善于尝试不同的方法，如果仅仅照搬照套，很可能会产生偏差，甚至阻碍企业的发展。这也是很多高星级酒店提出要提供个性化服务的原因。比如目前酒店的常规都是餐后上水果的，但如果有客人提出想餐前吃水果，认为这样更健康，我们还一定要按照规定流程走吗？肯定会从顾客至上的角度出发，满足他们的要求，而我们这样做的前提是不损害企业既定的利益，更没放弃我们的刚性规定。再如，明清宫苑景区的导游讲解，在继承京味儿讲解传统的基础上，还穿插了一些京城的特色小曲，所以受到欢迎。

今后，为加快公司整体的创新步伐，我们会从考核、培训等方面对管理层加以提升，就像正因为有高考这种压力，才会促使那么多的人去努力学习、充实自己一样，而学习才是提升自身创新能力的最好途径。公司在行政管理上能做的就是提供机会，创造激励机制和条件，营造良好的企业文化氛围，比如我们举办的职业经理人读书会②、外出考察、春节写读书笔

① 2009年3月5日，酒店管理公司召开“六常法”管理动员大会，在该公司正式启动“六常法”管理。

② 2009年2月8日，横店影视城举办首期职业经理人读书会，中层及以上干部60余人听取了公司董事长兼总经理殷旭做的题为《职业经理人的经营之道》的讲座。殷旭根据自己多年的经历总结出了“准、快、狠、活、精、避、舍、奇、诚”九个字，同与会人员交流心得体会，希望大家对这九个字多琢磨，多下功夫，把经营工作做得更加出色。此后，职业经理人读书会成为每月雷打不动的企业文化活动，每次邀请不同行业的资深人员就相关课题做讲座，或对相关问题进行讨论，或对近期工作进行解读布置，形成了良好的阅读求知氛围。

记等活动，都是为了让管理层提升自身综合素养。然而，我们必须清醒地认识到，所有问题的最终解决都取决于内因，如果你内心里没有对理想、对追求的永不满足，没有一种求知的渴望，外在条件再好也不能解决根本问题。

试想，当你求贤若渴时，你会对人才视若无睹吗？你一定会全身心地去关注和发现，因为只有当你非常渴望得到某种东西时，你才能用心去捕捉对你有用的信息，否则，任何工作将很难有大的起色。

内因会从多种因素上产生，包括外部考核机制的压力、亲朋好友的期望，甚至仅仅是怕被淘汰丢面子等等，无论哪种情况，都是内因才能起决定作用。

我们的企业发展到今天，职业经理人经历了很多锻炼，我相信一个成熟、合格的职业经理人是不需要由别人来强迫提升的，因为随着企业的发展壮大，对知识的渴望和工作中的紧迫感会促使他有不断进步的主动要求，不甘于沦为平庸。

管理者要把创新意识内化为本能①

当公司的效益明显提高，有的管理者可能会有些飘飘然了，似乎有了一种满足感，放松了追求，而这种自我满足是很危险的。职业经理人需要把握“博、勤、实、容、度、勇、德”这7个字，把创新意识和不懈追求内化成本能。

从管理层看，在工作的行为上还没有出现这种现象，这是因为我们的企业还处在不断发展的过程中，不断地碰到难题，再说我们通过提高要求，给各企业不断地施加压力，管理层还是不敢懈怠的。但是有一个状况是存在的，就是精神上的求稳。管理者可能觉得我们成功的范例是很好的，所以就满足于这样一种状态，没有了创新思维。

① 摘自2007年4月9日企业文化访谈系列之《创新是企业前进的最大推动力》一文。

有一次，我组织营销公司正副总经理召开了一个会议，我说你们感觉压力很大，其实从去年以来，你们和以前相比就少了创新意识，一直在原来的轨迹上亦步亦趋，就像温水里的游泳者，虽然游得很努力，但是没有寒冷的水来刺激你，也没有滚烫的水促使你赶快逃离，你只是在里面四平八稳地游着。感觉压力大的深层原因，还是心底里对自己有了一种安慰。现在几乎我们所有的总经理不止一次地说“累啊”！包括我自己也说过，其实我们在说累的时候就包含了一种满足感。如果一个企业很不成样子，他肯定很累，但是他很难启齿说自己很累，所以人一旦说累，往往就有了成就感，就有了点想歇息的感觉。

我们该如何调整这种状态？本部开例会时，我曾对管理层提到过四句话:“屈己广纳、任贤使能、恭让节俭、厚待员工”。

春节期间，我在读关于唐代的书。唐朝创造了辉煌，并且超过了秦汉时期，文化也特别开放，里面就讲到屈己纳谏以及宽厚爱民的问题。我觉得用到我们企业的管理中也是适用的，所以就把它借用过来。目的就是让我们的干部在精神层面上有一个更大的提高，在修己安人中把“修己”达到一个新的境界。

春节期间我一个人在办公室值班，那种感觉就很孤单，但我一想，我的部下忙了一年回去休息了，我能感受到他们合家团聚的愉悦，我就喜从中来，我们职业经理人都要达到这种境界。当你全力以赴，不以为苦反以为乐时，你会体会到一种激情和欣悦。而当达到这种境界时，所有的分寸都可以把握住了。当可以拿回扣的时候，你会想象自己这么一个有职别、有价值的人，这么一点钱，怎么会打动我呢？当你感到今天很累，不想做事情的时候，一想到明天会有更好的创意等着你去实施，你就会乐此不疲。

“知之者不如好之者，好之者不如乐之者”，人的精神状态都是可以调整的，当你真正喜欢一件事情的时候，是不会感觉到累的，精神上的问题还要从精神上解决。我们讲要义利并重，但当利达到一定水平时，就要提高精神层面的要求。

创新思维对员工的具体要求①

在创新思维上，除了对各企业管理者的要求，我们对员工也有具体的要求。

比如具体到设施设备的维修、演员的表现力、营销员的营销技能、导游的解说技巧等等，都是创新思维大有作为的领域，企业在这方面对员工的要求则更具体些。如随着企业的发展，越来越多的先进设施设备购置进来，如何维护、保养好，并在此基础上加以改进和提高就显得尤为重要。又如前两天，艺术团说想购买一个LED树灯来装饰雪山，在市场调查时得知购买和安装这种设施需要12万元。但后来说可以买一些零件自己做，只需要2万元就够了。我立即同意他们去尝试，哪怕这个试验失败了，我仍要对这一肯动脑筋的做法进行表扬。因为他们面对需要时首先想到的并不是马上购置，而是多一条思路，想到动手去制作，并根据实际需要进行革新，提高设施的使用年限和效益。

再看看我们身边的很多现象，在我们商品公司的仓库里堆积着多少淘汰下来的设备和用品？其中有些甚至都要当作废品卖掉。后来我们找人修好了一些电视、空调，虽然跟新的相比无论是质量还是使用寿命上都肯定存在差异，但毕竟物尽其用了。商品积压的原因不排除责任心的缺失，更主要的还是缺乏技能，可能从最初的使用到维修、保养都没将工作做到位。由此可见，购置物品也体现着职业经理人的业务素养，既要保证物品有用，还要符合今后的发展，也就是说要有超前的眼光，对今后几年发展趋势能准确地把握。前段时间，长征宾馆请示，想统一在客房内安装无线网卡，价格倒也不高，只需1.9万元，我们相关职能部门在他们的请示件上都签了同意。但我想到了可靠性以及稳定性等问题，询问网管部后果然答复我说效果不太好，从宾馆长远的发展来看，可能很快又需要更换，所以我就把

① 摘自2010年12月6日企业文化访谈系列之《企业主导者应成为创新的践行者》一文。

这一方案再次退回论证后上报。

我们一直强调，如果不能看到长远，现在所谓的省钱很可能就是将来新的浪费。这也是创新思维中要注意的一项重要内容，即思维一定要具有前瞻性和预见性，正所谓“凡事预则立，不预则废”，我们期待着这种创新思维能给企业带来新的更大的突破。

6 先不谈十年，谈下一个五年①

有人问我，未来十年，横店影视城的愿景（目标）是什么？那时候，我们又将形成一个怎样的企业文化呢？

我们先不谈十年，谈下一个五年。上次的五年计划，很多方面都按照预期的设计百分之百达到了，并且还略有超出。还有一点没达到，就是对部分员工的职业精神，我一直很遗憾。

我想，我们的企业如果有了一个很好的人际关系，和合相处，大家的心情会更舒畅，能够营造这样一方净土——也不能算是一方乐土，至少还算一片不错的适合大家生长的土壤，使它不至于那么贫瘠，就是我想在企业文化里做到的。

通过辛勤的耕耘，我们这届管理者会留下一支很棒的团队，这支很棒的团队就要依靠企业文化来支撑。正因如此，我对每天都充满了信心。今后五年，我们的最高理想是我们的员工队伍出现了质变，我们企业的价值观，被一大批至少是大部分高层所认同，并且身体力行。一旦管理层完全认同了企业文化，一切就都好解决了，利润会出来，对外的品牌价值也会愈加体现。同时，我们的产品、营销、管理全都会有大的进步，所以五年当中要达到的最大目标是要抓人头，人是纲，其他是目。

---

① 摘自2007年4月9日的企业文化访谈系列之《创新是企业前进的最大推动力》一文。

我们有一个品牌理念即企业是学校，我希望我们的企业按照学校的要求来做，传道、授业、解惑。再经过五年，横店影视城将成为国内一流的旅游主题公园品牌，我们能够和国内排在一流的企业并驾齐驱，我们品牌的知名度将得到更多人的认可。其二，我们的利润要打破建立在门票基础上的利润，门票仍然要，但在外延上更要扩大。从游客的结构来说，在总团队不减少的情况下，散客要占到总体的50%以上，争取60%，真正成为家喻户晓的旅游目的地。我们的营销半径将扩大到除边远地区，包括东部、中部的大部分地区。长线游客比例将大大增加，不再局限于江、浙、沪，淡旺季也不太明显了。这些都是很具体的目标。

7 创新并不神秘，好点子来自现场①

近年来，不少新闻界的朋友多次来横店采访报道，他们讲的最多的一句话是每次都有新发现，还在大量的报道中，提到我们公司“有很强的创新意识”。

这是新闻界朋友对我们公司不断改进工作作风、不断推出新产品所做的高度评价。我认为，作为一种概括，作为一种理论上的定性，创新这种说法也未尝不可。不过坦率地讲，只要把问题说穿了，它并不神秘。这是每个人每个企业都具备的，它其实是人的一种很普通的基本素质，只不过表现形式各异罢了。

创新不是目的而是手段，是企业求发展的一个必要手段。就拿新产品的设计来说吧，通过设计一些新产品推向市场，吸引游客以创造更多的利润，从而使企业获得更大的发展，这就是企业存在的目的。哲学上有句名言“存在决定意识”，你要生存要发展，要占有更大的市场份额，就必须

① 摘自2007年4月9日的企业文化访谈系列之《创新是企业前进的最大推动力》一文。

研制新产品。这个道理其实每个企业都明白，也可以说是一种本能，尤其是在民营企业。关键是你做得好不好，到不到位，这就逼着你千方百计、挖空心思动脑筋去设计一些新产品、新卖点，所以创新是一件很自然很本能的事。但另一方面，这个产品的设计、创新是不是别出心裁，市场认可度如何？又是一件很复杂很不容易的事。

比如这几年的空调大战，产品的基本功能一样，都是制冷，但为了吸引顾客，大家都在一些附加功能上大做文章，新意百出，亮点频频，这个加些可以喷香的功能，那个加些可以换新鲜空气的功能，等等。总之，创意百出，就一个目的，吸引客户购买他的产品。

再谈一个小的方面，比如餐桌上小毛巾如何放置的问题。客人左右手经常拿错，金陵饭店发明了两块毛巾一组的摆法，令客人一目了然，知道了自己该使用哪一块，解决了拿错毛巾的问题。所以我们不要把创新看得很神秘，它很普通，就在员工的一言一行一举一动中。餐桌上的小毛巾怎样放置？宾馆有具体要求，每个客人一块，放在一侧，是左还是右？很多客人并不知道这个规定，总是拿错，怎么办？创新的员工很善解人意，立即就有了创意，想出了一个改进措施。这说明员工是用心在做，是把这份工作当作事业来做。只要用心做，创意创新自然就来了，而不需要教他们什么是创新的定义、内涵、外延，教授在上课时为搭建他的理论框架可以这么做，我们做企业的却不能从理论下手，而是要从现场入手，引导员工用心做，一旦他真的用心了，妙点子、好方法自然层出不穷。

好的点子都是来自现场的，从这个角度讲，创新也是一种工作态度，而不仅仅是方法。用哲学的语言讲，既是思想，又是方法，是思想与方法的统一，如同道德，都是思想与实践的统一物。

8 一个有关人的价值观及底线的问题[①]

企业管理的最高阶段就是文化管理，但企业的首要目标又是获得利润的最大化，职业经理人也是企业的资本，既然是资本，那还是非常功利和现实的。那么，我们应该怎样平衡企业的现实功利和文化追求，使二者达到一种和谐呢?

通过履行社会责任这一使命。

我们在公司品牌战略管理规划中，把这一社会责任也就是使命的具体内涵归纳为五个方面，即达到游客、员工、社会、合作者、投资者的共赢。而这个共赢局面又完美体现了公司的价值观——修己安人、义利并重、和谐共赢。所以讲到底，这是有关人的价值观及底线问题。

逐利是商人的本能。利，有公利和私利之分，我们所说的“逐利”指的是公利。在逐利的过程中，公利和私利是挂钩的，我们朝同一个方向努力，不能反过来为之。特别是对职业经理人而言，公利和私利是永远捆绑在一起的，因为职业经理人是讲品牌的，在追逐公利的过程中，就树立了自己的个人价值、品牌，社会价值得以体现，这也是私利。

除非有一天，当你受到不公正的待遇，私利和公利没有同步前进，你觉得有更好的发展空间时，你可以进行选择。在这个选择的过程当中，别人同样要看你在逐公利的过程中所创造的绩效、作用，而不是你的私利。因此，每个人都要对自己有一个正确的认识、准确的定位。

当我们职业经理人把个人功利和企业业绩、未来发展结合在一起时，这本身就是与我们倡导的企业文化结合一致了，不就“和谐”了吗?

---

① 摘自2007年5月11日企业文化访谈系列之《屈己广纳，任贤使能，恭让节俭，厚待员工》一文。

9 重要的角色应该由职业经理人来担任①

企业文化建设中很重要的角色应该由职业经理人来担任，他们的言行将直接影响企业文化的进程。

2007年5月，在公司本部的一次例会上，我提出职业经理人应在“屈己广纳、任贤使能、恭让节俭、厚待员工”四个方面加强修养。有人问，为什么要进行这样的倡导？这对推进企业文化建设有何积极效应？

在谈这个问题之前，首先对我们公司的职业经理人范围做个界定，我认为企业部门经理以上的中高层干部可以界定为职业经理人。虽然目前来说，我们还不能算是完全称职的职业经理人，但当我们踏上这个岗位之后，就应当以一个职业经理人的身份来要求自己，这样才会不断进步。

在公司的运行中，往往会碰到这样的问题，我们一些好的建议、设想、指令、制度、政策，在执行过程中会出现偏差，造成结果与想象存在一定差距。这个偏差可能是多个方面的原因造成的，有些是因为业务技能的不熟练；有些是因为对事件认知不到位，没有引起重视；有些是因为基本态度的问题，认为这件事本来就不用做、不需要这样做；从深层次来说，也有极少数人认为这样的举措、政策会对个人私利造成妨碍，从而有意识地进行抵制，这已经属于个人品质问题。前面几种是属于有待提高的类型。一个企业要想做好，就要有好的企业文化，建设企业文化的目的是为了把企业品牌做好，创建好的企业品牌的最终目的是为企业创造效益，同时回馈社会，尽好一个企业应尽的社会职责。一个优秀的企业，必须要靠一批优秀的人才来做，这些人中首推的就应该是职业经理人。我们在下一步的

① 摘自2007年5月11日企业文化专访系列之《屈己广纳，任贤使能，恭让节俭，厚待员工》一文。

企业文化建设中，重中之重是抓中高层干部的思想意识、专业水平以及基本的人生态度。因此，在这个前提之下，针对中高层干部，我借用一些古人的话，把“屈己广纳、任贤使能、恭让节俭、厚待员工”引入我们的企业文化中。

首先是“屈己广纳”。“屈己广纳”包含了两个范畴的内容，这两个范畴紧密相关。做一名职业经理人肯定要有一定的牺牲和付出，既想过体面的日子，又想只做轻松的事情，这是不可能的。同时，在付出的过程中，又要约束自己，可能还要委屈自己，有时候还会碰到一些不公正的指责、误解，但我们必须要有这样的承受能力。“广纳”是要求我们多听、兼听，要吸收各方面的信息。对反对你的人，也要从他的责难中找出其合理性。对于一些合理的建议、善意的劝解，我们更要进行消化吸收。在这个过程中，也有“屈己”的成分。“广纳”再引申出去的话，还包括要容忍和不同性格、脾气的人共事，只要对方对企业有贡献，哪怕他的脾气是自己所不喜欢的，虽然不能成为朋友，但照样要容忍他在自己身边一起工作。同时，也要学会不记仇，不小家子气。这样我们才能称之为“广纳”。四句话中，对我们职业经理人来说，这句话最重要。因为这句话是针对我们现有的职业经理人的班底而提出的。为什么我们企业中会有员工频频告发领导打击报复等问题？经过调查，当然是有员工违反纪律被处分后的反应，但更多的是方法不好，或有个人情绪的偏颇，这说明我们的职业经理人涵养还不够，我们很多当一把手的，听取不同意见的胸怀还不够。好话谁都愿意听，坏话谁听着都不舒服，但我们要冷静地想想，好话就真的都是好的吗？坏话有没有它的合理性？

其次是“任贤使能”。实际上也可以用“德才兼备”来阐述。“贤”是“德”，“能”是“才”。我们每位职业经理人都有任免、推荐、挑选下属的权利，在这一过程中，就要考虑“贤”“能”的问题了。我认为“贤”与“能”相比，两者都不可偏废，但“贤”更重要。一个人本事再大，但是很贪婪，虽然对企业做出了一些贡献，造成的危害反而更大，影响更坏。尤其是我们的一把手，一把手如果烂了，那一烂就是一窝；一把手不烂，烂也只会烂局部。才干、技能我们可以通过学习、培训来提高，但涉及道德的问题，若世界观、人生观一旦形成，便很难改变。因此，我们在用人当中，包括一线员工，都要看到他的贤与能，看他适合放在什么岗位。职业经理人对自己的下属、员工要知人善任，每个企业都是由各色人等组成的，要避其短，扬其长。这也包含在“任贤使能”里面。“任贤使能”的精髓在于“贤”与“能”不可偏废。

再次是“恭让节俭”。前面所谈到的“贤”“屈己”其实也包含了“恭让”的成分，单独拎出来讲，还是有必要的。现在很多人认为有“霸气”是一件很好的事，做领导的应该有股霸气。其实，我觉得这是非常不好的。“霸气”意味着在人格上是高人一等的，是不平等，而事实上并不是这样。我们批评一个人是因为职责所在，而不是居高临下、驭使或奴役的心态。现代社会，每个人在人格上都是平等的，这就要求我们尊重人，懂得谦让、谦虚，不要把成绩都记在自己头上。特别是有了成绩的时候，要避免翘尾巴，错误往往都是被胜利冲昏了头脑而造成的。关于“节俭”，我们已经谈了很多。并不是说企业做大了，效益好了，我们就可以大手大脚了，不该花的钱一分钱都不能花，要物尽其用，不允许浪费。

最后是“厚待员工”。现在员工的流动性很大，这是大势所趋，很正常。我们企业的品牌、效益都是靠全体员工做出来的，总经理的能力再强，不可能一个人完成所有事情。没有一支素质过硬的员工队伍，我们的企业就做不好。那么，这支员工队伍哪里来？是凝聚在这里的，经过我们培训、接受企业文化熏陶而形成的相对固定的队伍。我们厚待员工，员工才会稳定下来，学好技能，接受公司的理念，做更多的工作。“厚待员工”是专门针对管理人员而提出的。

这四个方面，更多的还是强调道德修养，丝毫没提职业经理人应如何提高自己的技能、水平。在“德”与“才”两个方面，“才”是基础，做职业经理人肯定要有一定的“才”。有“才”的同时，他必须是一个贤良的人，“德”是前提。

10 如何引导职业经理人推进企业文化建设①

企业文化的建设，首先是管理层人员的道德修养建设。要把这个过程实施完成，还有很多不同领域的事情要做。首先还是要讲经济层面的东西。

先讲经济

为什么我们的职业经理人能很努力地工作？因为当职业经理人能得到社会、家人的肯定，有体面的职务和收入。经济利益永远是首要考虑的问题。通过经济利益的驱动、行政措施、榜样的感召、舆论氛围等多重方面、多种方式，让职业经理人更快、更早地上升到这个境界。这主要是一个引导的过程，目的只有一个，就是建立一支合格的团队。这支团队将成为今后我们品牌的核心，在国内是一流的，更长远点的话，我们还要成长为国际性品牌。这是一个永远没有止境的过程，要求我们永远要努力，坚韧不拔地坚持。

再谈文化

具体而言，每一位职业经理人的成长经历和受教育程度以及价值观念等都有不小的差异，怎样把各位职业经理人的思想和行为引导到下述四个具体方面来，从而使他们最终都成为优秀的职业经理人？

第一，要建立公司的文化，包括品牌理念、制度等。这是一个范本和

① 摘编自2007年5月11日企业文化访谈系列之《屈己广纳，任贤使能，恭让节俭，厚待员工》一文。

参考的依据，是纲，纲举才能目张；第二，建立好的人才机制，因为好的培育和发展人才的结构能把适合的、好的人才选拔上来，为所有人提供一个共同的平台，以选拔为主，注重优胜，保留但减少淘汰的几率；第三，建立严格的架构，永远不让某一个人、某一个部门的权力高度集中，失去制衡；第四，主要领导要以身作则，为人表率；第五，公司要为员工提供学习、培训、不断深造的机会，同时也要建立促进员工自学的机制。

最后是自觉觉他

所谓自觉觉他，包括这样四个具体要求：屈己广纳，任贤使能，恭让节俭，厚待员工。这四个具体要求，我们会从不同角度反复阐释和贯彻下去。

首先是“屈己广纳”。企业的日常经营管理中，面对争议或抵触时，碍于情面，不是每位职业经理人都能做到“屈己广纳”，该怎样让“屈己广纳”变成职业经理人的自觉追求?

果断、决断是作为职业经理人必须具备的素养，当一件事情大多数人都反对的时候，也许偏偏蕴含着商机，我们需要用决断的态度将事情做成功，因为毕竟世界上拥有敏锐、独到眼光的人还是少数。但做决定之前，一定要有一个“广纳”的过程，做市场调查、开会讨论、听取不同意见等。做决定，有一个原则永远都不能违背——不能损害大多数人的利益。举个很可以说明问题的例子：我们企业永远要降低成本，创造最佳效益，但如果是通过削减员工工资来达到这个目的，那我想是得不偿失的。削减员工工资不仅对全体员工的生活造成影响，使得人心涣散，对企业的发展反而不好，而且背离了整个社会的发展规律，这是万不可取的。因此，职业经理人在“善断”前要“多谋”，多听取各方意见，多作调研，这样你的决断就会有执行的基础。

在社会开放程度不断加大的形势下，“任贤使能”是必然趋势，但不是每一位职业经理人都有这样的胸怀。这就需要我们为“任贤使能”提供一种科学的机制作保障，让更多具有发展潜力的人才脱颖而出。比如公开、公平、公正的考评、考核、竞争上岗的机制，这仍是我们今后最常使用的方法，我们要用数据、公开预置、确立标准的机制作最大程度的保障。我们对导游、演员、文员、安保、技术人员等岗位已经开始了考评，相关部门共同参与，进行综合考评。今后考评力度、范围还要继续加大。今年我们还将对正副总经理也进行考评，对总经理的考评办法目前已经基本制定出来，除利润指标外，还另外设置了30%的其他标准。除书面考评等硬杠杆外，还将有其他考评方法，逐级建立干部档案，形成梯队。

经过11年的艰苦创业，尤其是后5年的奋力拼搏，横店影视城公司的经营业绩直线上升，企业效益逐年提高，特别是2007年“五一”黄金周，仅7天时间里就接待了游客48.58万人次，同比增长了32%。在这样已经走上了良性发展的经营形势下，我强调“恭让节俭”的出发点和用意，是要求大家不要盲目地乐观，而是应该继续保持艰苦创业的作风。

“恭让节俭”，“恭让”主要是表现在道德层面上，而“节俭”则更多地表现在行为上。我觉得，越是在效益好的时候越是要提倡节俭。现在效益好了，客观条件也好了，精神上也放松了，提“节俭”就更具意义。首先我们要强调节俭意识，要物尽其用，不可因物小而随意浪费，同时我们作为一名品牌企业的员工，首先也是社会的好公民，是对我们地球的能源、自然、环境等有责任的人，要爱惜社会资源。对全体员工，首先要制定非常严格的制度、措施进行约束；其次还是要有比较科学、合理的设施、设备；第三，当然是唤起全体员工热爱企业、热爱环境的情感和热情。假以时日，一定会有成效的。我有信心，相信员工。

至于“厚待员工”，不应是停留在口头上的一句空话，而应落实、体现在非常具体的管理实践中。横店影视城公司的员工构成比例比较广泛，外地员工的数量也比较多，无论是本地员工还是外来员工，都为横店影视城的发展辛勤地工作。作为一名优秀的职业经理人，在“厚待员工”方面可以有很多作为。

首先，民以食为天，我们的理想是让员工的收入不低于社会平均水平，进而达到社会平均水平的前列，有朝一日，高于社会平均水平。员工有较高的收入，对管理人员来说是一件很荣耀的事。但大前提必须是企业效益得以增长。在企业效益与员工收入同步增长的情况下，我们公司每年充分用足总部划定给我们的工资、奖金额度，提高员工待遇。在前几年公司运行比较困难的情况下，我们也是按时发放工资，从没出现过拖欠等事。在公司的财务运作中，第一位要保障的就是员工的工资，就算在资金紧张的时候，首先也要保证一线员工工资的按时发放，只要有一块钱，就要先发给一线员工，其次再发给管理人员，然后再考虑其他用款。这对财务部门来说是“铁律”。

第二，要关心员工的思想、情绪，营造和谐、快乐的气氛，让员工在我们企业里感受到既有严厉的纪律，但更多是集体的热情、关怀、得到的机会、事业发展的平台，不受到歧视和不公正待遇，我们希望员工能以快乐的至少是平和的心态投入工作。尤其是一线员工、骨干员工，公司格外注重他们精神层面上的愉悦与否，不因为员工的技能、容貌而有不公正的待遇，尊重他们的人格。有时，我们对职业经理人的要求会更苛刻点，作为一名职业经理人，必须要承受更多严格的要求、严厉的批评，因为职业经理人有更好的素养、更深的理解力和更高的收入，理应担负更多的责任。

第三，要为员工提供不断进步的机会，通过培训、激励、考评等方式，促使员工发奋学习，提高技能。当有朝一日，我们横店影视城的员工出去成为再就业的金字招牌的时候，我们的企业就成功了。现在我们营销公司的营销人员在整个浙江省的旅游企业中就是一块响当当的招牌。我们要继续创造更大的含金量，使得在横店影视城工作过的员工，即使是不太突出的员工，出去之后，仍然能够依据横店影视城这一品牌，获取更好的就业条件，为每位员工创造好的职业生涯。这也正如我们的品牌使命中所承诺的，让员工在公司这座大学校里不断取得进步，同时获得合理收入。

我想这三块内容做好了，就基本做到了“厚待员工”。

这里所说的“厚待”，不是“善待”，二者有本质的区别。“善待员工”太基本，也太勉强，而“厚待员工”是发自内心的。“厚”本身就有“厚道、厚爱、深厚”等意思，我们用心对待员工，员工也会用心来对待我们的企业，用心来创造我们的品牌。这是相互的。

11 企业文化建设中最大最重要的举措①

有人问我，在横店影视城的企业文化建设中，有什么最大最重要的举措吗?

有的。但是我们首先要明确，企业文化建设是一个长期的战略，它的发展是没有止境的，这就决定了它不可能像一个活动或一项具体的固定投资一样，会一下子有很大的举措。因为企业文化真正要深入人心，是润物细无声、和风细雨式的慢慢渗透到我们整个企业的运作和每个人的思想中的。

具体来说，文化建设应该根据企业自身发展的需求来分阶段实施，围绕着一个主要的宗旨循序渐进。

企业文化可以由管理部门来推动，但最终并不是完全由管理层来形成，而是全体员工参与、行动的过程，所以它必定是由全体员工创造出来的。

在我们下一步的工作中，首先要号召全体员工参与企业的品牌建设。经过一段时间的整合，我们已经形成了企业品牌整体的规划，这将是我们公司今后相当长时间内的一个纲领性的规定。文化建设既是独立的，又与我们企业的品牌建设相辅相成。企业品牌要做好，必须要有一个良好的企业文化氛围，形成自己的文化。文化做好了，就会加快品牌的提

① 摘自2007年9月4日企业文化访谈系列之《员工关心的问题就是企业文化建设的重要内容》一文。

升和知名度的推广。正因如此，我们强调文化建设是我们企业品牌建设的一部分。一方面品牌建设需要外在的形式，即重视硬件的投入和提升。比如现在建造新的景区；提升景区的级别，从4A向5A申报；提升宾馆的星级，如国贸大厦从三星级向四星级改建，等等。另一方面，软件工程也要重视。如果我们提升为5A级景区，对我们员工的整体水平要求肯定会更高。

第二是要号召全体员工从企业文化和品牌建设的高度来定位自身的工作。要提高员工对服务业的认识，对自己岗位的敬业精神，对快乐工作的感知，对我们品牌里提出的“顾客是亲友，服务求完美”的认识，这是首先要从根本上解决的问题。服务业是一个崇高的岗位，是一个能给客人和自己创造快乐的岗位，也是会给我们带来一定收益的岗位。一旦提高到这样的认识，很多问题就迎刃而解了。

我们对于工作做了很多规范，但我们任何人在家里接待客人时，没有哪户人家要经过规范的培训才能接待自己的亲友，为什么照样能做得很好？就是因为你是发自内心的欢迎他们。

如果我们真正能把游客当成亲友来考虑，我们肯定会比规范做得更好。这些在以往的访谈和会议上，我们都谈到过，即态度决定一切。这就需要一定的理论，需要一定的文化，这就是我们企业文化建设的一个重点，我们的企业文化要围绕着这个重点继续加强。人都是很有惰性的，只讲道理，没有一点强制措施是不行的。比如我们规定在空调房里不准吸烟，这就是强制执行的，但它是建立在一定道理之上的，为什么要这么做？因为这一举措是合乎道理的。所以在教育的同时，要结合强制的措施。我们所有的培训以及设定的制度都要围绕着这一点来做，即一定的约束加上文化的引导。文化的引导需要全体员工共同介入来形成一个大的舆论氛围，这个舆论氛围会让一些不在乎的人有所约束，必将有利于推动我们企业文化的建设。

第三是围绕着企业的发展，帮助员工设计自身的职业生涯。既然我们提出企业是一个大学校，就要让员工进入企业以后获得合理收入的同时，还能得到不断的进步，这需要我们采取具体的举措。一是给员工提供更好的平台，随着我们产业的发展，平台会越来越大，想要做事业的人，都能在我们这里找到自身的发展空间。任何一个员工都有权选择自己的职业，只要他有才华。比如文员，只要平时用功学习、文笔比较好的员工，通过考评都可以主动选择这个岗位，而不再是被动地接受。以后我们会为员工创造更多的机会，比如灯光师、音响师、机械操作员等，都会通过考评上岗。我们现在已经有了这样的典范，即一些工程技术人员的工资超过了各企业的副总经理。再如我们的演员、营销人员，最好的营销员的工资比企业总经理的还要高。所以，员工可以选择自己的职业生涯，而这首先建立在你自身进步的基础之上，公司会为员工创造更多的平台和机会，而不是一定要有职务才会有很高的薪水。员工的进步可以是全方位的，个人的技能提高了，薪水也会随之提高。同时，对于员工的职业前景，公司还会不断地创造更好的条件，这会与我们企业同步发展。在这个过程中，我们还要不断强化，让有才华的人更快地显露出来。

在下一步的工作中，所有的领班也要进行考评、竞聘，再从领班中选出主管、经理时，我们仍然会以公开竞聘的方式来解决，就是要给员工提供足够的机会。如果某一个人不适合从事管理工作，但他某一方面的技术很精，我们仍然会给他设置良好的职业前景。今后我们在技术含量越高的岗位，级差会拉的越大。技能含量不高的，我们也准备实行这种方法，也就是说同样的客房服务员也会设置成不同的等级，让优秀的员工在平凡的岗位上拿到远远高于同行的薪水，让他们也有所追求，有所进步。这些都应包含在我们的企业文化里。

企业是一个学校，员工进入我们公司，只要你用心，就一定会有所进步，包括职业技能、收入等多方面。要让每个员工都看得到希望，并享受到我们企业发展的成果，与企业同步前进。

总之，要说我们会有哪些重大的文化建设举措的话，让员工健康成长就是我们最大最重要的举措。

12 解码企业文化的“五个三”①

在2007年公司的年度会议上，我对公司的企业文化做出了“五个三”的归纳，即三“人”氛围、三“关”原则、三“度”现象、三“观”理念、三“力”能量。这五个“三”，既是在实践层面上对我们公司企业文化形象生动的概述，也是我们公司今后企业文化建设的方向和目标。

我们公司企业文化的概括表述已在《员工手册》公司品牌这一章中讲述得很清楚了，而“五个三”其实就是在实践层面上对公司企业文化的一种具体、形象的表述，这两者本质上是一致的，其差异就是表述方式的不一样。从一开始我们就提出，企业文化是大家共同创造的，并不是某位领导的个人想法，主要领导只起了引领作用，只有由一线员工和管理人员共同创造的企业文化才会根深蒂固，才能永久地存在下去。这是企业文化存在并发展的根本。

这五个“三”是我在公司年度工作会议上根据大家的发言总结出来的，由于时间关系，当时对“五个三”的有些内容讲的比较简单，现在作些补充：

一是三“人”氛围：即尊重人、关心人、培养人，强调的是每个员工只要进入我们公司都能不断获得进步。我们提供的平台是员工在创造公司业绩的同时，自己能够不断获取能量，获得新的进步。这里的重心是培养人，打造一支优秀的团队。

二是三“关”规则：即权力关、节俭关、绩效关，其中的绩效关再强调一下。作为企业，绩效是最重要的，因为这是最终目的。企业既要有效率还要有效益，效率是手段，效益是根本。但怎样来看待绩效？是通过正

① 摘自2007年11月6日企业文化访谈系列之《以企业文化建设推动企业持久发展》一文。

当合法的手段，还是不惜破坏环境、违背人的道德观念或者浪费资源来获得效益？这需要有一个正确的效益关，需要一个大前提，即不破坏自然，遵守社会公德和国家法律等。在这样的前提下我们再去追求利益的最大化。但如果用不正当的手段，这是不允许的，我们只有尽最大的能量实干，也可以巧干，不可以假干。有一种做假账的做法，即如果今年完成的好了，多出来的放到明年去，或者本来只完成85万，但造假为100万，这都是不正确的绩效观。

三是三“度”现象：即忠诚度、愉悦度、合适度。我们已经讲得很详细了，不再多阐述，关键是要落实好。

四是三“观”理念：即价值观、和合观、进取观，强调一下“和合观”。“和”与“合”有着既相近又不同的含义，一是要保持平和的心态，做到宠辱不惊，无论面对荣誉还是挫折，心态都要平和。与人和睦相处，处事适度和谐。二是合作协调，是指联合一切可以合作的力量做好我们的工作。只有这样，我们公司的上下级之间、同事之间才会和谐合作，在外界看来是一个很有素养的团队，具有较强的战斗力。

对于进取观，原来我们提倡的是效益优先，不断进取。现在要广泛来提，为什么我们要建立一个学习型企业？一是因为认知有限，求知无限。从目前的整体情况看，我们现有职业经理人的求知欲望还不够强，很多人都觉得目前的状况已经很好，企业的效益还可以。但是个人能力是可以再进步的，试想如果哪天给你换一个岗位呢？或者换一个亏损企业，你还能不能拿出这样的业绩来？这就取决于你个人的学习和积累，要永不停息地进取。在实践中，通过不断解决工作中遇到的新问题以不断超越自我，获得进步。这种进取精神，在有着良好企业文化氛围的企业中，会体现在每个员工身上，遇到不懂的问题时，立即去学习，学会后争取精益求精。然而现在我们身边有太多的人容易满足。同样是进取，要明确进取的方向，不要满足于自己小家庭生活上的奢侈。生活上，我们提倡知足常乐，庄子曾说“鹪鹩巢于深林，不过一枝；偃鼠饮河，不过满腹”[①]，但对于工作、

① 出自《庄子·内篇·逍遥游》。

学习、业绩要永不满足。我们的进取观更要百折不挠，面对困难，不弃不馁；面对荣誉，不张不扬。

五是三“力”能量：即执行力、公信力、创造力。对于执行力，我们已经强调了很多次，一个单位如果养成了一种良好的风气，对制度、决策、指令、日常工作部署等的执行都将一丝不苟，圆满度也会很高。当企业文化进一步贯彻落实并达到一定程度时，最后的执行将从强制变成一种自觉行为。比如对于守法的公民，不需要强制，大家都会遵守法律，因为这些已经成为了我们生活的习惯，所以社会上大部分人并不精通法律但却并不违法。同样，当我们的员工和职业经理人将执行力变成一种良好的职业习惯时，也不需要强制了。因此，我们强调的重点是自觉和习惯。

公信力，对于一个企业来说，这是很重要的一点。为什么提到饮料，我们总会想起可口可乐？过去提及电器，总会想到日本电器？现在又会想到国内的海尔？买矿泉水，总会去买包括娃哈哈、农夫山泉等在内的品牌，这都是品牌的公信力。公信力会产生效益，并不仅仅是简单的建立信誉的问题。当然，这种公信力是可靠的，许诺的一定会做到，与人合作时，也容易赢得别人的信任。我们也一直在建立公司的公信力，同时，也给员工一种自豪感，这种自豪感将会转化成员工的守诺行为。我们绝不仅仅是简单地解决了员工的民生问题，因为对很多员工来说，即便暂时少发一点工资，他们也可以生活下去。但我们从不拖欠，就是为了让员工养成守诺的习惯。这些都与我们打造公司的品牌息息相关，凡是国际知名品牌，公信力一定是最强的。

有了以上这些，一个企业才会有丰富的创造力和发展力。

推行我们的企业文化，我们的干部队伍要起带头作用，要身体力行。我也希望我们的全体干部在每一个领域和企业中，都成为我们文化建设积极的倡导者和参与者。现在我们的干部对企业文化建设的认识参差不齐，重视的不仅自己做得很好，员工也带领得很好。不重视的，自己都做得非常不好。作为领导人，要牢记，有时你的一句话或者一个不经意的行为，都会直接影响到你在员工中的形象。所以儒家理学提倡的“礼”

很有道理，非礼勿视，非礼勿说，非礼勿做，一切行为都离不开这个“礼”字。

企业文化无处不在，我们要时时处处注意自己的言行，尤其是职业经理人。

13 地域意识与文化认同①

我们公司本部很重视企业文化建设，但也有些员工反映，自己所在企业文化氛围不浓厚，领导德不配位，漠视员工，甚至仅仅把员工尤其是外地员工看成一名打工者。

这其实是个文化认同的问题。事实上，我们的企业发展到今天，地域意识在我们决策层、管理层中已经不应该出现了。横店集团创始人徐文荣早年就提出来“用天下人”的理念，横店发展到今天就与用了天下人有很大的关系。横店工业企业里有很多高层技术人员，中国科学院院士都在此贡献力量，“天下人”的概念已经很明确了。如果真的在企业里出现了地域意识，那就是少数管理人员本身思想上的偏差。

我们会一如既往，要求我们的管理者必须明确这一点：完全摒弃地域意识——员工进入横店影视城就是横店影视城的人，并且，不论外地还是本地的员工，都既是企业财富的创造者，也是企业文化的建设者。

至于员工反映所在单位缺乏文化氛围，我们首先要承认企业文化的建设需要一个过程。我们的员工队伍很大，在推行企业文化的过程中，有快也有慢。即便在同样的企业总经理当中，也存在感悟得快与慢的现状，自身的文化素养决定了他们对企业文化的接受程度。针对这些问题，我们也会采取措施。

---

① 摘自2007年9月4日企业文化访谈之《员工关心的问题就是企业文化建设的重要内容》一文。

一是通过组织措施，强化推行。企业文化的推行首先要引起管理者的重视。从公司成立起至今，每年的年度会议主要解决的都是文化问题。现在，我们大部分的管理者与前几年相比已经有了很大的进步，但我们还会对组织层面进行调整。随着时代的发展，这个组织层面也会有一个淘汰率，当他的企业严重落后，肯定会有更好的人来接替他。从我们企业目前的情况看，要给管理者留有一定的改进时间。

二是要有更好的推广方法。像我们的企业文化访谈，把公司管理层的要求与想法公布出来，让员工知晓文化建设的内容，在此达成共识与合力。

三是号召全体员工参与企业文化建设。为什么现在采用访谈的形式？在此之前，我们是通过会议的方式，那样只有管理人员知晓，但是现在却透明到底，我们的员工都能看到、了解公司管理层的思想。所以，我们希望全体员工在领悟了公司企业文化建设的思想以后，能够用这个思想武器督促我们的管理者。比如有些员工说企业的文化氛围不够，那你就大胆地提出自己的建议，用你自身的行为推动管理者，并不是坐视管理者去带动员工。这是一个自上而下、自下而上的相互结合、相互促进的过程。只有这样，我们的企业文化才会有很好的根基，才会根深叶茂。

在这里，我们呼吁全体员工投身于企业文化建设的行动中。现在我们提倡管理人员多发文章，希望在以后的工作中会有更多员工的文章推出来。

管理者提出来的设想，自己要带头去做，对于员工也是同样的道理，要从自身做起。文化最终要落实在我们日常的行为和业务中，这才是文化最终要达到的目的。所以，文化的发展与企业的业绩、效益的提升、品牌的建设是相辅相成的。

14 对企业文化建设做个动态评估①

2007年，我曾就企业文化建设问题接受了《横店影视城通讯》杂志的系列访谈，接下来的三年里，当初提到的诸多涉及企业文化建设的精神都得到了贯彻，2010年，杂志社策划了第二轮关于企业文化建设的系列访谈。

我们为什么要持续地采取这种方式来搞企业文化建设？

首先，这是由事物发展的阶段性所决定的。在事物发展的过程中，每个阶段都有各自的具体任务和具体目标。企业的发展、企业文化的建设也是如此。从第一次企业文化访谈到今天，已经经历了三年时间。在这个时间段里，第一次企业文化访谈中涉及到的问题，我们解决了多少？或者又出现了哪些新问题？这些都需要做个基本的评估。

其次，形势发生了变化。如在这三年当中，我们公司发展成了集团的特大型企业，并成功地晋升为国家5A级旅游景区。现在，公司又对今后十年的发展战略作了新的调整，要把横店影视城打造成中国的“拉斯维加斯”和观光与休闲复合型的目的地景区。面对这些新变化，公司在企业文化建设方面也要做出相应的调整，才能适应形势发展的需要。

第三，企业的文化建设是一个过程。如同一个人道德的完善、素质的提高一样，这不是一蹴而就的，而是一个长期的累积过程。国际著名品牌的企业文化都是坚持了几十年，甚至上百年才形成。所以，对于企业文化建设，我们要有足够的恒心坚持下去。对于员工，我们除了在规章制度上规范、生活福利上保障，平时反复的教育和引导也是必须坚持下去的。再加上这些年来我们又吸收了大量的新员工，也需要对他们进行系统的企业文化方面的引导、企业价值观的熏陶。

---

① 摘自2010年7月企业文化访谈系列之《思想之水流动起来才会生生不息》一文。

三年来，横店影视城不仅取得了不平凡的业绩，而且一直保持了高速成长的势头。对这三年里企业文化建设方面的建树，我们可以做一个动态的评估。

我们首先要弄清企业文化与企业发展是一种什么关系？企业的发展离不开企业文化，企业文化是与产品开发、市场营销、经营管理共同作用于企业发展的，企业的正常运作离不开其中的任何一个。企业文化是以品牌价值观、经营方针、服务理念、规章制度、行为规范等形式来体现其内涵的。在企业的全部行为中，企业文化起到的是“魂”的作用，是引领的作用。弄清了这个关系，我们才可以这样说，我们公司的成功发展离不开企业文化的建设，良好的企业文化是我们公司成功发展的必要条件。正是在这个意义上，我们公司企业文化的建设效果是良好的。尤其这三年，成果体现得最多、最明显。这个良好效果可以从两个层面来讲。

一是从外在表象来说，我们企业的品牌知名度有了大幅度提高，得到了广大游客和业内的广泛认可。具体表现为我们的游客、经济效益每年都在大幅度递增；权威部门和业内同行对我们公司的高度认可，如今年4月份被国家旅游局评定为5A级旅游景区；外出时经常可以听到某些企业将我们的成功经验作为典型介绍；经常会有很多外地业内人士过来考察学习。还有，国家旅游局把我们列为全国旅游标准化试点单位，浙江省只有四家，而真正列入企业试点的只有我们一家。国家旅游局认为我们的企业包含了旅行社、景区、饭店多种业态，无论管理模式还是文化内涵，都是最具典型意义的，这也说明了国家旅游局对我们日常很多工作规范的高度认可。

二是从内在的角度来看。首先，制度建设得到大家的认可，并正在成为全体员工的行为规范。那种比较明显、恶劣、对企业形象和企业发展影响特别大的违纪现象几乎绝迹。比如历史上曾经有10多个正职被免职、被辞退，但是近三年管理层中由于违纪被免职的只是个别现象，员工当中也近乎没有。其次，整个员工队伍日趋稳定，岗位流失明显减少。员工对公司的热爱和对工作技能上的追求明显增强。再就是管理层和员工之间的关系更加和谐，一些管理者之间产生矛盾纠纷需要更上一级的管理层纠偏的情况也明显减少。大家有事能共同探讨、商量、沟通，企业文化所提倡的“和谐共赢”理念已经产生了积极效应。

15 企业文化是种子、大树与土壤的生态关系①

有人认为，横店影视城公司的企业文化还不成熟；也有人认为，所谓企业文化，其实就是老板文化，老板爱怎么样就怎么样，一般管理者和普通员工是没什么发言权的。

第一个问题，企业文化成熟的标志是它所提倡的规范和理念已经成为大家的共识，而且成为一种自觉的行为习惯。而现在，虽然大家对企业提倡的规范和理念有了共识，但尚未成为大部分员工的自觉行为，仍然需要用非常严厉的管理手段来加以规范，这就是我们的企业文化还不成熟最明显的标志。就像抽烟这一现象，虽然通过几年的引导、提倡，已经得到高度认同，至少现在我们副总经理以上的管理层中不在公共场所抽烟已经形成规范，但还没有成为全体员工的自觉行为，所以我们还是必须要用制度来强制规定在公共场所不允许员工抽烟。有朝一日，我们可以不需要规范，大家也都能够完全自觉遵守，我们的企业文化也就相对成熟了。

至于说有人认为企业文化是老板文化，这句话不能全盘否定。任何一个企业的文化一定是主导者的文化，这个主导者如果不提倡，或者自身没有非常鲜明独特的观点，这个企业就很难形成自己的企业文化，更谈不上对企业文化的建设推广。但是这句话又不完全对，至少不全面。

真正的企业文化应该是由主导者提倡，汇集全体员工的智慧和理想，体现主导者与全体员工共同的价值取向的企业文化，是企业员工共同自觉遵守的规则。它不会随着个人意志而转移，也不会随着主导者的离去而轻

① 摘自2010年7月企业文化访谈系列之《思想之水流动起来才会生生不息》一文。

易中断，只有这样的企业文化才是真正可以行之有效的、持之以恒的、有生命力的企业文化。

企业文化好比是一棵大树，必须要有深厚的土壤基础，这个土壤就是我们全体员工。在大树成长的过程中，主导者给出的只是一颗种子，当这颗种子发芽后不断地成长，它能生长到什么程度取决于土地的肥沃程度。这块土地始终保持养分、水分以及足够的阳光，在这种氛围中，生命之树才能常青，而且会不断地壮大，充满生机。反之，如果说主导者给出的种子缺乏肥沃的土地，缺乏一种良好的生长环境，它会渐渐枯萎。

16 追求人与自然和谐的企业文化①

环保、生态、绿色等等这些概念，从提出、倡导到具体实施，也是一种追求人与自然和谐的企业文化由浅到深的发展过程。具体到我们公司中，这些概念应该如何落地?

从根本上说，员工特别是高层管理人员，都要提高学习能力，不断拓展丰富企业文化的内涵。实际上我们现在提倡的创建学习型企业，就是我们企业文化的一个框架式的内容。通过不断学习来提高知识水平，让我们的认知维度无限拓展，因为即便专家也会不断碰到新的问题甚至是解答不了的问题。所以要不断地学习，不断地融入自己的创新，即我们提到的“知行合一”。当知识量积累到了一定程度，就要付诸实践；在企业发展的实践过程中，又会上升为一种新的理念，这个理念会指导我们往更深的方向拓展。随着这一过程不断地循环往复，不断地呈螺旋状上升，我们人与自然和谐的企业文化就会逐渐积淀、形成。

形成这样的企业文化，需要在各方面提起注意。前段时间，我们在整

① 摘自2007年8月13日企业文化访谈系列之《你来了，所以你快乐》一文。

理仓库时发现那么多的物品闲置着。这也与绿色环保相关，物品用多少买多少，要有一个正确估量。比如购置烟灰缸，如果买一个要1元钱，但若买100个每个只要0.9元，可能有些人会觉得便宜就买了100个。这100个怎么用呢？因为我们只需要10个。不要说9折，就是5折，如果买了这么多，也有90个闲置的，这就是最大的浪费。如果你是一个坚定的环保主义者，在做出这一决定前一定会掂量掂量。有一个案例，为进一步做好停车场的服务工作，我们的一个企业率先在停车场设置了遮阳篷，这是件好事，投资少，又为游客提供了方便，值得表扬。但最初他们没有进行详细的考量，曾经打算将整个停车场都设置遮阳篷，后来经过对旅游淡旺季、游客流量、成本核算以及对其他企业的影响等多种因素进行了分析，及时调整了做法，只在部分区域设置了遮阳篷，这既省了钱物，又达到了预期目的。

以上这些都说明，我们做任何事情都要有大局观，要学会运用统筹和优选的办法来解决主要矛盾。归根结底，绿色环保是个大课题，不是三言两语就可以涵盖的，这涉及人类的生存和发展，其实也是人与自然和谐的课题。但对于我们企业和个人又是具体而实际的，那就是在日常工作和生活中，要尽可能做到统筹优化，珍惜资源；慎摄天物，物尽其用；心系环保，节用拒奢，这就能做到对自然取之有数，用之有度。如是，则利于个人健康，企业兴旺，国家繁荣，生态和谐。

17 基层企业的自由空间其实很大①

在公司2010年的年度工作会议上，我们提出要继续深入企业文化的建设和推广。毫无疑问，这是一项并不轻松的系统工程，对于员工职业生涯

① 摘自2010年10月17日企业文化访谈系列之《思想之水流动起来才会生生不息》一文。

1 2 3

1. 2. 片场掠影
3. 在汉街拍戏的导演

的影响很大。可是一些基层企业具体落实起来又往往指望公司本部拿出实施方案，他们执行就是了。

那么，基层企业在建设企业文化方面，还有哪些自由空间可以发挥？

首先我们要明确，一个企业的文化不能完全指望公司来推广，公司在这一过程中只是起到引导、倡导和领导作用。因为更多的文化是来自基层，经公司概括提炼，进而形成全公司的企业文化。如果说有哪个企业在等、靠，那就大错特错。企业文化的建设是让全体员工更有主动性，以严谨勤奋、忠诚感恩、不断创新、追求完美的职业精神来身体力行，共同在一块肥沃的土地上担当培育者的角色，让企业这棵大树成长。

我们的基层企业在企业文化建设方面可发挥的自由空间其实很大，概括说：只要一切有利于提升品牌，有利于提升企业管理水平，有利于提高对外知名度，有利于员工服务素养的提高，有利于大家精神愉悦的满足，有利于游客满意度增长的举措，都可以实施。

举例来说，我们一向倡导的“厚待员工、春暖花开”的企业文化建设，就有利于员工服务素养的提高，有利于提高大家的精神愉悦度。在生活上，公司不断投入资金对员工宿舍进行装修，宿舍配套确保有空调、热水器、卫生间，提高员工住宿环境的舒适度；在提高员工素养上，公司每年都组织员工外出考察学习，拓宽员工视野，增长见识，安排骨干管理人员到境外考察学习；在夏季发放高温补贴时，一线发放的补贴与管理层、后勤岗位拉开差距，体现公司管理层对一线员工辛勤劳动的理解和关心等等，这些虽然是公司层面上的企业文化建设，但都是要依靠基层去踏踏实实地推行实施的。

从工作层面来说，基层企业对员工的关怀关爱应该更为贴切，管理者对员工不经意的一个认同、一声赞扬，都会给员工注入新的动力，从而在下一步工作中做得更好。

贵宾楼大酒店

Part 2
品牌战略篇

1 “服务战”：在标兵与追兵之间①

先谈服务，再谈产品

对一个企业尤其是服务企业来说，服务质量的高低将从根本上决定这个企业的成败。

之前，我们曾提出营销、产品和管理是我们工作的重点，这三者之间相互依存和制约。营销本身就涉及到产品和管理，没有高品质的产品和管理，营销就没有保障，而若没有高质量的营销和产品，管理也无从谈起。我们若想将企业做大做强，必须将三者结合起来。只是在具体的实施过程中，在不同的时期会有不同的侧重点，但从我们企业目前所处的发展阶段来看，已不应该再有偏废，必须要联动地来抓，在做任何一项工作时都会涉及到其他两个方面。

现在，我们的营销仍会年年有所调整，不断开拓新市场，并对市场进行深挖，营销方式也在持续更新，比如成立网络运营中心和游客服务中心，扩大梦幻谷的营销队伍等。在这些营销工作开展的同时，管理和产品的提升也在同步进行。

在公司成立之初的前三年，我们的侧重点一直是营销，无论是宣传运作、活动策划、队伍组建等都围绕着打开市场来做。随着营销工作的深入，我们发现产品已经跟不上企业的发展了，于是又倾注了大量人力财力在随后短短几年里相继开发了十几场旅游演艺，直到梦幻谷建成开放，这一侧重点才告一段落。在梦幻谷建成后，我们又提出将管理作为今后很长

① 摘自2011年6月2日企业文化访谈系列之《优质服务能使我们梦想成真》一文。

一段时间里的一项重要工作。那时我们认为横店影视城的营销处于一流水平，产品正从二流进入一流，而管理处于三流水平。现在，随着各项评星及创建5A级景区等工作的陆续开展，尤其是目前标准化工作的逐级推进，我们的管理水平已经有了很大的提升，所以在管理方面大家也不应该妄自菲薄。在新一轮的发展规划中，我们已经提出要加快产品的升级换代，促进管理的精细化、标准化、国际化建设以及营销的多元化，这三位一体的联动工作将一如既往地进行。

今天我们所说的要提高服务水准，打好“服务战”，这个“服务”涉及到营销和产品，但基本属于管理范畴，是针对员工来说的。尤其是随着硬件投入的不断加大，软件对我们企业发展的促进作用日益凸显。如今，主题公园的竞争日益白热化，尤其是随着国家经济的发展，出现了拥有大量资金的企业和个人，涌现出了一大批实力雄厚的主题公园，仅华东地区就有常州三园、芜湖方特乐园、上海欢乐谷等。

作为一家影视主题公园，我们所面临的处境正是“前有标兵，后有追兵”，国内外的标兵大有人在，如迪士尼乐园、环球影城、宋城长隆乐园等。我们常说，作为一个企业，永远不能沉浸在既有的成绩之中，即便没有对手也要假想出一些来激励自己的斗志，正如生物界里的物竞天择一样，何况目前主题公园的发展趋势如此迅猛。有对手存在，对我们来说其实是件好事，所以不要怕，也不能怕，最关键的是要迎头赶上并超越对手。

现在，我们公司也已展开了应对新一轮竞争的投入，而这些相对于软实力来说，都还是比较容易做到的。既然如此，我们的对手也很可能会赢得这样的支持，跟我们处于同一起跑线。这种情况下，如何抢占先机，最先发力并坚持到最后？

具体到我们企业来说，在产品和游客量都已达到一定水平的基础上，如何实现达到国内甚至国际一流水平的目标？就取决于员工的服务水平和素养。这些不是靠资金投入就可以实现的，而是要在企业长期发展过程中以强力的企业文化来熏陶，并通过培训、督导等实际操作阶段

1	2
3	4

1. 青工比武
2. 急救知识培训
3. 交通安全课
4. 游乐设备部安全培训

来培育，形成一支完整的、饱含企业精神的团队。只有这样，在同样的设施和景观条件下，我们才能创造更大的效益，而这些工作一旦做到位，它所创造的效益将远远大于硬件投入，并成为企业的软实力，这才是企业发展最根本的动力。正因此，我们要将其提升到“服务战”的高度来推行。

提升服务质量的关键

提高服务质量是一项系统工程，需要全体员工积极参与。我们目前应从哪几方面着手，才能使服务质量有较大的提高，产生更大的品牌效应呢?

提升服务质量，建章立规最为关键，因为要让员工达到什么样的水平，企业必须要先有一个标准。我们目前正在做的标准化规则就是其中的一项重要内容。

做好这项工作需要以下阶段来逐一推行：首先是制定规则的阶段。二是试行阶段。在集聚全体员工聪明才智的基础上，在具体的工作中根据实际情况进行增补，为第二轮的修订打下基础。三是当标准成型后，提升各级管理人员及一线员工的认识和理解将成为重点。只有在对这个标准认可的基础上，才会在工作中切实执行。在这一过程中，要一边执行，一边完善。四是对标准的落实和督导。在高度自觉的基础上加强管理，强制执行。在这个过程中，可能会令部分员工感到不适应、有压力，但只有摆脱原有相对落后的思想和方式，才能保证新标准的执行。五是经过若干年反复的修订和巩固，最终形成一个相对固化的标准。

在这个过程中，必须要让每位员工认识到建章立规既是一场需要短期内严格贯彻的攻坚战，又是一场长期的持久战。因为当标准执行一段时间后，可能会产生松弛的现象，所以必须不断高标准、严要求的跟进，不能懈怠，全体员工必须要有充分的思想准备。在公司成立之初，我们就制定了《横店影视城管理制度》，如今已是第四稿了。如果之前我们还只是大体的号召，现在则已进入更细致、更严谨的实施阶段了，而若想有更高水平的提升，我们的要求必须更严格。

一个一流的企业，它的制度和标准必须深入人心，要让员工将制度变为工作的习惯，这样员工才不是被动地接受企业文化，而是成为企业文化的创造者和践行者。

必须有职业荣誉感

横店的地域环境不占优势，我们的员工招收也存在一些困难，目前的员工队伍现状，对我们提升服务质量是一种挑战。

要步入社会的很多年轻人，尤其是高学历人才，在最初择业时都向往大城市。这是他们的自由，无须断定这种选择是对还是错。对我们这些交通、城市容量等不占优势的企业来说，要想大批量地招收高学历、高技能的员工，存在一定难度。但我们要相信，人都是会变化的。只要员工肯学，企业也会给他们创造更多条件和平台，员工都会在工作中有不同程度的进步。这在我们公司自身发展的历程中就有证明，很多员工在公司的这几年不都已经取得了很大的进步了吗？无论是业务技能还是学识、综合素养，都较以前有了质的提升。只要我们一如既往地坚持下去，仍有很大幅度的提升空间。总有一天，他们会提升到一定的层面上。我们的员工对自己必须要有信心，在工作中严格要求自己，不能因为自身条件的限制就降低工作标准，要对未来抱有一定的追求和向往。

我们企业的品牌标志语是“梦想成真”，而我们目前所说的要打造高水准的企业就是一个梦想，只要我们肯努力，朝着既定的目标一步步走下去，肯定能实现这个梦想。在这一过程中，我们企业也会逐步建立一个机制，让每位员工在薪酬、技能、对服务业的认知等各方面有更大的提升。事实上，这项工作我们早就在做，比如各项考评就是为了在企业内部营造一个良好的进取氛围。

另一方面，我们也力求将企业的品牌打造得更好，随着企业知名度和社会认可度的提升，我们相信会吸引越来越多的优秀人才加入我们的创业队伍，成为企业进一步发展的有生力量，带动员工整体素质的提高。

现在年轻员工越来越多，传统观念对服务行业总存在一定的偏见，很多父母甚至不愿意让自己的子女从事这些行业，在中国的传统文化中有着诸如“万般皆下品，唯有读书高”“当官做老爷”等观念，历来把服务行业放在比较低的位置，这是在社会经济不发达、信息闭塞环境下的产物。随着社会的发展和人文精神的推广，越来越多的共识被大家所接受，比如人是没有高下之分的，人的尊严、生存的权力都是平等的，等等。随着物质和文化水平的提高，这种岗位差别意识已经在逐渐淡化。

当然，由于社会分工以及各种现实因素的影响，一线岗位与管理岗位、服务业与其他工种之间的差距的确存在。但我们要认清一点：既然你已经进入这一行业，就是由你的专业知识、家庭背景、社会环境等多种因素共同构成的，不管是兴趣使然还是仅仅为了生存，甚至只是被选择，都已成为现实。不可能因为公务员、银行职员好，大家就都有机会一窝蜂地去从事这些行业。既然不可能或暂时不能改变这一现状，那就只有在现有的岗位上专心做好，正如人们常说的——平凡的岗位也能做出不平凡的事。

人的社会地位是由多重因素构成的，既有政治因素，也有经济水平因素。正如对于一个国家来说，其综合实力的高低很多时候决定了国家的地位和话语权。我们知道，之前欧美国家对待出境游客，大多数是喜欢日本人的，因为这些人的消费高，对中国人则不会那么热情。然而现在，很多地方不仅增设了中文介绍，甚至还专门聘请会中文的服务员，这种功利性的改变正是我们国家实力提升、人们经济水平提高的表现。对于企业来说，也要为员工创造好的福利待遇，提高他们的经济收入，让他们到其他服务场所也一样可以享受别人的优质服务。而作为员工，当你在这个岗位上努力地倾注了自己的情感和体力，这个岗位也为你提供了优质的福利待遇，并保证你衣食无忧时，或许有一天你也会喜欢上这个当初自己并不喜爱的职业。当你对这份工作慢慢地得心应手后，你就会拥有愉快的心情。

我们常说，幸福与否并不取决于金钱的多少，当你拥有了平和心和满足感就是幸福。一旦有更好的机会出现时，企业也一定会支持并鼓励你的选择，让员工为自己赢取更好的发展平台。

所以，无论从哪个方面来讲，每个员工都必须要有一个好的心态，要认识到，除非是家庭已经为你创造了较好的条件，否则任何人想要谋取发展，都必须要经历一个艰苦的原始积累的过程。在从事这一职业的整个过程中，我们都应该让自己保持快乐的心情。在这里需要强调的是，每个人都要根据自身的实际来设定自己的人生目标。俗语云，人的成功依赖于十个要素——一命二运三风水，四积阴德五读书，六名七相八烧香，九交朋友十养生。这些说法可能大家不一定都认同，但有些要素还是值得我们在工作和生活中细细考量的。我认为最重要的也是完全能够做到的，就是多读书、多学习，通过自己的勤奋努力去改变命运。学习是终身的事情，任何时候都不能放松，即使你取得了较大的成就，也依然要继续读书学习，谋取更大的成功。我们要努力做到的“梦想成真”，也必须建立在现实情况的基础之上。只有这样，我们离自己的梦想才会越来越近。

2 复盘：品牌建设十年①

浙江横店影视城有限公司自2001年组建至2011年，已走过10年历程。10年来，公司汲汲致力于品牌建设，取得有目共睹的成果。然则下一个10年，又将如何构思横店影视城的品牌建设？

回顾2007年，我们曾经制订了一个10年目标，就是要在前5年里将横店影视城打造成国内一流的企业，在后5年里跨入国际一流的旅游企业行

① 摘自2011年7月4日企业文化访谈系列之《自强不息才是发展的根本》一文。

列。截至目前，我们距离第一个目标的时间还有一年多，但纵观我们所取得的成绩，我认为这一目标已基本实现。这一切，以横店影视城被选为全国旅游标准化试点单位以及评上全国最高质量等级的精品景区——国家5A级景区为标志，意味着我们企业运营的规范化，意味着我们服务体系的成熟化。相信再经过一年多的运行，我们的标准化将会更加成熟，横店影视城进入国内一流旅游企业的目标不成问题。更何况，我们企业目前的品牌知名度在国内已经进入了行业前列。

正如浙江省旅游局局长赵金勇在接受中国旅游报记者采访时，对“还有哪些旅游产品和项目是浙江旅游业比较得意的作品”所说的那样——“第一个典型就是横店。横店投资几十亿，在一个毫无旅游资源的地方，做得非常红火。它就是把握了旅游发展的规律，完全按照市场化的运作，政府给予全力的支持，基础设施进行了配套，所以有了今天横店的规模。到了横店，你就能感受到什么叫作‘大众旅游’。什么叫作‘人山人海’，在那里也可以找到答案……”

很多人就是通过横店影视城这个渠道认识并了解东阳的，而一个品牌最终要成为知名品牌，是与公众对它的认知程度成正比的。

在接下来的5年，也就是十年规划里的后5年，横店影视城是否能达到国际一流旅游企业的目标，实现旅游项目多样化、客源群体多元化、管理制度化、旅游质量标准化？对此，我们很有信心。在整个集团宏观指导下，我们已经制定了新的十年发展规划（2011~2020年）。在这个规划里，我们将用十年的时间，投资50亿元，在横店打造影视、旅游两大产业国内制高点；实现横店影视城从观光景区到观光休闲复合型度假目的地的转型，打造中国影视旅游第一品牌；通过影视旅游产业的大发展，促进横店三产的大繁荣和城镇环境质量的整体提升，将横店打造成中国著名的旅游城镇。更重要的是，从2007年提出第一个十年目标至今，我们已经积累了相当多的完善服务体系的经验，这一切将最终使横店影视城达到或接近国际一流水平企业，无论是硬件还是软件，都将会在中国同类型企业中处于领先地位。

实际上，在影视旅游主题公园方面，无论是从游客量、知名度，还是产生的效益上来说，我们目前在很多方面已经是领跑者之一了。再经过10年的发展，随着横店影视城知名度的累加，我们的企业将会以更加快速的步伐发展，在某些方面甚至在国际上都会处于领先地位，就像我们的营销曾经成为旅游企业的模板一样，会拥有自身独创性的优势。

在品牌建设已经取得良好成果的情况下，接下来我们怎样做，才能让我们的品牌得到更持久、更健康的发展？

别无坦途，只有永不懈怠，不断创新。当我们在与其他企业齐头并进时，我们不仅不能放慢自己的脚步，还要不断调整步伐，改变训练方法，选择更好的路径和模式。而创新更是我们的生命、活力所在，正如一个人只有维持正常的休息和营养，并把自身锻炼得更为强壮，才不会生病。经营企业也是同样的道理，只有使企业在不断创新中永葆活力，才能做到基业永青。

目前已经在上海动工的迪士尼，很多人都在担心它的进入对横店影视城会不会是一个强大的冲击。的确，迪士尼目前已是世界领先的成熟品牌，有一整套完整的服务体系和高科技的硬件做支撑，但市场的需求本身就是多元化的，就像有人喜欢去巴黎看埃菲尔铁塔，有人却会选择去埃及看金字塔，有人向往北欧风光，有人更喜欢非洲的土著文化，所以即便是迪士尼也不可能成为所有人的唯一选择。迪士尼进入中国后，虽然已经融入了一些中国的元素，但其本质还是美国文化，而横店影视城则是中国的、传统的影视文化，何况我们不排斥用国外先进的手段来表现和完善我们的中国文化产品，正是这种差异性让我们与迪士尼有共存的可能性。

当一个地区有很多旅游产品时，它本身就具有了大市场的集聚效应。当有外来优秀的企业进入时，对我们来说是利弊共存，既给我们带来了压力，也带来了机遇，这一切的关键均取决于自己的努力，唯有自强不息才是根本。

3 把强烈的品牌意识贯注到服务体系中[①]

从目前的发展趋势看，主题公园的竞争将愈演愈烈。

在接下来的工作中，如何建立更完善、更标准的服务体系，将是我们品牌建设的重中之重。

最关键的是让全体员工尤其是管理层深刻认识到这样一个问题：即我们每一个人，既是制度和标准的创造者，同时还是执行者。只有每一个人在自己的意识里融入了强烈的品牌意识，才会在日常工作中通过自己的言谈举止和每个细节体现出来。

越是知名品牌的企业，对细节的执行越严谨，正是大量的细节组成了一个完整的体系，几乎达到了无懈可击的地步，才能赢得大家一致的信任。就像我们以前买空调，对于知名品牌，很多人或许不去试用就会直接购买，因为他们的产品就能做到零故障，这就是品牌的力量。从这个角度出发，我们要成为一个大家信得过的知名品牌，必须从自身出发，把一点一滴的细节做好。

诚然，我们目前还没能做到零缺点，但我们追求的就是要将缺点降到最低。比如我们的家具可以不高档，但卫生一定要无可挑剔。在贵宾楼让宾客发现两处明显的卫生不达标的情况，这不能怪宾客挑剔，的确是我们在消灭卫生死角上没做好，这是我们工作中存在的不足。今后，必须首先在卫生上做到零缺憾。二是在我们的服务体系中，当出现给顾客造成不愉快的情况时，应通过完善的、诚心的服务安抚顾客，将这种不愉快尽快降到最低，并且不带出门外。要做好这项工作，必须首先建立起完善的应变机制，针对不同的消费群体采取灵活的应对措施，即便在发生纠纷的情况

① 摘自2011年7月4日企业文化访谈系列之《自强不息才是发展的根本》一文。

下，也要在不同层面采取多样措施，尽量化解投诉。比如客房过时收费项目的投诉，有些员工可能觉得卫生没做好被投诉的确是错在我们，但过时收费则是制度规定，我们并没做错。然而即便是制度规定，我们在具体的执行过程中也是有缺憾的。因为这项制度针对特殊客人不够灵活。我们之所以设定这样一个退房时间点，是为了保证下批客人能够顺利入住。

做宾馆卖的就是时间，常规情况下我们是要这样做，但像此次贵宾楼投诉就属于特殊情况。首先，客人在之前已经来说过退房时间可能要延长，而且我们当时也同意了，只不过后来是他们在这个基础上又延迟了一点。此外，我们的传达系统也有缺憾，没有做好衔接，在传达的过程中没有进行书面确认或两人以上知晓，等等。正因此，我们要将此项制度更加细化、灵活化，做好各项衔接与变通。比如如果没有其他客人在等，不妨给这批客人延迟的时间更久一些；而如果有客人等，一方面可以请这批客人加快速度，另一方面则可以请在等的客人先游玩景点。

在这次对贵宾楼投诉事件的通报中，我们没对一线员工进行处罚，因为虽然问题出在一线，但究其根本，仍是由于我们服务体系的不完善造成的。我们最高星级酒店暴露出来的这两个问题，对我们是个警醒，说明我们在品牌建设上仍有很长的路要走，在我们逐步减少缺憾的过程中，哪怕每前进一步只能消灭零点几的缺憾，也要付出百倍的努力。直到有一天，当我们真正达到或接近零缺憾时，我们的品牌才算得上是一流的品牌。而实现这一目标，我们任重道远。这就需要全体员工对品牌建设树立起历史的责任感和使命感，让横店影视城在我们这代管理者和员工手中实现国际一流的目标。在消灭企业缺憾的过程中，我们也在消灭自身在职业生涯中的缺憾；当企业达到一定境界的时候，创造企业历史的我们也实现了自我完善。

在这里，我希望全体员工对投诉要有个正确的认识。投诉并不可怕，公司会对投诉进行全面分析。凡员工按规章、按流程正确操作的，公司一定会正确对待员工、保护员工，但一定要避免不规范造成的投诉；对于违反社会常理或公德的投诉，我们绝不会一味屈从，会坚持社会的责任感和正义感。像近期发生的宁波凤凰山海盗船事件，是在我们设施设备的各项环节都属于正常流程监控下出现的，没有出现违规操作，并马上启动了应急预案。出现事故的原因可能很特殊，即便如此，我们也觉得我们的工作存在缺憾。尽管管理人员及时赶到现场，对游客进行了安慰、退票等补偿措施，并取得了大部分游客的谅解和理解，但在最后却有4位游客要求5000元的赔偿，我们没有答应。至于是否对引起投诉的员工进行处罚，事故本身的大小并不是我们唯一的处罚依据，关键在于员工是否违反了操作规范，是否在人力可控的范围内尽量遏制了事态的恶化。在这起事件中，就是因为员工并没有违规，所以我们没有对他们进行处罚。从这个角度上说，制度、标准化既可以起到规范员工的作用，在很多时候，还会保护员工。

为此，我们必须要不断提升制度和标准化的建设，让全体员工在日常工作中认真践行并完善相关制度，树立强烈的品牌意识。

4 当我们成为国家标准化试点单位①

2010年，横店影视城被国家旅游局选定为“全国旅游景区标准化试点单位”之一，这对我们公司的发展有着重要的意义。

成为国家标准化试点单位的意义

首先，这是对我们公司管理工作的一种肯定。因为国家级标准是一个很高端的标准，它完全不同于企业标准，不同于地区标准。

我们公司被列为标准化试点单位至今已有一年时间了。一年里，我们在原来管理制度和各企业管理细则的基础上，根据国家在标准化建设方面的相关要求，制定了景区标准化手册。当然，目前这个文本还是比较粗疏

① 摘编自2011年8月5日企业文化访谈系列之《标准化有助于品牌的更大提升》一文。

樱花烂漫——广州街·香港街景区的圣约翰教堂

的，需要我们在具体的实践中进一步打磨、完善。之所以要有这个过程，就是因为标准化是一个非常大的系统工程，不能一蹴而就。

其次，是对我们公司管理工作的一次新考验。我们以往的管理主要是凭借经验。经验有其合理性，是我们在具体实践当中不断摸索出来的，但也有很强的不确定性，何况每个人对事物的理解程度也不一样，在推行时很容易出现尺度不一的情况。正是基于这样的原因，国家现在推行标准化非常适时。因为随着国内景区多元化的发展，尤其是主题公园的兴起，涉及的方面越来越多，如果说以前的景区仅仅是游步道、导游讲解等简单的管理，现在已经涵盖了骑乘设备、演出设施等更高科技含量的内容，需要更复杂的管理流程。只有建立科学的标准化的管理，才能提供安全、舒适的游览服务，这是企业在当今社会环境下必须要做的工作。在这样的背景下，国家旅游局将横店影视城列为旅游景区标准化试点单位，对我们来说是一个很好的机遇，这既是对我们这么多年在影视旅游主题公园建设方面成绩的肯定，更是对我们的一个新的考验。我们最终能否成功通过国家旅游局的验收，进而将横店影视城的标准升华为国家标准，有赖于我们现在的努力。

最大的意义在于，执行标准化试点工作将成为公司管理升华的一个重要转折点。我们公司原来管理体系中属于经验方面的内容比较多，现在要抓住这个标准化试点机会，逐步转变为科学的、系统的、操作性强且相对固化的体系。让员工通过这个模式，都能迅速地成为一名合格的操作者。这项工作将对我们公司今后的发展奠定扎实的基础，我们要成为一个国际化的品牌，这一步至关重要。从另一个角度来说，标准化建设一旦试点成功，我们将成为国家标准的制定者，将为横店影视城带来更大的知名度，有助于品牌的更大提升。

标准化的实施对全体员工提出新的要求

标准化的实施将对全体员工提出新的要求，对我们的员工来说，将在理念、技能、习惯、认知度、行为准则等方面产生很大的变化，具体工作中有以下四个侧重点：

要正确认识和理解“标准化”工作。有的员工有误解，担心标准化会给他们的工作要求带来更大的疑难度、复杂度，其实不是那么回事。因为相当一部分标准化规定就源于本来一直在实施的那些正确、有效、科学的工作规定，现在只不过用“标准化”这个形式再次规范而已。至于新增的部分其实也是对原来工作的新总结、新归纳、新规范。而且，在是否适应、胜任的问题上，我们会循序渐进的。

只有当全体员工认识到标准的重要性，并看到它将会给企业和个人带来非常大的飞跃时，才会发自内心地去执行。事实上，推行标准化，既是企业发展的需要，也将会对员工起到保护作用，员工在工作中有章可循，有据可依，将会避免因操作不规范造成的不安全因素，所以我们说标准化是企业实现零缺憾的重要一环。我们做到了零缺憾，才能让现有的硬件设施最大程度地提高消费者的舒适度和满意度，这也是我们品牌价值观里

"和谐共赢"的要求。

要在执行过程中坚持循序渐进的原则，由易到难，由窄到宽。也就是先把我们在现有的硬件设施基础上可以达到的目标实现，先把自己所在岗位的标准执行好。推行标准化要有一个过程，在试行阶段，我们会给员工一个相对宽松的学习过程，不要求所有员工在一夜之间都能熟稔于心。随着标准化的深入推广，到明年我们会对员工提出相对严格的执行要求。员工在熟悉自己所在岗位标准的同时，还要主动去了解其他岗位标准。因为很多工作都是相通的，如果你用心，你的知识面将会越来越宽，将会给你今后的工作带来很大的帮助。

要建立培训、督导机制。除了员工自我学习之外，在必要时公司还会针对不同知识基础的员工，通过脱产培训、现场示范、实地纠偏等更直观的方式帮助员工尽快熟悉、掌握标准，提高自身的职业素养。

要坚持以奖励为手段的推广方法。以考评、比武等方式奖励先进，对不规范的行为进行纠偏，在纠偏时不会有处罚，所以员工大可不必有恐惧心理。当然，不能因为这样，我们就放松对标准化的学习和执行。若是有员工不用心及时改正，消极拖延，不能与其他员工正常配合，以至于过了这个试行阶段仍无法按标准化要求工作，则将可能失去在这个岗位的工作机会，这也是自然淘汰的必然结果。我相信，就公司目前员工的能力而言，是完全能适应和胜任公司的标准化工作要求的。

管理人员要从更专业的角度对标准加以提升

在标准实施过程中，将通过试点把标准实施的较好的地方进行系统化的提炼、浓缩，将其变成更科学合理、更简便易行的模式加以推广。

这个过程中，企业管理人员将起着重要的作用。

对于标准化，每个员工既是执行者，又是创造者、参与者。我们的标准需要在执行的实践过程中不断完善，这就意味着要进行修改和增补。如果说一线员工更多的是执行，而管理人员则必须是参与者、创造者，要从更专业的角度对标准加以提升。如何抓好这些工作？我们对管理人员有以下要求：

首先，管理者自身要成为对标准化学习、理解最深入的人。这是最关键的一点，因为只有自己足够熟悉，才能在一线管理时发现问题，通过提升管理手段来推广标准化。

必须成为好的思考者。我们公司的品牌理念中重要的一点是“不断创新”，“创新”其实就是在实践中思考的过程。如果仅仅是一个被动的执行者，不参与思考，就不会成为一个优秀的管理者。所以，我们要求管理人员有更多的创新思维，通过深入的思考对标准提出更多建设性的意见。

身体力行。任何时候，管理人员在带领员工学习、执行标准化时，自己绝对不能违反标准。

要成为贯彻执行标准的指挥者。标准执行的分寸、进度全部要在管理者的掌控之中，要针对各自单位不同岗位、不同基础员工的情况制订恰当的执行计划，务必做到心中有数。既不能操之过急，也不能无限期地拖延，这也是对我们管理人员管理水平的考验，一定要做好协调工作。

要敢于并善于做好标准的执行。尤其是要敢抓敢管，因为我们已经有了标准这个基础，所以一旦有人违反，管理人员必须坚决纠偏。既要有坚决的态度，还要有合理的机制。

5 要做强势、亲切、受公众喜爱的品牌①

从我挑起公司董事长兼总经理这副重担的第一天起，就开始了对横店影视城的品牌追求，其过程并不平坦。欣慰的是在目前这一阶段，横店影视城品牌还是达到了预期的目标的。国内知名度的不断扩大，对公司品牌的提升起到了很好的促进作用，我们也初步达到了第一阶段的目标。

比如，我们的起步是人造景观，与自然山水景区的吸引力相比，我们

① 摘自2010年10月17日企业文化访谈系列之《思想之水流动起来才会生生不息》一文。

有相对不足之处，而且我们在华东地区、国内以至国外的知名度远不及黄山，常年稳定的客源更是无法与普陀相比，但是今年的十一黄金周门票收入，横店影视城在全省（除杭州西湖景区没统计）的六家国家5A级旅游景区中排名第一，比号称“中国山水第一品牌”的黄山还高。

门票收入是反映景区经营情况的很重要的数字，由此可以很清楚地看到我们从无到有、从小到大的成长过程，说明我们的品牌有相当大的进步。

那么究竟可以从哪些方面着手，打造强势而又令人感到亲切、广为公众接受和喜爱的品牌呢？

拿梦幻谷来说，它首先是文化为魂的产物，我们没有把它单纯地建成游乐园，而是注入影视体验文化，让游客在一个园内感受到全世界的很多自然风貌，如沼泽、原始森林、雪域高原、印巴风光、地中海风光等等，同时以影视表现手法再现了洪水、火山风貌，还在里面融入点睛之笔，打造了一台以体现中国传统文化精髓《周易》所提倡的“人与自然和谐相处”为主题的演出《梦幻太极》①。同时还有像《暴雨山洪》②《江南遗韵》等辅助演艺，将梦幻谷从简单的游乐园转化为文化主题公园，从当初的辅助性景区转化成如今的主打景区，在不到两年的时间内收回了改造成本，而且还带动、促进其他景区以及酒店住宿业的发展，进一步提升了公司的品牌。从某种程度上来说，梦幻谷已成为现阶段公司提升产品品质和管理的典范。

在运作过程中，我们进行了业态尝试，即对景区商业布局进行重新设计。当年江南水乡开业时每年仅10来万元的商铺收入，现在已递增到近百

---

① 据殷旭回忆，“一天早上，我睡醒在床头看到了《易经》，突然想到为何不试着把《易经》中的‘和文化’引进来？横店旅游、演艺本就是‘无’，无极易太极就有了。”于是，2007年10月，横店影视城标志性演艺、全球最大火山实景演出《梦幻太极》应运而生，节目将《易经》中深奥的文化符号具象化，多媒体、舞台机械、舞蹈、杂技、武术、特效等多种现代演出手段被信手拈来，令游客叹为观止。此后每年做一次新的升级改版，迄今已经推出2015年版。

② 2004年，国内首部灾难实景演艺《暴雨山洪》的推出，使横店影视城的整个演艺水准登上一个新台阶。该节目融古老、原始、神秘、宗教、自然于一身，神秘的傩舞求雨仪式，暴雨如注、山洪如兽的灾难场景，无不令观众深受震撼。

倍。就拿最近来说，去年梦幻谷商铺（含餐饮公司收入）共30余万元净利润，今年到年底估计商铺收入1200万元以上，它的净利润至少可以达到600万元以上。由于注入了新的商业业态，原来弱项的商业形态有了新的转变，从完全纯粹的辅助经营转变成仅次于门票收入的新的利润增长点。梦幻谷景区的管理相对其他景区来说复杂得多，大量游客夜间集中，包括游乐、演艺设备的增多对管理者加大了考验，但也提高了管理队伍的水平。梦幻谷的产品开发已成为横店影视城的代表之作，这种营销、产品、管理三位一体的综合运营模式在梦幻谷开了个好头，对今后整个横店影视城的进一步发展是一个很好的尝试。

现在看来只做梦幻谷还远远不够，要尽快有第二、第三个梦幻谷的诞生，同时在现有景区内部要有第二、三个类似于《梦幻太极》的大型演艺节目。我们在商业形态上要有更多的能激增几十倍的业态产生。就像迪士尼一样，他们的商业收入占总收入的60%以上。与之相反，我们现阶段的景区门票收入占总收入的50%以上，说明我们仍有很大的不足。但从另外一个角度来说，如果我们其他业态随着景区产品提升、管理提升、营销提升逐渐发展起来，提升的潜力是巨大的。当然迪士尼讲究更多的是软文化，他们的品牌形象深入人心，这也是我们需要大力加强的一项工作。

所以，我们现在的品牌是向亲和、快乐的方向努力，包括经常提倡的“快乐横店”“你来了，所以你快乐”等口号，我们将围绕这个方向，争取在品牌上有更大提升。

6 餐饮文化品牌秘笈①

餐饮品牌文化是横店影视城企业文化的组成部分和具体化。关于餐饮，横店影视城一直都很努力，但目前我们还没有形成鲜明的横店影

① 摘自2008年3月12日企业经营管理实务系列访谈之《打造横店影视城餐饮品牌文化》一文。

视城特色的餐饮品牌文化。这意味着在餐饮方面我们还有着很大的发展空间。

要打造响亮的餐饮品牌，应该主要在品质、创新、服务、价格、文化底蕴等方面努力。

正是因为不足、不成熟，才有发展空间

由于受历史条件、地域的限制，横店餐饮还处于相对较低的层次。历史上，横店不是一个有大量居民、有消费习惯的城市。像杭州、广州、成都等地，历史上都是商贾人文重地，居民的消费能力比较强，有上馆子吃饭、谈事的习惯。随着历史沿革，这些习惯承袭了下来，所以这几个地方的餐饮业就比较发达。再从地域上说，横店地方相对较小，只是一个仅有10万左右人口的聚集地，消费人群不大，这些都是不足之处。

然而，换个角度思考，目前这个相对较低消费层次的现状其实就是我们发展的起点。正是因为不足、不成熟才有发展空间。就像横店，从以前的一穷二白到现在的工业重镇，从一个没有丝毫旅游资源的地方变成现在的浙江省知名旅游景区。这些都是从无到有、从小到大、从弱到强的典型。餐饮业也会如此，随着横店经济的发展，人流量的增加，餐饮业也会兴旺起来。和其他产业一样，我们可以通过创新和引领，来引导消费、改变人的消费习惯。像七八年以前，横店人到宾馆里办喜酒的很少，但这几年随着经济的发展、餐饮文化的推广，通过人为的营销，婚庆、节假日进餐馆消费已成为越来越普遍的一种行为。

如何在立足现有的历史、地域条件下，来引导横店的餐饮消费？这就要求我们做好餐饮文化。餐饮文化是个大文化，在传统的色、香、味、形、器五大要素之外，还要注重环境、服务、价格等方面的内容。比方说酒席在家里办，会让人觉得档次不够；在酒店里办，会让人觉得气派，也会让宾主双方有种尊贵、体面的感觉。同时，通过酒店专业化的操作，免去主人很多事前事后的操办活动，更省心。从这七八年婚宴的变化，我们

可以看到酒店业在这其中起到了很好的引领作用，改变了很多人的消费习惯和消费方式。

大众对餐饮的要求是什么

用四个字来概括，就是“味美”“价廉”。这四个字是我们餐饮从业者始终要坚持住的基本宗旨。不管我们怎么变化、档次再怎么提高，如果不抓住这四个字，还是会被消费者抛弃掉。“吃”始终是第一功能,“物美”而“价廉”这才是艺术，就像现在很多广告词中说的“五星级的享受，三星级的消费”，这就是“价廉物美”的理想境界和形象描述。因此，不论是公款消费还是个体消费，都会注重对价格的关注。我们所设定的价格一定要与社会上大体的消费、我们所设定的顾客层的承受能力相适应。

在“味美”这一问题上，还有一个所谓众口难调的问题，这也是为什么不少人说餐饮难做的一个重要原因。如果你想要用“一味”满足各类顾客的不同口味是不可能的，从这个角度说用“一味”是难调众口的。这就涉及酒店餐馆对自身顾客群层面的设定问题。任何一家餐厅都应该有一个准确的市场定位，而这一层面上顾客的口味、要求大体上是相当的。

一家餐饮店要想站得住脚，成为名店，一定要有几样拿得出手的、质量稳定的、被人津津乐道的招牌菜。典型的例子是杭州的“张生记”，尽管这些年也推出了很多创新菜，但是当家的、知名度最高的仍然是它的老鸭煲。“张生记”的定位是市民的日常消费，虽然有一部分商务客人，但口味还是以家常菜为主，价位也不是很高。所以“张生记”老鸭煲大多数人都能接受，这么多年都坚持下来了。这就说明，一个店设定了一个层面，就要根据这一层面的顾客的口味、要求来设定自己的招牌菜，确定我们的餐饮风格，在这一基础之上保持特色，然后不断创新，这样才能保持我们的餐饮长盛不衰。

所谓“价廉”是一个相对的概念。比如说公款消费，一个商务客人在我们餐厅招待他的一位重要客人，只要我们提供给他与之相适应的内容，他可能觉得3000元也不贵，但是假如我们拿2000元的标准算做3000元，那就是“价不够廉”。“价廉”是什么？“价廉”就是货物的价格与它本身含有的价值相符合。这不是一个绝对的概念。当我们菜肴的口味、服务的质量、环境的布置，都已经达到宴请者心理适合的位子时，再给他一个适合的价钱，他会觉得价廉。但是在同样的菜肴质量、同样的服务质量、同样的环境要求下，如果我们的价钱比同行更低，那我们在培养老客户时就会拥有优势。

我们要打造什么样的餐饮文化

我们横店影视城要打造什么样的餐饮文化呢？这就要分析横店所处的位置。

横店不是一个政治经济文化中心，只是一个镇。我们面对的客源层大概有四类：一是本地消费者；二是游客消费者；三是影视剧组的消费者；四是商务客人。商务客人可以说是消费能力最强，也是最能促进一个地方餐饮业发展的群体，但是恰恰横店的商务消费是相对较弱的。这就要求我们根据前三类来设定我们餐饮的主攻方向。

不管任何地区，要搞好餐饮肯定离不开当地居民的消费，哪怕是经济发达的地区也是一样。如广州、杭州、成都这几个餐饮业十分发达的城市，他们的主力消费者还是广大居民。随着经济的发展，横店餐饮业的消费人群在不断扩大，消费能力也在大幅递增。这种情况下，如何把本地消费群体引导进来？这是我们首先要研究的。本地消费有很大的可塑性和伸缩度。因为只有本地消费者喜欢的餐厅，才会向其他客人推荐。所以，尽管我们现在商务消费不发达，但是把本地消费引导进来，让他们觉得好吃，他们会给我们推荐更多的客人。

同时，菜肴的口味一定要和当地的消费习惯和顾客群相适应。譬如说，全聚德在北京是百年老店，生意特别好，但是它一旦开到外地，生意都不是很好。当初全聚德能在北京生存下来，它的口味是得到当地老百姓认可的，并通过口口相传，使全聚德成为北京的一块招牌，也使到北京的客人都想去领略一下。这说明，一道菜要想成为招牌菜必须植根于当地。很多餐饮品牌到了外地都碰到水土不服的问题，就是这个原因。我们设定一个准确的客源层是非常重要的。当然也有在各地扎根的餐饮，像川菜的普及率就非常高，这与它浓烈的个性、大众的消费密不可分。

目前我们最大的餐饮消费群体是游客。虽然有大量的游客，但是团队占了很大比例。因此我们要思考如何把团队餐做出特色来。比如，团队餐在用料方面的特殊性在于，由于受到报价方面的限制，我们无法像五星饭店那样用高档材料，而应加大内功，用好的制作手艺将普通的菜肴做成色香味俱全的佳肴，并有足够的量。我们不能因为团队餐价格低廉就不去做，而是要针对性地研究团队餐，提高团队餐的制作技艺，打出我们团队餐的特色。在团队餐这个问题上，浙江西部的一些旅游景区做得不错，特别是千岛湖、富春江、新安江这一带。

然后是剧组。剧组的餐饮消费非常强调地域性和个性化，横店目前仍要继续加强。

目前我们主要针对这三个群体下功夫，商务接待也重要，但现在的接待量不多。如果我们把这三块抓好了，以后商务接待也会顺理成章地多起来。横店跟其他地方不一样，一般的餐厅主要抓好本地消费者和商务客人，而横店的商务消费薄弱，本地居民的消费与大城市市民有一定差距，因此大量的游客和剧组是我们从事餐饮业始终要注重的客户群。根据不同的游客群体、不同的层面做出准确的定位，来不断地加强菜肴质量、设定合适的价位、提高服务质量、改善我们餐厅的装修风格，使之区别于社会上的餐厅。

闯出一条新路子

餐饮是能赚钱的，而且要成为公司接下来主要的赢利点，今年公司在经营方面的一个突出调整，就是要强化餐饮，各家有餐饮的宾馆餐饮收入的递增要与个人收入挂钩。

为什么这么强调？因为部分管理者有一个误区，认为餐饮只是宾馆住宿的配套服务，并非主要创利点。这种观点正在被一些著名宾馆打破。在一些中心城市，很多著名宾馆的利润组成中，餐饮和住宿是平分天下的。而我们横店影视城还是客房包打天下。在横店，我们的宾馆餐饮一定要人们觉得服务、环境、口味、价格都是好的，而不能摆出一副宾馆的架势，把大众消费拒之门外。如果我们能把大众消费拉进除了贵宾楼的其他宾馆，那我们的餐饮就会有新的突破。因此我们提出今年要把餐饮作为一个主要创利点，改变以往餐饮作为从属的、配套的、微小盈利部门的地位。

关于这一方面，我们在其他地方也是深有体会，比方说商铺的招租。随着游客的增多，景区商铺的租赁上有了很大的进步。原来商铺在我们的利润中所占的比重微不足道，而现在也成为主要的创利点，这就说明市场是靠培育的。那我们的餐饮是不是也能急起直追？能不能够成为继商铺之后的又一个重要的创利点？个别条件符合的宾馆是不是能做到餐饮与住宿并驾齐驱？其实这一点并非一定要大城市才能做到，永康宾馆就做到了，它的餐饮与住宿的利润是各占一半的。永康和我们在地域、消费习惯等各方面条件都差不多，去年永康宾馆一年的餐饮营收是3600万，这是非常了不起的。我们整个横店影视城所有的餐饮加在一起都达不到这个数字。这也说明我们的餐饮仍然有很大的上升空间。

在经营指标政策的杠杆下，我们希望管理层和所有从事餐饮业的员工能有一个紧迫感，希望在餐饮上闯出一条新路子，创造新的盈利点，想办法扩大游客的人均消费，扩大本地客人的餐饮消费量。

我也曾经短暂地兼任过一年的餐饮部经理，在那一年中，我将一家新组建的餐厅打造成当时所在县城中最有名、效益最好的头牌餐厅。因此我对餐饮业的经营管理有亲身体会。我觉得餐饮这块内容很难做，但也是很容易做的。难做是因为众口难调、竞争激烈、管理难。说容易也容易，只要我们的菜肴质量、价格、装潢、服务到了某个程度，可以在短时间内迅速蹿红，不需要酝酿很长时间。当然，也有不少餐厅管理不善、创新不够，迅速蹿红之后又迅速倒闭。要使打响的餐饮品牌长久坚持下来，必须保持菜肴质量的稳定，严格按照规范制作。像楼外楼的西湖醋鱼，制作工艺非常严谨，对鱼的大小、在西湖中放养的时间、保证活杀以及氽水的时间、调料比例都非常讲究。所以很多杭州本帮菜餐馆就是做不过楼外楼。

餐饮产品的品牌策略

“巧借”其实有两个大的范畴，一个是别的宾馆推出了好菜，我们如何加以借鉴、改进，从而得到提高；另一个就是巧借民间的、社会上人们普遍比较喜欢的菜肴，将其引入到我们的菜谱中。采购成品这一点我也十分赞同，我们不需要所有东西都自己做，也应该寻找地方上有哪些特色商品，可以直接采购他们的成品。比如说金华酥饼，在外面很有名气，在我们景区商铺里，金华酥饼也是主打商品之一。真正好吃的酥饼最好是现烤的，那我们的酒店是不是可以到一些金华酥饼的特色店里进行定购，而并不需要自己再请烤饼师配置烤炉。还有曾经有段时间很受欢迎的横店麻糍，也是从市场上买来的。这些都是巧借，我们可以在社会上寻求手艺独特、特别好吃的东西购买过来，变成我们的商品。这类巧借都是可行的，毕竟个体的精力有限，从社会中充分吸收营养，是完全可行的一条通途，我们应该加大这一力度。

有的产品我们做得好，甚至可以做外卖，我们有些单位也在尝试这样做。像贵宾楼和一家企业正在联手尝试做八宝鸭，打的品牌是贵宾楼的，但生产方是专业的厂家。当一种产品受欢迎之后，顾客也会要求外带，知名度大了之后还会吸引很多慕名而来的顾客。这一点，杭州楼外楼的东坡肉、叫花童鸡都是很有名的外卖招牌菜，楼外楼有自己的生产基地，进行工厂化的批量生产，外卖的利润占了很大比重。还有知味观的各种各样的卤味外卖也做得很大。类似这种方式都是可行的。如果我们条件成熟了，也可以建立基地，在条件没有成熟之前，完全应该走一条社会化的道路，加以发掘、指导，并签订规范的合同，用我们的品牌加以推广。

对厨师们的建议

餐饮业是一个对创新要求很高的行业，而以横店影视城现有的条件不可能让绝大部分厨师经常有外出学习培训考察的机会，在这样的情况下，我对我们的厨师们有一些建议。

第一，职业兴趣。菜肴创新一直都是我们要做的工作，但是我们不能为创新而创新，首先应该对餐饮有浓烈的兴趣，有钻研的精神，把餐饮当作毕生的事业来做，要有争强好胜的想法，培养职业兴趣。这是我对厨师们的第一个建议。

第二，要学会品尝。如果一个厨师对吃不感兴趣，可能会对自己厨艺的进步造成妨碍。而一位有美食鉴赏能力的厨师，一定是位好厨师。因此，建议厨师从职业习惯出发也要养成爱吃、会品尝的爱好。

第三，要有融会贯通的思维。现在有各种各样的资料、杂志、书籍介绍各种菜肴的制作，我们是否可以将这些看到、学到的东西融会贯通？举一个例子，以前我们很多宾馆都有东阳烤豆腐这道菜，但一直推广不开。烤豆腐很香，但味道很淡，需要有好的辅料来加强口味。用辣椒酱之类的调料，味道不能进去。所以，烤豆腐虽然香，但是口味欠缺。后来我建议能不能用咸鸭蛋的蛋黄先蘸一下豆腐再来烤，因为咸鸭蛋有很好的附着力，很咸也很鲜。这道“蛋黄烤豆腐”推出来之后很成功。这个例子说明，当我们思维放开之后，餐饮里的很多东西都是可以贯通嫁接的，这样菜肴的变化、创新就出来了。

第四，苦练基本功，注重实践。没有好的基本功也做不出好菜，有了好的基本功没有实践也是不行的。本事是靠练出来的，我们要有勤学苦练的精神，要注重操作层面的实践。

第五，要有认真的态度。为什么人多的时候，菜的质量往往会逊色？但是一家好的餐馆，在它的接待能力之内，不管人多人少，菜肴的质量都很稳定。这说明他们有一丝不苟的态度，每一道工序、每一样调料都不能省。“认真做好一道菜”是我们应该有的基本态度。这不仅关系到餐厅的品牌，也是厨师个人的品牌。

第六，以赛带练。这也是一种提高厨艺的好方法。当我们在参加比赛的时候，会调动全部的精神，这本身就是对自己技艺、创新等各方面能力的激发，是一种很好的方式。

这是对厨师的几点建议，当然我们也会创造条件尽可能地让厨师去外面走走，开阔眼界，毕竟，直接的感受对厨艺的进步作用更大。

引导市场，引领横店餐饮业①

目前，我们横店影视城旗下各宾馆餐厅众多，应该能满足不同客人的需要，但是离真正得到市场认可还有一段距离，除了一些客观因素，我们还要反求诸己，下功夫努力。

第一，管理者、一线员工都要动员起来，树立一种紧迫感。现在社会餐饮已经对我们形成一股强大的竞争力，这时候我们不应该退缩，而应该有敢向潮头立的精神，要成为横店餐饮业的引领者。

第二，培养一支有创新能力、稳定的一线厨师、服务队伍。加强我们自身的力量，这是我们最要下的功夫。

第三，对现有餐厅进行市场定位。装潢、器皿、服务规范等方面重新规划，各企业根据自身情况进行调整。有些餐厅已经定位很准确了，但是仍然要思考如何精益求精，更上一层楼。一些到目前仍定位不准确的餐厅，要迅速找到自己的定位。

第四，创新营销手段。当我们设定了准确的定位、改善了环境、提高了菜肴品位、服务质量之后，接下来就要依靠我们有效的营销。过去我们

① 目前，横店影视城餐饮管理公司在做好团队餐这一主业的同时，已经进军景区，致力于打造主题餐厅和美食街。2015年，在广州街·香港街景区成功开发出了“潜伏西餐厅”，受到游客们的热捧。还在广州街景区的遮打街上，将零散的14家餐厅集中连片经营，打造出了一条美食街，既大大满足了游客在景区内的用餐需求，也为景区增添了一道别致的景观。餐饮管理公司全年开展了120次培训，组织了厨艺大比拼、斟酒比赛、粗加工比赛、食品安全比赛等，员工们的专业知识和技能得到了进一步的提升。

对“全员营销”有一个误区，认为全员营销就是要每一位员工都去跑业务、拉客人。这种想法是错误的。营销就是专业、专职的营销，公司从来不主张每一位员工都参与到第一线的有指标的直接营销。“全员营销”的概念是指：比如，厨师烧好一道菜，客人有很好的评价，仍然想着下次来吃，这就是一种很好的营销行为。服务员的良好服务本身也就是营销。营销员拉进来一个客人很不容易，如何留住客人，让这位客人再来？就需要我们内部每个人的努力，这就是全员营销。所以，“全员营销”的概念是指每个人各尽其职，精益求精，让一次性消费变成连续性消费，让来过的客人有再来的愿望。这才是最好的全员营销。

第五，各级管理人员做好管理工作。把好每一关，用低于市场平均价的价格进到相对比较好的原材料。杜绝跑、冒、滴、漏，尽量减少原材料的浪费，提高我们毛利率中的净利水平。

总之，回顾过去，我们公司在餐饮上的成绩还是不错的，去年我们成功接待了近五百万人次游客的吃、住、游、购，这是一桩了不起的大事，公司员工付出了很多心血。正因为如此，展望未来，我们有能力、有必要继续前进、继续发展，为公司、为个人创造更美好的明天。

7 从三气到五气：悟到往来唯一气①

这几年来，在如何经营、管理、营运的问题上，我结合具体工作谈了不少案例，强调要科学严谨、规范有序，效果是有的，大家取得的成绩也

① 摘自2010年12月26日《品牌价值观里的“三气”和“五气”》一文。“气”是中国哲学思想中独有的概念，由先秦思想家提出直到清代，2000余年间绵延不衰。按照“形而上者谓之道，形而下者谓之器”的区分标准，“气“就处于道和器之间，是形而上和形而下的交接点。“气”的概念体现了中华文化的一个特征，也就是一种整体智力，在我们现实生活中就叫作“气”，人本身就是气的聚散所致，其生死、善恶、荣辱等都可用“气”来说明终级原因。如汉代王符所说，“是故道德之用，莫大于气。道者，气之根也；气者，道之使也。”本文以“气”纵论企业的品牌价值观，发前人所未发，直探文化上的本源性与超越性。

有目共睹。但在实际工作中经常会出现这样的情况，就是当我针对某个阶段的主要问题予以强调时，下面在具体的理解、执行中往往会有偏差，甚至会发生一个倾向掩盖另一个倾向的情况。

对此，我针对性地提出“三气”与“五气”，希望各位不要机械化、绝对化地理解。比如，当我们要求各企业总经理对下属员工要和气时，千万别认为这是叫你放纵他们的违章行为。在2010年里，我们对公司的管理制度进行了修订，并对“公司品牌”这部分内容予以增补，提出在我们的团队和经营管理中营造“三气”氛围，即经营要“大气”、管理要“小气”、营运要“通气”。

经营要“大气”。这是指在经营中不要只紧盯眼皮底下的一时得失，要从大处着眼，立足高远。比如我们对各企业是有利润考核的，那么，企业怎么挣钱呢？公司的品牌价值观里有一个重要的理念是“和谐共赢”，也就是说，在与别人合作时，一定要保证有钱大家一起赚。要立足长远，有时甚至要让合作伙伴多赚些。2010年，营销公司直接的营收成果是1.6亿元，在我们整个公司的营收中占了很大比例。为什么能出现今天这样的业绩？就是因为我们在经营的过程中，从一开始就让与我们合作的旅行社有利可图，让他们能够从中得到不菲的收入。只有这样，别人才会竭尽全力地帮我们长期输送客源。其实稍加留意就会发现，类似的事情在我们企业日常的经营管理中已经多次发生过。比如对待经营户，如果当年我们不创建一个好的平台，让经营户们年年都能获得可观的利润，赢得他们的信任和口碑，我们景区今天的商铺经营不可能有这样火爆、繁荣的景象。2011年的商铺招标总收入更是在去年的基础上增长了30%以上。像刚刚划入我们公司的华夏文化园景区，去年总的商铺租金还不到12万元，商铺的日常经营也很困难，但到了今年，我们还未做什么改变，只是对外承诺2011年会保证这个景区的游客量在25万人次以上，结果在店铺总量减少的情况下，该景区总的租金却达到了90多万元。古人说:“将欲取之，必先予之”，我们在企业经营中一定要牢记，包括在对外的谈判、采购设备等方面，都要坚持这一原则。或许直到现在还有人觉得拖欠别人的款项是件很占便宜的事，这是不对的，因为这点小便宜早晚会让你付出代价。比如设施设备，等到你需要更新或者维修时，人家肯定也会拖。一旦别人对你形成一个不讲信誉的印象，这次生意过后，人家就不愿再跟你继续合作下去，而如果在这个行业圈里大家都这样看你时，肯定会联合起来排斥你，这样你最终会成为受损害最大的人。所以，只有对方的利益保障了，我们才能赢得自己的利益，这是一个共赢的过程。

管理要“小气”。这里指的是要从小处着手，精细管理，要坚决杜绝不必要的开支，避免一切浪费行为。在这个原则下，我们的管理就要显得“小气”“抠门”。就像我们说起节约就会提到“跑冒滴漏”①。首先，显性的“跑冒滴漏”我们解决了没有？目前来看，这样的情况肯定还存在。隐性的“跑冒滴漏”有没有引起我们足够的重视？同样是宾馆客房里的用水，其水流量大小就要区别对待。对于洗澡用的淋浴龙头要有足够的水流量保证客人的舒适度，况且水流量太小容易让人产生洗不干净之感，客人待的时间越长，反倒越浪费水。而洗脸盆的水流量则要小，这样无论是方便客人还是节约用水都有益处。要控制好水流量并不难，只需要对开关做

① 精细管理案例之一：2009年4月23日，横店影视城决定奖励杜炎平同志两次分别为现金3500元和1500元，并在公司内部通报表彰。经核查，2009年1~3月，酒店服务公司4吨锅炉的每日用水量偏大，但一直找不出原因。检查发现水池表层有空洞现象，确定水池漏水，但锅炉不能停用，水池不能放水修补，一时无法解决。3月30日，首席工程技师杜炎平会同工程人员降低水位进行观察，发现水池上方有多处池壁被回水冲刷，被腐蚀得坑坑洼洼且钢筋外漏，导致漏水。查到原因后，杜炎平迅速采取安装浮球控制水位的方法降低锅炉用水，在其他条件不变的情况下，正常用水量降至10~15吨，平均每天节约用水约30吨，年节约水费约35000元。之二：酒店服务公司供应度假村客房的热水日用水量一般在30~40吨左右，2009年3月26日，杜炎平在抄水表时发现度假村客房热水用水量达81吨，27日突然猛增到135吨，立即将此情况反馈给酒店管理公司，并帮助分析和查找原因，结果发现是度假村二号楼至三号楼的地下热水管道漏水和六号楼热水总管爆裂。由于发现和处理及时，使企业避免了更大的损失。之三：2009年11月，酒店管理公司对旅游大厦工程部人员进行了奖励，并通报表彰。该公司为了切实降低成本，每月将每个宾馆的水电、燃料用量按照每天每间用量进行比对分析，发现旅游大厦用水量严重偏高，工程人员怀疑大厦存在漏水现象。旅游大厦工程部经过认真检查，发现大厦内很多马桶使用后下水阀不能复位，导致严重下水直排现象，相当于每天都有几十个水龙头24小时不停放水。该工程部以最快的速度对其进行全面检修、整改。自4月份整改后，该大厦用水量从原来的每间住房1.3吨下降到0.6吨，水能耗下降50%以上，经估算，一年可以节约水费十多万元。

个调整就行了，关键是要引起重视，是在该节约时如何做到“抠门”程度上的节约。

在清明上河图景区，我看到一个台阶竟然用15公分厚的花岗岩来做，有这个必要吗？本来三公分厚的石板就可以解决，何况用另一种材质换下来既不影响使用，也不影响美观度，费用更是可以省很多。这就是在施工现场需要考虑的节约问题。

再如设施设备的采购。如果在设备的10个功能中，我们只用到了一两个，那就没有发挥设备的最大效用，这也是一种变相的浪费。此外，还有对人力成本的节约和合理安排。一个人能做好的工作，就不要安排两个人，若是一个人超负荷地做仍然做不完，再考虑增设人员。现在在我们的岗位中，仍存在苦乐不均的情况。有些人的工作很轻松，有些人则每天疲于奔命，这种情况持续久了肯定会出问题，需要从管理上一点点去“抠”。当然，我们所说的“抠门”绝不包括另一个层面，即对员工的待遇和劳动保护，比如室外或夜间值班员工的取暖问题以及员工的用餐，这些方面不仅不能抠门，而且要加大投入的力度。

营运要“通气”。所谓的通气，就是要保证信息流的通畅。在日常的经营过程中，我们的企业是一个整体，任何单位都不是独立的存在。营销公司营销员把客人引进来以后，如果没有景区、宾馆、演艺及其他后勤保障的配合，是完成不了整个接待的。如果本部下达的文件指示仅仅到下属企业负责人这个层次，并没有传达到每位员工，或者一线员工的诉求没有传达到公司本部，都是没有做到上下“通气”的表现。正如中医学上所说的“不通则痛，通则不痛”，我们的企业要想避免那些常见的企业病，就要保持信息的流畅。信息就是生机，信息的转交就是责任的转交。“通”包括上下左右里外等多个方面，信息的不通畅，既有因传递上的不及时引起的，也与接收的及时性和主动性有关。除了公司建立的标准和制度，每个人都要具备接收这些信息的主动性。

在今后的管理过程中，以上这“三气”是我们企业必须要坚持贯彻的。作为个体来说，我们还要坚持“五气”，这也是我们品牌价值观里

"修己安人"中所包含的内容，君子反求诸己，"修己"是每位职业经理人需要终生坚持做的。

我们这里讲的"五气"是指做人要有"浩气"，做事要有"灵气"，交往要有"义气"，相处要有"和气"，团队要有"正气"。

做人要有"浩气"。所谓"浩气"，就是做人要坦荡、率真、光明。作为职业经理人，除了商业机密，自己的工作没有不可对人说之事，包括工作进程、目标等，都不能藏着掖着。在日常与人正常的交流中，对下属和同事必须要率真，不能存有任何阴暗心理，要把自己主要的精力放在工作上，千万不能在我们的企业中形成勾心斗角的气氛。

做事要有"灵气"。所谓"灵气"，指工作中的敏感性，遇见问题能够举一反三。就像不久前我们在公司通讯上刊登的会议案例一样，若酒店在接到相似度非常高的两个会议后，能马上进行详细的联系和核实，就不难发现他们其实是一个会议，是对方为了达到压价的目的而故意做的试探。

只有你心里始终装着工作，对任何事不敷衍，才能逐步养成高度的职业敏感性，职业敏感来自于全身心的投入。我们公司在市场开拓时一直坚持的"一城一策"，其实质就是高度的原则性和灵活性的结合。

交往要有"义气"。"义气"在我国曾是个很有分量的词，若说一个人很仗义，很有担当，那是对他很高的表扬。尤其是对一个男人，有没有担当更是对他最主要的评价。后来，"义气"一词有了些变化，经常被称为"封建义气"。我们现在提的"义气"，是公司品牌价值观里"义利并重"中的"义"，与人交往时，一定要坚持做到"义"，要有担当，乐助人，讲信誉，同时对自己有自律、自强的要求。

相处要有"和气"。"和气"一词特别适用于我们服务行业，在与客人交往的过程中，态度一定要好，让人如沐春风。同事之间，更要提倡和气，这里的"和气"不是无原则地和稀泥，对工作仍要严格要求，但日常交往一定要做到"和气"，和颜悦色，尤其是上级对一线员工，态度要和蔼，不要动不动就发脾气，要在我们公司里形成一种良好的企业氛围。

团队要有“正气”。在我们公司尤其是在管理团队中，绝对不允许有包括违反集团和公司的规章制度，玩忽职守、敷衍工作等等任何歪风邪气的存在。我们要让外界感受到——横店影视城这支队伍是高度负责任的，是值得信赖的，员工都充满着热情，对工作认真负责，精通业务。只有这样，我们这支团队的正气才能树立起来。古人常说“人在做，天在看”，“天”是什么？你本人就是“天”的重要组成部分。如果自己愿意努力去做，领导在与不在都是一样的。而那些阳奉阴违、尔虞我诈的现象只能阻碍企业的发展。

8 佛教文化旅游的横店探索之路①

佛教发源于距今2553年前的古印度。东汉永平十年（公元67年），佛教传入中国。佛教文化是人类传统文化的重要组成部分，在人类文明薪火传承的过程中，深刻浸润着人们的思想意识、生活习俗等方方面面，在人类文明的大地上构成了一道独特的风景线。

佛教自东汉传入中国后，千百年来，一直是中国人民的主要信仰之一。其间经历代高僧大德的弘扬提倡，许多帝王卿相、饱学鸿儒也加入这个行列，使佛教深入社会各阶层。佛教哲理与儒、道等相结合、相融会、相激荡，汇入源远流长的中华文化，形成中华文化的主流之一，使中华文化放射出灿烂辉煌的光芒。旅游，是人们为寻求精神上的愉快感受而进行的非定居性旅行和在游览过程中所发生的一切关系和现象的总和。旅游既是一

① 2010年9月26~27日，第二届“和谐之韵”民族宗教论坛暨2010佛教与旅游论坛在浙江新昌县举办，浙江横店影视城有限公司董事长兼总经理段旭应邀出席，并作了《佛教文化与旅游业发展的横店探索之路》专题发言。

种经济现象，也是一种社会文化现象。它所产生的社会影响，对佛教文化的传播和发展所起的作用，已越来越受到各方面的关注。

规范寺院管理，确保修行弘法主旨

集影视旅游主题公园和自然景观于一体的横店影视城，是国家5A级旅游景区，对于佛教文化与旅游业的共同发展一直很重视，进行了持续多年的有益探索。作为横店影视城唯一的佛教旅游景点——横店大智禅寺于1995年被浙江省人民政府列为对外开放的佛教活动场所，是佛教信众顶礼膜拜的地方，也是游人观光览胜、游憩休闲活动的好去处。横店大智禅寺始建于南梁大同年间（公元544年），距今已有近1500年的历史。由于历史沧桑，朝代兴替，寺院屡毁屡建，终在上世纪五六十年代毁坏。为顺应民意，弘扬佛法，中国特大型民营企业横店集团全资于1995年成功将其重建，并由横店影视城统一管理。修复后的大智禅寺古风犹在，青山环绕，气势恢弘，巍峨壮观，香火旺盛。其主殿大雄宝殿拥有全国室内最高的释迦牟尼佛，高达28.88米。多年来，我公司依托横店大智禅寺从开发佛教文化旅游资源着手，丰富寺院活动内容，营造浓厚的佛教文化氛围，使寺院对游客、信众产生了越来越大的吸引力。

佛教寺院首先是宗教场所，是佛教徒修行、弘法的地方。而旅游业则属第三产业，是以追求赢利最大化为目的的。虽然二者之间有着基本的差异，但它们也有共同点，那就是在“社会服务”这一层面上是相同的。

我们接管横店大智禅寺后，在政府宗教管理部门的正确指导下，全面正确地贯彻执行宗教信仰自由政策，努力保护好宗教团体和寺院的合法权益，保护宗教教职人员履行正常的教务活动，保护信众正常的宗教活动，不干涉宗教团体内部事务。同时我们认为寺院要想获得更好的发展，需要实行企业化运作。这是市场经济发展的必然趋势，也有利于佛教文化更广泛的传播。横店大智禅寺虽纳入旅游管理体制，归属横店影视城统一管理，但在具体管理的过程中，不管是外围秩序，还是内部经营，横店影视城公司处处以维护佛教仪规为原则。我们始终坚持大智禅寺首先是宗教活动场所，其次才是旅游休憩去处，目的就是尊重佛教僧人与信众的合法权益，实现佛教文化与横店旅游业的相互促进，共同发展。佛教事业仍归属宗教团体管理，同时也督促僧人、信众理佛皈依按佛教仪规执行，在潜移默化中将佛法加以弘扬。由于理顺了管理体制，明确了各方的职责和权益，充分调动和保障了各方的积极性，横店大智禅寺访客逐年增长，香火持续旺盛，使这座历史上的浙中名刹在市场经济日益活跃的今天重放异彩。

让旅游活动依附于佛教，让旅游功能有助于弘法

大智禅寺作为宗教旅游景点，一直以来都将“取之于寺院，还之于寺院”作为宗旨。我们在日常管理中考虑更多的是香客的实际需要，而不单纯考虑经济利益最大化。基于这样的定位，寺院积极拓展其社会公益性功能。公益的特点在于各取所需：信徒在寺院过宗教生活，祈求心灵的安抚；僧人在寺院用功礼佛，为信众提供佛法和信仰方面的支持和咨询服务。

横店影视城到目前已累计接待了近800个中外影视拍摄剧组，他们当中有三分之一选择在大智禅寺举办庆祝开机仪式或关机庆典活动，众多中外影视名流都把大智禅寺视作事业兴旺、生活吉祥的福地。在进香方面，大智禅寺对所有香客一视同仁，对佛事收费明码标价，对有需要的信徒祈福依时间顺序合理安排。寺院与香客之间形成一种良好的精神互动，信徒自愿为寺院捐赠善款。自开放以来，大智禅寺将获得的收入和信徒供奉积极投入到寺院建设，如法堂、禅堂的修缮，为佛像重塑金身；或用于社会福利事业，范围涉及慈善、救济、医疗、教育、文化、弘法等方面。大智禅寺每年都开展给敬老院送爱心、向东阳市春蕾学校赠送学习用具、举办慈善义诊等活动，在社会上赢得了上佳的口碑。

在风云变幻、竞争日益激烈的现代社会中，人们面临着更大的生存压力和挑战，迷茫彷徨是当今社会人们比较普遍的现象。不少人都渴望在喧

器躁动的世俗生活中，拥有一个安祥纯净的精神家园，让身心得到休憩和寄托。为此，我们在旅游市场上推出了“精神减压之旅”，让游客在欣赏体验横店影视城充满特色和魅力的影视文化旅游产品的同时，也在清静幽深的寺院感悟佛教文化的博大精深，顿悟人生真谛，缓解精神压力。许多游客对此评价很高，普遍反映很有收获，心灵得到净化。在平日，大智禅寺每逢佛教节日、法会、庙会期间，都安排僧人给信众讲经。僧人是寺院发展的核心，寺院应在传统基础上与时俱进，培养一批高素质的僧人。僧人是否拥有良好的形象，具备足够的宗教知识和道德修养，决定着能否对游客和香客产生号召力。

某些寺院借助佛教名义，强制要求宾客买开光法物，遭到舆论非议。针对目前一些寺院商业气息浓厚的现状，横店大智禅寺想方设法营造浓厚的佛教文化氛围。包括：在基础设施、环境布置等各个细节上体现佛教文化特色；对法物流通处经营范围进行合理界定，增进佛教文化氛围。另外，在寺院走廊通道、树上挂上一些小牌子，写着佛经对人生的感悟，奉劝世人向善。

运用现代传媒手段，大力弘扬佛教文化。我们公司主办的“横店影视城网站”专门有对大智禅寺的介绍和相关的游记文学作品。在我公司主办的《横店影视旅游》报上，经常刊载对大智禅寺的宣传文章。我公司主编并由国家级出版社中国社会出版社公开出版发行的《中国好莱坞》《你来了，所以你快乐》《每次都有新发现》《梦想成真》等书籍，都收录了大量宣传大智禅寺的文章。在接待中外媒体记者时，我们也会热情地向他们介绍横店大智禅寺。通过运用现代传媒手段，横店大智禅寺已进入了更多不同年龄阶段、不同文化背景的各类群体，有效地弘扬了佛法。

不断拓展寺院功能，大力发展佛教旅游

寺院一般具有双重身份，即宗教场所和旅游景区。其核心身份是宗教场所，如果失去了其宗教价值，其旅游价值也会大为逊色，最终导致不可

持续发展。寺院需要更深层次保护佛教文化。一种是物质文化，即保护宗教文物古迹原来的价值、意境和特点，需要同时重视保护周围大环境，保持佛教旅游产品与环境的和谐一致。另一种是精神文化，营造浓厚的宗教氛围，加强宗教文化底蕴。我们在以下几个方面进行了尝试和探索，既进一步拓展了寺院功能，又大力发展了佛教文化旅游，使佛教文化与旅游经济相得益彰，共同发展。

（1）鸣钟祈福迎新年

钟鸣盛世，祈福安康。“鸣钟祈福迎新年活动”是我国传统习俗之一。作为我国最重要的传统节日，迎新年活动意义重大，因此，与主题相契合、意义非凡的活动更是让人喜闻乐见。横店大智禅寺自推出“鸣钟祈福迎新年”活动以来至今已举办九届，在举办活动的同时，寺院推出“烧头香”活动，并安排了舞狮、文艺表演等丰富多彩的节目。法师按宗教自有的祈福仪式邀请地方相关领导、影视明星等出席，和游客代表一起敲响迎接新年的钟声。日趋丰富的活动内容将大智禅寺的对外影响不断扩大。多年来，“鸣钟祈福迎新年活动”不仅成为横店当地“闹春节”的重头戏，更是一场佛教文化盛会。每年都有上千名中外游客和各地信众慕名而来，聚集在大智禅寺钟楼前的广场上共同祈愿、欢庆。

（2）供奉佛祖舍利

在中国乃至全世界数亿佛教信众心中，佛祖舍利都占有至高无上的地位。广大佛教信众视亲瞻舍利为一次不可思议的殊胜因缘。2002年2月佛指舍利赴台湾供奉，参加信众多达400余万，而且舍利供奉法会大多伴随着种种灵异现象出现，善男信女都将能参加这样的佛事活动看作是一生中最大的福报。2010年，横店大智禅寺举办的西安大雁塔佛舍利供奉瞻礼系列活动，参与人数高达4万。

（3）举办佛教音乐会

佛教音乐是中国音乐文化的重要组成部分，是中华民族的宝贵文化遗产。佛教传入东土以后，其音乐风靡天下，而音乐的感染力和传播功能较之其他艺术更加强烈。同时，佛教音乐特有的韵味很吻合人们宗教膜拜和祈求幸福的心理。其音清新典雅，超凡脱俗，其韵幽远深长，唱者身心合一，物我两忘；闻者胸襟豁然，神游情动，使人意念净化，于袅袅音声中细细体味人生真谛。从医学的角度说，舒缓平和的音乐还能起到缓解人体的紧张焦虑等情绪，调节生理功能的作用。2006年10月29日，电影《一轮明月》首映式暨纪念弘一大师佛教歌曲演唱会在横店举行，著名演员濮存昕、电视剧《西游记》中唐僧扮演者徐少华、电视剧《济公》中济公扮演者游本昌等明星为听众奉上了动听的佛教乐曲，吸引了3000多名听众慕名前来。

(4) 举办法会

每年的“观音菩萨圣诞”“释迦牟尼圣诞”“药王菩萨圣诞”“地藏王菩萨圣诞”等佛教传统节日，横店大智禅寺都会以独特的方式举办法会，同时备素斋招待信徒祭拜以结善缘，增进功德，在一定程度上促进了横店旅游业的发展。

(5) 提高内在底蕴

通过增强自身的宗教文化修养来提高内在底蕴。就寺院内部而言，鼓励僧人之间互相探讨佛教问题，并以讲座、辩论等形式增加僧人、工作人员对佛教思想的理解深度。

(6) 为信众往来提供便利条件

适量开放一些房间作为俗众居住的客房，使之更深一步体验佛教文化。为游客和香客提供素斋，宣扬佛教的众生平等及素食文化。

(7) 开展生活禅活动

在法师的带领下，过寺院清修的僧侣生活。包括品禅茶、聆听禅师授课、静坐禅修等，获得深层体验，这是一种另类休闲方式，又可宣扬佛教精神。

大智禅寺

(8) 突出佛教文化

如挖掘佛教典故、传说。相传中国民间家喻户晓的佛门奇僧济公曾在大智禅寺盘桓四年（1182-1185年），并募资修葺寺院，留下千古佳话，这也成为游客、信众追踪大智禅寺文化内涵的一大亮点。

大胆探索，勇于实践，走出一条佛教与旅游和谐发展的新路

2009年，横店影视城共接待中外游客584万人次，同比增长15.67%；2010年1至9月份，接待中外游客达576.87万人次，同比增长了35%，其中，仅大智禅寺景区2009年全年游客造访为36万人次；而2010年1至9月份，大智禅寺造访游客已高达62.32万人次，比上年同期增长119.5%，增长势头甚为喜人。可以说，不断增多的游客走进横店大智禅寺，既满足了他们礼佛、修行的精神需求，也是对我们将佛教文化与旅游产业结合发展所付出努力的一种肯定。我们在发展横店旅游产业的同时，注重体现佛教慈悲智慧、关怀人生、安宁祥和的独特深厚文化内涵，提高佛教历史文化品味，保护生态环境，把横店大智禅寺建设成为可以修养身心、陶冶性情、升华精神境界的地方，这对弘扬中华民族传统文化、推动文明建设也有很大的促进作用。

佛教文化是中国传统文化的重要组成部分，有着很大的市场潜力，为现代旅游业所看重。我们认为，只要正确处理好佛教文化旅游资源开发问题，就能够最大限度地发挥当前形势下的各种有利因素，使佛教和旅游业互促互利，得到和谐发展。由此可见，开发佛教文化资源，对旅游业的发展有重要意义；而旅游业的发展，也有利于佛教文化的传承、交流与弘扬。大智禅寺虽隶属横店影视城管理，但近年来随着知名度不断提升，香火日渐兴旺，既然发展旅游业对佛教文化起到一定的促进作用，我们横店影视城就将坚持做下去。倘若有一日大智禅寺有一位德高望重的住持能够

胜任寺院管理，同时有一批固定的信众支持，以宣扬佛法为前提，以促进社会和谐稳定为标准，我们将考虑给予其充分的自主权，放手让佛教界人士完全自主经营管理。

总之，只要有利于佛教文化的传播和地方旅游经济的相互促进、和谐发展，我们就会积极去做，大胆探索，勇于实践，为佛教与旅游界提供有益的启示。

9 品牌题目太大，我们应该化大为小①

什么是品牌？很多人做企业都想做品牌，但真正做起来又不知所云。如今，书本、网络等各类媒体将品牌说得天花乱坠，其实品牌没那么复杂，它有一个策划、传播、维护以及不断加强的过程。

何谓品牌

网上有一段调侃，我觉得用在说明品牌上比较形象：某男生追求某女生，对女生说："我很棒，我会给你幸福的。"这叫推销；而另一男生则对女生说："我爸爸有三套房子，如果你嫁给我，以后这些房子就是你的了。"这是促销；还有一位男生长得非常帅气，在女生面前一出现，不凡的谈吐气质一下子就迷倒了女生，女生看到之后就喜欢他了，这叫营销；最后说的是男生还没有出现，女生周边所有的人就已经对男生夸赞不已，女生也心生向往，这就是品牌。这是一个调侃，但用到品牌上很精到。作为一个旅游景区，倘若真到某一天，大家口口相传，没有去都已经非常向往了，那就说明你的品牌已经确立了。

① 摘自2011年3月24日《旅游景区的品牌建设与推广》一文。

有一点大家都应该深有体会。如果是一个名不见经传的地方，有人问你想不想去，你肯定会问那个地方在哪、是否好玩、是否值得去等一系列问题。但如果有人问你去不去夏威夷，相信90%以上的人都会说我想去，因为想象中的夏威夷是迷人的，很浪漫。其实夏威夷很普通，就是阳光、沙滩、气候宜人，还有很好的服务。再如巴黎等世界各地浪漫的城市，一提到它们，大家都会心向往之，这就是品牌。

品牌其实就是名气大，而且是正面的、有独特指向的名气，如法国巴黎的浪漫，美国西部的粗犷、苍凉与雄浑，它们都有一个正面的指引。品牌的题目很大，我们应该化大为小，转化到工作能涉及到的范围来看品牌。因此，我们在做旅游、做品牌之前首先要确立将来的目标——要做成怎样的景区。品牌的确立是一项先行工作。

品牌的确立

中国景区的分类有很多种，很多专家教授说法不一。我从事了20多年风景旅游工作，差不多跑遍了中国的名山大川，也看了世界各地旅游做得比较出色的国家。根据中国现状，我个人将其大致分为如下几类：

(1) 风景类

大家都知道九寨沟、黄山、雁荡山。从文化底蕴上看，九寨沟其实并没有什么文化，它原本只是一些藏族的小寨子，也没有寺庙、皇帝的故居等古迹，更没有大禹治水之类的传说，但谁敢说它不是一个顶级的景区？黄山不像五岳有深厚的历史文化积淀，到黄山无非是看黄山松、黄山云、黄山石。但是，“天生丽质难自弃”，黄山是浑然天成的。虽然它开发得比五岳还迟，但从品牌效应来说，五岳的名气却不如黄山。黄山这类景区在中国并不多，它们是大自然经过几亿年的积淀保存下来的，是可遇而不可求的珍贵资源。

(2) 名胜类

这是中国的一大特色。中国五千年的文明史超越了世界上的所有民族。四大古国中能将文化传承到现在并真正有完整脉络的只有中国，所以中国名胜类景区远多于国外。虽然从古代流传下来的原汁原味的东西已经很少了，但在这一点上，中国仍然可以在全世界称为一流。名胜类当中有：

①**名建筑类**。中国的建筑和西方的建筑不一样，中国的建筑历来是以砖木结构为主，秦砖汉瓦这么多年都没有改变过。建筑一直以来是“形断神不断”，一座房子被火烧毁了，重新盖起来，还是古迹。不像西方的很多古迹，如古希腊的一些建筑、雕塑由花岗岩大理石雕刻而成。中国很多的建筑都是复古的，这就是神没有中断的表现。像四大名楼——岳阳楼、黄鹤楼、鹳雀楼、滕王阁，因名人、名篇而得以生存，且颇具知名度。当我们看到黄鹤楼就会想到崔颢和李白的七言律诗，看到岳阳楼马上就会想到范仲淹的《岳阳楼记》。还有王之涣的《登鹳雀楼》，如果只说“鹳雀楼”没人知道，但一说起这首诗，连小学生也能背出来。也就是说，中国的名胜作为文化永远不会中断，神也会延续下来。这就是文化为魂的道理。

②**名园林类**。很多有名的园林，如颐和园很大一部分就是从江南仿建过去的。包括被焚毁的圆明园，实际上大部分还是园林建筑。如西湖的小瀛州，在北方承德山庄里面也有出现。圆明园瑶台胜境也仿照了西湖小瀛州，里面也有三潭印月。它都有文化的传承，如苏州园林本身就是从私家花园发展而来，后来逐渐形成体系。

③**名人故居类**。名人故居很多人都去过，如曲阜的“三孔”、毛泽东故居等，因历史传承、人文积淀而形成。注重文化传承以后，它就会经久不衰。

(3) 兼容类

它既有美丽的自然风光，也有很深的人文历史积淀，人文积淀甚至超过了它本身自然风光的吸引力、影响力。杭州西湖就可以称得上这样一个风景区。现在杭州在人们印象中就是一个风景城市。一说到杭州，可能大家记不住它里面具体的景点，但杭州的概念已经有了，它就是一个风景城市。如果杭州没有大量的人文以及文化积淀，而仅仅只有一个西湖，它未必能达到今天这么大的名气。所以风景旅游区在确立品牌时，要有参照和借鉴。

(4) 社会类

如工业观光型、农业观光型、修学观光型、事件观光型、购物型、古镇等与社会活动有关的非传统旅游景区，这一类型的景区现在有发展的趋势。如乌镇，它就是将原来的江南民居进行整合变成一个风景旅游区，甚至还有很多居民住在里面，做到现在非常成功。这种类型融入了更多的社会形态而成为一种社会型景区。有很多知名大学也是这种类型，如北京大学的未名湖畔、清华大学的清华园、武汉大学的樱花等等。义乌也在短短几年内依靠小商品城的旅游人数感召力变成一个旅游强市，它已经不是单纯的小商品城，将来还会成为一种新的业态。

(5) 主题型

这一类型是当今世界的大潮流，主题非常鲜明，风格独特，大量的参与性、游乐性取代了走马式的观光。这类景区发端于美国，它实际上是人造主题公园，是一种以游乐为目标的模拟景观的呈现。它最大的特点就是赋予游乐形式以某种主题，围绕既定的主题来营造游乐的内容与形式。园内所有的建筑色彩、造型、植被和游乐项目等都为主题服务，共同构成游客容易辨认的特征和游园的线索。这类主题公园的典范是迪士尼乐园、环球影城、华侨城系列。

2009年，排在前十名的世界游乐园、主题公园，它们的游客量都是不可思议的。美国佛罗里达州有四个迪士尼，其中魔术王国一年的游客量就达1723.3万，这还不是人次，而是人数。通常一个景区一年能接待几百万人次的游客量，我们就已经觉得不得了，而人家竟然接待了一千多万人。这种场面不去现场了解是很难想象的。像韩国的爱宝乐园，它拥有全世界景区中最大的停车场，足足有100多公顷，起码能停五万辆车。它的指向非常明确，主打家庭型、散客型的游客，没有团队。要特别强调的是，这会成为中国将来的主打方向，人造主题公园会承载很大的客源。华侨城的欢乐谷稳居中国游客量第一、营收第一，北京故宫、长城等老牌景区的游客都无法和它相比。从这些现象都能看出未来旅游行业的发展趋势，我们必须要重视主题公园的研究。

中国主题公园的发展经历了一个曲折的过程，以1989年深圳的锦绣中华为发端，到1998年国内主题公园迅速发展到几千家，并以投资10个亿的福禄贝尔关闭为一个阶段。到2006年，全国主题公园有10%实现了赢利，20%持平，70%亏损。以杭州的两家为例，宋城持续赢利，未来世界继续亏损，最终关闭。近几年全国各地的主题公园开始了新一轮的开发，到2009年全国大大小小的主题公园已经有2500家，其中已经有45%是持平的，25%是赢利的。这个趋势非常好。主题公园在经历过低谷后，在将来的若干年内仍然会占中国主流，这也代表了旅游景点的前进方向。它的管理体系引领着市场，就像中国很多主题公园、景区都在搞主题演出，如《宋城千古情》，这些都是从主题公园首先发力的。

(6) 休闲型

由这个概念我们想到，它在某种程度上也确立了一个品牌。就像三亚，大家不记得它的鹿回头、南山、天涯海角，但它却是南方的一个冬季度假胜地。再如夏威夷，虽然它没什么景点，但去过的人都反映说很好，气候宜人，旅游设施齐全，购物、餐饮都非常优良。它的休闲概念就油然而生了。这种休闲城市的概念，是点点滴滴汇聚而成的。

从景区的角度来看，更要注重观光、休闲相结合的复合型景区。就像杭州的西溪湿地，风光非常好，只要品牌确立，推广一旦成功，相信会有大量的游客过来，而且绝对不亚于西湖周边的景区。结合西溪的实际情况，它肯定走不了灵隐寺、三潭印月的道路。杭州的观光景区多，还有很多免费景点，西溪如果是纯粹的卖门票，会出现问题，但如果把休闲的概念融入进去，让杭州的市民觉得不一定要到梅家坞喝茶，到西溪湿地休闲也很好。当然，休闲的范围很广。把休闲文章做足，把它变成复合型的，景区的竞争性会更强。由观光促进休闲，由休闲促进观光，更符合今后的发展方向。

所以，品牌的确立要事先认准整个旅游行业的现状以及将来的走势。在这个发展和走势中，我们要把所处地区周边、隔壁城市的景区有怎样的同类产品以及异同点摸透，找出差距设计品牌。今后景区的对外口号、营销指向即游客层面，都要按照品牌设计的思路进行，拥有自己的游客群。

十年前我到横店，我们做的第一件事就是编品牌手册。我们既然是旅游拍摄基地，就要提防强势单位形成的冲击。如环球影城到杭州来了怎么办？这个问题当初我们就思考过。但是不管进入什么品牌，我们都要坚持自己的文化，因为我们有依托，从秦汉到民国时期，这些建筑全齐了，虽然“形”不是我的，但“神”传下来了，这是中国的文化。我们以这个得天独厚的历史资源作为基础，然后进一步强化，今后也绝对不会在人家后面亦步亦趋，反而在概念上要紧紧抓住中华民族文化的主线。虽然影视基地没有历史传承，但现在大量影视剧组进来，就形成了我们独特的影视文化。我们就紧紧抓住影视文化这个魂。那么它的指向是什么？是愉悦的，是一个给人提供快乐的指向。

美国的主题公园都有很明确的指向，进去以后身心放松，非常快乐。迪士尼提供的文化概念是快乐的，游客到这个地方后完全被它的氛围所感染。横店影视城确立品牌时就坚持中国的、影视的、原创的、高科技的、充满魅力的、轻松愉悦的，以及适宜大众的、充满惊喜的、梦幻的、互动的、快乐的品牌景区，这就变成我们品牌手册中所提到的“营造一方健康有益、传承中国文化的乐土”。它的品牌联想是梦幻的、惊喜的、快乐的、亲和的。品牌手册的设计看似有点虚，实际上很重要，一旦确立后，都要围绕它去做。现在横店影视城所做的项目中，糟粕的东西绝不会被采用。现在有些地方动不动搞“十八层地狱”，虽然也有人会喜欢，但它提供的是恐惧，并不是老少皆宜的。说到这里要延伸一个概念，美国的拉斯维加斯灯红酒绿，有些人会认为，这里连赌博都能开放，还有什么事不能做？但事实上它盯得非常紧，没有红灯区。在这方面警方控制得非常严格，它要传承的是一个让全世界的男女老幼都可以放心大胆地去的地方，大人可以进赌场或者购物，小孩可以玩或享受美食，再加上各类主题演艺，还有大量的主题酒店本身就可观可看等等，以致于它变成了全世界的会展中心。很多人结婚都跑到拉斯维加斯去。这就是品牌在设立的时候坚持的一种指向，对游客的一种保证。当初我们也把这些设计进去，那就是亲和的、快乐的，传承有益身心的、健康的乐园。我们打造了《聊斋惊梦》，哪怕这个节目是讲鬼故事的，但我们把它设计得有惊不俗，里面通过声、光、电、电影手法，营造的是月光下面唯美的图像，而不是只有恐惧。这也是为今后打造男女老少皆宜的品牌景区的一种指向。

所以我觉得主题的确立很重要，有了品牌手册后，所有的建设、服务设施都要围绕这个原则，这就是纲。如果纲都没抓准，而是盲目跟风，说变就变，那么人家永远记不住你，也就无法形成品牌。

品牌的开发

当一个景区基本进入营业状态，它的地域已经不可更改，不像游乐设备可以异地重建。那么就要把好的方面强化，把弱的方面摒弃。比如品牌的确立、品牌手册的合成以及基本硬件的投入，这些一旦确立以后，具体要如何开发？

(1) 市场导向、策划先行

在此讲一个案例。改革开放时，深圳华侨城刚刚起步，港中旅马董事长受到香港海洋公园的启发，看到国内改革开放的发展趋势，就想把香港开发房地产这一套方法移到内地来。他到深圳圈了一大块地搞房产开发，但是房产没有由头做不起来，他就想到了建主题公园，开发好主题公园后，再带动房地产。这一思路在当时是比较超前的。那么接下来市场策划如何定？他们当时算了一下，三个600万：香港人口600万；那几年改革开放每一年内地到深圳考察的商务客人有600万；围绕周边一个半小时到两个小时的圈内区域常住人口600万。针对这三个600万来做什么？他选择了三大块，首先建造了“锦绣中华”，把中国的名山大川、名胜古迹在这里用缩微的形式体现出来。然后马不停蹄地把中国的56个少数民族全部用建筑生活形态转移到这里来，建成“民族文化村”。紧接着搞“世界之窗”，把全世界著名的景观在这里浓缩体现。那时候香港人到深圳，看到“锦绣中华”和“民族文化村”后很喜欢。而且它的管理非常到位，当时每个厕所里面都有专业的清卫人员，走过一个人、地上有一滴水就会及时有人来擦掉。现在这种情况很常见，但在当时却是比较超前的。内地去的很大一部分人会在公务之余去一下，看了以后回去都会宣传，说这里能看到全世界、全中国、全少数民族的景观，之后周边的游客也被带动起来。就是凭着对这三个600万的认定，当时华侨城迅速成为中国旅游景区的龙头企业。紧接着又造“欢乐谷”，后来品牌输出，到上海、北京、成都，走的也是景观房产。这就属于市场的导向。也就是说，在做营销、品牌之前，一旦方向确立了以后，要有一个策划的过程。我们说旅游景区要先策划后规划，策划是解决做什么、造什么，规划则是解决怎么造。

(2) 因地制宜，文化为魂

如果说一个景观只有建筑，没有文化，那它是空的。有了文化，它就活了。在这里要强调的是因地制宜，不要生搬硬套，不是自己的不要搬进来。如果是生搬硬套，它仍然是没有生命力的。就像我们说《宋城千古情》好，但要把它搬到横店来演，那将会显得不伦不类，因为它演的是杭州文化。横店影视城本来没有多少文化积淀，如今大量剧组进来了，我们就依托影视文化，这个指向要非常明确。拍了一部《英雄》，留下一个场景，我们把它保留下来，根据《英雄》电影片断编排了《英雄比剑》。这是十年前的第一个演艺节目，到今天仍然受到游客的欢迎。一方面它有原汁原味的场景，棋馆就是《英雄》剧组留下的。然后用演艺手段进行相应的揭秘，让大家现场看电影特技。2003年下半年，我们曾到台湾宣传，讲了半天很多人都说不知道横店，后来我们问他们有没有看过《英雄》，很多人就都表示知道。就是这样借用电影的知名度，把它植入秦王宫，这个地方就活了。后来我们相继植入很多，如《大话飞鸿》《聊斋惊梦》《梦回秦汉》等等，把那些拍过的影视剧题材都借鉴过来变成演艺。

(3) 加大差异，个性鲜明

这一点比较好理解。过去，唐代“苦吟派”诗人“语不惊人死不休”。为什么要“苦吟”？就是为找到一些其他人没有写过的题材、句子和意境，诗人追求的就是一种差异。就拿西湖和西溪湿地来说，现在西湖的名气大，游客在西湖绕了一圈，是否还会去看西溪？这就需要西溪湿地打造出和西湖的差异点：什么东西是我这里独有而西湖是不可能有的？

(4) 社会责任，唯美愉悦

很多人会认为，我们做商业、企业的就要唯利是图，社会责任是国家公益部门做的，其实不是那么回事。美国的主题公园都融入了一种理念，那就是社会责任感。在迪士尼里，不管是“大灰狼”“米老鼠”“白雪公主”还是“小矮人”，传递的都是“善良战胜邪恶”“人性的美战胜丑”的理念。从这个角度来说，社会责任感的最终目的也是为了营销。在这个问题上，应该说国内的大部分景区都做得很好，传承的都是健康的东西。最近武汉市教育局与横店影视城签订了协议，把今年整个武汉中小学生的夏令营活动地点都设在了横店。他们其实自去年开始就外出考察，跑了很多地方，前后来了五次横店，最后给了我们最大的认可。他们觉得我们这里的设施、管理流程相对安全、放心。我们所做的一切都是建立在社会责任感之上的，这些跟品牌设计、开发都有关系。

(5) 权宜应变，创新不变

一个景区不能千年不变，必须随着时代以及所处地理位置的发展而发展，随着周边环境的变化而应变。哪怕是个古老的地方，里面也要有时尚的东西。譬如90后、00后会追求时尚的东西，这样才会有时尚的群体。最近我们在秦王宫搞一个“秦粉大会面”。网上的“秦粉”号称有十几万人，我们就邀请其中的几千人在秦王宫这个古老的地方搞一个现代时尚的Party。这就是权宜应变，根据时代的不同情况变化。所谓的创新不变，就是要永远创新。就像美国环球影城的品牌手册里就有这样一条内容：每年必须有一个中型以上电影和游乐结合的新产品、演艺，半年内必须有一个小型以上的演艺，里面的手法、题材、内容经常有新的变化，但是不管怎么变，主题始终不变。这里涉及到品牌以及所有一体化的策划，而且这样的产品开发是永远循环往复的。这一点现在国内很多风景类的景区很缺乏。

品牌的推广

(1) 市场调研，一城一策

横店影视城成立以后，很快确立了发展方向、品牌方向，建立了品牌手册，然后在很多硬件上做了调整，同时开发演艺。现在已经做了10多场秀，目标是在今后5年内做到30场秀，10年内做到50场以上的秀，而且要有差异。我们现在的口号是打造中国的“拉斯维加斯”，口号有点大，因为横店没办法做博彩业。拉斯维加斯的秀汇集了全世界各地的表演、各类精兵强将，新手法、新科技在那里全部都有所体现，我们走的也将是中国的这条路。横店影视城最有代表性的演艺就是《梦幻太极》，在浙江省2010年度旅游工作会议上将其列为“浙江省三大秀之一”。从游客量来说，浙江省的《宋城千古情》《梦幻太极》是最多的，这是在品牌开发以后逐步发展起来的。具体还要解决什么，游客需要什么，这就是市场调研的问题了。

十年前，横店影视城公司在组建班子时，一方面注重新产品的开发，但最关键的一点还是要把握市场脉搏。那时候我们派出很多人去调研，结果很失望。在上海调研的对象中，有70%的人表示“不知道横店”；后来我们说是拍电影的，20%的人表示“有点印象”；只有10%左右的人知道横店是可以旅游的。了解这个情况后，我们开始分析市场。上海人喜欢浙江的山水，山水是浙江的“王牌”，西湖也算是山水风光。上海有很多人看过无锡影视城，但对这个并不感兴趣。于是我们当时讨论放弃上海市场，但最后还是坚持下来了。因为我们觉得，上海人也分很多层面，我们有足够的东西，只要营销手段跟上去，还是应该可以做的。于是我们设定了相应政策，这就是所谓的“一城一策”。我们现在有44个市场部，针对每个市场投放的线路、组合、价格都是不一样的。根据我们当时测算，南昌市场的报价绝对不能超过400元/人，那就必须把它限制在380-390元/人的价格设置线路、内容。“一城一策”是指宣传口号、媒体的投放方法、与对方的合作关系和手段、给对方的返利、给市场投放的广告等等，这些都要根据每个市场调研后的不同情况进行确定，并不是确定一个大方针后对所有的市场进行“满堂灌”。这需要市场部进行市场调研，把市场的情况摸透以后，提出一个方案进行审核。不管审核还是最后确定，制订计划都以市场为导向，这一点丝毫马虎不得。每个市场的出游意念、目标都不一样，可承受能力也各自不同。高度市场化的运作手段，使得横店影视城从原来的三四十万游客通过九年时间上升到841万人次，这其中“一城一策”起到了非常重要的作用。

(2) 布局构网，波状扩容

布局构网，就是建立机构，建立合作伙伴关系。当时我们学习长虹、海尔在全国建立的营销管理模式，在内部实行了统分结合。我们公司下属有景区、宾馆、饭店，就对宾馆采取以分销为主、统销为辅的方式。团队高度集中，散客一概不管；然后对景区采取统分结合，以统为主。这个“统”是绝对的高度统一，所有销售集中到营销公司，“分销”是指有限度地在金华地区留一点气孔。营销公司在刚成立时比较弱，销售的客人也到处碰壁。因为政策多变，这个很难把握尺度。同样的一批团队，在秦王宫景区门口买的票，到广州街就不一样了，到清明上河图又是另外一个说法。营销公司推广时也没有权威。针对这一现状，我们把所有售票窗口统一交由营销公司管理，赋予营销公司完全对外窗口权，不会政出多门。检

秦王宫景区

票口则归景区管理，这样在管理体系上也可以实行互相监管，卖票的违反制度可以在检票口查出来，用这种方法实现高度统一。

其次是构建营销网络。以横店为中心，波状对外扩展。第一轮是在浙江省构建市场部，发展到今天，营销公司已经成立了44个市场部，有70多个常年在市场上的营销人员。波状慢慢从浙江扩大到上海、江苏、江西、福建、安徽、湖南，再到广东、湖北。到目前为止，我们把这些地方确定为一级市场，超过这个波圈以外的定义为二级市场，从而构建了我们的营销网络。在这一过程中我们其实也碰到一些问题，诸如某公司人员直接找某市场部经理说:“我们有1000人到横店旅游，价格能否再便宜点?”市场部的人一想，我给旅行社100元/人还要返利15元/人，我直接给该公司90元的话还能多赚5元。这个情况反映到公司，我们马上要求他立即将其转给当地旅行社，由旅行社与该公司洽谈，这样做的目的就是要保证合作方的利益，甚至当有些公司直接找到横店来时，我们仍然把它转给了当地

的旅行社。我们的市场部不直接接任何生意。在这个布局构网的过程中，营销纪律是非常严格的，不能突破这个底线，要确保合作方的利益。

(3) 活动吸引，广告见效

有句话叫作“生命在于运动，旅游在于活动”，做活动有好几种方式。一种是价格不变。比如春天到了，在西溪搞个“桃花节”，设置很多龙船，邀请民间高跷队、秧歌队来表演，游客可以参与划船、表演。有了这些做吸引，到外面宣传就有由头了。另外一种是调整价格的行为。比如横店影视城为把暑期经营搞活策划了“五彩缤纷水世界”活动。也就是说要有内容，但是它的重点并不在内容上。2009年，我们推出了“买门票送住宿”活动，实际上它是一种让利手段，只不过名头是“五彩缤纷水世界”。各地旅行社知道我们的政策后，五月份刚过就开始准备，到了七八月份学生一放假，立即就有大批游客赶过来。这让旅行社有很大积极性，发展到今天，这个活动已经很见效了。原本是淡季的七八月份成了除五月、十月的另一个旺季，就连非周末期间景区也天天爆满，最忙的时候《梦幻太极》晚上要表演五场，游客在横店住不下就安排到了义乌、东阳、永康。现在它成了横店影视城的主打活动，每年都进行，虽然内容有调整，但主题不变。活动是因地制宜，可以有各种各样的形式，但绝对不能没有活动。有道是“风水一动，运气变化”。当然动是有讲究的，要有实际内容。

这里要强调的是，举办活动时必须要打广告，包括平时的广告也要精准投放。就像我们跳舞、唱歌，如果拍子打不准，指挥不好，歌是唱不好的，必须要统一指挥，一起发力，大合唱才能好听、优美。广告见效就是指集中精力打，扣准时间段，找准当地合适的媒体。

(4) 兼顾利益，和谐共赢

在对外合作的过程中，一定要兼顾多方面的利益。横店影视城现在合作最多的是旅行社，我们对他们的返利很优惠。当然返利不是说无限制给钱，而是一种激励政策。我们年年开VIP大会，一年下来，与我们合作的旅行社除了日常的利润外，还能拿到一份额外的返利，并在客户等级上得到相应升级，如贵宾卡、银卡、金卡等，从而在今后的经营中得到更多的赢利。这其中最重要的一点是要让对方有一个非常好的平台，觉得有利可图。同时要兼顾一城一利，给当地游客、合作者有一定的让利，先人后己，先给人家利益，让对方认可你，这样才能和谐共赢。这是在销售中要格外重视的一点。

(5) 全员营销，内圣外王

营销是一个全面的概念，我们把它概括为产品、管理、营销三位一体，实际上也就是全员营销。以前关于全员营销有个很落后的观点，即总经理给每位员工下达指标，连一线的清卫人员都有任务，要求员工向周边亲友推销，最后的结果是导致员工工作都不安心。营销是一个专业性非常强的产业，在这么一个精准要求非常高的岗位，怎么可以随便要求每位员工都参与？全员营销是三位一体的体系，即每个岗位的员工都把自身的工作做好即可。如果你是售票员，要确保售票速度，同时根据游客游玩的时间设计线路，让游客买到相对合理的票。检票口、导游，包括看管车子的服务员，也都是营销中的一环，其中任何一环出了问题都有可能影响到整体品牌形象，这才是全员营销。内圣外王的意思就是内部做得非常完美，这样才敢对外称王。也就是说，营销不仅仅是营销员对外推销的过程，更需要由全体员工建立起来的营销体系，每一个环节都要重视，企业的品牌才能得以保证。

(6) 持之以恒，品牌永续

品牌的建设、推广，是一个循序渐进的过程。也就是说，在市场上树立品牌以后，要以更高的标准不断叠加形象，把它维护得更完整。横店影视城评5A级旅游景区就是这样一个过程，它促使我们不断提高管理水平、服务素养，从而使整体风貌上了一个台阶。随着5A级旅游景区的评定，我们重新修订了管理制度。那时候，国家旅游局正在大力推进景区标准化管理，横店影视城被列入试点单位，浙江省共四家，横店影视城是唯一的民营企业。关于安保、环保、采购、维修等内容，横店影视城都有一整套完整的管理体系。如员工不能在游客可能到达的任何公共场所吸烟。为了向员工做好表率，我们要求管理人员从自身做起，副总经理以上管理人员不能抽烟，而且已见成效，我们还要坚持下去。

树立一个品牌不容易，长期保留下来更不容易，我们所做的一切都是为了品牌更完善，确保品牌永续。

Part 3
人本管理篇

- 青年员工的立足之本
- 对 80 后、90 后员工的管理并不难
- 讲一个成才观的问题
- 给那些有准备的人提供机遇
- 控制与反控制：员工与管理者的相处
- 员工流动频繁怎么办
- 万贯家财，不如薄技在身
- 怎么看待员工跳槽
- 怎么理解职业精神中的“感恩”
- “蘑菇管理”：用明规则取代潜规则
- 支持一切有利于员工身心健康的建议和想法
- 我们希望一个员工都不被淘汰
- 从用工机制说起
- “幸福企业”从“人文管理”开始
- 把慈善做成长效机制
- 以礼佛之心善待员工

1 青年员工的立足之本①

“君子务本，本立而道生”，在企业里，青年员工的立足之本是什么？

首先就是把自己的本职工作做好。青年员工要努力让自己在业内成为一个佼佼者。因为，一个有出息的人，干任何工作都会干得很好，即便今天让我端盘子，我也会为客户服务得很周到。先把眼前的工作做好，因为你没有做这个事情之前，永远不可能让人家认识你。“十鸟在林不如一鸟在手”，每一个青年员工要安心现在的工作，不管是不是符合你的爱好，先做好眼前的工作，在没有做好之前，你没有任何资本去挑选。

第二，年轻人绝对要有创新的锐气。我不希望我们的青年员工在前辈言传身教下一味地照搬，必须通过自己的技能知识做得比前辈更好，因此我们的青年员工应该更活跃一些。

第三，对自己要有一个正确的估量，对经济待遇的要求不要太高。因为毕竟除了家庭带给你的，你所有的努力都必须有一个过程。千万不要因为一些眼前的小利益而放弃了自己的追求。当你认同一个企业的时候，这个企业如果给你1000元，另外一个企业给你1500元，但你到了那边去以后，你很难有一个进步。因为虽然这边只有1000元，但在这一过程中，这边会给你提供一个进步的平台。

因而对钱要有一个正确的认识，要取之有度，千万不要好高骛远，一旦你选择了走工薪阶层这条路，就要脚踏实地，坚持走下去，直至做到一个优秀的职业经理人。

年轻人立身未稳，这个阶段最重要的不是积累金钱，而是积累知识、积累毅力、积累前程。

---

① 摘编自2007年4月9日企业文化访谈系列之《创新是企业前进的最大推动力》一文。

2 对80后、90后员工的管理并不难①

在我们公司现有的员工队伍中，80年代出生的比较多，90年代出生的也开始陆续进来了。现在很多人都在说80后、90后的员工很难管理，其实这是一个很正常的现象。我们刚参加工作的时候，原来单位也都在说我们这批人很难管理。所以并不是说只有80后、90后的人难管，每个时代都这样，这可能就是代沟。

要解决这些问题，我们就要尽好传帮带的义务。毕竟，我们都是从年轻走过来的，有很多有益的经验并不是毫无用处，况且单位的规范也是多年形成的，每个人必须遵守，年纪大的人要做好带头的榜样。同时，我们也不能总以原来的眼光去看待现在的年轻人，对于年轻人的生活习惯、行为等，不能一味地去干预。甚至有时还要学会去顺应，因为不同的时代总会有不同的思维。即便面对我们制定的纪律，对于员工也要有一个循序渐进的过程，允许第一次、第二次犯错误，但绝对不能允许多次违规。对于初犯或少犯，更多的是要引导，而不仅仅是处罚。对于日常的劳动纪律和工作规范，要用我们的言行举止去引导，而不是一味地说教。要让青年员工渐渐融入我们的管理体系，不能要求他们一夜之间一切都按照我们的要求去做。因此，我们希望对于青年员工要多些宽容，但不是一味地迁就和纵容，仍然要坚持原则和引导方向。这就要求我们管理层要有一定的耐心，不厌其烦地引导他们。同时，我们自己要不断加强学习，不要满嘴的过时话。比如他们喜欢周杰伦、李宇春，你可以不喜欢，但要知道有这些人。

社会总是在发展进步的，年轻人身上有很多我们没有的优点，同样

① 摘自2007年11月6日企业文化访谈系列之《以企业文化建设推动企业持久发展》一文。

丰景嘉丽大酒店的年轻员工

是在学校里学习，他们学到的知识肯定比我们那时学到的多。同时，他们接受新事物的能力也肯定比我们强，这都是一些共性的东西，我们要遵循。每个人都会从青年时代走过，青年人的叛逆心理是很强的。我们要找出它存在的合理性，因为有些叛逆行为如果用对地方也许就是一种创造力，是有活力的表现。所以要正确地引导他们，并鼓励他们的创新思维，而不是一味地压制，要求完全按照我们的行为习惯来做。这是管理层需要摆正的观念。这种引导既包括奖励，也包括惩罚，这时的惩罚在初始阶段应该是把达摩克利斯剑，即不一定非要依靠经济等实实在在的惩罚，而是悬挂在那里，但一定要时时悬挂着以示警惕。当然真正出现严重的情况，也一定要惩罚。这也是为什么我们对于管理人员犯错误的处罚一般比较重，但对于青年员工，还是会给他机会，却也并不是不处罚。

在我看来，对青年员工的管理并不难，作为管理人员，我们自己一定要跟上时代的发展。像我们那个年代，穿着喇叭裤拿着留声机在大街上走的人会被认为不务正业，但后来还不是这样发展下来了？同样的道理，很多人对现在青年人的一些个人行为很不满，总认为现在的青年人太开放了，实际上也并不用这样大惊小怪。但要对他们进行提醒，不要影响工作和他人的生活，在公共场所要注意自己的行为。这要求我们管理人员对他们多些宽容，对不同年龄段的人要有不同程度的宽容度，同时要分清宽容的对象，对于违反公司纪律的行为绝不宽容。

作为管理层，要尊重不同人的不同习惯，对待80后、90后是一样的道理。正如虽然有人反感抽烟，但我们现在的制度只规定不能在空调房里抽烟，如果没有违反这一条，我们也并不完全去禁止他们。当然，今后在公共场所也要规定不能抽烟，这是一个社会公德的问题。

3 讲一个成才观的问题①

公司推行公平竞聘上岗的举措，让很多员工看到了希望，但也有些单位为避免优秀员工的流失，对本可以竞聘到别的岗位的员工不肯放行。留住优秀员工本无可厚非，但让员工选择自己的发展空间也是公司一贯的宗旨，二者不可得兼，该怎么办？

出现这样的问题，主要是企业不希望在太大的范围内打乱原有秩序。因为培养出一个优秀员工很不容易。同时在企业中，以老带新形成一批技术骨干也是很重要的一种方式。一个企业的综合素养高，一定有一批很忠诚、很专业的老员工在支撑。所以我们在提倡大家发展自我的同时，依然

① 摘自2007年9月4日企业文化访谈系列之《员工关心的问题就是企业文化建设的重要内容》一文。

要强调兼顾企业整体的发展。

行行出状元，如果你已经在一个岗位上占有了一定优势，如再去换岗位，可能会更合乎自己的爱好，但其实你可能并不善于那项工作。到了一个新的岗位后，你就要一切重新来过。因此，我们不十分认可大家一定都要全部打乱原有秩序，重新开始。何况爱好是可以培养的，特别是有些爱好仅仅是凭借我们的感觉，你去干了以后未必真的会喜欢，那一岗位也未必会真的适合你。而你在现有的岗位上已经是一个佼佼者了，说明这个岗位还是适合你的，正因此，我们主张这些员工应该通盘考虑。对于青年员工来说，一定不要好高骛远，要脚踏实地。

对于公司来说，我们会为员工在这一岗位上提供更大的空间，即员工进步的空间。一是业务技能，二是收入水平。在下一步的工作中，我们会对老员工尤其是业务骨干加大这方面的力度。我们设置了这一个空间后，对于大部分员工来说是适应的。当然这里也不排除有个别在各方面素养都比较高的员工，也就是说，他在另一方面并不仅仅只是爱好，而是的确也有一定的基础，如文化基础、体力基础或者天赋。像这种情况，我们肯定会积极地支持。如果这个人有组织才华，适合当领导，甚至今后可以培养成总经理，对于这些综合素养较高的人，如果他有别的机会，我们一样会鼓励他、支持他去做。但对于大部分人，我们不鼓励频繁地换岗。

这里我要讲一个成才观的问题。我们可以去观察大部分已经成才的人所走过的路，他们常常在每一个岗位上都是佼佼者。像这样的人，一个固定的空间肯定是限定不住他的，对于这种有才华、有本领的人，我们也一定不会去限定他。因此，我们要首先确保把目前所在的岗位做好了，又在别的岗位上显示出了不凡的才华，在这双重因素下，我们必然鼓励员工去调换成既有个人意愿，又对企业发展有益的岗位。如果你在本职工作上就表现平平，那我们对你从事其他岗位的能力就会产生怀疑。所以在选择另外的岗位时，我们未必会支持你，从事实上看，你并不能给我们证明你会做得很好，你只是想象着好。如果只是一味地为兴趣而改变，将对你个人大有损害。

在一个人的职业生涯中，每一个岗位都是一个平台。如果你想走捷径却没走上去，反而会滑得更远，这种在职业生涯中出现的情况是屡见不鲜的，特别是我们年轻人，要相信你所做的每一点都不会白做的。在你以后的职业生涯中会感受到，年轻时的这些经历将是对你人生的一种积累。比如我自己，我做过商贸，让我再来做旅游，我感觉自己最大的优势就是我比原来单纯搞旅游的人有更多的商业意识，包括企业经营、市场意识等方面的把握。

所以，在此我建议我们的员工尤其是青年员工，一定要脚踏实地，做任何工作都会有进步。一个人要不断积累，才会厚积薄发。当然，如果个人和企业发生了很大的冲突，甚至可能影响了你今后的职业生涯时，你可以放弃这个企业。如果是企业阻碍了你的发展，那我们也会支持你做新的追寻，确实没有到这一步，还是希望员工从现在的岗位做起。

4 给那些有准备的人提供机遇①

在我们的员工队伍中，演员占了很大一部分，后来，我们又招入了一批新演员，这些新演员总体工资要高一点，有些老演员就有点心理失衡。类似情形很常见，问题是在待遇面前，新老演员应该怎样摆正自己的位置？

首先我们要历史地看待问题。原来那些演员招进来时，我们公司还没有发展到今天的程度，整体的市场情况也决定了我们所能给予他们的报酬不可能像现在这样高。随着企业的发展，实际上每个老演员的工资都有一些提高，演员们也接受了我们的条件。这次新演员进来，没有经过实践，

① 摘自2007年9月4日企业文化访谈系列之《员工关心的问题就是企业文化建设的重要内容》一文。

为什么一下子就把他们的工资调那么高？这里也有个特殊背景，就是我们在招聘时就已经有了一个前提，要求演员有舞蹈基础、专业技能以及一定的外在形象。因为我们提出了这个要求，所以在全国的招聘过程中，外界招聘市场的价格已经上升到了现在我们演员的这个标准了，低于这个标准我们将招不到需要的演员。在顺应这个市场现状的过程中，我们对新演员承诺了现在的薪水。所以在新演员招进来时，必定会与以前的老演员拉开级差。

但是，由于新演员员工工资的拉升作用，已经带动了老演员的工资上调，这次调整的幅度比原来有了很大的提升。同时在老演员当中进行了一次考评，考评中的较优秀者也已提到了现在新演员的级别，但我们不可能一下子把所有老演员的工资上调到新演员的水平。随着整个招聘的完成，我们也完成了对所有演员工资的第一次大调整。当梦幻谷的演出走上正轨以后，我们会在明年对所有新老演员进行一次新的融合，并进行考评。考评以后，如果达不到我们的要求，也会进行部分淘汰，成绩好的将会提的更高。对老演员也将采用同一标准进行考核。到那时候，通过这两次融合、调整，所有的演员将站到同一起跑线上，演员的级别完全凭借自己的能力来确定，这是公司对员工的承诺。当然，这种不平衡今后可能仍然会存在。

目前，即便同样招聘进来的新演员，通过考评，他们的待遇也存在着差距。今后，当我们的演艺确实需要更高水平的人才时，我们必须要引进新的人才，那时他们的待遇可能又会超过现在的这批新演员，这是很正常的。因为企业是在不断发展的，我们必须要适应它的发展规律。所以演员对此大可不必觉得不公平。事实上，因为新演员的加入，对带动老演员的收入已经起到了有益的推动，假如这次没有新招进来演员，我们对演员工资调整的幅度不会这么大，我们要看到它的积极意义。虽然有些人暂时会觉得不公平，但是不公平当中存在着公平。试想我们是否真的能替代新进来的演员？可能我们目前还做不到，这是一个事实。

我们要正视这种不平衡，因为总会不断有新的不平衡来打破原来的平衡，只要我们在出现不平衡时尽快将它调整到平衡，就会在不平衡中推动整个工作的进展。而这一过程，其实就是在给那些有准备的人提供机遇。

如果你想获得更好的待遇，你可以赶快充实自己，争取通过努力在下一次同一标准的考核中脱颖而出，这完全靠你自己。

5 控制与反控制：员工与管理者的相处①

在对基层管理人员的培训中，我提出“管理者必须要在你所领导的小团队中得到大部分员工的拥戴”，但在调查中，有些员工反映少数管理者并不能做到这些，甚至一些优秀员工的离开仅仅因为管理者一句令他们伤心的话，而管理者似乎也有自己的苦衷。那么员工和管理者之间应该抱着怎样的心态来工作、相处？

在我们管理学中有一个说法，即控制与反控制，这是一对矛盾体，它们对立又统一。一方面，任何一个企业都存在着有人不遵制度、不合理念的情况，因此就需要管理者来管、来理，在管和理的过程中，如果大家都持相同的观点，员工中没有人违规，管理者就不用去处理，这个矛盾就不存在了。如果大部分人是遵守规章制度的，只有一小部分人违规了，这时管理者的作用就显现出来了，他要负责去纠正错误，这时也不会有太大的矛盾。另一方面，往往有少数人从心底就不认同公司的价值观和制度，或者是为了个人私利违反管理制度，管理者在管他的过程中会与其发生冲突。表面上看来，可能会有很多人认为是管理者的不对，也就是我们所说的得罪人的问题。这样矛盾就突出了。再如，少数管理者利用自己被授予的部分权力来加以放大，用以满足个人的私利，这必然会引起员工的不满与反感。当有人对这种不满表露出来时，他可能会采取打击报复的措施，这也会产生矛盾。这些在任何企业或许都会存在。

① 摘自2007年9月4日企业文化访谈系列之《员工关心的问题就是企业文化建设的重要内容》一文。

我们培养高素质的员工队伍，首先要有一支高素质的管理队伍，他们要秉公办事，严于律己。如果真能做到没有私利的话，就算他管得比较严，但随着时间的推移，当大部分员工认同公司的价值观和制度时，就会慢慢接受他，并树立起一定的威信，能得到大众的认可。如果真的没有能力或者喜欢放大自己的权力，这样的管理者与员工的矛盾是始终解决不了的。因此我们说，对一个干部的考核是有时间的，短期内很难考核出真实的情况。为什么现在我们提出培养干部要按照阶梯式的道路走？就是因为在经历了领班岗位上的考核和考验，证实了他有可以胜任的能力，才会有下一步被提为主管、部门经理的可能。同时，部门经理干到了一定的时段才可以提到副总经理，甚至更高。经过不同层次、不同时段的考核才能证明一个人各方面的素养和水平。但是现在对于我们的管理层，特别是领班这一级，目前我们还没进行全面考核，可能就已经在一些地方造成了优秀员工的流失。正因如此，我们正在考虑明年对现有的所有领班进行一次竞聘上岗。之所以这样做，就是想让得到大家拥戴的人出任管理者。当然，我们也要提防那些“老好人”，他们谁都不得罪，表象上或许得分更高，而坚持原则、工作能力很强的人有时反倒不受欢迎。对于这一考核，我们会很慎重，可能会在一些员工基础比较好的地方设立试点。在这个试点开始之前，我们仍然坚持每年一度的考评。考评仍然会反映出一些问题，分数高或者低都有一定的原因，值得我们深入分析。对于分数高的人，仍有很多需要继续学习改进的地方，分数低的人也可能存在敢于管理但缺乏好的方法的问题，我们要注意保护那些工作认真负责却只因工作方法欠妥而得分低的人，要帮助每个人成长。这里也号召全体员工秉着一种对企业、对自身负责的态度，选择一个好的领导人，这对你个人的发展会有很大影响。等领班这一级考核时，肯定是全体员工都要参与，这时候，你就要凭着自己的良知把握好你的这一票。企业已经给你提供了这样的机会，一定要慎重考虑。如果员工的意见是正确的，企业肯定会采取相应的措施，这也要我们的很多管理者加以重视，要时刻关注员工的工作、学习、生活问题。

如果今后员工和管理者有较多的冲突，我们会继续加大考评频率。

希望员工本着负责任的态度，对不好的现象加以举报，要排除心理上的障碍。当你的上级的确是违反了制度、态度蛮横或者水平低下，就应该向更上一级的领导反映。我们会认真对待这种汇报。但是坚决反对诬告、不讲原则的汇报或群体起哄。比如公司去年开除的秦王宫景区导游组原组长，她虚报带团批次，冒领几百块钱发给大家。当公司发现后，鉴于她比较年轻，本打算将其调离到别的单位，但此时却有十几名导游在她的煽动下联合到本部上访，请求将其留下。这样问题就严重了，所以我们当即决定将其开除。因为这个事情本来就很恶劣，用不正当手段获取了非分之财，又用其收买人心，煽动群体闹事，这样性质就变了。希望我们的员工以后不要模仿这种方式，但我们肯定会接受正当的举报，并一定会引起重视。

总之，公司员工的健康成长是我们长期要坚持的企业文化，但这又是一个需要耐心、细心的系统工程，公司管理层将不遗余力地推进，也希望全体员工参与这个企业文化的建设

6 员工流动频繁怎么办①

2007年下半年，公司组织了两次新员工培训，两次培训相隔时间为两个月，每次参加培训的新员工又正好都是99人，这说明员工流动很频繁，在某酒店的总台岗位甚至连续走了四个人。有人觉得这种现象匪夷所思，为什么公司效益一年比一年好，企业文化建设力度也一年比一年大，还出现这种情况？

出现这种情况，首先说明我们企业的薪水、待遇等方面对员工还没有足够的吸引力。如果我们能远远高于社会平均收入，这种现象将大大减少。现在我们已经明确了下一年的任务指标，并很有信心去完成，目前也已着

① 摘编自2007年11月6日企业文化访谈系列之《以企业文化建设推动企业持久发展》一文。

你来了，所以你快乐——梦幻谷

手对现有工资做新一轮的提升。但我们也不能脱离现实，因为企业是在发展中不断壮大的，有一个基本约束，集团总部对我们工资调整也有与营收挂钩的额度规定，这就取决于我们员工的努力。公司的经济指标上去了，我们的工资、奖金、福利才会跟着提升。

其次说明我们的企业文化建设得还不够好。比如没有把我们提出的“尊重人、关心人、培养人”做到位。以前我们也提到，一些员工的离开仅仅是因为某些管理层对他们的不尊重，或者其他的一些问题，也可能是公司的关心不够。至于培养人，是指给员工创造更好的发展空间。有一些员工离开也是合理的，因为他在我们这里可能暂时没有得到更好的提携，一旦有更好的发展，他肯定会这样选择。但也有这样一些情况，即在别的单位并不增加薪水和福利的条件下，员工却选择了那里，这就值得我们思考了。并不是每一个离开的员工在新的岗位上都会有更高的薪水和职务，这里面肯定与我们“尊重人、关心人、培养人”等方面做得不够有关。

当发现有综合素质较好的员工，我们就应该把他吸收到相适合的位置上。在下一阶段的工作中，我们将在第一线加大力度，即对现有位置进行少量淘汰，创造出更多的职业空间。同时开辟出更多的路，让员工并不一定要竞争领导岗位，演员可以有更高等级的业务级别，技术人员有更高级别的技术职称，营销人员通过绩效挂钩可以拿到比企业总经理更高的薪水，等等。

我们下属各企业要进一步强化这一思想，关键是要加大力度落实。公司将从以下方面做好：

一是在我们允许的范围之内，尽最大可能提高员工的收入和待遇。我们将不遗余力，绝不克扣。为达到这一点，公司将尽全力让我们的效益有更大提高。但也请大家有一定的耐心，大家只有通过共同努力把企业做得更好，才能让个人的待遇随之提高。这是我们的目标。

二是进一步积极创造平台，让员工有更广阔的职业前途。当员工的水平、技能达到了应到的地位时，就应该给他们提供合理的平台。目前，我们已经这样做了，当新的岗位出现时，我们实行公开招聘，这完全凭你个人的才华，而不是凭关系。同时，我们也在寻求多重平台，以前就已经提到过，作为技术人员不一定适合管理岗位，但他的收入仍然可以达到甚至高于管理人员的水平，现在已经有了这样的实例，比如工程、营销、演艺人员等。正因如此，我们的营销队伍才会如此稳定。

三是加大各种形式的培训，包括考职称、实际业务水平的提高等，给员工创造学习进步的机会。

四是公道、公平、公正地对待每一位员工。当出现有失公平和公正的事情，公司一定会积极处理。

五是要尽可能为公司发展积极寻求更好的机会。只有公司发展了，才会有更多的岗位和机会。这几年我们公司一直在努力做，比如我们先后开发了一批新的高科技含量的产品，这意味着我们提供了更多的岗位，同时也提高了员工的操作技能，包括机械、灯光、视频、演艺等。随之，也增多了管理岗位。随着公司的不断扩展，以后机会肯定会有更多。

7 万贯家财，不如薄技在身①

2011年，横店影视城员工总数达3300多人，其中一线岗位员工占绝大多数，担负着直接为游客服务的重任。高质量的服务需要高水平的业务技能来支撑，可是，在我们公司有部分青年员工很向往从事管理工作，不大愿意做技术活，对于学技术、钻业务的热情不高，这其中可能存在一些认识上的偏差。

首先，目前的社会是提倡多元化、多样化的，因此，如果有些青年员工认为自己从事管理工作而不是做具体的技术活，能更好地发挥其人生价值、做出更大贡献的话，那也无可厚非。因为，优秀管理型人才也正是企业所渴求的。我们愿意为这样的人才提供相应的平台。

另一方面，在一个企业中，一线岗位干活的员工总要多于管理者。在正常的情况下，那些一线员工都是企业按照具体岗位的需求对口招进来的，也就是说，员工是否从事某个具体的一线岗位，在应聘时对企业是有承诺的，你就应该努力完成劳动合同约定的岗位工作。而实际情况是，大部分员工在刚招进来的时候是缺乏岗位技能的，所以企业要花一定精力和财力对他们进行培训。那么，员工要不要积极配合，努力钻研业务，做好劳动合同约定的岗位工作呢？当然，在此基础上，一旦有需要，企业自然会把那些在日常工作中既能出色地完成本职工作，同时又具备了良好管理潜能的人安排到相应的管理岗位上。

随着公司的发展，我们对员工各方面的要求都在提高，包括管理水平、岗位知识技能与素养。与此同时，企业涉及到的设施设备种类也在日益增多，这其中突出的问题是工程及其他相关技术性人员相对短缺。这里

① 摘自2011年3月21日企业文化访谈系列之《专业技能是立身之本》一文。

讲的目前公司相对短缺的技术性人员主要包括：懂得基建项目预决算、能指导现场施工、懂得装潢以及水电设计并能亲自参与操作的人员；对于音响、灯光等设备懂得维修与维护的专业人员；对各类游乐设备既能操作，还能排除一般故障的技术人员等等，都有大量的专业学习和培训工作要做。如果不能做好这些本职工作，何谈职业生涯的进步。

我多次谈过这样一个观点：无论一个人的道德多么完美，但要在经济上站住脚，必须学习、掌握一定的专业技能，这是立身之本。技多不压身，对广大一线员工而言，这是很具体的。毫无疑问，有专业技能的员工将受到企业的欢迎，并能从企业得到相应的优厚回报，如薪水、福利、深造等，满足员工自身的生活需要和体现自身价值。

我们发现，整个社会这方面的人才都相对短缺，这与国家大环境有些相似。中国的建设发展得很快，但人才培养相对缓慢。在这里有一个误区，即不管是家长还是青年自身，都希望从事既干净、收入高又不辛苦的工作。这一社会观点在起指导作用，导致出现另一个倾向：大家觉得做银行、公务员或者企业中各级管理人员都是好的，再不行的话，甚至到办公室当个文员、当个科室人员也好，最起码不用汗流浃背，花费气力，更不至于太辛苦，收入相对来说也较可观。

从面上来看，社会上这种现象确实存在，这也从侧面助长了家长、青年一心想往这方面发展。从社会的引导方面来说，也有一种倾向。我们曾经认为劳动光荣，建国以来刚刚树立的“从事第一线艰苦劳动的光彩行为”慢慢地被社会舆论导向为“这是一种相对没文化的人才干的事”，有文化的人都应该从事省力、体面、干净、收入高的工作。曾经有一句话非常流行，似乎也有一定道理：“不想当将军的士兵不是好士兵。”其实这句话是有很大缺陷的。如果一支军队全部都是将军没有一个士兵，这仗怎么打？凡是能成为一个好将军的，他必然是一个好兵，是从一个兵扎扎实实做起的。这句话最大的缺憾是，事实上不可能每个人都可以当将军，将军只是极少数，这是由这一位置的特殊性所决定的。再说，“千军易得，一将难求”，一个将军所应具备的秉性、知识结构、超凡的洞察力、体力以及对军事上的悟性，也并不是每个人都具备的。

目前出现技术人员紧缺的大趋势，意味着需要很多这样的人才，但是由于舆论的引导，学这方面技能的人却少了，社会现状、舆论引导不仅没有形成一种合力，让大家尽快去学技术、学本领跟上时代发展的步伐，而是在反方向引导，这又加速了特殊技术人才队伍的短缺。在教育体系引导方面，传统上的很多工科都变成了综合大学，技校都升为大专，强化了理科，弱化了工科，培养出来的大学生，动手能力不强，但是又非常向往获得比较好的薪水、待遇，这种状况对现有的轻技恶劳的趋势更加推波助澜。

虽然很多年轻人还会趋向于银行、公务员这些岗位，但总体来说很多人还是觉得自己并不适合从事银行、公务员等所谓的白领阶层，而是介于“蓝领”“白领”之间的“灰领”。“灰领”并不是传统意义上只出汗、缺少理论功底和文化的阶层，而是既有很好的理论功底，动手能力又非常强，这种“灰领”在国外高精尖领域有相当大的比重，是中产阶级的中坚力量，这支队伍将是今后社会最紧缺的。当一个“灰领”工人的收入比一般的律师、银行职员要好得多，他的社会地位就与在国外一样了，没有了这么大的等级分化。

作为企业来说，我们要发展，大气候改变不了，我们就营造一点小气候。面临技术人才短缺与企业在加快发展当中发生的矛盾，我们公司实施倾斜，第一重头就是向技术岗位倾斜，这项工作从去年开始就已经在着手尝试并逐步实施，加大力度提高技术人员的收入，扩大他们负责的范围，给予更多的权限。当然，我们还要在公司内部提升对他们的尊敬，加大精神层面上的鼓励。

此外，在我们公司的品牌理念中还有一个承诺，就是我们公司是一个大学校，对于有不同职业生涯发展目标设想的广大一线员工，我们公司的承诺是非常具体的。

对那些对口招聘进来的各岗位上的员工，如果他们立足于本岗位本专业的进一步发展，公司有详细的各阶段的培训规划，一步步地在专业的技能上会达到应有的职业高度，并且随着专业技能的提高，薪水、福利等待遇也会同步提高；

对那些想从事新的专业岗位或者一专多能的员工，公司会提供相应的调整和竞聘机会，不断开展免费、自由参与的各种类型的技能培训；

对那些有志于从事管理工作的员工，公司也给予足够的发展空间。

如今是商品经济社会，讲究经济杠杆，社会需求越多越大，相关人员的价值必然越大。从国家层面上来说，我们希望年轻人要有眼光，今后技术人员将会越来越引起社会的重视，实现它的价值，因为国家有大的需求。从企业的角度来说，并不是说不缺少管理人员，包括营销、演艺人员都很缺少，但最紧缺的还是各层面的技术人员。我们公司有这么大的需求，会让决策者在这方面引起高度重视，对这些岗位给予更好的待遇、荣誉。

公司的发展与国家的发展、公司的需求与社会的需求都是同步的，在这样一个需求下，年轻人只要自己肯用功，必定也会有自己的用武之地。当管理者是另一条道路，我们不否定大家对这方面的追求，这种愿望应该被允许。但是即便是要争当高层管理人员，如果有的一线员工对自己职业生涯的发展目标是从事管理工作，那么他在目前的岗位上首先必须掌握良好的专业技能和培养优秀的职业素养，否则公司凭什么来判断他是优秀、合格的人选？如果你是技术顶尖能手，同时又具备一定的管理才能，你就会比其他人更具竞争力。也就是说，你现在努力学好技术、掌握技能和你今后的职业生涯的发展目标追求并不矛盾。如果掌握一门特别好的技能.在同样的岗位上，你会比一般管理者发挥得更好。管理是综合素养的积累，不可能一参加工作马上参与管理，这其中工作经验、社会阅历要起很大的作用。所以，在平时的日常工作中，千万不要荒废时间，要在技术上努力钻研，为自己今后的职业生涯打下良好的基础。等到有机会从事管理工作以后，你的技术不会白学，你会比同样的管理者更容易脱颖而出，有更全面的视野。当然，能够从事管理工作的人员数量是受到一定限制的。一个企业只能有一个总经理，一个部门只有一个经理。即使有一天碰到一个更强的竞争者，也许当不了管理者，但你照样是这个领域的佼佼者，是尖子，仍不用担忧你的职业生涯，并仍能得到较为优厚的待遇。所以说趁年轻的时候花点汗水、精力学到一门好的技能，对自己一辈子都受益。我觉得有句古话放到如今仍然适用："家有万贯，不如身有薄技"。拥有万贯家财，不如掌握一门好的技术。钱是身外之物，今天有可能明天就会消失，但技术是自己固有的，是任何时候别人都拿不走的，而且不管到哪都能用上的。而一般的管理人员由于竞争的激烈，在位时间可能不会太持久，但你学到的技术却可以终身享用，使你在社会上有立身之本。

工作是一种过程，既是生存的需求，同时也是生活的过程。如果在工作中以良好的心态面对，你就会乐此不疲。从这个角度来说，其实任何事情都有它的利弊。任何问题都要看到其两面性。现代社会在高速发展，混日子的高管人员是混不了多久的。在某种程度上，如果没有一技之长，当失去总经理那个岗位时你会更失落，这就是我为什么要强调青年员工在一线岗位工作时，首先要努力钻研技术踏实做好本职工作，然后才能进一步发展的原因。

真正的技能靠短暂的学习、培训不能解决根本问题，主要还是在岗位上锻炼，在干中学。对大家来说，最好的学习是我们企业不断引进更高科技含量的各种设备，提供这个平台。就像我们原来的水电工，只是单纯的安装电灯、水管，到后来懂得了空调、电视机的修理，如今高星级酒店都是智能化操作，我们还要学会建模编程。如果没有这些设备，员工就接触不到，更不会去学习，这样就相当于给了你一个平台。希望大家不要“入得宝山空手而归”，要加强自身的学习。再如艺术团的维修操作人员，面对的平台几乎集中了所有舞台的灯光、音响，这就是一个很好的学习机会，希望大家认真把握。

当然，从公司层面，我们还会继续加大技术岗位的薪酬待遇和精神激励，现在我们的总技师月工资已经等同于企业总经理的工资级别，部分技术岗位人员的工资已经超过该单位的副总经理，只要你的技术等级、考核、实际操作能赶上去，就能够得到晋升，而且晋升的机会比其他人员更多。我们将在公司层面上加大技术岗位人员地位的提高，在精神层面上予以更多的褒奖。

对于担任企业管理工作的职业经理人来说，首先要建立高度重视技术的意识。如：在日常工作中，或做一项装潢、改造工程等决策之前，一定要广泛征求技术人员的意见。管理人员本身也要结合本部门的工作，尽可能多地学习一些相关专业知识，关心所在单位设施设备的运转，了解设施设备的基本原理、要点，积极与技术人员探讨节能降耗、加强设施设备维护等问题；对于技术人员提出的合理化建议要及时采纳，并给予相应的奖励和表彰；加强自身技术学习，成为一个懂技术的职业经理人。

8 怎么看待员工跳槽①

我们公司的"职业精神"是"严谨勤奋、忠诚感恩、不断创新、追求完美"，其中讲到了"忠诚感恩"。然而现实中，尽管企业为员工的成长花费了很多培训成本，并提供了相应的发展平台，给以合理的利益回报，但还是时有跳槽的情况发生。

有人问我怎么看，我的观点大致就是，稳定和流动是辩证的，忠诚和感恩是相互的。

客观地讲，企业是"功利"的，这就是，每个企业都有各自特定的发展路径，如此，就必须吸纳认同我们企业文化的人同心协力工作。在这个过程中，企业势必花成本培训，使他们掌握相关的业务技能和管理知识，这是为了企业的功利，而不是为竞争对手培养人才，也不是为社会做慈善

① 摘自2011年4月29日企业文化访谈系列之《尽职尽力就是忠诚感恩》一文。

事业。从这个角度说，任何企业对跳槽行为都是不赞同的。当然，从自由的角度看，尽管企业不支持，但也无须阻挠，也就是不去阻挡这些人另谋发展的道路。因为古人云“道不同不相为谋”，而历史的规律是“长江后浪推前浪”，企业培养的新人会由此脱颖而出。

当然，问题不能一概而论。由于我们是一个成长型的企业，尽管业绩良好，发展势头不错，但还没有达到一流，福利待遇也没有达到一流。在这种情况下，作为企业管理者除了要求自己更加努力工作、加快创新步伐，并不会一味指责跳槽者们，因为其他因素也会造成员工流动的情况发生。

首先，企业员工的来源地由原来地域相对固定发展到全国各地，打破了过去本地就业的概念。随着员工离开家乡，以及婚姻、家庭、个人发展等一系列变化，发生一些流动就很正常。

其次，随着社会的发展，很多企业的业态发生了变化，原来相对不重要、没有设置的岗位新增加了，出现了某个岗位上的员工相对多出来，而另一岗位的员工则相对紧缺，另一个企业也如此。在我们企业不需要这个岗位的时候，对方企业正好需要就流动过去。而在我们需要一个重要岗位的时候，也会有人从别的企业流动到我们这里来，这样的流动很正常。企业的业态已不像以前一样多少年固化不变，而是随着社会的发展在不断变化，这样一定会造成一些员工流动。

第三，现在的员工相对来说文化程度较高，眼界、思维呈开放型，对自己的职业生涯设计有明确的目标指向。但是这其中，难免会出现自己的理想与企业现状存在一定的差距，这就需要一种流动。当然，不排除人际关系的因素，如与上司、同事处理不好关系而选择走人，这里可能双方都是有过失的。这种流动的过程有好的、也有差的，不论利弊，员工都有自主选择的权利。

随着社会的发展、信息的畅通、企业业态的多元以及地区之间的差距日趋平衡，比如我们的家乡原来不够发达，我要到更发达的地方去，但是现在家乡发达了，我想回到自己的家乡。这种地区之间的动态均衡状况，造成现在的员工不像80年代之前相对固化。当然还有一些业态急剧扩张造成员工紧缺，加速了员工的流动，这就需要有新的补充。比如某地区新增了很多酒店，但是人才培养速度没有这么快，就从其他的酒店中去争取。很多原来在酒店只是普通岗位的员工过去当了领班，领班去了当经理，经理去了就当总经理。我认为这是社会发展、进步的一种正常现象，人们应该有更多自由选择的机会。

我们现在所提的员工对企业的忠诚感恩，是指当企业给予你一份应得的报酬，同时提供了学习的平台以及在与社会比较中还算不错的待遇时，一个员工应该以怎样的工作态度来回报企业？这个问题才是忠诚感恩层面最为重要的。也就是说，我们在岗位的每一天，必须尽到自己的一份职责，发挥自己的才智，才是对企业忠诚感恩的最好表现。

我对这一现象几年前的认识和现在的想法相比也发生了一些变化。我们对重要干部、主要骨干都倾注了一定的心血，有时候给他实质岗位安排，赋予一定的任务，看似给他增加了工作量，其实在某种程度上是给他提供了机会。何况当初他的资质未必有现在这么好，企业已经对其花了一定的心血。从这一点上来说，我们当然希望这些员工能保持稳定。但现在，我觉得流动越来越正常。一方面是企业发展到了一定阶段后，一部分原来做过一些贡献的人员限于文化、见识方面的局限，或者有些属于自我膨胀，已不适应新的发展要求，甚至间接起了阻碍企业发展的作用。尽管这时候他没有出现大的错误，企业不好把他免掉、降职，但若是让他留在原岗位上，他的思想和现实工作又有些脱节、落后。而随着他的离去，新一轮的接替人到了他原来的岗位上，也会有更高的激情、更多的创新。所以有时候流动不一定是坏事情，相反可能会更好。

当然，稳定和流动是一个辩证关系。流动频繁肯定不好，因为培养出来的人立马就走，必定会给企业带来损失。但是如果一个企业几年、甚至十几年不变，都是老班底在持续做下去，肯定也是不妥的。包括我在内，我们职业经理人不应该在同一岗位上特别长时间地待下去。

9 怎么理解职业精神中的“感恩”①

感恩从哪里来？基督教里有个“感恩节”，就是感谢上帝。因为基督教认为人都是有原罪的，上帝很宽容，让你来到这个世界上，让你吃饱穿暖，有幸福的家庭，有好的享受。这种感恩文化让人认识到上帝让你到世界上来，你要报之以感恩的心态。

在中国的传统文化中没有“感恩节”这种方式，但是在中国的伦理体系里一直有感恩的成分，比如说孝悌。孝是对父母，悌是对兄弟姐妹，忠贞是指配偶之间的，义气是对朋友的，都是中国的感恩方式。

我们该怎样理解“忠诚感恩”这个职业精神中的“感恩”思想？

道理很简单，如果你在横店影视城这个平台上能学到技能、施展才能，并得到了相应的福利，那么，就应感谢横店集团创建、提供了这么好的平台；又如，顾客是我们企业的衣食父母，我们要不要把“顾客是亲友”的口号落实在高质量的服务中？诸如此类，这就是我们所讲的感恩思想的具体表现。

人能够生存下来，肯定是外界有哪方面的际遇是对自己有恩的。从这个角度来说，不管在什么企业，当你还要依赖企业得到生存保障时，企业对你来说就是有恩的。一个企业除了资本物质是靠人来组成的以外，大家都对企业有良好的忠诚度，企业才会发展壮大，有更好的业绩和效益，才会有更大的回报给员工，这是一个辩证关系。

在这里要强调的是，我们的感恩不是对哪一个人，而是体现在对企业的感恩。企业没有顾客就无法生存，既然企业为我们提供了生活保障，我们就要感恩企业，顾客为我们提供了利润，我们也要感恩。进入企业

① 摘自2011年4月29日企业文化访谈系列之《尽职尽力就是忠诚感恩》一文。

后，你的工作不是孤立的，需要周边很多人的支撑，那么对周边人给予的支持更要感恩。再推而广之，和自己职业生涯有关的，如在学校老师传授给你知识后，老师对你有教导之恩，还有父母的养育之恩，兄弟姐妹、夫妻的关爱之恩。认识到这些后，你应该常存感恩之心，这样才会发自内心地知恩图报。对家庭来说就是把我的关爱给家里，对企业来说就是把我的业绩回报给企业，把服务技能回报给游客，把互相支持的工作态度回报给同事。实际上在日常工作中，很多员工已经在自觉不自觉地用感恩的心态工作，认真的工作态度就是一种感恩行为。只要尽职尽力，就是一种感恩的表现。

所以，当你是用感恩的心态在工作时，你才会洋溢出健康、充沛的热情，洋溢出对顾客、同事及周边有关联的人一种发自内心的友爱，你才会由衷地表现出欢愉的心情，这样你的工作业绩、工作成效就越会显现出来。

10 “蘑菇管理”：用明规则取代潜规则①

在企业里，我们与一些青年员工交谈时，常会感觉到有一部分员工或多或少存在着心理压力问题。这些心理压力有的是来自于工作上，有的是来自于生活中。有的员工因为年纪轻、阅历浅，不善于排解和释放心理压力，也不善于合理地舒缓情绪。那么青年员工该如何正确对待工作中的各种困惑与烦恼？各个层面上的管理人员应该怎样让员工更多地感受到来自企业的关怀，从而使整个团队保持活力？

我们可以从几个层面来分析一下这个问题。

首先，从企业层面，管理学上有一种“蘑菇管理”的说法，就是指蘑菇长在阴暗的角落，得不到阳光，也没有浇水施肥，自生自灭，只有长到

① 摘自2011年10月27日企业文化访谈系列之《让蘑菇见到阳光》一文。

足够大的时候才开始被人关注。对应我们企业来说，一位新员工由于业务、技能较生疏，往往放在不起眼的岗位，较难接触到更重要的业务，而老员工或不屑、或认为其经过一段时间后自然能学会相应的技能从而对其漠视，使得这些新员工就像蘑菇一样，不被重视。“蘑菇管理”就是这种现象的一种管理方法。其实关于这个问题，我们企业并不是没有重视，针对新员工的新工培训就是蘑菇管理的办法之一，其他还有如规范的社保待遇、良好的激励机制、有序的职业发展空间、浓厚的企业文化氛围等。新工培训可以增加新员工对企业的熟悉度，了解企业的文化、运作、制度等，让其见到阳光。

既然员工存在这样的心理问题，说明我们企业在这方面做得还不够，还需要在学习、生活、上岗机会等各方面给员工提供更多的帮助。比如我们新近出台的“刚进企业一年内的员工，吃饭、住宿费用全免”这一政策，就是对新员工在生活上的照顾，使得青年员工在人生地不熟、经济能力不强的时段里，尽可能地缓解他们在进入一个新单位后在生活上的不适应，及由此而产生的生活压力。另一方面，在工作上，加大培训力度，提供更多的学习机会。我认为，作为企业管理者，应当多给员工一些阳光，让他们感受到企业的关爱和温暖。有了阳光才灿烂，植物没有阳光怎能茁壮成长？人若缺乏关爱怎么会有生活的信心？心情怎么会舒畅？给员工以阳光，就是指所有规则的透明化，加强企业文化建设，从而帮助员工化解心理压力。

其次，从人生经历的层面来讲，对每一个进入社会踏上工作岗位的员工来说，要清醒地认识到企业与家庭、学校是有本质区别的，企业不会给你无任何条件的呵护与关怀，你的收入需要靠自己付出劳动、技能、智慧才能获得，你需要更强的自立性。我们青年员工一定要意识到自己的生存环境已经变了，如鸟类一旦学会飞翔、学会捕食，就需要自己独立去面对未来所有的困难，自食其力。我们人也一样，从你踏入社会的那一天起，就要有足够的精神准备，认识到从这一刻起我们已经是成人了，正在用自己的勤劳和智慧来为自己赢得生存条件和光明前景。这个过程一定是艰辛的，可能不被重视、受冷落，甚至是排挤。我们青年员工一定要在精神层面上做好准备。因为年轻时容易对人期望过高，指望别人什么都应该帮忙，一旦达不到就觉得别人冷酷淡漠，其实你应该想到你对别人有多少帮助？你体现自己的价值了吗？曾国藩说得很实在：“凡艰困之时，只有在己者靠得住，其在人者皆不可靠。”对于生活中的一些不如意的情形，也要坦然地认识到这是生活的常态，那我们就要有所担当，勇于面对。

既然在人生起步时大多数人都有一个艰难期，那我们就一定要给自己立下志向与目标，即使现在备受冷落，也要在心中明确地告诉自己“将来我要成为什么样的人”，要志存高远。当然这也要经历一个过程，首先就是先成为一个自食其力的人，然后再考虑成为一名优秀的员工，技能上出类拔萃，职位上获得升迁，地位上获得社会尊重。只有优秀的员工才有更多的获得向更高处发展的机会。然后，你还可以去追求更高的目标。但要实现这些理想，必须从现在开始一步步努力，一点点积累。当你心中有了大志向后，就会对自己有长远打算，能够忍受眼前暂时的冷落，这也是很多人在成长过程中必须经历的一道坎。一株小树苗，一场暴雨就有可能把它浇灭；倘若是一棵参天大树，纵然面对同样恶劣的环境，它仍可以屹立不倒。正如人在社会，当大家都在同样的时代、社会的大背景下经受考验时，只有自己的力量足够强大，才能经受得住风雨洗礼，傲然而立。

另外，造成新员工受冷落的原因除了“蘑菇现象”，还有一部分原因是自身造成的。或许你很想做某一项工作，很想达到某一级的收入，但正是由于你的业务技能、职场经验等还没达到相应的程度，使得公司目前还不完全放心交由你去做。这个时候，青年员工们不要感到迷茫，更不要自暴自弃。很多事情总要经历一个过程，外因只能通过内因起作用，如果自身没有上进心，没有远大的理想，或者不肯脚踏实地，甘愿付出，那不仅会延长你见到阳光的时日，甚至都不会消除别人对你的忽视，因为你一直都处在好高骛远、眼高手低的层面。所以，我们还要对青年员工说，要有远大的志向，要立足于当前的现实，不管现在我们做什么工作、是否喜欢，都要把现在的工作做好，以此来体现自身的能力与价值。

一个人心理压力的产生，是因为你对事情不了解、不可控。当你对你所做的事情驾轻就熟、信手拈来时，自然而然就不会有压力。这就需要我们用心、用力地去学习业务和技能。当你对所要做的事情在可知可控的范围时，那压力自然就烟消云散了。各级管理者在安排工作任务时，要允许员工有一个由浅到深、由易到难循序渐进的过程，这也是缓解新员工压力的途径之一。

以上是对青年员工的期望。对于老员工来说，我也有一些寄语。每一位老员工都是从一个懵懂不知的生手变成业务熟练的骨干，在你们的成长过程中除了自身的努力外，也得到了很多其他资历更深的员工的帮助。现在轮到你们去关心、爱护、帮助新员工了，要多想想自己当年是如何走过来的，就更应该设身处地为他们着想，在你的帮助下让他们尽快成长起来。况且，在各级管理层面上，本身就存在用“传帮带”的方式来帮助新员工加快成长的运行机制。我们应该认识到新员工是新生力量，老员工打下的基础需要新员工接力，这样，我们的事业才会后继有人。我们一定要从这样的高度来看待新员工。当然，更重要的是还要靠每位管理人员的身体力行、言传身教来带动。

具体到各个管理层该如何做？首先是领班这一级。领班既是各项工作的直接操作者，同时也是带领一线员工工作的管理者。这样的一个双重身份，显得至关重要。要以先入门槛的老员工关心新员工的心态来帮助他们，用你最大的热情来帮助他们快速成长，掌握技能，熟悉环境，成为合格的操作者。从某种程度上来说，你在帮助他们成长的同时，也是在帮助你自己，帮助你所在的班组、部门。因为新员工越快掌握技能，就能越好地提高你们班组的效能和业绩，对你自身的评价就会越高。除了在工作上，生活上也要尽可能地给予帮助，在你力所能及的范围内，帮助新员工缓解心理压力。若是你做不到的，就汇报给上一级领导，让他们来关心和重视这件事情。

对部门经理这一级来说，因为具备了更多管理职能，是专职的管理者，更要细微地掌握员工的思想动态，做好他们的思想工作，为他们排忧解难。及时把员工的动态汇报给上级领导，做好下情上达。同时，也要把领导对一线员工的关心、要求等传达下去，做到上情下达，起到枢纽作用。

对企业正副总经理来说，必须无条件地奉行“以人为本”的宗旨。但凡做得好的企业负责人肯定是关爱员工的仁爱者，同时也是很好的引导者，更是一个不断发现问题、解决问题的有效的管理者。故而一名优秀的职业经理人，只有把“以人为本”这一层面的事情做好了，你管理的员工才能进步更快，企业才能不断发展壮大。

不可否认，也有一部分管理者确实存在“多年的媳妇熬成婆”的传统心态。他会想，“当初我进来时也没得到其他人的帮助，甚至还受到排挤、压制，最终是通过自己努力才走上今天的管理岗位，所以我也没必要对他们那么好，我也是这么过来的。”我们认为，这种想法是完全错误的。首先，你现在在管理岗位上已经是企业对你的培养，体现了公正，即使以前有过委屈，现在也已得到了纠正，你不能把自己过去受到的委屈延续给新来者，而是要把这种错误和不公正作为反面事例来提醒自己，你不但不能够消极对待，反而应该比其他人更加积极、热忱地帮助新员工。因为你亲尝过这种“媳妇之痛”，有切身的体会，就不能让你徒弟也来受这种痛。伤人必定伤己，这是始终辩证存在的道理。

一个企业有各个层面的员工，发展阶段也不一样，每个人的水平高低也不同，不可能每个人都受到一样的待遇，我们一定要努力给员工营造公平合理的、有企业温暖的、积极向上的、充满激情的工作氛围，这样大家才能融为一体，工作效率也会成倍地加大。每个人在这样的氛围下工作，心情自然会很愉快，创造性也就能激发出来。

每个人都有年轻、草率、幼稚、莽撞、冲动的时候，老员工尤其是管理者不能对年轻员工的不成熟行为横加指责，而是要多关爱、多理解、多帮助、多包容，以广阔的胸襟善待他们，从他们身上看到自己青春的影子。

只有这样，大家才能形成合力，共创光明美好的未来。

11 支持一切有利于员工身心健康的建议和想法①

公司提倡建设学习型企业，得到很大一部分员工的响应，企业里的学习氛围日益浓厚。

很多员工建议公司今后加大对员工岗位成才表彰奖励的力度，对于在国家级、省级、地市级发表作品，以及在各种级别的竞赛活动中取得优异成绩的员工，公司给予不同程度的奖励。

其实这些我们一直以来都在做，今后将会进一步规范。尤其对于在公司以外取得的各项成绩，公司也都会有相应的奖励。

有一些员工尤其是演员、导游、工程等技术人员反映，员工实际的学习资料很少。早在两年前，我就已经提出过，保持学习的氛围需要有学习的空间。当时想建一个图书馆或者活动室，甚至包括文艺活动的场所，只要能搞起来，里面都能够提供茶水、咖啡。后来想想可能大家都有自己的生活空间，这样建起来以后可能不一定有人来，势必会造成新的浪费，也达不到我们最初的目的。

那时觉得想学习的人总能找到自己的学习方法，不想学习的人，公司给他创造再好的条件也不会有用。后来江南水乡建起来以后，为适应国际化建设的要求，集团总部的团委组织在江南水乡搞了一个英语角，每天晚上特意把横店大学英语比较好的人召集过来交流、会话，但只坚持了几天。这些连续失败的案例，让我担心此举会不会只是走走形式，花在员工学习上的费用我们是一点都不会心疼的，就怕起不到真正的作用，所以动摇了我搞阅览室的念头。

随着条件成熟，对于一线员工来说，尤其是青年员工，可能也需要这

① 摘自2007年9月4日企业文化访谈系列之《员工关心的问题就是企业文化建设的重要内容》一文。

样一个学习、交流的场所。所以，我觉得可以建立一个图书馆[①]，让员工可以自由地借书。既然我们提出来了，就立即安排人去落实，只要是对员工有利的书都可以买来，并逐步积累、增加。

图书馆是适应员工的需要而决定投资建设的，只希望大家不要让我们这些决定投入建馆的人失望。如果开放后门可罗雀，就达不到我们的初衷了。既然公司为大家创造了这样的机会，希望大家一定要珍惜，积极利用好，让自己不断地得到进步。

凡是有利于员工身心健康的合理建议和想法，只要公司能做到，我们一定积极支持，并努力去做好。

12 我们希望一个员工都不被淘汰[②]

在建立我们企业的人才机制时，我们常说要注重优胜劣汰，但这个概念不是现在很流行的末位淘汰，末位淘汰只有在矫枉过正时偶尔为之。末位淘汰和劣汰永远都是一把悬着的达摩克利斯之剑，我们不会轻易用。

我们希望一个员工都不被淘汰，都是优胜，从初级到中级到高级到特级，永远都是向上的。我认为“劣”的提法是欠妥的，人和民族都没有优劣之分，但表现确实有好坏。我们要给表现相对差一些的员工至少两次的机会，通过培训、教育，促进提高，而不是动不动就淘汰，除非他触犯了制度的底线。

从人力资源的角度来看，或许某位员工在这个岗位上做不好，但可以

---

① 横店影视城图书馆于2007年11月20日落成开放，对企业员工、剧组人员、入住酒店的宾馆同时开放，内有图书 万余册，并每年扩充藏书。在开业不到两年的时间里，图书馆共借阅图书2.1万册，人次1.35万，平均每月借阅958册，相对于大部分企业图书馆、阅览室的形同虚设，横店影视城图书馆起到了实实在在的“精神园地”的作用。于2009年被东阳市总工会评为东阳市“十佳职工书屋”。

② 摘自2007年5月11日企业文化访谈系列之《屈己广纳，任贤使能，恭让节俭，厚待员工》一文。

把他放到更合适的岗位上，这反过来说就需要我们管理者“任贤使能”，了解自己的下属、员工。如果真有一天某位员工被“劣汰”了，或许他到其他企业去，还会成为佼佼者，因为我们企业对员工的要求更高。

我想，企业发展到后来，今后的淘汰并不是我们企业强制淘汰员工，可能更多的是自我淘汰，员工自己感觉跟不上企业发展的节奏了，自己淘汰自己。

13 从用工机制说起①

在2010年年度会议上，人资部反映了几个问题，我们也借机总结一下公司的用工机制。

第一，现在下属各单位员工流失频率较高，新员工培训不到一周即安排上岗，未能独挡一面，直接影响到对外服务品质。建议公司本部成立专门机构，做好员工储备，包括统一培训，以便人员流失时岗位员工能及时得以补充。

第二，在旅游淡季期间，很多企业会将部分人员报到人资部，推说员工不适合该岗位；到旺季时又会要求人资部提供人手。各单位与员工解除合同关系，原因都是不适合该岗位。根据劳动法相关规定，企业与员工解除劳动合同必须拿出不适合该岗位的依据，如总台员工遭到了几次宾客投诉、对外造成什么样的不良影响等，以便人资部对其进行考量，有针对性地做好安排。

第三，各企业未雨绸缪的用工机制未建立。这一点梦幻谷做得较到位，虽然他们每天的接待量很大，但很少到人资部要求协助安排员工。因为最初与学校建立合作关系后，梦幻谷始终与其保持联系，一旦出现接待繁忙等情

① 摘自2010年8月31日浙江横店影视城有限公司2010年度会议之《总经理访谈录》一文。

况需要学生协助，就会自主联系，事后也会及时将用工情况反馈至人资部。

第四，景区用实习生的情况较为普遍，且反映不错。而酒店这一块，由于下属各企业低星级酒店居多，服务客源层以团队为主，客人的消费层次导致我们不可能提供相应的高标准服务。酒店的实习生到内地特别是到乡村实习的情况，国内所有高层院校都不存在，包括离我们最近的义乌工商学院，今年共有酒店实习生180名，全都安排在沿海地区实习，为期八个月，到明年最远的会安排到日本、韩国，最近的也会到上海挂牌五星级酒店实习，所以我们横店影视城下属酒店用实习生的可能性远低于景区。

第五，酒店如何留住员工，建议做好以下两点：一是管理人员要以身作则，不能老是要求员工做什么，自己却说一套做一套。大智禅寺的案例让我感触很深，景区要求员工6点准时上班，导致员工怨气很大。只有管理层先做好表率，才能让员工信服。另外，在对员工进行教育的过程中，批评、教育太多，鼓励、肯定太少，员工在工作中压力太大，也会导致离开。二是管理者应做到“六亲不认”，将机会留给有能力的人。

我觉得人资部说的很大一部分内容非常切合实际。首先，从公司用人机制层面看，企业副总以上管理人员包括主要技术管理人员都由公司总经理亲自掌管、聘任。在公司成立之初，引进管理人员不容易，如今依然很难，所以我们很重视这一工作。庆幸的是，今天在座的大部分人都是原来管理团队中的人，大家能够稳定在这里，至少说明本身事业与公司发展可以达到平衡状态。另一层面，我们主张“谁用人、谁主管、谁负责”的原则，各企业部门经理以下员工均由下属各企业总经理自身掌管，这是一层机制。第二层机制是，严格控制后勤管理职位，但要放开一线员工。如企业文员岗位要有严格控制，下属企业部门经理的岗位设置与任命也仍要报批、备案、核准，但一线员工的数量由企业总经理自己决定，没有编制限制。

我们实施分级管理，在制订政策、导向方面其实已经在做。我们通过加薪水的方式，力求到年底确保最低收入员工（正式工）的月工资有2000元，这其中不包括物资、补贴等的发放。今年之内，所有的员工宿舍必须做到有热水、有空调、大部分有独立卫生间。涉及改善、提高员工生活待遇的请示，我们基本都会批准实施，这就是公司的政策导向。用工问题将来会是大问题，而且现在已经凸显。我们的职业经理人对每位员工的发展空间、奖惩提拔是否公平对待？我曾在外面碰到过数名员工，经了解，很多都是因为企业有失公平等客观因素而离开企业的。

在企业管理工作中，我们必须坚持做到“对人有情，对事无情”。就是说，对于员工的思想动态、个人生活、家庭困难等，作为管理者，我们必须尽可能地去关心和帮助。特别是当他们遭遇了不幸后更应该及时送上温暖，让他感受到我们这个团队对他的重视，让他增强对企业的归属感和荣誉感。但是，对于员工在工作中犯下的错误或造成的失误，我们必须及时批评指正，乃至按照管理制度的规定予以严肃处理，让员工认识到他的错误或失误对企业造成的损失与后果，从而端正态度，明辨是非，汲取教训，在今后的工作中引以为戒。这样做既有利于员工的健康成长，也有利于企业建立并深化和谐的劳动关系。管理者不能漠视员工合理的利益与精神上的需求，也不能违反管理制度上的规定，一味迁就员工不合理、不合适的要求，更不能对违反管理制度的现象和行为不管不问，那样做就是管理者的失职。

14 “幸福企业”从“人文管理”开始①

现在我们企业的员工，大学毕业生所占的比例已达到20%多，大部分也有高中文凭。年轻人占主流，他们年轻，思想活跃，眼界开阔，我们的管理是不是也要更人文一些？我今天讲的人本主义，就是指我们企业价值观中的以人为本的思想。

① 摘自2012年8月30日《企业的发展需要有坚定的信念和细致的管理——在浙江横店影视城有限公司2012年度工作会议上的讲话》一文。

去年年会的主题是人的问题，今年还是要强调这个问题。前段时间，我对各企业一把手进行了一个小测试，大部分人完成得不好，有些甚至连50个员工的名字都写不齐。如果说前几年我们的员工流失率有点大，你们写不出还可以理解，但这几年员工队伍逐渐稳定，不仅几乎没流失，而且出现很多人想进我们单位的趋势。在这样的情况下，作为一个总经理竟然写不出几十个员工的名字就不应该了。

在我们以往的历史上，各级管理团队曾一度注重硬件，忽略软件，注重管理层，忽略第一线，尤其是对一线员工的关心培养及爱护他们的积极性方面，我们普遍做得不好。如果说我们公司在十年前不缺乏劳动力，缺管理层，但是现在包括将来，将极端缺乏一线员工。

在当今社会，我们扩大管理团队还是有很大优势的，但一线人员只会越来越紧张。网络再发达也不能替代实体，更不能替代服务一线的员工。尤其是像我们这个产业，在未来很长的一段时间里仍会越来越高密度地需要一线人员。全世界第三产业的用工量是最大的，我们就在这个产业里。面对一线招不到人、用工越来越紧迫的情况，我们的工作是疏忽了。所以，从现在起，至少从公司管理层开始，一线员工的地位和分量在你们心目中要成为最重的。他们的喜怒哀乐、收入，对幸福感的认知，对企业的归属感、向心力、感召力，都将是我们接下去重要的工作。到现在居然还有这样的情况存在：我们某些员工犯错，单位会以放假处分，这在公司的制度和劳动法里都是不允许的。当一线员工被简单粗暴地对待时，员工对管理层就会恐惧大于亲切，就不会建立起兄弟姐妹般的情谊，甚至连同事间同甘共苦的基本友谊都没有。倘若搞好“员工主义”“亲情主义”“幸福主义”，让员工真正舍不得离开我们这家企业，我们的管理将会省力很多。

我们现在有4000多名员工，两年之内一定会突破5000名，目前需要的是高素质的一线员工，这就需要我们自身的培养，让未做过服务的员工，经过几年的磨砺、锻炼、熏陶逐步成为一名熟练工，这需要花费职业经理人很大的精力。

人是有灵性的高等动物，当我们真心对待员工，员工肯定能感受得到你的诚意；当他们对企业、对管理层有了信任，才会有依恋，有欢乐的元素和幸福感，才会发自内心地对客人好。正因如此，我们每年的员工出游不仅要继续下去，还要扩大范围，让员工分享公司的发展成果，并体会到付出后迎来回报的自豪感和认同感。有朝一日，找出一个评选标准，也要评出“最幸福企业”，包括员工的流失量、服务体系的完善等等。

15 把慈善做成长效机制①

在我们公司，每年经过审批的需要进行困难补助的人总有很多，长期这样下去并不能解决实质问题，必须要建立一个长效机制，成立基金会。这样既能提升企业凝聚力，还能最大程度地帮助困难者。

我们公司的品牌价值观是“修己安人、义利并重、和谐共赢”，与即将成立的“安人互助基金会”②一脉相承，这种行为本身也是企业文化建设的一种延伸。作为一家蓬勃向上的企业，我们在对社会做出应有贡献的同时，更要提倡同仁之间的团结互助。当然，最近几年，无论是社会上还是企业内部，我们都组织了多次捐款。今后，这类行为将成为一个长效机制。因为随着企业的发展，每个员工每年的收入都不会比上一年下降，因此，大家应该具备一定的做慈善的能力。当然，每个人只要量力而行，肯定不会影响到我们的生活质量。

通过成立基金会，要让员工明白公司这样做的目的。首先是基金会之所以能够成立并筹款，是建立在企业自身发展的基础上的，2002年时我们

① 摘自2009年4月1日《从细节上提升管理——在迎接旅游旺季动员大会上的讲话》一文。

① 2009年4月20日，横店影视城安人互助基金会成立，以帮助横店影视城特困员工解决生活中遇到的实际重大经济困难。

明清宫苑景区一隅

的工资奖金总额只有900多万元，而去年已达到7000万元。如果没有工资的增长，我们何来能力去做慈善？所以当我们身体健康状况一切正常的时候，要全力以赴建设我们的企业。其次，我们公司职业精神里提到的“忠诚感恩”，应该是相互的。当我们的员工发挥了能动性为企业创造了财富时，企业也应该记住他们的贡献。当他们遇到困难需要帮助时，企业必须伸出援助之手。三是每个员工都要注意对自身的建设。你努力工作了，收入才能增长，才能根本解决自己的生活问题，有多余的财富以备不时之需。人常说“人生不如意事常十之八九”，不能一味地只靠外界帮助，特别是年轻员工，一定要趁自己大好年华时努力工作，这既是为企业做贡献，也是为自身做准备。

横店影视城一路走来的每一步里都凝聚了员工们的辛勤汗水，今天，企业拥有了如此坚实的发展基础和进取平台，面对给予了我们无数厚望的领导和家人，大家此时不搏更待何时？

16 以礼佛之心善待员工①

在公司2009年的年度会议上，我们对公司内的所有职业经理人提出了要求：注重人本，春暖花开。也就是说，我们要善待每一位员工。

现在，全社会招工难的问题日益严重。值得庆幸的是，经过这几年的发展，我们的员工队伍日益稳定，但我们要时刻保持危机意识。随着旅游业的迅猛发展，客人对服务的要求越来越高，对旅游企业里一线员工的要求也越来越严格，我们该如何稳定员工队伍？

待遇留人。我们一直强调横店影视城品牌价值观里的“义利并重”，因为“利”是很重要的一点。这几年来，公司一直在不遗余力地提高员工工资，尤其是加大了一线员工工资提升的力度。从公司组建到今天，我们坚持做到了每月按时支付员工薪酬，从不拖欠。每逢重要传统节日，都向员工们发放节日福利。对于员工的劳动环境、工作条件，我们都不断做出改善，使员工能够更加愉悦地工作。

感情留人。我们一直注重解决员工的住宿、用餐、文娱生活等方面的问题。下属企业关于对员工住宿、业余文化生活等方面进行改善的请示，我们都予以支持。员工遇到难题了，作为管理者要设身处地站在他们的角度想一想，根据实际情况采取合适的帮助。任何管理人员对自己管辖范围内的员工都要有一颗诚恳甚至是礼佛的心，就像信佛的人进寺庙去参拜一样，虔诚至极。如果管理层能真正做到这些，员工是会受到感染的，这样，你就比较容易带好这支队伍。共产党当年打天下，条件那么艰苦，为何最

① 摘自2009年4月1日《从细节上提升管理——在迎接旅游旺季动员大会上的讲话》一文。

后取胜了？就因为领导者爱兵如子，同志间亲如兄弟，关键时刻甚至愿意为了别人放弃自己的生命，这就是平时情感投入换来的回报。和平年代虽然不需要我们付出这么多，但道理都是一样的。我们的企业时刻处于市场竞争中，如果员工能够同心同德，多大的困难我们都不会害怕。我给员工发放生日卡时，在签每一个员工名字时都心怀诚意，力求不写错一个字。我希望公司的每个管理人员也都能从自身做起，让普通员工通过这些小事感受到企业大家庭的温暖。

事业留人。公司对员工的承诺是：让员工在公司这所大学校里不断取得进步，同时获得合理的收入。也就是说，让员工通过自身的努力能过上体面的生活，同时不断提供机会，提高员工的工作技能，为他们职业生涯的发展创造更好的平台。我们的品牌理念和公司的实际做法是一致的，要给员工提供一个春天般温暖的成长环境，即便由于某些原因，员工最后离开我们公司了，但他们仍然愿意很自豪地说自己曾是一名横店影视城的员工，外界也因为这一点对他们格外看重，那也是对我们管理者付出心血的肯定和认同。

Part 4
细节管理篇

- 管理分化到一定程度就是点点滴滴
- 怎样才能培养出重视细节的习惯
- 带着挑剔的眼光去做换位思考
- 如何弥补忽视细节造成的管理漏洞
- 怎样督导员工对细节的深层发现
- 决策失误与日常管理细节的深刻关系
- 为什么始终强调“抓现场”与“抓细节”
- 管理就是真正体现在每个员工身上的细节
- 安全工作：必须不惜一切代价把工作做细
- 细化管理仍然是我们工作的重中之重
- 财务人员如何参与企业管理

1 管理分化到一定程度就是点点滴滴①

2008年，经过七年的发展，我们的管理比起最初时已经有了很大的提升，但与国内外顶尖的同行相比，我认为这个提升还是属于量的、表象的，并不是质的。

我们做的是管理工作，特别是宾馆、景区的总经理。管理和经营密不可分，管理之中有经营，在经营时也要有管理，即便是营销公司做市场的人也肯定要进行管理，就像太极中的阴阳鱼一样，你中有我，我中有你。但两者之间也有区别，管理分化到一定程度就是点点滴滴。

2007年，横店集团徐永安总裁在做报告时就向我们提出了“精细经营”“精致服务”，那年我们也发放了《细节决定成败》一书。审视我们自己，今天我们的“精细”“精致”做到了哪种程度？就管理来说，小到环境卫生、员工的仪容仪表，大到整个公司的开支，都要一一去抓。

比如人力资源管理。我们员工的工资每一年都比上一年有所进步，这种情况已持续了七年，这是件值得自豪的事情。前段时间，我在影视城宾馆（现影星酒店）见到大热天里每天都有两个女员工在装煤，很辛苦。那些男的司炉工干什么去了？他们一共八个人，我当时就说，能不能减少到四个人？工资总额不变，把减去人的工资增加到另外几个人身上，相信他们就会非常乐意去铲煤了。影视城宾馆（现影星酒店）接受了这个提议。

每年，我们增长的工资和奖金都是有一定限度的，如果人力成本不加以控制，增长的薪酬福利将会被随之增加的人力成本消耗掉，员工的待遇将永远处于中等甚至中等偏下的水平，怎么能有大幅度的提高呢？希望有

① 摘自2008年8月6日《戒惰破满 提升管理 知难而上 再立新功——在浙江横店影视城有限公司2008年度工作会议上的讲话》一文。

朝一日我们员工的工资水平在全国同行业中是一流的，让企业去选择它所需要的员工，而不是被动地接受，让我们培训出来的员工能有更长的职业生涯。因此，加强对人力资源的管理迫在眉睫。

现在我们定位为职业经理人的共有200多人，这个队伍究竟算不算大？要看它所产生的效益。现在，美国很多公司都将自己的部分业务外包至其他国家或地区，公司只保留一些管理人员，以降低公司的成本。是不是有一天我们也把餐饮、房务清扫、导游等方面的业务全部外包？但真到了那一天，我们200多个管理人员真有这个能力管好吗？因为这要求管理人员绝对是专家型的，必须要有高超的管理能力进行有效的控制。搞好一个企业就是控制与反控制的问题。比如采购，如果不懂行、没有完整的制度约束，关于回扣等问题怎能做到有效控制？

除此之外，我们还有一些管理不到位的地方。比如影视城宾馆（现影星酒店）新空调的安装问题，安装完毕后却发现电居然没跟上。空调安装前我们预测过吗？现在整个夏天已经快过去了，煤也已经用了那么多，大家早期做什么去了？由此可见，我们对设备的预测工作远远不够，像空调应该在用到之前就想到，而不是像现在这样，一个夏天将节约多少成本？空调这样一改，三年就能收回成本，可现在已半年过去了。这不是哪一个人的失误，而是所有管理人员共同的责任。这也要求我们一线的总经理要善于观察和思考，把工作做得更细，唤起对工作的责任感，做好本职工作。

前段时间在做财务访谈时，我曾跟我们财务人员提出，要把前置式管理的思想渗透到每个工作人员心里。管理出效益，表象的跑冒滴漏还是好管的，关键是要对大量潜在的容易被忽视的地方加强管理。再如采购，很多企业每次清理仓库都会清出很多东西。不要总以为所买的东西用不了多少钱或者想买下来存着，很多物品尤其是电器从买下来那天就开始贬值了，即便是完好的，或许过几年连零配件都找不到了。

我们在几年前主动跟集团总部提出来，要求对于产品投资包括易耗品在三年内摊销掉。这是我们自动加压，这样做对我们企业的发展是有益的。像《暴雨山洪》《英雄比剑》等产品已经全部摊销完了，现在只需要进行日常维护就可以净收益了。同样，三年以后，梦幻谷也不需要这么大的折旧了。也就是说，所有买进来的东西在经营的过程中都要摊销掉，这就促使我们在买东西时多掂量掂量，特别是电器，能多延长一年使用寿命再买新的，价格、质量和功能就会更好一点。现在，我们各家单位还有没有库存的物品堆在那儿？赶快清理出来，之前我们已经规定过库存的物品超过三年要按照20%进行处罚。管理无止境，就要这样细化到每个环节。

2 怎样才能培养出重视细节的习惯①

我在对基层管理人员的培训中曾提出了十项希望，我觉得如果每个管理者都能够做到，也就达到了我们的目的。

一是徐文荣会长提出的“先做人，后做事，做好事”的职业理念。管理者必须要在自己领导的小团队中得到大多数员工的拥戴。二是业务技术的领先作用。管理者要懂行，要有发现问题的眼光，如果自己不懂，就看不出问题，也很难带好一个团队。三是踏实认真的工作作风。四是耐心细致的职业习惯。五是团队和谐的核心作用。要懂得关心他人，合理用人，厚待员工。六是多干少说的良好表率。七是执行制度的长期坚守。八是精心入微的节俭行为。九是获取利益的正确心态。为企业获利要诚信为本，不能坑蒙拐骗；为自身则不取非分之财。十是一以贯之的进取精神。

其中第四条是耐心细致的职业习惯。怎样才能培养出一个人对细节非常重视的习惯呢？

这就像幼儿园的小朋友一样，刚入园时，老师会教你要懂礼貌，要遵守社会公德。我觉得从走上管理岗位那天起，我们就要把自己当成从幼儿

① 摘自2007年6月6日企业文化访谈系列之《不遗余力抓细节，持之以恒重节俭》一文。

园开始，注重培养自己良好的习惯。这个良好的习惯就是指做任何工作，都要考虑得非常周全、非常细致，当经过努力，自己有了更大的进步后，慢慢地就会成为一种下意识的习惯，这时候，良好的职业习惯就养成了。我们从事服务行业的人员要对客人讲礼貌，并从礼仪、仪容仪表、谈吐以及生活习惯等方面按职业的要求进行培训，慢慢就会变成一种习惯。而我们生活上一些不好的习惯，就不会出现在工作中。比如，英国的管家走路都是有要求的，他们经过训练后，走路时不会发出一点声音，就像猫一样，这都是职业要求。

所以，从事服务业的人要有更好的、更细致的生活习惯，当变成日常的表现和习惯时，所谓“坐有坐相，站有站相”，我们在工作中才会有更好的表现，并引导、带动客人。

3 带着挑剔的眼光去做换位思考①

如何在管理实践中落实细节管理？用一句话来概括就是：要带着挑剔的眼光来管理企业，用换位体验的角度思考，设身处地的抓细节管理。

首先对“挑剔”一词做个说明，“挑剔”指的是“用专家的、内行的眼光审视”。“用换位体验的角度思考”，指的是“假如我是游客怎么办?”的思考方式。

我们每个人在不同的场合都会进行角色换位。今天我接待客人，我是一个管理者；明天当我离开岗位自己去消费的时候，又会以一个消费者的眼光来看待问题。可为什么我们会发现很多人在消费的时候会找出很多理由表示不满？比如价格太贵、卫生太差、服务不好，等等。这是因为他花钱了，他想取得相对应的服务和产品。以一个消费者的眼光来看待问题

① 摘自2007年6月6日企业文化访谈系列之《不遗余力抓细节，持之以恒重节俭》一文。

时，往往比较敏锐。

虽然大部分的消费者可能都不挑剔，但作为服务行业的人员，我们对自己一定要挑剔。现在我们中国人整体的维权意识还不是很强，但会越来越强。如果我们把每个消费者都设计成是带着挑剔眼光的消费者，我们任何一个接待者也都能真正站在一个挑剔的顾客的角度，肯定会更容易发现问题。只有让消费者满意才是真正的满意，因此，换位思考一下，会发现很多平时不易发现的问题。为什么我们很多管理者能发现问题，而有些则不能？原因就在于此。

换一下角度，对待同一件事或同一个人，管理者和消费者的认识会有很大的不同，这也是我自己的经验之谈。为什么我每一次去企业检查总会找出问题？除了个人经验和经历外，更重要的就是换位思考。把自己想象成一个游客，我花钱进入景区，肯定会琢磨自己进来后看到了什么？演艺节目好不好？环境干不干净？用这种眼光去看，就比较容易发现问题，所以一定要挑剔，尤其是作为管理者，必须要学会挑剔自己。只有挑剔自己，才能让游客无可挑剔。

4 如何弥补忽视细节造成的管理漏洞①

公司对细节管理可谓相当重视，给每位员工都发放了《细节决定成败》《工作中无小事》等书。可在我们实际工作中，仍会出现因忽视细节而造成管理上的漏洞。

出现漏洞主要有以下一些原因：一是技能不够，毕竟有很多工作是需要特定技能的。二是缺乏对这一职业的敬业精神。敬业是指对自己所从事的工作非常看重，感到乐群利人。只有看重了才会做好。如果自己本身就

① 摘自2007年6月6日企业文化访谈系列之《不遗余力抓细节，持之以恒重节俭》一文。

看得很轻，又不考虑他人的感受，是根本做不好的。比如环卫工，即便这一平凡岗位，为什么仍有人做得很好？就是因为他们觉得自己所从事的工作虽然平凡，但不可缺少，既然干了就要负责，自己要看得起自己，这是一种自尊，所以才会尽力去做好。三是缺乏统一的标准。员工自己或许以为已经做得很好了，但还远远没有达到我们的要求。四是机构和安排不合理。比如一个人能打扫多少面积的卫生，我们的游客量达到了什么样的数量，需要多少人，但实际却没有配置到位，所以员工就达不到我们的要求。除此，还有情绪上的问题。

当员工把企业看成自己可以依赖并共同成长的载体时，他会产生爱惜这个企业的情绪，这和只为生存而无奈工作的情绪是两种截然不同的状态。

要解决这些问题，除了让员工的收入和待遇与企业同步增长外，必须要提高员工的责任感，通过大量耐心细致的工作，让员工认同我们的企业文化，感受到企业的温暖，调动他们的工作情绪和积极性。除此，还有很多其他方面的原因，也是因人而异的。

为什么有些员工工作积极？而有些却不积极？我们的管理者应在自己的管辖范围内了解每一个员工，根据其特点扬长避短，让他们找到适合自己的岗位。所有这些都需要管理者多想善谋，这也是解决问题的关键所在。

5 怎样督导员工对细节的深层发现①

有段时间，公司曾对下属两企业浪费水一事予以通报批评，我在倡导经心入微的节俭行为时提到过。这件事之所以发生，还是与细节有关，因

① 摘自2007年6月6日企业文化访谈系列之《不遗余力抓细节，持之以恒重节俭》一文。

为很多员工并不是不节俭，或许他们在平时工作中已经从节约一张纸、一支笔等小事在践行节俭的要求，然而就是因为不经心、不认真，才最终导致这一事件的发生，员工缺少的可能是对细节的深层发现。

究其原因，主要有两点，一是责任感，二是业务常识。关于浪费水一事，其实很能说明问题。那天我发现的时候已经是晚上8点半了，后来了解清楚才知道从下午2点半水就开始流淌了，在长达6个小时的时间里，我们公司的员工或者相关的人员不知有多少人经过，为什么偏偏让我发现了？可能下午嘈杂声太大，员工路过也没听到，但7点之后到我发现前的一个多小时里呢？那时应该比较安静了，许多人都是要从那里经过的。这就可能存在这样一种心态：事不关己，我不管它。我觉得这时所需要的责任心，应该上升到每个人对社会的责任感，不要认为离开工作岗位发生的事情都跟自己无关，它可能跟整个社会有关。比如流淌的自来水，我们同样要发现它、制止它，如不制止将是对我们大家共有资源的一种浪费。我们都知道，自来水是要经过沉淀、过滤、消毒、输送等多个程序才最终能被人们使用的，它需要大量的成本，并不是像自然水一样。另外一点就是常识。可能很多人也听到了，但误以为是溪水、污水。然而，稍微敏感的加以怀疑就不难看出问题。首先，那段时间天气一直晴朗，不可能是雨水。第二也不可能是污水，当时都下班了，哪来这么多的污水？而就在同一天，我走到秦王宫，发现售票房的灯还亮着，原以为是在加班，但走过去却发现空无一人，既造成浪费也极不安全。后来询问门口值班人员和保安，均未通知相关人员前来关灯，现在通讯这么方便，本应该很快就能联系到人的。

当然，像以上所发生的事情都是偶然事例，并不是每天都会有这样的事情发生，也不能说明全部的问题。但看似偶然的事情，实则有它的必然，就是少了一点多管闲事的良好风气。在我们这么大的企业里面，一年当中，肯定还有很多这种看似偶然的事情发生。因此，我们需要发动一线员工来注意日常的稍纵即逝的细节，多加关注，就会避免很多浪费现象的发生。

作为管理者来说，我们从日常工作中的一些小事中做起，注重细节，厉行节约，既是为人表率，也是一种职业追求，是做企业的一种基本素养。一方面只有自己做到了，才能去说人家；自己做不到就不要去说，说了别人也不信。另一方面，通过倡导员工养成节约人类资源的习惯，可以培养我们的社会责任感。企业作为一个法人机构，是社会的成员，而企业又是由一个个员工组成的。社会成员本身就应有社会责任感，对于我们企业来讲，就不仅仅是为了节约金钱，更是对人类资源的节约。因为资源毕竟是有限的，是多少金钱都买不来的。同样，每一个员工对社会也要有一种责任感，如果我们能把员工的这种责任感培养好，将会是件利他利己的事情，既为企业节约了资金，也为社会节约了资源。

如果员工的认识上升到了这样的层面，他们在节俭上就会有更大的自觉性。这可能也是我个人的价值观和对生活的一种态度，所以我想号召员工来共同养成一种物尽其用、珍惜资源的习惯。

对于管理资源更多的人，更应将节约的观念深入骨髓，因为他有更多的机会从细节做起，他有更多的余地来让节约变为可能。

6 决策失误与日常管理细节的深刻关系[①]

尽管我们一再强调细节的重要性，但可能仍有一些员工仅仅是口头上的赞同，总认为我们这么大的企业，它的兴衰最终是由中高层的战略决策决定的，一般员工细节上的失误、个人的节俭与否影响不了大局。

这些员工可能有个误解，如果仅仅把细节理解成抓针头线脑这类事，那就有违我们的初衷了。从实践层面上讲，是如何迈好“千里之行始于脚下”的“这一步”，讲的是如果不迈好这小小的一步，或崴脚了，

① 摘自2007年6月6日企业文化访谈系列之《不遗余力抓细节，持之以恒重节俭》一文。

或方向反了，那么就足以使你完不成千里之行这个伟大的战略目标。希望大家都要从实践的、战略目标的、踏实工作的层面，理解并高度重视这个细节问题，哪怕这个细节小如一滴水、一粒米，从小处着手亦有实际意义。

这里我们引用古希腊著名的阿基米德与国王下棋的故事。阿基米德与国王下棋，国王输了，国王问阿基米德要什么奖赏？阿基米德对国王说："我只要在棋盘上第一格放一粒米，第二格放二粒，第三格放四粒，第四格放十六粒……按这个比例放满整个棋盘就行。"国王听后哈哈大笑，命人照此去做，原以为要不了多少粮食，可一个粮仓的米还摆不完一半的棋格子，全部摆满后竟成了一个惊人的天文数字！因此，不要小看任何小数字的累加，尤其是几何级的累加。

确实，在企业发展过程中，造成最大浪费的可能就是决策失误。员工辛苦干了一年，也许就一百万利润，而一个决策失误，可能会造成几百万的损失，大家所有的努力都付之东流，这时任何节约都没有用了，这也是我们高层领导在做任何决策时都要慎之又慎的原因。为什么现在有些企业开了就倒闭，有些坚持不了几年也关门，而有些企业则长盛不衰，越来越好？这并不是每个人都能左右的，确实只是极少数高层在起作用。这是对高层决策者的要求，不属于企业管理的范围，虽然十分重要却不具有普遍意义。

另外，在同样的产业当中，不同的人投入了相同的资金，所产生的效益往往是不同的。这里面就跟经营有关系，然而它又局限在一个相对小的范围，不需要每个人都去参与。比如我们的营销，主要集中在营销公司、营销部门和总经理身上，大部分员工是不直接参与营销的。在这个范畴中，我们所强调的就是在经营上要非常符合我们现代营销理念，有非常灵活的营销手段和清晰的营销目标。

但为什么我们有很多企业是同样起步的，决策也是正确的，经营也是不错的，可有些做好了，有些却没做好？这就是管理上的问题。除了以上这些决策和经营手法外，剩下的大量工作就是日常管理，这个过程是每个人都能够接触到的。在这里，我们怎样才能避免因能做到而没有做到所造成的浪费？这就是我们所说的要注重细节。事实上，我们抓一度电、一滴水，目的并不仅仅在此，而是由此引申出的意义，就是说我们对一度电、一滴水都尚且如此重视，更何况比这些更重要的呢？这样，一度电、一滴水的象征意义就远远大于它的实际意义。

如果要讲浪费，真正的浪费是人力资源的浪费。比如人浮于事，是原来大锅饭时代一个通常的弊病。随着现代企业的发展，已经不允许出现这样的情况，要根据个人对企业的贡献、重要程度以及社会对这一技能的稀缺程度等因素来确定不同档次的报酬，这叫合理配置人力资源。目前在所有企业的费用支出中，人工成本是第一位的。从这个角度来说，真正要抓日常管理，人力资源不可忽视。这里涉及到不该设置的机构不设，不该设置的岗位不设，一个人能做好的工作不用两个人，一个岗位能做完的事不要两个岗位，等等。除此，日常管理中仍有很多细节上的节约需要做。比如硬件管理，员工对设备的爱护、保养和日常维护远远不够。同样一件日用品，公家和私人的使用寿命往往有很大的差异。同时，硬件上小的问题不及时维修也终将酿成大的失误。房屋上的一块瓦片坏了，没有及时去补，几年下来，椽子、房梁、柱脚慢慢地都腐朽了，最终造成了一座房子的倒塌，而当初如果及时修补，这座房子可能会保存几百年，很多硬件上像这样的浪费不胜枚举。又如日常能耗性的物品，跟责任心和技能都有关系。同样的烧锅炉，技能好的锅炉工用一吨煤产生的热能要比技能差的多很多。但同样的技能，产生的热能仍可能不一样，为什么？就是责任心的问题。再如厨师，好厨师不论多忙，需要多少量的调料，都会准确地取出。而有些厨师则会一瓢调料下去，然后往池里抖掉90%，仅仅剩下10%加以利用，浪费可想而知。这里最大的问题就是本来能够拿到的效益却被无端浪费掉了，这也是对人类资源和人类劳动的一种浪费。

决策失误的问题当然会严重浪费资源，而经营上的事情，我们也会在某一个程度上对有些人要求更严。就像现在总部要求我们10万元以上的投资决策必须要申报，有一套班子进行论证、审批，这就是要控制我们的决策失误，是管理学的概念上的一种制度，不具有对每个人的普遍意义。我们说的具有普遍意义的，是每个人都能够做到的，而且是举手之劳，就像阿基米德的米一样，会积少成多。这种能做到而没有做到的，恰恰最为可惜。这些事情堆积下来，就不是一个小数字。如果人人都尽力去做，会积少成多。而如果人人都不做，也会积少成多。一正一反，将会往两个完全不同的方向发展。正因如此，每个员工都应重视细节上的节俭。

当然，有时候会出现这样一种情形，譬如夜游景区、宾馆大堂灯火辉煌，可我们对办公区下班后的一盏路灯都要求关闭，真正的节俭是要用度合适，合适就不是浪费，不合适一元钱也是浪费。

7 为什么始终强调“抓现场”与“抓细节”①

在管理工作中，我们始终强调“抓现场”“抓细节”的做法，其实就是强调公司在品牌战略中阐述的“服务求完美”的服务理念和“追求完美”的职业精神，就是这些理念、精神在管理工作中的实际运用。

所谓抓细节，换个说法就是追求完美，而这个完美的着力点、追求点就是公司的战略目标。因此，这样的细节就属于战略层面的，具有了战略的属性。为此，抓细节就是成功的必要条件，非这样做不可。公司的具体做法主要从这样三个方面着力：

首先是从思想上解决问题，培养员工珍惜资源和对职业的荣誉感。每一个从事现代企业的管理者及全体员工，要想成为一个好的管理者和员

① 摘自2007年6月6日企业文化访谈系列之《不遗余力抓细节，持之以恒重节俭》一文。

2010年8月4日，殷旭（右五）在广州街景区召开“六常法”现场管理会

工，必须先解决思想问题，即态度决定一切。必须要认识到位，认识到位才能解决所有的问题。其二，要有强制的制度、量化的标准和规范。任何人都不喜欢被约束，这很正常。但刚性的约束又是员工在工作中必须要遵守的。企业若想发展，必须要强制性的推行制度建设，并以严厉的措施来确保实施。其三，培训员工的技能。思想问题解决好了，也有了制度保证，但要具体地去做，就需要培训。任何员工都是可以通过培训得到进步提高的，我们要根据员工的特长、爱好以及身体状况因材施教。除此，还有很多工作需要我们共同去做。在经营上有很多变数，包括天时、地利、人和以及经营能力，等等，有些是人力所不可抗拒的，而我们上面提到的基本上都是大家可以做到的。只要我们足够努力，足够认真，就能达到我们的目的。

《易经》中有这么一句:“天有四德，元亨利贞”，如果把“元亨利贞”用到我们企业管理上也很有意义。“元”：首先、开创新纪元之意，就是创新；“亨”：亨通、沟通、通达之意，就是政通人和；“利”：利益、盈利之意，就是赢天下利；“贞”：坚贞、坚定之意，就是坚持不懈。我想，创新、盈利都是题中应有之意，惟愿这种沟通能够在管理者和员工之间架起一座桥梁，让我们这个团队齐心协力，共同来抓细节，重节俭，并坚韧不拔，持之以恒。

8 管理就是真正体现在每个员工身上的细节①

近年来，我们公司在管理上的工作已经连上了几个台阶。我们不遗余力抓管理，不停强调抓细节，是因为，宏观地说，无论是产品的创新开发、市场的拓展营销，还是内部的规范管理，它们的重要性都是体现在战略层面上的，都与企业生死攸关。犹如正在开动的汽车的前后轮子，你能说哪

① 摘自2007年6月6日企业文化访谈系列之《不遗余力抓细节，持之以恒重节俭》一文。

个更重要？哪个可以缺少？这就是其重要性和必要性所在。

当然，任何事物的发展都是呈阶段性的，在企业发展的某个具体阶段，工作的侧重点、时间上的安排会有所不同，如有时并进，有时交替。今天，我们在公司产品开发、市场营销工作相对明朗成熟的情况下，腾出一部分精力，多抓一些内部的规范化、精细化管理，强调抓细节，就显得尤其重要了。

这也是管理学的要求，因为细节总是具体的，这个具体的东西是实践层面的。我们在企业发展战略、经营方针已定的情况下，从工作的实践层面抓细节，就是抓实际问题，抓具体矛盾，抓现场，抓每一个人的规范行为，正是在这个含义上，我同意这样一个观点——细节决定成败。

更具体地说，之所以强调抓细节管理，还出于以下几方面的考虑：

首先，是由我们的行业性质决定的。从事服务行业，我们面对的是直接的消费者，他们需要的产品并不完全是直接的硬件，而是软件上的服务。我们公司大部分产品是要直接面对客户的，这就更多地体现在软件上。行业性质决定我们要直接面对大量千差万别的顾客，他们有各种各样不同的需求，并且都是现场即期发生的，所以要求我们必须过细地去研究他们，满足他们。

其二，作为一家以影视旅游为主体的服务性企业，我们在打造品牌的过程中，面对整个同质化的竞争是非常激烈的。在当今社会，你推出一个好的产品时，别人会很快地仿造，甚至比你做得更好，但唯有员工的服务素养不是一朝一夕能模仿的。一旦我们做好了，我们的品牌才会立于不败之地。所以，在今后同质化的竞争中，公司要立住脚就要依靠我们的团队，从细节上培养员工的综合素养。

其三，从我们目前的经营上来考虑，还有经营成本和策略的问题。实践证明，我们不能投入大量资金一味地照搬别人的产品。比如公司要配置美国的产品，如果请他们设计、安装以及全程制作，价格将会很高，必定要提高我们的经营成本。又如，同等级的星级宾馆，有些硬件新一点，造价也高，而有些则显得旧一点、老一点，但为什么有时候反倒是老的宾馆

天澜阁——广州街·香港街景区

有较高的住宿率？这就说明，很多的差异并不完全是依靠硬件、依靠大量的投资来形成的，而是依靠软件即高品质的服务。因付出的服务质量不一样，有些可以投资少，卖价更高，会有更好的生意。有些虽然投入更大，但生意却差。就像杭州的香格里拉饭店，卖价一直很高，但房间始终很紧张。为什么会出现这种情况？市场上硬件和地段都比它好的饭店多的是。香格里拉的成功得益于它长期形成的企业氛围，从建国之初接待外宾、国家领导人开始到后来香格里拉接手，完全按照香格里拉的管理理念来经营，员工的素养及各方面的服务都相当好，切实给顾客宾至如归的感觉，这就是服务。而当很多新造的宾馆都在改造时，香格里拉并没有花很高的代价来改造，也没有里里外外都进行更新，虽然感觉旧一点，但处处透出管理的精细，因此它没有花很大的代价但同样获得了很好的效益（这是我多年前对杭州香格里拉的认识，现在不确定它是否依然）。

可见，从企业管理的角度出发，我们的硬件投资要最大化利用，就必须在软件上下功夫，而软件就体现在细节上的与众不同。正基于此，我们不能只靠无限制的硬件投入。适当的硬件投入后，大量的工作要依靠服务来弥补，照样可以得到顾客的认可。

我们看过古希腊雕像的照片，不得不佩服他们对细节的重视。他们能把服装上的皱褶、身体的线条甚至每一根头发丝都雕刻得相当精细，让人觉得好像是真正的纱质服装在飘动，而根本不是石头雕刻的，这就是希腊雕像永久经典的原因。现在很多雕塑都经不起仔细琢磨，除了整体比例、结构有问题，更多的还是细节问题。

因此，我们的企业要讲管理，真正体现就在我们每个员工身上的细节，大量的细节凝聚成一个整体，就是一个很好的对外形象。

9 安全工作：必须不惜一切代价把工作做细①

提升整个公司的管理水平，安全工作首屈一指。②

经过这些年的强化，我们大部分中高层管理人员对安全工作的重要性都有了认识上的提高。横店影视城成立以来，没有发生过大规模游客群体性的恶性事件，就是对我们日常工作的肯定。

2009年，“五一”假期，我们接待了游客33.48万人次，再次创造了游客量新高。在这一可喜形势下，我们更要清醒地认识到其背后的隐患。

① 摘自2010年5月9日企业经营管理实务之《提升企业管理　实现更大发展》一文。

② 2015年，就安全工作方面，横店影视城公司分别与上级有关部门签订了安全与禁毒工作责任书，公司内部也层层签订了安全生产、保卫队伍目标管理责任书，逐级落实安全职责和义务。全年接受安全培训的员工达到17695人次，特殊岗位持证上岗率达到100%。开展了各类安全演练，演练内容涉及到溺水救援、消防疏散、反恐、停电应急救援、中暑与挫伤救援、宾馆总台防抢劫、大型游乐设备应急救援等，并对所有安全隐患都进行了排查治理。组建了一支半专业的反扒队伍，强化了安保队伍的组织教育和考核。加强了对危险源的管理，如剧组的枪械、烟花炸点、油漆仓库以及演艺区域烟花炸药存放场所等，实行高压态势的监管。春节、五一、暑假和十一期间的旅游旺季，尽管人流密集，但没有出现任何重大安全事故。

"五一"期间出现的问题主要集中在两点：一是行车问题，原来矛盾最突出的是广州街，这次主要集中在清明上河图。今年"十一"要对外围交通进行重新设计。诸永高速开通后，预计广州街、明清宫苑的外围交通基本不再成问题，车流量将集中转到秦王宫方向。其次是检、售票系统仍然不够完善，演艺节目的安排需要更为合理。今后，所有需排队的场所都要搭建钢管曲栏。各景区要增设游客休息场所，并做好防晒防雨等工作。对《梦回秦汉》《大话飞鸿》等节目拟进行不间断的表演，并做好事先预告工作,《梦幻太极》演出的每场间隔时间也要缩短。

在对这次"五一"期间出现的问题分析后，我们要从思想上对整个公司的战略做出大的调整，即随着公司的不断发展，不能再一味地追求游客量的增长，尤其像夜游景区梦幻谷要时刻保持警钟长鸣。在今后的旅游黄金周时，我们要提前在票价、宣传等方面加以引导，以保障各方面工作的安全为前提，绝不能因此影响景区的口碑。今后无特殊情况下，一律不得在5月1日至2日、10月1日至3日期间举办活动，避免游客因拥挤造成秩序失控现象的发生。对预测的极端高峰时段，景区团队门票价格必须临时调整，用价格杠杆来控制游客量。今年"十一"期间，梦幻谷每晚的游客量必须严格控制在核定承载量以内。售票检票工作人员应做好节假日高峰时段的模拟演练，采取应急措施，确保游客安全有序地进入景区。

当然，安全工作不是只在黄金周期间需要强化，它要依靠每位员工在日常工作中一点一滴的积累，找出薄弱环节加以防范和控制，才能将安全工作真正做到位。安全工作要求我们从每个环节上扣紧，不能存在任何侥幸思想，只有在硬件做好的基础上，再增加管理队伍的力量，强化思想上的认识，才能防患于未然。基于此，我们公司下属每个单位都要结合"五一"期间暴露的问题进行一次安全大排查，凡是人能接触到的地方都不能留下任何隐患。在安全问题上，我们要不惜一切代价把工作做细，硬件设施必须到位，并形成详细的检查登记制度，对所做工作进行跟踪、落实。我们还要组织全体员工开展各种形式的安全生产培训，务必详细深入，根据每个景区和宾馆的实际情况，有重点、分专题地对员工进行专业知识的普及，既要强化每个人的安全意识，更要提高员工的安全操作技能。此外，我们还要制订出更加严密的安全防范措施和应急预案，让每位员工清楚地知道当危机发生时应在第一时间怎么做。

我们拟从社会企业里挑选一批业余反扒人员集中培训，在节假日时到景区内外开展反扒行动，哑语学习也要纳入培训内容中。

10 细化管理仍然是我们工作的重中之重①

我们的企业发展到今天，更需贯彻徐永安总裁提出的“精致服务、精细管理”的理念，细化管理仍然是我们工作的重中之重。

怎么细化管理？这就自然涉及到标准化问题，力求使员工把标准当成习惯。所以标准化建设已是很迫切的问题了。在接下去的管理工作中，公司除了继续贯彻既定的计划，继续严格执行既定的安全、财务等各项规章制度的同时，还将着重抓好以下具体工作：

（1）各企业结合“六常法”自主制订实施标准，本部在年底前完成新制度的修订，明年6月底前组织人员完成对各企业标准的整合，形成演艺、景区、宾馆、餐饮等不同的系列。这是公司在标准化管理建设道路上的新举措。我们要下决心大胆探索、努力实践，力争体现我们横店影视城的管理水平与特色。我们的特色营销方式为横店影视城的发展壮大起到了卓越作用，那么我们的管理方式是否也要上去，也能达到一个新的高度呢？我们希望能拿到一个好答案。

（2）全面推行培训师兼督导员制度。这个制度的设立，公司是有特别考虑的，既然下属企业总经理老是强调企业工作千头万绪、分心太多、忙

① 摘自2010年8月31日《让目标成为动力，让标准成为习惯——在浙江横店影视城有限公司2010年度工作会议上的讲话》一文。

于应对，而没有更多精力做到专心、专项、专业地做好培训与督导工作，那么考虑到企业的具体情况，公司决定在制度层面解决这个问题。

(3) 出台新的薪酬、职级相关考核体系。这个问题涉及干部、员工的实际利益，关乎每个人的职业生涯。公司在这个问题上也是与时俱进的，因为，让每个干部、员工与公司一起成长、发展，也是公司的责任。

(4) 强化运用现代科技手段，加大在信息、营运、考核、安保、演艺等领域软硬件方面的资金投入。各职能部门要尽快拿出方案。

(5) 继续深入企业文化的建设和推广，完善培训体系，涵盖公司的愿景、员工的职业生涯、领导干部的知识升级等方面。

(6) 确保安全生产的各项工作，严格执行安全制度，坚决杜绝严重安全事故的发生。

(7) 继续执行节能、低碳政策。在接下去的工作中，各企业要仔细排查一下，加快淘汰那些旧的、耗能大的设施，更换成新的节能低碳的。

(8) 继续提高员工的待遇。确保最低收入员工（正式工）的月收入达到2000元（现金）；在就餐、住宿、文化生活等方面都要有一个高标准，做到有空调、有热水、有卫生间。这里说明一下，之所以要在年度会议上单独讲这个问题，其实是在用这种形式向广大员工强调公司的价值取向，即公司在成长发展的同时，是高度重视员工切身利益的，公司的“修己安人、义利并重、和谐共赢”品牌价值观是切切实实地会落到实处的。

11 财务人员如何参与企业管理①

由于受专业知识的限制，一线干部员工对财务人员怎样参与企业管理不太清楚，对财务的关注相对少一些，甚至有认识上的误区，等等，这些

① 摘自2008年7月11日企业经营管理实务系列之《财务工作者如何参与企业管理》。

都不利于全体员工积极参与企业的建设和管理。

财务人员的思维、方向应保持前置性的状态

财务工作有其特殊性和重要性，主要表现在两个方面：在宏观层面上它涵盖了企业运作的全过程，如预测、决策、计划、控制、核算、考核等企业经营的所有方面；在微观层面上它则关注到各个具体工作中的每个细节，如餐饮采购员购进的水产的含水量多少？厨师放味精时有没有过量？等等。而这些过程的结果如何，又往往用数字报表的形式表现出来，作为领导的决策依据。在很多情况下，领导的决策、政策的出台都是以财务提供的精确数字为依据的。从这个意义上说，财务工作者是公司的参谋与管家。

今天的主题是财务工作者如何参与企业管理。对财务工作者来说，这里的企业管理主要是指从财务管理的角度切入。而所谓的如何参与是指：你在围绕财务管理的核心要素时，如在效益、成本、资金这些方面是怎样展开工作的，又是怎样结合企业具体情况操作的。

我们公司经过这几年的发展，财务工作已逐步规范。2002年、2003年期间，财务部的工作主要包括两个方面：一是记账，即在企业的经营业务中，财务人员依据专业知识和公司制度发挥对业务的纠错功能，会计员在例行审核经济业务的入账处理时，可以及时发现不合理的费用，不合规定的凭证、单据等。二是真实反映企业的经营管理信息。2003年、2004年期间，在给企业定指标时，我们提出300万，该企业总经理说可以，但提出500万，他也接受了，因为利润反映不真实，以前年度有预留，所以就出现可以人为调整指标的情况。当时我们通过一些制度的调整对此加以约束。到了2006年，我们的数据已经很准确了，今年与去年的差异能很清晰地看出来。

财务工作的深入开展是一个逐步推进的过程，就整体来说，其实目前我们的财务工作还处于滞后管理中，前置式管理始终是个弱项。这要求我

们整个财务体系在今后要做出大的改善。我们的日常工作就其程序而言可能是滞后性的，很多要等到事后通过记账才能反映日常的经营成果，但财务人员的思维、方向则应保持前置性的状态，事前就要介入进来，把可能发生的事情或漏洞提前想到。这是衡量一个财务人员是不是合格的依据。好会计功夫应该在会计之外，月初月底把主要的事情忙完以后，月中时可以把一些资料的整理交给助理会计或出纳，而你自己必须腾出一定的时间深入到一线，到每个岗位看一下。比如，进货的验收程序是否合理？这取决于对所用物品的实际经验，与以前的进行对比，这些数据都查清楚了，日积月累就会变成你的经验。以后再遇到这样的情况，你一眼看去心里就会有数。

上次我们检查时发现，只有国贸和影都两家宾馆的热水水温控制在30多度，在夏天这样高的气温下，这样的温度已经足够了。如果烧至80度甚至更高，将会造成多少浪费？如果财务提前检查过，用翔实的数字进行说明，就不会对水温不进行任何控制。要统计出一个客房到底要多少成本？存在多少可变成本？财务人员通过对生产一线的业务调查，把这些基本的数字和流程熟记于心，等月底报表出来就可以找出问题，针对采购、验收、跑冒滴漏等制订出明确的调整方案，由相应的部门去整改。如果随便问我们一线员工每月的水电量情况，估计大部分人都说不出来，这就需要财务人员在例会上提出来。一些总经理可能根本不关心这些问题，比如景区，一旦利润很高，可能就会忽略这些。这个意识上的问题一定要纠正，该花的钱一百万都要花，不该花的一块钱都要抓牢，这是基本原则。财务人员就要用铁的数据来督促他们，一点点抓，很多时候，在一个点上抓得好也会抓出很大的效益。

再如工资问题，现在各个企业都没有人力资源部，财务人员在一定程度上就要参与到人力资源的管理中来，分析我们现有的人员配置究竟合不合理？如果三个人能完成的工作就不要安排四个人，把多余的那个人的工资分摊到这三个人身上，待遇会提高很多。提高员工的待遇是我们的主要目标之一，能高出社会平均工资一直是我们的追求。现在一个大的问题就是管理人员偏多，这是我们与个体企业最大的区别。按道理，管理人员都是我们的精英，如果都能发挥应有的效应那将会产生很大的力量。关键是有些人有管理的名，却不具备管理的实，甚至一些人不仅没成为企业发展的精英，还损害了企业的利益。

从财务视角透视目前工作的关键

影管公司要尽量让更多的剧组前来拍戏，为此财务人员要特别注重把数据分析及时传达给总经理。每个月不仅有基本的数据，还要注明剧组的剧情、故事年代、剧组人员规模、来源地等情况。今年在横店的剧组费用增加了26万元，但我们公司的宾馆住宿下降了150万元，演员公会增加了170万元，通过数据的对比可以发现，今年剧组的数量比去年增加，收入却下降了。

对于剧组拍摄，从宏观上说古装剧有所减少，合拍剧受到一定限制，总经理对这些应该了解，财务人员要从专业的角度进行细分，看是否每个到我们这里的剧组都已经最大程度地在这儿消费了？同样的剧组、同样的投资是不是可以进一步扩大消费？

比如，上半年我们灯光租赁收入下降了18万元，这里可能存在多方面原因，但如果能早一点发现，专门派出营销人员做出调整，肯定不会像现在这样。再如道具、制景，是否基本都能让制景公司来承担？还有就餐，大部分都流失到社会上去了，餐饮人员是不是可以再做些文章？等等。所有这些问题，财务人员都可以进行监管。此外，我们还有一个不好的习惯，就是如果收入减少大家会去关注，但若增长就认为没事了，这是错误的。比如特约演员管理费，今年上半年是增长的，但可能还存在很多潜力，一旦挖掘出来效益会更好。此外，演员的通行证是否都按规定办理了？这些问题表面看都不是财务上的工作，但下属企业并没有审计部，财务人员就要在第一线进行监管。

对于餐饮公司，现在整个营收没有大的起色，表面看来有很多原因，比如社会餐厅的高回扣等。曾有一天中午，落九天酒店客满了，很多人还等着翻台。而我们渔村却没有一个客人，晚上也没有。财务就要帮他们分析，虽然回扣是一个大问题，但要弄清楚我们餐饮的成本到底是多少？团队餐一个大的特点就是多上当季蔬菜，把餐饮的成本降下来。按道理，我们的管理这么规范、管理人员这么多，如果能发挥优势，把别人不懂的、做不到的事情做好，用先进的手法做好节能降耗，同时利用资金优势季节性地批量采购物品，效益能上不去吗？我们餐饮公司有物流部，对市场这方面的信息掌握多少？财务部又了解多少？有没有主动介入给他们提出意见？再如餐饮、住宿，我们已对营销公司市场部做出规定，要求把一定比例的住宿及用餐安排在我们自己的宾馆与酒店，不要一味地埋怨有客人流失到了社会其他酒店和宾馆，是不是我们自己的营销不够主动？财务要去调查，看为何别人这样的餐标就能做下来，把相关数据找出来后进行调整。

控制成本是财务分内的事，一定要一点一滴抓，看厨师有无不良习惯，比如一下盛了半勺盐、味精或者其他调料，看看用不完，随手就用自来水冲走了。财务如果盯紧一点，把金额、物料进行量化，超出部分由厨师自己承担，教会他们自觉地去节约。我们是不是能做到层层把关？如果在这之前忙于很多库存的业务整理和清理，那么经过这七年的发展，到现在我们应该可以腾出手来加入到严格管理的工作中来。

汶川地震后，我们号召职业经理人捐款，公司共有245人捐了款。如果这245人都能发挥应有的作用，我们的管理将像铁桶一般滴水不漏。而现在我们最大的问题还是管理，这是全体管理人员的责任。争取一个客人入住宾馆、游玩景区是多么不容易，为什么不能把这些已经挣得的效益管理好？在国贸大厦曾出现一大盘卤好的牛肉忘了放在冰箱里，待发现时已经变质了，此类情况财务人员就要去严格地查处。给员工涨工资、发奖金、组织旅游时我们舍得花钱，但在平时一定要学学葛朗台，每一分钱都要拿捏好。

大家可能都听说过这样一个故事：一次，李嘉诚不慎将一枚一元硬币掉到下水道里，于是他弯下腰去掏，一个保安看到后走过来帮他把硬币掏了出来。李嘉诚一边对保安说谢谢，一边从兜里掏出一百元给了他。很多人对此不理解，但李嘉诚却说："一元钱如果不掏出来，它从此就消失了，就失去了在市场上流通的价值。而给保安一百元是对他乐于助人的行为表示感谢和肯定。"

这就是一种对资源爱惜的理念，我们的员工要树立这种观念。财务人员就要发挥总管家的作用，用数字督促他们。

总经理如何做财务分析

现在我们企业最大的问题是管理跟不上，2008年1至6月，公司接待游客265万人次，同比增长2.53%，营业收入达到1.59亿元，同比增长18%，实现利润比去年同期上升11%，说明我们公司经营情况还是良好的。但是，我们也应该看到，收入增长主要还是来自于景区，宾馆的利润则下降较多，与去年同比下降了400多万元，影视管理服务公司的剧组收入也减少了200多万元。针对今年上半年营业收入和利润情况，我们来做一下财务分析。

最主要的原因是房价偏低，团队不稳定，供求关系不平衡。旺季、双休日、节假日期间客房爆满，到了淡季又会有大量的房间闲置，还要用降低房价的方式招徕顾客。一些个体新宾馆各方面都不比我们差，成本比较低，所以价格也便宜，当然更具吸引力。

除以上这些因素，还跟管理有关，因此要继续降低成本，像我们一些没有达到三星级标准的宾馆，一定要打破常规，不要教条主义式地把所有设置都搬进来。之前我们撤掉办公室主任，虽然现在文员的待遇相当于办公室主任，但却兼着办公室主任和文员的工作。原来总经理是不兼管部门的，但现在看来在一些关键的岗位兼管一下有何不可？比如行政部，本来就有文员、工程领班等，总经理兼一下行政部经理有什么不行？并不会影响我们日常工作的运行，同样的价值我们要创造更大的利润。

根据横店的现实情况来分析，这里是一个旅游地，不是宾馆所需要的商业、文化等活动的集中地，没有杭州、上海等大城市的优势。淡旺季始终是我们难以跨越的槛。当然我们也有值得自豪的事情，“五彩缤纷水世界”活动推出后取得了很大成功，促进了夏季旅游的开展。对于宾馆实行的低价营销，也是为了确保景区的利益，这是一个策略问题。所以，宾馆效益不好，跟我们上半年采取的低价位营销政策有关系，不全是宾馆自身的责任，但不能说跟我们没有关系，比如夏季水温偏高等浪费现象。

除去宾馆，景区也大有文章可作。它不像宾馆这么集中，要一点点地抓。比如现在景区的维修问题，如果没有搞好，财务就要去分析，找出原因后协同相关人员去解决。再如，现在成立了艺术团公司[①]，按市场化运营，景区要去关注他们有无演出到位。前几天在秦王宫的《秦王迎宾》节目中，30个人的演出只有23个演员，一调查才知道有2人生病请假，另外5人没按时起床。如果在以前，景区演出部可以直接进行管理，但现在，景区现场演艺负责人权威不够，艺术团的负责人又不在现场。像这种情况，景区的财务部就要了解，因为你们支出了费用，就要用经济杠杆进行协调。当然，财务还有很多工作要做，这既有技能方面的问题，可能也与我们的设置有关，要注意对工作进行筛选，不要把大量的时间用在一些可有可无的报表、账册上等，把手头的工作尽量简化，解放财务人员去做更重要的事情。正因为有很多企业总经理对财务知识不够专业，才需要你们去协助他们。

---

① 2015年，横店影视城艺术团以“产品创新、艺术创新、管理创新”为目标，以“建设演员之家”为宗旨，推行绩效考核管理，推出了一批集趣味性、互动性和影视元素于一体的景区街头秀，并对《汴梁一梦》《暴雨山洪》《紫禁大典》《怒海争风》《大话飞鸿》《梦回秦汉》《游龙戏凤》等演艺秀进行了升级制作，节目的观赏性明显增强，彰显出了横店影视城的演艺秀水平位居全国各景区的前列。全年总演出16900余场次，为横店影视城在旅游市场上的发展做出了重要贡献。艺术团在演艺秀产品的研发过程中，十分注重艺术创新和技术创新，给予观众愉悦的审美体验。此外，艺术团还发挥自身优势，积极参与会务演出和市场促销演出，取得了热烈的反响，传播了横店影视城的品牌形象。在绩效考核管理工作上，艺术团打破了原有的薪酬等级标准，突出了演出场次、专业水平、工作表现三要素，既激发了演职人员的工作积极性，又为兄弟企业提供了新鲜经验。

财务工作者如何真正“进入角色”

首先要对所在企业的整个业务流程了如指掌。除了从数据上掌握外，还要亲临现场对每个岗位加强了解。我们很多财务人员资历比较浅，可能对一些事情不太了解，一定要加强业务尤其是现场操作的学习。然而，也有资历很深的财务人员，就很少甚至根本不去一线，这就是为什么一些人做到老还仅仅是个记账员，而不能算作一个合格的会计。

二是财务人员不能“怕”。要不怕麻烦，不怕得罪人，不怕吃苦。如果太计较自己多做了什么事，就永远不会成为一个好的会计，只有去过一线才会对整个操作流程有所了解，才会摸到底。为什么最初采购煤炭的时候我们会派两个保安去？就是为了防止中间环节出现问题。财务人员为什么不能对采购流程进行跟踪？的确，这样做可能容易得罪人，但你们要有所坚持，这取决于你作为职业经理人的敬业精神。

三是要争取领导的支持。如果你在做事情时，总经理或别的部门反对或不支持你，必将阻碍你深入开展工作。同样的一件事，要注意做事及说话的方式方法和态度，不然一旦形成抵触情绪，你想去调查也查不到的。大部分人都希望把工作做好，通过财务人员的帮助和分析，协助他们解决问题，获得更好的效益，他们肯定会逐步认可并支持你们的。

四是要分阶段、有针对性地做事情，做到“精”“准”“深”。先弄清当务之急，盯准一件事情，再做“精”，做“深”，随后要马上制订出相关的制度确保执行，并在执行中找出存在的问题加以完善，逐步形成一个惯例。就像所有的费用支出必须由总经理签字才可以支付一样，执行到一定程度，制度就成为一个惯例了。

五是要善于调集力量来帮助自己。不管你业务多么娴熟，总会存在盲区，调查一件事情时，要学会借助其他单位、个人及社会上的力量。比如对于工程，可能你并不了解，但可以寻求这方面的内行人帮助，甚至可以请求总经理帮你安排一个人。再如灯光、音响等方面的知识更新很快，必

清明上河图景区春景

须找相关的专家。

六是对企业负责，对总经理负责。如果你提出了意见或建议但总经理不采纳，一般情况下，你要尊重总经理，或许他有自己的考虑。如果确实觉得这件事很有意义，总经理始终不愿执行，你就要不厌其烦地跟他讲道理，我相信大部分人会认真考虑的。在一个企业里，再好的办法必须由总经理签字才可以实施，所以一定要耐心说服他们。如果这件事非常紧急，或者是严重的违规事件，就要越级上报，不然今后出了问题也会查到你身上。这种情况很少出现，大部分都可以内部解决，要求财务人员既要有分寸，也不要放弃原则。

七是自身建设。自身建设不抓好，以上几点都是枉谈。在我们售票口曾有一位售票员被人投诉，具体原因另当别论，但在售票的过程中，因为我们实行了“金华人特价游横店”的活动，当听说对方是武义的游客时，这位售票员竟然问旁边的人“武义是不是金华的啊？”这是不是太缺乏常

识了？即便一个环卫工，面对我们已经推行了四年的“金华人特价游横店”的活动，也应该知道金华包含哪些地方。举这个例子就是想告诉大家，我们都是企业的中高级管理者，在做好本职工作的同时，一定要加强自身的多元化学习。

总之，财会人员要做好企业的参谋、管家是件很不容易的事。既要有高度的敬业精神和法律意识、政策水平，还要有一丝不苟的工作态度，更要有强烈的使命感。

Part 5
绿色美学篇

- 一个旅游企业的绿色发展观
- 怎么把环保变成工作和生活习惯
- “绿色饭店”：问题与对策
- 我们的产品和服务无不与美学有关
- 当你有了心之后，连梦里做出来的东西都是有用的
- 谈谈美学在实际工作中的运用
- 节能降耗：旅游企业的德修之美

1 一个旅游企业的绿色发展观①

我们公司是个正在健康发展的影视旅游企业，在发展的过程中，作为决策者，我一直强调环保的管理理念，也逐渐将它变成公司的企业文化。

我为什么要对环保问题如此重视？旅游企业与环保有什么关系？这原本是个不言而喻的问题。

环境生态和发展的问题，常常被构成二元对立和两难的困境：似乎要发展，就要破坏环境生态；要保护环境生态，就只能牺牲发展，保持落后。这种发展观的思维方式，正在很多人心里内化成某种“常识”或“共识”，阻碍着人们对发展与环境—生态问题做富有积极意义的探讨。实际上，这两者的关系就是“人与自然”的关系。恩格斯曾讲过“人本身是自然界的产物”“只有人才能在自然界上面打下自己的印记”。这两句话通俗地说就是自然界产生了人，而人又会反作用于自然界。中国传统哲学思想有“和生万物”，讲究的是阴阳调和，阴阳是矛盾的对立、互生和共处，这种矛盾是一种对应，而不应该是一种对抗。那么，只有谋求矛盾的和平共处，才能让矛盾双方协同、合适、通达地和谐相处。环境生态与发展，就是这种阴阳两极的对应关系，这个对立的统一、合二为一构成社会、自然、人类的和谐发展。

目前，从中央到地方都提到节能减排的问题。现在，我国的经济处在一个高速发展的阶段，但对整个环境包括大气、水源、土壤、森林等的破坏，则是我国历史上最严重的一个时期。我们在享有了经济发展带来的种

① 摘自2007年7月11日企业文化访谈系列之《大力推进和强化人与自然和谐的企业文化》一文。

种好处的同时，也大量消耗了人类的资源。特别是随着汽车行业的发展，我国已由原来微量出口石油的国家变成了仅次于美国的一个大的石油进口国，这已引起整个国际石油价格的波动。同时，由于我们的污染，也引起了其他国家的不满、担心甚至在某些领域上的敌视。最典型的事例是，日本曾提出愿意出钱帮助治理中国土地的荒漠化问题，因为我们的大气浮尘已经飘到了日本的上空。最近报载，世界经合组织给中国政府就环保问题提出了51项具体建议。

这些问题都已明显地暴露出来，但受危害最大的还是我们本国，比如气候的变化、冰川的消退以及由此引起的土地沙漠化。前段时间的一个研究表明，长江、黄河从源头上看，水量大量增加了，这是因为随着气温的提升，冰川正在加速融化。但到了下游，水量反倒减少了，什么原因？关键就在于水流途经的地区，土壤已大量地沙漠化了，这无疑加大了水量的蒸发。另一方面，由于气温的不断上升，大量的冻土带开始解冻，原来可以以固态形式储存的水，解冻以后也被大量地蒸发了。现在，我们已很难找到可以游泳的自然水域了。甚至在某些特别困难的地区，饮用水都已成了问题。除此，土壤结构的变化，如农药、化肥的超量使用，给我们的饮食也带来了很多潜在的危机，等等。这些危害在将来可能还会加速地、成倍地显现出来。正因如此，中央能够下这么大决心主动去接受国际上的检查，并从自身开始注重节能减排。最近在中央党校做报告的时候，从胡总书记开始，所有的政治局常委都穿着白衬衫，没有了西装领带，夏天把室温调高一点已从中央最高领导个人做起。最近国家机关又下发了夏季室内空调温度设置不得低于26摄氏度的通知，这说明从中央开始已高度重视节能减排了，这一工作迫在眉睫！

以上是从整个大环境来说的。作为一个公民，我们本身也应该有保护环境的责任，为我国乃至整个人类的生存环境做出应尽的努力，这是从大的道义上提倡的。我们企业要发展，必定会带来不同程度的环境污染，但只要我们重视了，是可以大大减少污染程度的。何况，随着科技的发展，环保节能的手段会越来越先进，减少排放，降低成本，增加效能一定是企业发展的主流。作为企业，推行环保并不是只唱高调，它对企业的发展的确具有切实的益处。因为在节能减排的过程中，特别是节能，将会给企业带来长期的效益。它在降低企业经营成本的同时，也提高了资源的利用率。

我们注重环保，既响应了国家的号召，对人类做出了应有的贡献，也使企业成了最大的受益者。因此，我们说推行环保于人、于己、于国家、于企业都有百利而无一害，这也符合我们企业“和谐共赢”的品牌价值观。

从整个产业来讲，作为旅游企业，我们对环境的污染、资源的消耗，相对于重工业企业要轻很多，我们还不属于国家限制或整顿的企业。但我们认为爱国不分先后，对环境保护的责任不分大小。作为企业，我们应该有种社会责任感，自觉地为环保做出应尽的努力，更何况这确实有利于我们整个企业及每一个员工。只有从身边的点点滴滴做起，把环境搞好，才有利于员工的身心健康和企业效益的提高。

2 怎么把环保变成工作和生活习惯①

搞旅游，并不仅仅是单纯地把景点和宾馆搞好就行，它还包括一个大的环境，很多优秀的旅游城市就是这样一步步走过来的。

2007年2月份，杭州、成都、大连这三个城市被命名为“中国最佳旅游城市”，这是中国旅游界的最高荣誉，也是国家旅游局和世界旅游组织首次联合命名中国的城市为“最佳旅游城市”。为什么这三个城市能创建下来？就是因为他们的政府把旅游当成了一种大产业来做，注重对大环境的打造。因为“旅游”这一概念不仅是买张门票到景区游玩，它发展到高端时，重

① 摘自2007年7月11日企业文化访谈系列之《大力推进和强化人与自然和谐的企业文化》一文。

点是观光和休闲相结合的业态。观光之后，休闲所带来的效益以及对外的影响会占更大的比例。正因如此，我们横店如果要真正成为一个更好的旅游城镇，它的卫生环境和城镇化建设也要提到议事日程上来。当然我们要从现实出发，因为横店毕竟是从一个相对闭塞的小乡村发展起来的，在大规模建设、大量人口流入的情况下，它在城市化的过程中必须要经历这样一个阶段。就像大连、杭州和成都，他们也不是一蹴而就的，也是通过几年甚至几十年的努力和积累，才形成了比较完整的保洁系统、绿化系统，以及市民逐步养成的对环境相对重视的习惯。对于我们这样一个城镇，硬件设施还未达到一定的水平，整个城镇居民还未有高度统一的认识。但随着政府的重视和我们经济实力的提高，相信终会有一天能达到预期的目标。有朝一日，横店将真正成为一颗闪亮的明珠，一个非常漂亮、整洁、迷人的城镇，吸引更多的游客来这里。在进入景区游玩后，一家人还能在这住几天，实现真正意义上的休闲度假。这一过程任重而道远，但终会实现。

既然我们提出要营造良好的大环境，我们旅游企业的员工就要身体力行，要最先从自身做起，并通过我们的环保理念来影响、带动周边的人。虽然我们自身并不能改变整个大的环境，但可以改变我们自己，从不乱扔垃圾、不乱扔烟蒂等细节做起，坚决不做任何影响环境的事情，才能慢慢将环保变成一种习惯。

在我们日常的工作和生活中，有很多有关环保的细节需要注意。比如燃放烟花爆竹，这一习俗在我国代表着喜庆，已成为一种传统习惯。但现在在城市中却被禁止了，因为它不仅会带来安全隐患，还会产生噪音和空气污染。面对传统与环保的矛盾，怎样解决？我国城市现在采取的措施是，允许春节期间燃放，其余时间都是禁止的，然而现实中经常有人违规。这要求我们的员工从现在起就要有所改变，譬如不是特别的节日不放，即便喜庆的时候需要燃放，也要考虑不影响大部分人的休息。再如抽烟，会带来很多问题，如火患，大兴安岭持续几个月的火灾就是由一个烟头引起的，给国家造成了巨大的损失。抽烟也会造成污染，特别是在封闭

今日万盛夜景

的空调房里，对周围其他不抽烟的人危害更大。因此我们的员工在密封的、有空调的房间里，就不要抽烟。在做到自己不抽后，还要对周边抽烟的人有所倡导和劝阻。再如一些发生在很多家庭中的案例，如出现因买的东西太多不得不扔掉的情况，既浪费了钱，更是对资源的浪费。即便一件衣服只要不是破得不能再穿，都可以尽量少买。因为从最初的原料种植到生产、报废，都会对资源和环境有所影响。一瓶矿泉水，喝不完也不要随手扔掉，要尽量保存好并把它喝完。因为一瓶水的代价并不只是水，还有那只瓶子，它从生产到最后的垃圾处理，都会产生一定污染。同样的电脑和空调，为什么不同的人使用的寿命也会不同？除去产品本身的质量问题，更大程度上还跟个人有关，正确的使用方法、良好的习惯以及爱惜的心态都会对此产生较大影响。生活上有很多这样的习惯，只要我们稍加注意都可以避免或最大限度地减少浪费与污染。我们提倡环保，实际范围是很大的。有了钱要购物享受，这是再自然不过的事了，可我们想过没有，我们买的东西物尽其用了吗？如果没用，今后当垃圾处理，一是增加污染，二是浪费资源。如果我们在居家理财时能充分地加以注意，养成物尽其用、量体裁衣的习惯，把它提升到节约资源、减少污染的高度，那么当我们把这种习惯带到单位里时，相信我们也会对企业的财产倍加爱惜，这就会间接地创造财富，保护环境。

正基于此，我们要尽量从细微处着手。比如使用餐巾纸，为什么不用手帕？一块手帕能用三个月甚至半年，可现在我们周围很多人对餐巾纸的使用已经到了滥用的地步。一张纸要消耗多少成本？大片的树木被砍伐，再做成纸浆并经过粉碎、蒸煮、漂白、烘干、消毒等多道复杂的程序。这其中既有对森林的破坏，对能源的消耗，更有对水源的污染。关于餐巾纸的问题，本来我们应该禁止使用，但这个习惯已经养成再改回去肯定有点难，但总能节约点吧！如果每个人都能养成这些好的习惯，并带动我们的家人、朋友，甚至由于我们在公共场所一些好的做法，带动了游客的加入，那将会产生很好的效益。公司本部就规定，在本楼上班的人不得使用一次性纸杯，除非必要的时候，也不主张使用一次性餐具。这些习惯虽然对整个社会来说微不足道，但如果在我们企业里形成了，积少成多，也会是一个很大的能量场。它将有利于提升我们的品牌和文化，降低企业的经营成本。这也是我们以前所提倡的，小处都注意了，对更大的浪费和污染更要禁止了。长江的发源地——沱沱河，仅仅是一条小河，到了下游水量却是那么大，它是点点滴滴汇集起来的，涓涓细流最终汇成了大海。我们现在提倡的这些小习惯也是涓涓细流，也会聚沙成塔，集腋成裘。

3 “绿色饭店”：问题与对策①

我们公司下属企业中，宾馆、饭店占了很大比重，有的宾馆在创建“绿色饭店”②方面表现出了较高的积极性，也做了许多具体的工作。在我看来，绿色饭店除了我们国家饭店协会提出的那些明确概念和标准，还应

① 摘自2007年7月11日企业文化访谈系列之《大力推进和强化人与自然和谐的企业文化》一文。

② 2006年4月，横店国际会议中心大酒店开始“绿色饭店”创建工作；2007年8月，国际会议中心大酒店积极推广由省饭店业协会倡导的“节约型饭店举措100条”，大力推进绿色饭店管理，对“深化绿色管理，推进节约型酒店”活动的开展进行了部署；2008年1月1日，横店国际会议中心大酒店被浙江省旅游局绿色饭店评定委员会评定为“浙江省绿色饭店”。之前，浙江省绿色饭店认定委员会组织能源、环保等有关方面的专家，在市旅游局等相关领导陪同下，对该酒店进行了现场审核。

是一个大绿色的概念。

“绿色饭店”是一个“大绿色”的概念

大绿色的概念，可以从三个方面来阐释。

首先是对现有的设备设施加强管理，保证它的完好率，减少损耗以尽量延长它的使用寿命。一个饭店，星级越高，设施的成本就越高。如果养护得好，能多延长设备设施的使用寿命，也就意味着节约了一大笔资金。在节约钱的同时，也减少了资源的消耗。现在针对创建绿色饭店，可能大家都把它形式化了。比如一次性的东西尽量少用，能重复使用的就重复使用，这些当然都很需要，但如果只是这样理解就很狭窄了。“绿色饭店”从大的层面上讲，我觉得首先就是对现有设备设施的爱护。当然，这里也有一个下限，即不能出现霉锈、破烂的情况。在这个下限以上不要刻意地去求新求异。好的饭店并不是总需要装修，当然，前提是原先的设计一定是好的。在这里我又要提到杭州的香格里拉酒店，这么多年，它顶多就是把外墙粉刷了一下，并没有花很大力气进行包装。再如香港的半岛酒店，已经一百年了，但整个外观一点都没动，完全不像我们国内的很多酒店，动不动就要从里到外全部重新包装。因此我觉得，在不影响外观和接待的前提下，要最大限度地对现有的设备设施进行保养，尽量延长它们的使用寿命。

第二，在投资时要尽量选择对环境影响较小、对设备消耗较少的材料。比如使用节能灯泡，虽然投资会大一点，但却节约了用电。再如我们选择变频或者一些先进手段来控制空调以及用电。也就是说，我们不能过于强调省钱而使用那些高消耗的设施和设备，要尽量使用低消耗的用品。从一只灯泡到一台锅炉或空调，虽然会暂时造成经营成本的提高，但从长远来看可能会持平甚至降低费用。

第三，要有一支非常好的员工队伍。在经营的过程中，可能会由于我们自身操作的失误或者技术的不娴熟造成设备的损坏。比如操作灯光音响，由于技术不一样，产生的消耗也不一样。这都与我们日常的管理和工程技术人员的保养有关系。再如洗涤物品，如果为了省工序，加大洗涤剂的用量，表面看来东西是洗干净了，但对棉织品的损坏是很大的。怎样才能既洗得干净又减少洗涤剂的用量，并最大程度地降低棉织品的损耗？这都与我们日常的管理有关。

以上三点是我在我国饭店协会制订出的“绿色饭店”标准之外所做的补充，除此还有很多细节上的问题。比如为满足顾客的需求，一些必需性的用品一定要提供，而对于可有可无的用品，则可以减少，具体的设置可根据顾客的需求来确定。因为酒店的很多东西，顾客不一定全部都能用上，如果设置进去却闲置着，就是一种浪费了。试想如果把所有的房间都布置上冰箱、吹风机、微波炉等，肯定是没有必要的。再如有些宾馆每个客房都放置了七八个衣架，其实对于商务客人，可能我们要配置更多，而对大部分顾客可能两三个就足够了，这样每个房间就可节约四五个衣架。它们无论是木质的、塑料的，都是要耗材和耗钱的。又如肥皂的大小，太小的拿不住，太大了会造成浪费。这些问题都要求我们从一个个小的环节入手，根据客人的最大需求来做出适当的配置，才能为我们企业减少不必要的损失。

前提是首先要满足游客的最大需求

我们在创建“绿色饭店”的过程中，与企业追求经济效益以及顾客的需求之间肯定会或多或少地产生一些矛盾，但我们有一个前提，就是首先要满足游客的最大需求。比如在设置中央空调的宾馆里，空调的温度怎样设定？一般的宾馆是加大它的超量，冬天开得很高，感觉热的客人可以适当地把窗子打开，夏天则最大程度地调低。这在以前包括很多国外的宾馆都这样做，宁愿超出也不要不及，这一般不会引起投诉。最近几年，尤其是国外的宾馆，他们在提倡减少空调超量的同时，还会针对特别喜欢热或者冷的顾客提出善意的劝导，并公示酒店因倡导绿色酒店，空调温度是多少，请顾客注意自己的起居。当然，他们都有一个度，即只是让宾客多穿或少穿件衣服，并无太大的影响。因此对于这些公示，大部分人还是可以接受的，觉得这也是自己对环保做出的一点贡献。而对于特别讲究的宾客，他们会直接选择那些不惜耗能的高星级宾馆来满足自己的需求，这是个性化的需求和服务。目前对于大众化的宾馆，已经趋向于有公示的做法了。公示就是要顾客知晓，明白酒店在提倡绿色环保。关于空调，的确是一个容易引起矛盾的话题，在我们企业也曾出现过这样的情况。当时有些酒店每天只有几个房间住进了客人，如果打开中央空调，的确会造成很大的浪费，但不打开又总会引起投诉。最后我们决定宁愿亏损也要打开中央空调，因为如果顾客不满意，以后入住的一定会更少，必定会形成一个恶性循环。因此，即便只有一个客人我们也一定要满足他的基本需求，这需要把握一个度。每家酒店都要根据自己的客源和标准来设置空调温度，但一定要公示，并承诺定会做到公示的内容，这样矛盾就能基本解决。当大的环保概念和大部分顾客的基本需求吻合后，就能很好地推行相关规定了。

再如一次性用品的节约。在国外的宾馆客房里，没有一次性拖鞋，个别有洁癖的宾客，可以自带。但他们的地面很干净，洗完澡后完全可以赤脚。所以外国人到我们国内入住宾馆时也都喜欢赤脚，但有时会把脚踩脏。现在我们国内的很多宾馆管理水平已不断提高，各方面也有了很大进步，但不穿拖鞋的情况是要慢慢形成的，目前在我们国内可能还接受不了。希望随着管理水平的提高，宣传力度的加大，这些能够慢慢推行起来。在我们国内，能够很好地化解宾客与酒店因一次性用品引起矛盾的案例有很多，比如有些酒店推出如果宾客不用客房一次性用品，可以适当降低房价或赠送小礼品。目的就在于表明酒店的诚意，并不是为了省钱，而是为了绿色环保，为了减少资源的消耗。因此，我们在推行“绿色饭店”的时候，一定要顾及游客的满意度，尽量想出好方法来化解与顾客的矛盾。

创建“绿色饭店”，从浅层上来讲，会降低公司的经营成本。但从我上面提及的来说，有些会提高我们的经营成本，可是它节约了资源。这里我们要算两笔账。一是经济账，因为我们毕竟是一个企业，必须要盈利，要在特定的阶段算好这笔账。二是资源账，即我们的破坏与它自身的紧迫程度的关系。比如最敏感的问题——锅炉烧煤，从目前的情况看，我国城市已基本将其杜绝了，要求必须烧油或气。但在我们这个特定的地域还是被允许的，如果从经济上看，烧煤肯定比烧油要划算得多，尤其是在酒店不太景气的时候，我们的财力可能还不允许我们烧油。但随着效益的提高和管理的提升，我们一定会逐步改善。另一方面就是紧迫程度。从目前横店的情况看，整个空气环境是否已经到了需要大量裁减烧煤锅炉的时候？事实上，烧煤的锅炉还不是特别多，所以还没有到迫不及待地要求我们整改的时候。如果随着社会的发展，真到了这样紧迫的程度，我们肯定会下决心把它改进。这里也存在另一个问题，从环境污染的角度来说，油肯定会比煤要少。但从能源的角度看，我国的煤炭则比油要多，也许以后有更好的技术，将煤进行适当地处理。因此，当科技发展到了一定程度，我们会采取更积极的办法，既省钱，又能解决污染问题。我们只能依据经济账和资源账各自所占的比重来逐步做出取舍。

最缺少的是员工及管理层对绿色概念的认知

从目前的情况看，我们下属企业在创建“绿色饭店”方面还存在一些问题，最缺少的是员工及管理层对绿色概念的认知。

我觉得这一课已经到了必须要上的时候，人资部需要进一步针对绿色环保问题聘请专家对我们的员工进行强化培训。我们提倡的绿色包括大绿色和小绿色两个方面。小绿色主要是指一次性用品、节水节电等日常事务。大绿色则是一个广泛的概念。全体员工只有提高了认识，才会不断地扩大绿色的外延。只有具备了环保的理念，才会去想怎样才能把对环境的损害压缩到最低程度，才会齐心协力地去节能减排。这是个根本，这点抓住了，很多工作就好做了。因此，在接下来的工作中，我们的员工，特别是高层管理人员要把重点放在对环境、对绿色概念的学习上，要用心去观察企业里哪些地方可以做到节能减排？哪些与绿色有关？除此，从我们酒店目前的情况看，还有一些不足：

第一是卫生。虽然我们一直在不断地进步，但与我们提出的国际化横店的目标还差很远。目前，我们整体的卫生状况是，宾馆比景区好，高星级的比低星级的好，但与同类型的别的宾馆相比，我们在整体上又有不足。高星级的宾馆要求地面无任何水迹，做到一尘不染，我们目前由于成本及管理理念等方面的原因，可能还做不到。但这些钱是不能省的，尤其是在大堂等公共场所。宾客入住酒店，如果因自身原因把房间的地面弄脏了，这不会引起投诉。但如果公共场所的地面很脏，肯定会引起客人的反感。从管理企业的角度来看，这些成本不能省，尤其是在我们的星级宾馆，需要派专职人员负责所有公共场所的清洁。宾馆的整洁度与创建"绿色饭店"是不矛盾的，不能因为创建"绿色饭店"提倡节约，就不设置人员，或者很少搞卫生。卫生的好坏虽然与客人的素养也有很大关系，但我们不能苛求客人。

第二是设施设备维修保养不及时。这与我们宾馆的档次、新旧程度、员工队伍都有关。但在同样的条件下，我们的维修保养仍需加强，要确保在第一时间随便检查任何一个场所都完好无损，目前我们还达不到。

第三是很多空间的灯光、空调的浪费。如门窗、过道等地方对空调的泄露等。

以上这些与"绿色饭店"休戚相关。我们既不能片面强调绿色而减少服务标准，又要杜绝无谓的浪费。这对我们管理者又提出了一个"度"的把握能力。

现在，很多人在原有"宾客第一"的基础上，又提出了"员工第一"的观点。这两点都不错，但是范畴不一样。在服务方面，客人永远是第一位的，一切都要以让他们满意为准。但在日常生活中，我们在后勤的安排、薪酬的发放、有效的培训、人格的尊重等方面，员工则是第一位的。在我们的品牌价值观里，我们特意提出增加一条核心竞争力，其中员工就是三大元素之一。以后当我们公司的品牌真正站住了脚，我们公司的企业文化塑造出的员工队伍就是我们永远立于不败之地的关键。但在公共场合，我们永远是为客人服务的，不能喧宾夺主。在服务岗位，我们在享有充分的人格尊重后，要努力做好应做的工作。如果有顾客进酒店用餐，我们不能说员工还没吃饭，就要求客人先等一下，而是要暂时把自己的需要放一下，先把顾客照顾好。但我们领导可以早点安排员工先吃完饭，或者先提供一些点心。

关键不是培训，而是员工自己要有心

除了学习和培训外，更重要的是自我提高，除此没有更好的办法了。任何人都要在实践中不断学习。这里引用王守仁所说的“知行合一”非常恰当。我们不能只学习理论不注重实践，那将会变成一个空头理论家；也不能一味地凭经验办事，必须要有理论来武装。“知”是理论，“行”是实践，只有知行合一，工作才能做到位，这两点是相辅相成的。实践越充分，对自身理论的要求就越高。而当自己有了一定的理论之后，把它用到工作实践中，并思考怎样在面对具体的问题时加以调整，才会通过自己的加工变成实际的行动。

我这里提倡管理者学习王守仁和曾国藩。曾国藩是清代的一个大儒，他虽然读书很多，却并不显书生气。在各地军队屡战屡败的情况下，手无缚鸡之力的他能带领一批团练乡勇，把他们打造成一支强大的湘军，在历尽艰辛后为清王朝平定天下，成为全国第一军队。另一方面，他又著书立说，仅他写的家书就编成了一部大著作。我觉得我们的管理层也需要这种人，既要有激情，有干劲，能拼得出去，但又要有韬略，能沉得住气，即所谓的静若处子。在没有考虑成熟之前，认真去调研、去领悟。一旦思考成熟，就要以最快的速度、最高的效益去推行，即所谓的动如脱兔。这些都需要我们管理人员自身的提高，只有提高了，才能解决存在的问题。

更重要的是，一定要做有心人，只要留心处处皆文章。我们提出高层管理者出行时要像做“贼”一样，因为“贼不空行”。我们景区出口的旋转门，就是我们到瑞典考察时发现的。当时是在一个收费的公园，它只有一个进口，却有很多出口，出口处只有一扇旋转门，没有安排人员看管。当时我们觉得很好，就立即用相机拍了下来。在我们这里安装后，仅从人力资源的角度简单地估算，因安装这道门一年节省下来的费用就超出了我们那次出国所花费的。更重要的是，这样还杜绝了以前出口处存在的逃票问题。之所以举这个例子，就是说明培训只可能一两次，不可能包罗万象，但我们每年都组织正副总经理到全国各地甚至国外考察，看到别人好的地方，就要去琢磨人家为什么好。但有些人回来后并没有多少收获。其实我现在讲的很多东西，都是通过考察、报纸、刊物以及电视等途径获得的。前几天我去北京出差，看到一个火山真实爆发的电视画面，回来就提出将梦幻谷火山爆发中的一个场景删除，将省下来的十几万元钱用到其它地方，使整个景观更贴近观众。这就是一个收获。

如果不做这一行，我们不会注意这些问题。但既然在这一行业，我们就要多加注意，看到别的酒店，就要注意别人是怎样管理的，再经过自己的加工和融会贯通，变成自己的思想，在不知不觉中你便提高了。有些培训可能会满堂灌，员工迫于各种压力必须去听，听后却不主动消化，这就达不到预期的效果了。但如果做有心人，就会主动发现并接受很多信息。因此我们说，解决这一问题的关键不是培训，而是员工自己要有心。

4 我们的产品和服务无不与美学有关①

在我们这里，游客是审美的主体，我们的产品和服务是审美对象，让人产生愉悦的过程，就是审美的过程，可以说，我们的产品和服务无不与

① 摘自2007年8月13日企业文化访谈系列之《“你来了，所以你快乐”的美学要求》一文。

美学有关。

我没有专门学过美学，二十年前看过王朝闻的《美学概论》，后来陆续涉猎过一些美学书籍。美学是一门既深奥又普遍的学问，作为一门学科提出的时间并不长。但自从有了人类之后，关于美的问题就一直是存在的。在石器时代，在创造石器的时候，除了实用，也贯穿了美学的元素，怎么才更好看。再看良渚文化，在当时手工制作缺乏硬材质工具的情况下，就打造出这么精美的玉器，尤其体现了美学。美学作为一门独立的学科正式出现是在1750年，德国哲学家鲍姆·加登的专著《美学》出版是其标志。美学既是一门独立的学科，又与心理学、哲学、艺术等众多学科密不可分，但它真正的归类应该是哲学的一个分支。最早有两位代表人物，一位是柏拉图，认为美在于理念；另一位是亚里士多德，认为美本身就是存在的，美也是可以创造的。按照现在的说法，真正美学的创造来自于劳动实践。美学是社会实践发展演变而来的，审美观也跟着时代的发展而演变。

讲这些，是说，美学的观点、感受、形态都有一个演变过程，它与心理学有很大的联系。同时，美学又有一些规律是亘古不变的，如天人合一的和谐，真善并存的美感等。拿到企业来说，美学可以讲的内容很广泛。美学所蕴含的内容有很多，包括文化美学、体育美学、艺术美学、科技美学、劳动美学、生活美学等等。我们企业中涉及更多的是生活美学，还有一定的艺术美学。

就从生活美学讲起。因为我们是一个服务性企业，我们需要渗透到游客的生活当中，让游客在我们这里寻找到不一样的感受，求新求异，每次都有新发现。这要求我们有更多的创新，让游客在他的需求中感受更多的体验。游客到我们这里来也是生活，要住宿、要吃饭，这也是一种体验，但这个体验与他在家里完全不一样，因为他花了更大的代价。因此，如何才能让游客在我们这里获得更好的体验、更美的享受，对我们来说具有意义。那么，可以说我们产品的精彩、服务的规范、设施的舒适，均体现了美学。这一切，都将为这个游客带来欢快。

在实际工作中，我们已经将美学和我们的业务相结合了，从三个方面谈，一是观光中的美学，更多地体现在我们的景区中；二是生活体验中的美学，如住宿、吃饭、娱乐，这里更多的是休闲对美学的要求；第三，对服务人员在美学方面的要求。

我们现在的经营还是以观光为主，门票是主要盈利手段，这就决定了我们对景区建设的重视。从美学的角度，最重要的是对景区的整体把握，如何让游客体验到每个景区不一样的感受。我们影视城是一个人造主题公园，主题公园的建设模式来自于城市公园，横店影视城是中国最大的影视旅游主题公园。中国的公园建设，从历史来看，就是园林建设。中国的园林大体分为两类，一类是皇家园林，从汉朝的上林苑，到清朝的圆明园，还有一类是私家园林，以苏杭园林为代表。皇家园林因为财力雄厚，集一国之力，所以它最大的特点就是师法自然，规模宏大。比如圆明园、承德避暑山庄、颐和园等，承德避暑山庄还仿造了杭州西湖，里面甚至还有三潭印月。虽说西湖的形成也经过了自然的雕琢和人为的加工，但这仍然是师法自然的过程。比如中南海中的小瀛洲，师法了“海上有瀛洲”一说。师法自然是皇家园林的一种造园手法。私家园林因为囿于财力、用地、规制等诸多限制，它的造园手法更加巧妙，在精巧、精致方面，它甚至超过皇家园林。闹中取幽、小中见大、曲折有致，是对苏州园林典范的说法。在城镇当中体现山水，就叫闹中取幽。还有化大为小，比如假山。造园者把大自然中美的、比较有名的、自己想象中比较好的山体，化大为小，仿造下来，假山石成为私家园林一种很特殊的景致，假山石美不美是由皱、瘦、漏、透来体现的。正因为它是化大为小，才能小中见大。再一个就是曲折有致，私家园林是宜曲不宜直，它里面所有的路都是有弧度的，不会一条路拉直到头，所以有“曲径通幽”这一说。这跟皇家园林很不一样，皇家园林因为要过车马，所以要做很多大道。对于这两种风格的园林，我们大而化之，说到底还是对大自然的美景进行浓缩。这就是我们中国的园林，虽然没有西方公园这种叫法，但原理还是一样的。像我们影视城这样主题公园的模式还是来自于西方影视旅游主题公园，但是我们具体的造园方法融入了大量中国自己的传统文化，所以说我们在公司的品牌建设中所要达到的是中国的、民族的、影视的，这样我们的主题公园相对于其他主题公园就有了自己的个性，尽量避免同质化的类同。这是一个基本要点，同时体现了我们和国外的主题公园一些文化上的差异。

在外观上，我们对自己的景区也有一个美学上的定位，比如秦王宫景区的“正气”。秦王宫是秦王朝一统天下的霸气的体现，建筑本身也是雄视天下、壮观的、肃穆的、威严的，它所承载的是一种端肃之气。在这样一个范围之中，我们必须适应它的历史氛围来营造我们的景区，因此我们把它定位为“正气”，里面上演的尽可能是正史上所表述的内容，没有“闹剧”，没有掺杂俗文化进去。在与外地景区的比较中，我们追求个性发展，这是我们对自己景区的把握。同时，在我们横店这么多景区当中，也要寻求每个景区的不同个性，这个不同个性的外在表现形式就是美学，因此，美学并不玄。再如明清宫苑景区的“王气”，它里面可以有谐剧，也可以有正剧，但是它反映的必须是天子脚下的皇家之气，雍容华贵、金碧辉煌。还有广州街景区的“洋气”，这个说法可能并不准确，但在指导我们产品开发上有一定规范作用。清明上河图景区的“俗气”，这个“俗”不是低俗、庸俗，而是指市井民俗。我们在它的文化定位、外在表现形式上做了一定规范，这个对我们来说都是一种美学。我们把清明上河图定位为市井文化、民俗文化，所以这个景区里面有很多民间的、民俗的内容，但民俗绝不代表低俗，像《汴梁一梦》是中国最传统的魔术、杂技通过现代的表现形式表现出来，哪怕我们用现代的手段，它表现的还是我们中国的传统文化，外在表现形式不能脱

华夏文化园

离我们的文化内核。所以，在我们的定位当中，设定了游客对它的外在形式感受的一种规矩，这个决定了我们景区的品牌个性，这就对我们的景区建设提出了基本要求。

首先在建筑方面。为了和各景区相应的时代相符合，我们已经有了一定基础，因为我们是一个影视基地，我们所要表现的是一个时代的文化、特征。在这个基础上，用现代的材料还原过去的东西，应该说收到了一定效果。比如秦王宫的围墙，那个时代是用黄泥垒起来的，但现在在我们南方多雨的气候中，不可能用黄泥筑墙，所以我们用了水泥仿黄泥，也达到了这种效果，能够满足影视拍摄的需求。现在都用水泥柱来顶替过去的木头柱子，我们用水泥来仿木头。尽可能的仿真是我们所追求的美学的外在表现，在我们的设计、建筑中已经充分做到了这一点。这要求我们管理者对景区的历史、建筑的基本要点必须清楚，不能随便乱改，它的色彩、形式、家具摆设等都有一定的规范，这就需要我们必须掌握这一段历史时期建筑的基本形态。如果把不是同一朝代的东西混杂在一起，或者把现代元素随意地融合进去，为了整洁、漂亮而自以为是地用不锈钢来做秦王宫的护栏，这就会不协调，其实这是在破坏美。也就是说，当和这个时代格格不入的事物进入的时候，就是在破坏它的外观美，这在美学上是大忌。我们影视基地的管理者必须严格把好关，不能随意更改年代，如果要改变必须建立在它所处的时代风貌的基础上。影视剧拍摄对秦王宫地面的要求是黄土地，我们提出这样的要求，就是一旦有新增项目，用现代的水泥来仿黄土。还有就是用石板来还原城市街道，而不能简单地用水泥一铺了之（单纯通道可以例外）。对主场景的建设我们力求尽可能地还原历史，历史的真实才是它的美，不能破坏它原始的、和谐的美。这一点需要我们牢牢把关。

第二是产品开发。随着游客量的增长，我们不能让游客老是看空房子，就算房子再壮观、再好看，但毕竟只是空房子，这要求我们增加很多演艺节目。这些年我们陆续开发了一些节目，也受到了市场的好评。关于演艺节目，有两点是我们一直要坚持的，一是节目要和所在景区拍摄过的影视剧有关，这样的话，我们的还原基本上八九不离十，像秦王宫的《英雄》，拍的也是那个时代的故事。但是如果与那段历史不相符合，就力求不还原，或者隐蔽还原。还是举秦王宫的例子，2000年在秦王宫拍摄过的《雷霆战警》，它是完全现代的，像这类片子无法在秦王宫还原，还有一个原因就是它的影响力不够大。但是《无极》，它有一定的影响力，所以我们把它恢复了，但是采用的是隐蔽恢复，把它放在城墙里面，并不影响到秦王宫的整体外观，也可以选在一个原本就是不拍片子的、荒弃的地方进行部分还原。像这一类，就要求我们把握它的时代特征，绝对不能把超越时代的东西放进去。二是即使不用影视题材，也必须和景区的时代相符合，不能破坏历史的原貌。产品开发具体表现出来就是美学，若我们要搞景区开发的话，对此就必须注意。

第三是附属的东西。比如说绿化，它那个时代、地区所表现的，我们要用一切手段来符合它原有的氛围。广州街景区的植被必须是常绿的，因为广州、香港等地区是四季常绿的，它们没有落叶的概念。我们虽然做不到和它们完全一样，种上这些树种，但我们至少可以仿绿色，这些年广州街景区新种的树都是常绿树。像秦王宫、清明上河图是北方的景区，陕西黄土高原上有白杨树，我们就在秦王宫的后花园种了很多白杨树，后来还补种了一些槐树。哪怕是在门口的停车场，我们也要选择落叶的无患子。像清明上河图景区所反映的汴梁城是中原地区的，与陕西的秦王宫相比，树种更丰富一些。“烟柳画桥”在开封市也有，因此我们种上桃树、柳树。所以说，很多附属的东西也需要我们把关，目力所及让人赏心悦目的，都应该是美学所包含的内容。像道路，如果将来要改造，有些可以换成石板，但如果换成石板，明清宫苑的石板和秦王宫的石板肯定不一样，明清宫苑的石板是大块面的汉白玉、青石，所以，我们对此板块一定要力求与时代相符合。今后我们要开发旅游商品，我们商店的设置都力求与那个时代的风格相靠拢。这里包含了时代特征、地域特征和环境特征，对于管理层来说，我们要懂得如何去把握。

第四，宾馆是游客休憩的一个场所，舒适是它的基本要求，在这个基础上，感受或豪华或文化的不同风格。所以现在提出宾馆也要表现主题，主题酒店实际上来自于美国文化，最典型的就是拉斯维加斯，每个宾馆都有主题，像威尼斯酒店，它在酒店内建造了一条威尼斯河，把天花板打造成蓝天白云，河道两边都是威尼斯风格的商店，穿着威尼斯水手的服装，摇着贡多拉船，在酒店里可以摇一大圈，非常壮观。还有鲜花酒店，不管真的假的，里里外外都是大片大片的鲜花，每天晚上还放礼花，都与周围环境结合起来。今后主题酒店会越来越多，会体现更多的文化。在酒店文化上，以前并不是特别讲究，随着新一代酒店的出现，每个酒店也在寻求差异，追求不一样的感受，除了舒适之外，还要感受不一样的文化。这一点上，我们公司的几家酒店还远远不够。当然这个文化不仅仅是外在的，还有它的娱乐、餐饮以及与之相匹配的商品供应、服务方式等等。

目前从我们公司来说，宾馆建设相对落后于景区建设，例如在文化追求、产品创新手法上（当然这个有客观因素，景区有直接的投入和产出，宾馆有投入，却未必马上有产出）。是在追求过程中，我们的创新手法对于同样的建筑风格，还是有很多内容可以做。从整个横店来说，宾馆这一块大同小异，这是一个很大的问题。实际上，每个宾馆若要争奇斗艳，就要形成自己的风格，别人有了，你就要更好，别人没有，你就要做独一份。

同样，餐饮也反映了很多美学上的问题，对器皿的要求就属于美学的一个范畴，因为在酒店吃饭，整个装潢、灯光、环境都有讲究，器皿是最基本的，一桌子菜，首先看到的碗碟、筷子、茶壶，档次立马就能显现出来。摆放形式毫无疑问也是美学。但是更深层次还应该在菜肴上。国内的餐饮曾经走过一段弯路，原来追求色香味，后来增加了“形”，但出现了“形”以后，造成厨师烧菜并不一定好，但雕刻、染色的手艺很好，不能食用的东西也进入了餐盘。好在这几年，开始返璞归真了，“形”服务于口味，追求色香味形。“色”毫无疑问是美学的范围，“香”表面看跟美学没有关系，按照色彩学的理论，所有味道都是有颜色有形状的。其实大家都有体会，闻到什么味道，大家会想到什么地方，夏天晚上黑咕隆咚，闻到花香，大家会想到栀子花开了的模样。所以，餐厅里菜肴的香同样也是美的，不要忽视它。“味”就更不要说了，“味”是整道菜的灵魂。对“色香味形”的排列次序，我觉得有欠合理，应该是味在先，味仍然是美学的范围。比如素餐，素鸡、素鸭、素肉，手艺高的厨师仍然能让客人吃出肉的香味来，这味也有了形状外观。“形”就更不必说了，雕刻是造型美学的范畴。所以，餐饮撇开器皿，色香味形整个就是审美的过程。再加上宴会的程式，服务的体贴入微，构成整个餐饮美学。这一方面，我觉得几个宾馆中，贵宾楼进步最快，它一直在变，不断推出新的东西，包括最近新推出的一道豆腐，与东阳普通的煎豆腐不一样，它做得形状更漂亮，加上调料，口味不错。所以，同样的材料，你去花心思，把它弄得不一样的过程，就是求新的过程、追求美的过程。这也是我们所说的美学无处不在。

餐饮是一门综合学问，包括环境、器皿、色香味形、服务等。比如环境，为什么色彩学上提出来在餐厅里尽量用橙色光，灯光尽量用暖色调，因为暖色调能促进人的食欲，这在色彩学上已经形成定论。所以我们就规定，在公司营业范围内，除了特殊需要，禁止使用冷光灯。因为这些菜肴的颜色，在暖光灯的照射下，会更加诱发人的食欲，而在冷光灯下就会减色，甚至使菜肴的颜色发生改变。就是人的肤色，冷光灯一照，也会显得面色惨白，暖光灯一照，则能使肤色好看些。在服务场所，不用冷光灯，这些都是美学范畴。

更重要的是我们酒店的装潢文化，反映的更是美学。像我们的贵宾楼，不止我一个人这样觉得，以我们现在的装潢感觉不像宾馆，而像略显豪华的写字楼，尤其是冬天，给人感觉冷冷的、硬硬的。好的宾馆，一进去之后，就给人心放下来的感觉，这种感觉就在酒店大堂的装潢中体现出来。从我们目前来说，所有宾馆的大堂都不具备这一点，所以我们希望这次在国贸大厦改造时，力求有所好转。在我们下一步计划当中也是这样，随着我们星级宾馆的改造，每改一个宾馆都会非常注重它的装潢，力求拉开每个宾馆之间的文化差异、主题差异，这个事情正在尝试当中。

有时候很多是举手之劳的事，只要大家用了心，是能改变局部的，像去年搞的让员工来参与厕所文化建设的事，到今天我们还认为这是创造美的一段佳话。可能现在有些画已经旧了，但我们仍然能感觉有这幅画和没这幅画的区别，有了这幅画，你会觉得这里更雅致，这就是美学。现在我们觉得最大问题还是缺少这方面的追求，有了这方面的追求，再有一定的鉴赏力，我想就可以局部解决一些问题。宾馆目前是我们的重中之重，需要我们大家共同努力来提升它的文化氛围。可能我们花了钱，也未必能弄好，像贵宾楼的茶几应该换了，但绝不应该换成不锈钢的玻璃茶几，可能是考虑费用的问题，但完全可以用方钢架玻璃，费用也不会很高，看上去会更雅致。为什么有些东西会让人产生高档、低档的联想，有时连理由都说不出，就是觉得高档，高级的感觉实际上就是美的感觉，做得好，恰当了，和谐了，就高级了，高级并不一定要价钱很贵。钱是有决定作用，但是花同样的钱，还是有审美眼光的差异问题。虽然我们大家可能都没有学过美术、设计，但不妨碍我们学会鉴赏，懂得选择、取舍。这里我觉得最实际的，还是我们的眼光，所谓见多识广，从事这个行业，走到哪里都是学习，多走走，开阔眼界。但是我们目前的条件，不可能让我们满世界跑，但大部分知识可以从书本、电视、网络上获取，所以这里关键还是学习，有了一定的学习基础，就会有一定的鉴赏力。

在我们服务行业，人的元素占了很大比重，所以我们这次在新的制度关于品牌建设内容中增加了员工是企业核心竞争力的元素。因为，美要跟人相结合，美要和真诚、和善去结合，真的东西不一定是美，但美的东西一定是真的，同理，善也一样，美的东西一定是善的。所以，我们要在员工队伍中培养一种对游客发自内心的真诚、和善的态度，这个也是美学。教科书上说，强制员工笑要露出8颗牙，就是要把我们真诚、和善的一面展现给游客，久而久之养成习惯，见到游客就会露出职业性的8颗牙的笑。当一个人有了笑脸，有了发自内心的笑容之后，容貌差一点，也会给人亲近、愉快的感觉。这是职业技能的培训，笑也是职业技能，是有一点勉强都不行的。当然如果我们真的发自内心，不露8颗牙齿，也能笑得非常甜美。还有一个就是看眼神，看一个人和善与否，从他的眼神就能看出来。所以，我们的员工如果洋溢的是一种让人愉悦的情绪，就会感染到其他人，不漂亮的人会变得相对漂亮，所以有人说心灵会带动外表美，讲到这里让我想到《巴黎圣母院》里的卡西莫多与俊美的禁卫军军官，就是一个典型的美与丑的事例。那么再回到我们员工当中，就是我们要用真诚、和善的态度来对待游客，从职业习惯的培养，到理念的灌输，到变成职业习惯下意识的技能。本来还都是黑着脸生闷气，但转脸看到游客，立马就满脸笑容，春风洋溢，这个时候露不露8颗牙齿都不重要了。还有宾馆，服务员的衣服颜色尽量选择偏灰色或深色，不要喧宾夺主，但餐饮服务员的颜色可以鲜艳一些，便于营造好的就餐氛围。这里都涉及到美学、心理学，既要保持整洁亲和，又要让游客感觉你是在为他服务，感受到尊重。还有一些言谈举止、礼仪礼节，这些都是职业习惯和要求，这些都是美学上的东西。美是一种五官上的享受。

5 当你用了心之后，连梦里做出来的东西都是有用的①

旅游美学的交叉性、边缘性、综合性，要求我们首先要有广博的知识，让自己成为一名杂家。这并不需要你对每个所涉及的行业都很精通，但是要了解常识。

常识来自用心的学习和积累。这个常识，说到底还是要认识到我们是个服务业，真正地用真诚与和善对待我们的每一个客人，当真正发自内心的时候，很多服务方式是可以发生变化的。比如导游，带团时可以用喇叭，也可以不用，这可以因人因地因时而异，在嘈杂的环境中，喇叭是少

① 摘自2007年8月13日企业文化访谈系列之《“你来了，所以你快乐”的美学要求》一文。

梦幻谷江南水乡夜景

不了的，但是当环境很安静时，完全可以不用喇叭，因为喇叭会很刺耳。如果你对自己的职业很熟悉，并感同身受，就会选择用或不用喇叭。对宾馆员工来说，所谓站有站相，坐有坐相，下楼梯要走在客人侧前方，上楼梯要走在客人侧后方，这些就是常识。

想要了解这些常识，除了正常的培训，我们很多常识都是在日常生活、工作中积累的。学习，除了大量的观察学习人家之外，内在的学习也很重要，就是要感悟。你用发自内心的真诚和善来对待游客时，就会想游客之所想，很多事情是在基本的规范之下，可以即兴发挥的个性化服务，这些都是我们所提倡的。怎样才能找到切入点，在服务过程中怎么样才能提供个性化服务，这是靠日积月累、阅历加深后才可掌握的。当你真诚为客人服务时，你会发现问题，并随时调整自己的服务方式，只要不违反制度，不触碰禁忌，只要客人满意，而你力所能及的事，都是可以做的。所以，说到底还是“用心工作”。

对管理者我们要提出更高要求，建议管理者们增加自己的生活情趣，培养业余爱好，因为只有自己会生活了，你才会感悟，就像我们以前说的，你如果是一个餐饮管理者，自身必须是个美食家。业余爱好有很多种，钓鱼、登山、打球不一而足，哪怕是去卡拉OK唱歌也比打麻将好。老老实实学习，少打麻将，少看无关紧要的电视，每天开卷，拿出半个小时或一个小时固定的学习时间，常年坚持，哪怕一份报纸每天更新都能看下去也是好的。学的方式应该是多种多样的，可以看书学、上网学，从电视上学，在社会上学，做一个有心人。当你有了心之后，连梦里做出来的东西都是有用的，日有所思夜有所梦。我始终觉得读万卷书、行万里路还是最好的学习方法，这也是为什么每年都让大家出去走走看看的原因，一方面是陶冶，一方面是长见识。

当然，除了公司安排之外，自费也可以出去走走，生活是一个过程，应该享受生活。美国的心理学家马斯洛把热爱生活、热爱大自然列为心理健康的标准之一。你只有自己懂得生活，才能设计好游客的游程和生活起居。

6 谈谈美学在实际工作中的运用①

在实际工作中运用美学，是一个非常具体的落地过程。

首先，每个人对自己工作范围内的事情必须熟悉。

在影视城，每个景区都有自己不同的历史背景和特征，每个宾馆酒店也都有不同的风格。这对我们不同企业的工作人员都有不同的要求。

每个人除了对自己工作范围内的事情必须熟悉，还必须多学习历史，包括宾馆的服务人员，游客来问不至于张冠李戴。我们对员工的要求是分层次的，不能一概而论，我们可以进行小范围的要求，搞酒店的要懂酒店运行的基本常识，如果是做客房的，要了解客房的规范，餐饮服务员要了解餐饮服务的规范，清明上河图的员工对宋朝的历史必须要有把握，对宋朝的建筑、风俗、社会结构、主要人物，至少要清楚。同时，同样是清明上河图的员工，对导游与工程技术人员的要求也不一样，导游要对宋朝的典故了解更多一些，而工程人员要对宋朝的建筑多掌握一些。我们掌握了一定常识后，每个人都可以进行创新，你的创新得到认可、推广，就成为新的模式。这不仅仅是对员工来说，对管理人员更是如此。

其次，从模仿起步也是一种好方法。

由于我们受到一定条件的限制，没有经过专业培训，但首先可以模仿，就是说你去发现、去调研，看受到社会欢迎的有哪些东西。这一点，某个卡拉OK厅的经营户就跟我讲，他说我也没搞过卡拉OK，但是我去永康、义乌、金华、东阳一家店一家店地去看，看到哪家店哪个好就拍下来，一点一点学，再回来装修。虽然主题有点大杂烩，但我觉得这也是种好方法，从模仿起步。我们比他更有文化，有更多的职业阅历，从事

① 摘自2007年8月13日企业文化访谈系列之《“你来了，所以你快乐”的美学要求》一文。

管理岗位，有更多的培训机会。如果我们现在还不能创造，那就去模仿。然后，在模仿的基础上，对投入、产出、市场等进行调研，把握市场结合模仿进行再创造。比如我们的梦幻谷，对迪士尼、环球影城等，我们有模仿它们的痕迹，但是经过消化，我们在投入、取向上避免同质化，突出自己的个性，进行新一轮再创作，这个过程就要建立在我们平时学习的基础上，建立在对美学以及我们整个景区环境的把握程度之上。到第三阶段，当你的再创作到一定程度时，走出了一条新路子，就完全可以原发性地创作，真正成为创新，你掌握了它的核心技术、原理，就可以根据自己和市场的需要来设计。就像夜游，宋城取得了很大成功，但我们的江南水乡摸索了几年后，也取得了很大成功，在浙中这么一个小镇，每年有这么多游客量。在这个基础上，我们推出梦幻谷，虽然目前还未证明是否成功，但我们确信一定会成功（2007年推出梦幻谷夜间景区，2016年入园人数200多万，营收3.7亿，利润居各景区之首）。目前我们还处在第二阶段，在借鉴、模仿人家的基础上进行再创作。随着我们进一步的探索，员工素质逐步提高，创作思路逐渐完善，我们会进入第三阶段。

最后，高层必须起到引领作用，带动全体员工审美水平的提高。

旅游企业的开放性和公众性决定了我们在对外公共事务上必须谨慎，如果我们在审美上出现差错，就会造成游客心理上的不悦感，还会闹笑话，甚至公众会对我们企业的品质和管理能力提出质疑。因此，从这一层面上来说，有一个较高的审美水平，对我们企业来说极为重要。

既然我们是一个企业，我们有一支基本的队伍，公司的高层管理必须起到火车头的作用，我们拉着火车跑的时候，要速度更快、更平稳，动力更强劲、跑得更远。我们的员工、机构，很多时候都是跟着火车头跑的，从慢慢跑，到比较快地跑，到高速运转。我们公司本部，尤其是高层领导，要根据不同时间，随着我们机构的不断完善和人员素养的提高，加快步伐，拉动整个公司往前跑。在这个过程中，我们所做的产品、服务，当然一定要符合美学原理，带给人愉悦的享受，用成功范例来启迪各级管理者，带动全体员工审美水平的提高。

在这个牵引的过程中，为了更进一步的发展，我们不能一味地往前开，要间歇性地把握节奏，对我们的车体、动力设备进行检修、加油、更换零件。培训员工，对管理人员的强化提高，这些都是整修。在运转当中掌握时机，适时整修，是为了今后更高速地运转。我们机构的发展就像火车，从原来的蒸汽机车，到后来柴油机车、电力机车，再到现在的高速机车，我们的企业也应该在发展过程中不断地提高性能，改善动力。节奏感也是一种美感。

在这个过程当中，我们不光要牵引、领跑，还必须把握方向，按照我们既定的目标分阶段地实施。其实，我们这几年走的路，也是很有节奏的。前三年，我们不遗余力地抓营销，后两年进行产品管理盘整。第一个五年已经过去，第二个五年从今年开始新的起步，制定了新的目标，我们将会以更美的姿态更高速地运行。

7 节能降耗：旅游企业的德修之美①

记得“文革”刚结束，国家开始抓经济发展时，有“旅游业是无烟工业，应大力发展”的说法，但发展到今天，可以看出，“旅游业是无烟工业”仅仅是一个相对的概念。与高耗能的工业企业相比，也许旅游行业相对轻些，但像我们这种吃、住、游、购要素齐全、年游客量达500万人次（2008年）的大型影视旅游主题公园，仅凭这些要素和规模特点就一定会有耗能和排放问题，这也充分说明了节能降耗的必要性和重要性。

在意义层面，节能降耗应该被上升到对人类资源关注的高度，体现企业作为社会公民的德行之美。

① 摘自2008年9月2日企业经营管理实务系列之《大力加强节能降耗，履行企业社会责任》一文。

节能降耗需要一个整体观念、全局观点

作为一项基本的管理内容，节能降耗对公司来说是一个常态，常年都要抓的。在具体操作上，其表现形式、侧重点每年是可以有差异的。

另一方面，节能降耗作为一种管理思想，也同样要与时俱进，如中央就把节能降耗提升到建设生态文明这个战略层面上，所以今年我们再谈节能降耗这个问题当然就蕴含了新的含义在里面。比如，与去年相比，今年凸现出很多不同点：目前国内的政策怎样？国际的局面怎样？用联系的观点看，这些新情况都会直接或间接地影响我们的思路与政策。我多次强调管理层要不断关注新形势，学习新理论、新技术。这样我们在抓基本问题时就会有新思路、新要求，也可以说是新内涵。

当然，那些传统意义上的节能降耗措施我们还是要继续坚持的，如用水后是否及时关紧水龙头？下班时有没有忘了关闭电源？文件用纸是否双面打印等诸如此类。俗话说“小处不可大算”，因此我认为，作为企业管理者关注的眼光还应更宽广一点，比如在工程设计、建设的源头与过程中我们应如何抓？在管理中是否采用了最新的理念和技术？等等。希望我们重点围绕这些来思考。

至于节能降耗方面的意义是两方面的：一是降低企业费用，提高企业效益，这是最直接的；二是对社会的效益，即通过我们推行节能降耗，实现减少或杜绝对大气、水源等的污染，减少对自然资源的损耗和破坏。我们作为一个追求品牌价值并对社会负责任的企业，当然要这样做。

随着社会科技的发展，对现有的设施设备进行改造、更新，尽可能提高它们节能降耗的作用已成为我们的当务之急。在2008年的年度会议上，我们提出企业下一步的工作重点是提升管理，其中一个重要的环节就是节能降耗。为做到这一点，我们要有整体观念、全局观点，不要计较局部的、短期利益的牺牲，而应把眼光盯住长远的效益。这是一个循序渐进、科学管理的过程。在这里，企业各级负责人应成为这项工作的带头人，工程技术人员则是技术骨干，一线员工是主力军。要花大力气去研究怎样用最小的代价实现企业最大的效益。

节能降耗贯穿我们工作的整个过程

节能降耗贯穿我们工作的整个过程。比如，对各施工队报上来的材料审核（包括单价审核、材料的选型、品牌、质量），就关系到材质和寿命；现场施工中的每个细节、电缆的走向、套管的预埋；室外景观灯具选购、灯具的布置；工程的决算；宾馆、景区设施设备更换的技术分析和可行性报告，等等。去年8月至10月期间，我们在秦王宫入口处、广州街南门、梦幻谷安装的四台管道泵，选择的就是投资少、运行成本低、既节能又安全的产品，确保了各景区的正常生活供水。

今年，我们对影视城宾馆（现影星酒店）和度假村宾馆的中央空调溴化锂机组的运行成本进行了耗能测算。通过测算发现，同样一台100万大卡的溴化锂机组，更换成100万大卡的螺杆式中央空调机组，每年的运行费用最少可节约40万左右（按目前煤价计算），现在两家宾馆已更换。如有必要，我们认为影视城宾馆（现影星酒店）还有一台溴化锂机组也需更换。度假村因为情况特殊，正在更换为分体式空调，这样既节能又环保。通过本次调整更换，这两家宾馆每年空调的运行费用估计将可节约80万元至100万元。

前段时间，为响应公司节能降耗的号召，我们对公司下属七家主要宾馆进行了2007年全年的能源耗能测试。按目前煤、油价总运行费用来测算，共需要899.2万元。如果在下属各宾馆都安装太阳能和空气源，与原来的锅炉、交换器结合起来供给各宾馆生活热水，每年各宾馆仅生活热水总运行费用可节约200万元至250万元左右。

经初步测算，几家宾馆的空调经调整更换和生活热水安装太阳能、空气源，一年就能节约300万元以上（投资成本3年收回，寿命10年以上）。

再说景区水电方面的耗能。如梦幻谷景区用电非常大，仅舞台灯光探照灯、城市之光、电脑灯共计就要260千瓦左右。这些灯只需要提前五到十分钟预热就行了，如果在运营中不注意，提前了半个小时，就会白白耗掉130度电且对灯具的寿命也有很大影响。又如去年在秦王宫入口处安装管道泵时，管道压力稳不下来，后来查明是由清明上河图景区埋地管道漏水引起。像类似这些安装新设施时没有摸清原设施走向就草率施工的情况，在景区里可能不少，需各景区引起重视。

还有宾馆、景区设施设备的保养、维护。比如一台设备保养得好，用几年或十几年都能正常运行，而保养不当或操作不当，可能在很短时间内就会坏掉。就一台电动机来说，若保养不当，1~2分钟就可能把电动机定子绕组烧掉。另外对项目开发，我从节能方面提以下建议：一是项目可行性目标要明确；二是设计对整个布局的合理性；三是功能配置是否适合未来运行的需求；四是配套设施的设计是否完善；五是采购材料、选购设备时是否满足技术要求，要进行性价比采购；六是施工流程前后要协调有序；七是现场管理人员不但要懂技术，而且要有极强的责任心，这样才能确保工程质量，杜绝工程因失误而造成的返工；八是施工时需考虑做一些预留预埋工作，尽量为今后的发展多考虑一点。

另外有几个具体案例：一是旅游大厦的客房，层高达到3米多，致使空调的耗能比在一般客房要高一些，这主要是建筑设计上的问题。如果以后进行改造，改成2.5米的层高，空调能耗肯定会降低。二是设计、建造房子时要充分考虑通风、光照等因素。比如明清宫苑景区的售票房，之前建造时只想到安全等问题，就把后面的窗户封掉了，结果售票员长时间待在电脑房里就觉得很不舒服，后来不得不重新返工，造成了不必要的浪费。三是在现场管理中要注意细节。比如在做珠江渔村的停车场时，我们在地面上每隔一块石板就种上五公分的草。除了美观外，还可以通过减少太阳折射的面积，起到降低地面热量的作用。四是贵宾楼大厅靠餐厅这一边全部是通透的玻璃，其实可以进行玻璃贴膜降低温度。有数据证明，在室外温度为36度至39度之间时，贴膜的房间比不贴膜的房间温度会低2度至4度，可以节省30%的空调用电。

国贸大厦在进行四星级改造时，已经把节能降耗的理念贯穿了进去，完全按照四星级宾馆的标准设计，比如洁具、开关、空调等方面。同时，在各个楼层的三个区里分别安装了水表、电表，以后就可分区收集准确的数字，便于进行分析找出问题。另外客房拆下来的设施设备能利用尽量安装回去，如毛巾架、浴巾架。

在我们宾馆里，最大的节约项目是锅炉和中央空调。今年7月份我们客房入住率比去年同期有所增加，但仅中央空调用电就节约了3.1万度。至于锅炉用煤，与去年同期相比每天能节约100斤煤，平均每月节约3吨多煤。再如针对以往客房卫生间水流太大的问题，现在我们把水压和出水口进行了调低控制。前段时间我们又提出对冰柜做好除冰工作的同时，对冷凝片每年两次除油腻清洗。对分体式空调内机过滤网进行清洗，同时也要清洗外机，因为如果灰尘太多影响散热也会增加电耗。

注重前期项目的选择、设计和新技术的使用

从现代化技术运用角度和手段来说，要做好节能降耗工作，在项目开发上首先是前期项目的选择上，尽量本着节约的原则，以最小的代价来达到最好的效果；其次，在项目设计上要注重环保和低耗能产品的应用，比如宾馆的太阳能等，而且我们会经常跟踪此类新技术；第三，在具体产品的选择上，尽量选用具有一定品牌知名度的产品，以减少故障率和维修率，降低使用成本；同时，尽量选用同一厂家或同一品牌的产品，比如计算机、投影机、音响、灯光等设备，尽量固定一个或两个品牌，有利于降低采购成本、维修成本。第四，在项目日常运行中，要形成一套操作、检修、检查的规范，降低因操作失误而造成的设备损坏，延长设备的使用寿命。

在日常管理中，我们要尽量利用网络技术来辅助管理。比如我们公司现在已经应用了的检售票系统、宾馆管理系统、监控系统、财务管理系统等各个相对独立的子系统，下一步我们会将上述的各个子系统进行

整合，形成一个完整的管理系统平台，并利用此系统来改善我们的管理，节约管理成本。

投资浪费是最大的浪费

在我们公司的工程管理上，节能降耗问题主要存在以下几个方面：一是无论是管理层还是一线员工，尚未在理念和思想上形成一个系统的概念。二是企业在执行时，没有形成一个强制性、细致的条款来进行约束，制度上需要完善。三是技能上的缺乏。我们相信大部分员工是不愿意去浪费的。之所以出现浪费的现象，除了懒惰的思想外，还有知识上的缺乏，这应该是比较普遍的现象。解决这一问题就需要专业性的培训，从总经理到一线员工都需要加强。四是项目在选择、规划设计等前期工作时一定要严谨。投资浪费是最大的浪费。

这里有很多误区。一是投资与耗能的关系。比如节能灯，为什么一直推广不开？就是认为价格太高。短期来看，普通灯泡虽然费电，投入却很小。这也是美国政府对所有使用节能灯的民众予以一定补偿的原因。但如果从长期的效益来看，作为一个负责任的企业，我们宁愿选择高价位的节能灯。二是把问题看得很小。孔子曾说“勿以善小而不为”，我们都明白“积少成多”的道理，一个漏水的水龙头一年浪费的水量也是可观的。三是认为现在做这方面的工作，仅靠自己的员工不够用，到外面请人又将增加成本，更主要的是暂时不做也不会有太大影响。比如空调外机清洗，可能清洗费与节约的电费差不多，所以就不想去做，这种思想不能有。四是在日常工作中，经常出现买一个新的物品比维修旧的还要划算的情况，尤其是电子产品。但要想到废弃物品对环境造成的污染，要尽可能做到物尽其用。现在电子垃圾已经是一个世界性的难题了。五是对待同一现象要有不同的观察角度。比如同样一张稍微坏了一点的沙发，如果放在我们办公室就不要过于计较，但若要出现在宾馆的大堂和客房则不妥了。

屋顶上的一块瓦片虽然很小，但如果坏了以后没有去修，漏雨两三年以后可能整个房屋从椽子到柱子都要进行更换。广州街景区里的天澜阁就是这样。在景区里，如果我们稍加注意就会发现，一片破瓦片造成一幢房子大修的案例有很多。在我们景区里，除了水电，建筑、道路等日常工程维护费那么多，如果都能消灭在萌芽状态，将会避免很多损失。如今，我们各个景区几乎都有大型的设施设备需要养护，包括接下来在明清宫苑景区投资300多万元的《导演说戏》（现《清宫秘戏》），其中一大半投资都是灯光等设备。这要求我们从工程投资、建筑及设施设备的维护、操作使用等方面都要仔细推敲，并制定严密的管理规范。

要上升到对人类资源关注的高度

节能降耗是一个宽泛的概念。根据我们现在的发展状况来看，今后我们在节能降耗方面有大文章可作的除了宾馆，耗能最多的可能是类似于梦幻谷这一类型的景区。比如3万多元的电脑灯，使用得当和不得当将会造成多大的差别？这远比我们降低一点空调和水电的费用要大，也更明显。因此，今后像骑乘设施、组合机械、灯光音响这类设施设备的维护、使用和保养，将是节能降耗工作的重中之重。从设计之初就要紧紧扣住今后的使用，包括耗能、零配件等。这里最典型的例子就是清明上河图景区《聊斋》场景里的投影机，操作人员之前以为灯不关没事，结果可使用3000个小时的灯泡没几天就坏掉了，几千元钱就这样浪费掉了。这就是我们的业务技能没有跟上去造成的。节能降耗并不是表象上的省些电和水，还包括整个设施设备以及在安装和购买过程中的询价等方面，不能认为只是单纯的节能概念，而要上升到整个企业的经营管理层面。比如原本完成一件事情可能要花一万元钱，但如果能寻求到更合理的办法，或许1000元钱就可以解决。在我们景区，有一大批包括音响、灯光等投资比较大的设备设施。像梦幻谷整个工程下来，我们感受最深的是，与土建投资相比设施设备所占的比重是最大的。当然，即便是土建，如果没有设计好或施工质量太差也将会造成很大的浪费。

景区在节能降耗方面任重道远。在这一过程中，我们也得到了很多教训。比如经常有建筑物建好后又重新做，这是最大的浪费，必须要在设计之初就要进行周密的考虑。再如梦幻谷火山的高度，当时我们坚持砍掉一层，现在证明这个决定是正确的。如果按照原先设计的高度，既浪费钢材，又影响观瞻。这也要求我们对新项目在设计和建造阶段都要保持修正，这也是节能降耗的一个重要环节。像国贸大厦的抽水马桶直接朝向门，门一推开立即会碰到人的膝盖。如果在现场施工的人注意到这一点，就应立即指出。还好我们发现得不是太晚，如果一旦把门装上又进行返工，将会造成更大的浪费。所以，我们所有的工程管理和操作人员，要始终保持着节能降耗的意识，这一环节举足轻重。上次清明上河图景区的控制箱就是因为没有接地，被雷击坏，幸好没有造成人员方面的损伤。

在下一步的工作中，我们要致力于标准化管理手册的制作，详细写明设施设备等工作具体的操作流程。

员工对待节能降耗要上升到对人类资源关注的高度，处处体现出企业的社会责任感。

一个最值得我们深思的问题

节能降耗是一项长期的工作，在今后的工作中，我们如何更好地做好这一工作？

首先要解决认识问题。其实还有责任心问题。对这个问题的思考放在最后谈。

二是要有科学严谨的制度。标准化、量化的管理是我们企业发展的当务之急，希望大家从现在就开始做起，因为即便我们的标准化手册制订出来，也不可能具体到每一个点。何况它本身也要我们通过实践来完善。企业管理制度的执行必须要成为我们的工作习惯，这样才能变成员工自觉的职业行为。

三是加强监管力度。监管力度总体来说还不够。这里所说的监管不能

樱花季——明清宫苑景区

仅仅依靠我们的职能部门，要落实到每个员工，提高员工的参与意识。

四是各级管理者要不断掌握新的理念、信息和手段，及时用更好的设施设备去替代原有的设置。

五是要有明确的奖惩机制。历来我们只对受贿等现象进行惩罚，从未因为浪费而严厉惩罚过哪一个人，即便他造成了比贪污更严重的损失。今后我们将在这方面予以改进。一定要加大这方面的奖惩力度，引导好员工。

简而言之，节能降耗是增强企业竞争力的重要基础，那里有企业效益的根本所在，它也影响到公司员工的收入。希望公司广大干部员工要坚持不懈地搞好节能降耗工作，以最好的内部管理实现节能效益的最大化。

最后，最值得我们深思的是，节能降耗问题其实是个老问题，对节能降耗问题的必要性、重要性，有些干部可能讲得比总经理还清楚，为什么却在实践中总是做不好？除了在管理层面上强调执行力问题，用刚性的制度来推行，用奖励与处罚手段来维护，我内心一直在反复地想：到底是制度不够强硬、不够细致呢？还是意识不到位？去年我在公司年度会议上讲了王阳明的“知行合一”思想，试图从传统文化与企业文化的结合上解决这个问题。但实践证明世界上没有一劳永逸的捷径，只能在日常工作中反复讲、反复抓。因此，我就在思考这样一个更深层次的问题，这到底是“知易行难”呢？还是“知难行易”？究竟怎样才算“致良知”？怎样才会真正自觉地“行”起来？试问，我们公司的中高层包括基层管理人员能否拿出一份合格的答卷呢？我期待着。

Part 6
影视旅游主题公园景区实战篇

- 从影视拍摄基地到影视旅游主题公园
- 国际化背景下的管理与营销策略
- 十年规划：对未来业态的前瞻性构想
- 在愿景与现状之间：人才紧缺与创新不足
- 全员营销与精准营销
- 如何开发和经营旅游商品
- 产品开发是企业生存之道
- 演艺产品如何承载文化之魂
- 我们用过的一些创新手法
- 创新营销的五个思路
- 一定要对社会经济和客户有精确的把脉
- 不同阶段要对不同市场有所侧重
- 创新营销主要体现在营销思路和方法上
- 我为什么不怕公开营销模式
- 旅游企业如何应对突发事件
- 打好经营翻身仗系列访谈之餐饮篇
- 打好经营翻身仗系列访谈之旅游商品篇
- 打好经营翻身仗系列访谈之制景装修公司篇
- 从骨子里做一个特强型企业

1 从影视拍摄基地到影视旅游主题公园①

2008年8月6日，我们在喜忧参半的背景下召开了年度会议。

一方面，公司的经营取得了阶段性的成果。2007年10月成功推出的全球最大火山实景演出节目《梦幻太极》，标志着公司的经营从影视拍摄基地转为影视旅游主题公园，并持续实现效益的增长。这在公司发展史上既是一个战略转折点，又是一个新的起点，是在完成公司愿景的道路上跨出的坚实的一大步。另一方面，我们公司也面临着严峻的挑战，经营环境不容乐观。这一年，国家遭遇了两次特大自然灾害，中央政府又进行了宏观调控、银根紧缩。同时，新的类似主题公园不断出现并发起挑战。因此，如何应对严峻局面，继续发展，我们有必要坐下来分析讨论，总结经验教训。

在前两年的年度会议上，我们以企业文化为重心，更多的是要大家讲感悟，比较务虚。这一年则强调务实，要求大家在讨论、发言时，结合自己的具体工作分析总结本人经历的一个成功和不成功的案例，交流经验教训，从而在新形势下统一思想认识。这次会议上，我重点讲了以下几个方面。

创业7年小结

从进入横店影视城工作这七年来，我自身所付出的努力已在工作上体现出来了，已反映在企业的工作业绩上。作为一个职业经理人，每个人的工作是与你自身的发展紧密相关的。尤其是作为企业的主要负责人，其个

① 摘自2008年8月6日《戒惰破满 提升管理 知难而上 再立新功——在浙江横店影视城有限公司2008年度工作会议上的讲话》一文。

1	2
3	4

1. 姜文、赵薇拍摄《天地英雄》
2. 胡玫在横店拍摄《汉武大帝》现场
3. 陈凯歌现场执导《荆轲刺秦王》
4. 《天下无双》王菲与梁朝伟

人荣辱总是与企业的成败紧紧联系在一起。企业的得与失就反映了我个人的成绩与不足。

我们的工作主要分为两大块：经营与管理。在日常工作中，经营主要包括营销和产品。这两部分都是对外的，有了产品必须要有对外营销的手段，而要营销则必须要有产品。对于经营，总体来说，我认为我们是及格的。具体表现在：我们从浙中地区一个默默无闻的小镇变身为浙江省的著名景点，被市场特别是华东地区的市场普遍认同，游客量和利润都有了很大的提升。这其中的原因主要包括：一是我们有一个完整的营销体系，这个体系是以我们营销公司为主的骨干营销队伍和下属企业为辅的直销人员，再加上产品、策划等其他部门的强力支撑共同组成的。二是以“一城一策”为主导的高度灵活的营销策略，以“统分结合”来表示的严格的营销纪律，以“影视为表”来表达的独特的产品个性，以“文化为魂”来表现的丰富的产品内涵。

营销上，我们也有不足的地方，具体体现在：我们的营销一级市场到目前为止仅仅是略有扩展，深入不够。今年的一级市场也参差不齐，上海等传统市场甚至还在下滑。在之前的营销会议上我们已经作出部署，希望各市场部能够按照部署及时调整。二级市场仍然没有大的起色，还是按照传统的一级市场的思路来开拓，潮汕市场略有起色，并没有完整地形成成功的模式。至于产品开发，与国内一流企业相比，我们还有差距，深圳欢乐谷以及今后的迪士尼，都是我们的强大对手。在营销和产品的问题上，我可以作这样的描述：在国内的旅游营销市场上，我们的营销工作还可以，甚至竞争对手对我们的评价都是——可以堪称一流。当然，这个赞美之词意味着他们正在努力追赶，我们绝不能高枕无忧。以梦幻谷为代表的有一定科技含量的产品，尽管刚刚推出，但与国内外成熟的顶尖产品相比还需要调整、改进和提高，所以只能称为二流。不过，总体来说还是极有特色的，得到了市场的认可。因此，在这两个问题上，我认为是及格的。

最主要的不足之处便是我们的管理。这些年来，我们已做出很多努力，管理工作年年都有进步，已开始走上正轨。但作为一个主要的管理者，我给自己的打分仍然是不及格。因为，与美国迪士尼乐园相比，我们目前的管理模式还是粗放式管理，远远没有达到一流境界。我们的企业文化、日常管理并没有深入渗透到每个员工的具体行为中，出现了制度是制度、执行是执行的情况，执行不力。比如由于技能不够又不认真，造成了现有很好的设备使用寿命缩短、不能完全发挥使用功效的现象。员工方面则表现为素质的参差不齐，这次我们在对所有领班的考核中发现，很多领班的基本功不进反退了。今后，我们所有的景区都要进入5A级景区了，而现在跑冒滴漏、随地乱扔杂物等初级问题仍然存在。更不要说深层次的问题了，比如量化、绩效考核、每个环节的成本控制等，仍有很大不足。正因此，才会出现要用3亿元的营收来争取完成1亿元利润的情况。所以我认为，我们的管理是不够的，要做大的提升。

形势倒逼管理与营销

上半年公司的经营情况是，时间过半，完成任务过半，利润同比超额15%。这个成绩来之不易，是公司广大员工共同努力的结果。

从今年上半年的情况看，企业发展面临的困难重重。目前我们面临的是怎样一个局面呢？用温家宝总理的话讲，今年是“中国经济最困难的一年。难在什么地方？难在国际、国内不可测的因素多，因而决策困难”。其实，从去年开始我们已经有危机感了。去年开会时我们提出今年的目标是：利润递增20%，争取达到30%；游客量突破500万人次，争取550万人次。但到今年却发现客观变数太大了。我们企业面临的问题就如温总理讲的那样，不可测的因素太多，因而决策困难。如年初1–2月份的特大雪灾冰冻、5月份的汶川特大地震以及“五一”黄金周的取消、奥运会的举行等，特别是国际经济形势呈现异常迹象，这些都影响了公司的正常经营，逼得我们以变应变，不断做出调整。1、2月份冰雪灾害发生后，3月份我们适时调整，把下滑的业绩一举拉回并反超。“五一”黄金周的取消、汶川大地震的发生，使得5、6月份业绩又下滑。7月份我们又继续做出调整，结果还是不错的：今年7月份我们在比上年同期增加250万元以上产品和广告等费用摊销的情况下，完成了900多万元的利润。在这一过程中，曾有人说我们牺牲了宾馆的利益，其实这是一个营销策略问题，因为我们是从全局的角度考虑，是为解决主要矛盾所做的必要调整。这不是一个牺牲宾馆利益保景区的问题，而是从公司根本利益最大化出发对公司资源所做的优化配置。如果明白毛泽东那句名言——政策和策略是党的生命，就会知道如果能把政策和策略设计得恰当、得体的话，有限的资源也能创造出巨大的能效。7月份我们企业的利润达到去年7、8两个月的总和，就是很好的证明。目前为止，今年上半年所遇到的这些困难，全体同仁已经携手挺过来了，这是令人自豪的。

至于下半年，8月份旅游市场面临奥运会给旅游带来的影响，接下去继续是国家宏观调控、银根紧缩带来生产与消费的低迷。但我认为更困难的时期应该是明年，为什么这么说？如果用历史的眼光审视就很清楚了。马克思说，历史与现实总是有着惊人的相似。观察今年的局面，我们可以联想到历史上的1989年。那一年，国家经济处于困难时期，内忧外患。内忧是指国内遭遇政治风波与通货膨胀，那年上半年物价总水平上涨达到了18.9%，下半年达到40%，这种通货膨胀的情况在国际上都是不多见的。当时全国的国有企业利润下降56%，每100家企业就有33家亏损，大部分仅仅是微利。外患是指西方国家“经济制裁”，国内出口型经济处于低迷状态。中央进行了大力整治，到1990年6月就达到低于国际危险点的3.2%。刚好北京又在9月份举行了第十一届亚运会，这也起了一定的作用，使经济有了好转。从1989年到1990年这两年里，当时人们讨论最多的是什么呢？就是“市场疲软”与西方“经济制裁”。而今年呢？人们不也是在谈“市场疲软”与美国“次贷危机”吗？正因此，鉴于历史的相似性和经济发展的规律性，我们应认识到，明年将可能会与1990年、1991年的情况非常相似，明年还是调整和恢复期。国际经济形势的波动已经影响到我们。加之我们国内从去年开始的原材料上涨、银根抽紧、股市低迷等。今年中小企业的经营压力更大，破产、倒闭、歇业的企业相当多。而很多问题在奥运

1 2
3

1. 2. 谢晋、张艺谋在片场

3.《满城尽带黄金甲》片场，徐文荣（右二）、周润发（右三）、张艺谋（左五）、殷旭（左四）合影

会之后还将继续慢慢反映出来。所以温家宝总理在今年3月份讲了这样两个论断：今年将是中国经济最困难的时期。而对于明年如何？则又说“今年国家经济的调控结果怎么样，要到明年的3月份再回答”。由此可见问题的严重性和复杂性。而旅游企业是一个对市场极其敏感的行业，这些影响都不能忽视。当然，任何事物的发展都是前进性与曲折性的辩证统一。现在的综合国力已远远超过十年前，调控能力也大大增强，尽管国家、企业处于困难时期，但我们的判断是，一方面展望未来要充满信心，认识到事在人为，柳暗花明；另一方面则在面对现实时谨慎应对，意识到尽管前途是光明的，但前进的道路是曲折的，要小心翼翼地走好每一步。目前全国那么多中小型企业面临的困境，就是这个曲折性的具体表现，难道我们还能掉以轻心吗？

之所以重提这些历史与现实，就是以史为鉴，希望大家做好思想准备。这个准备不是以牺牲我们的个人收入为代价，而是要我们认清形势，用更多的时间和精力来加强管理、加大营销。这样我们才能渡过难关。我讲的“知难而上”就包含这个意思。

准确认知我们的行业地位和赶超方向

从目前的形势来看，主题公园的发展是今后旅游开发的一个趋势。我们需要准确认知全国主题公园发展现状以及我们横店影视城在这个现状中的地位、有待赶超的方向。

从目前的状况来看，全国的主题公园主要有三大类：一是以华侨城为代表的主题公园，走的是美国迪士尼路线，它体现更多的是“洋”的成分。早期的民俗文化村和锦绣中华，也是将国外成功的经验结合中国的文化元素加以发展的。直到今天，无论是管理、产品开发还是演艺，华侨城都还是我国主题公园中的佼佼者。二是以无锡影视城为发端，以横店影视城为龙头并形成一定规模的影视文化主题公园。三是复合型的主题公园，目前为止能够独树一帜的并不多，但还是有一些，比如杭州的宋城、桂林的乐满地、广州长隆夜间野生动物园等。

当下最成功的应该是华侨城，他们在很多方面都做得比较规范，并且已经进行了品牌输出。从深圳的欢乐谷发展到北京欢乐谷，现在又在成都建设欢乐谷。在学习美国文化的同时，他们的演艺节目从世界之窗的创世纪到欢乐谷的演出，再到最近北京欢乐谷的《金面王朝》，都堪称是中国景区演艺节目的顶尖作品。可以说华侨城的主题公园建设是比较成功的。紧跟其上的就是我们这类以影视文化为主的主题公园，在这一领域，我们横店影视城从整体规模和水平都名列前茅。第三类中，目前为止还是广州长隆夜间野生动物园比较成功，还有宋城，直到今天，他们在管理、演艺方面都还很成功。

以上是我国主题公园大致的现状。

对于我们横店影视城，从目前的状况看，在所有这些主题公园中我们处于中上水平。从整体现状来看，我们与华侨城还有一定的差距，他们的管理水平、产品质量、演艺节目略胜我们一筹。单体来说，宋城的演艺节目也略胜我们。常州恐龙文化园的游乐及活动、长隆夜间野生动物园的大马戏等主题演出也做得非常出色。但我们与他们的差距已经越来越小了。随着梦幻谷的建设，到2008年3月1日，与宋城相比，我们在管理水平、产品质量上都将与其处于同一水平，从科技含量上来说可能还会略胜宋城，比无锡影视城、长春影视主题公园等将高出一个层面。

随着梦幻谷一期完工，在向第二阶段进发时，我们与以深圳欢乐谷为代表的华侨城将很接近，我们相信在一两年之内，我们的水平将与华侨城等全国最顶级的主题公园并驾齐驱，毫不逊色。同时，经过一两年的基础工作，我们将在一个比较长的时间段内始终在国内保持一种相对领先的地位，并与华侨城等主题公园携手追赶美国迪士尼为代表的主题公园。正因如此，现在我们已着手梦幻谷的二期工程，每个景区的产品也都要进行更新换代，都要有一至两个亮点，这个亮点要代表我们国内主题公园的最高水准。要打造出以梦幻谷为代表的能综合反映我国科技含量的高水准的主题公园，要实现这一目标，我们最薄弱的地方还是整体的管理水平，包括员工素养、设备养护、环境卫生等。

我们都知道，在美国迪士尼，即便是卫生清理工都能掌握全世界所有摄像机、照相机的拍摄技能，所有的员工都会帮助小孩换尿布。与他们相比，我们的差距更大，所以我们需要时间。这与整个社会的氛围以及员工的文化水平都有关系，硬件设施可以用钱买来，但管理、员工及职业经理人的素养是不能在短时间内解决的。

正因如此，我们号召全体员工以更快的速度发展提高自己，尽快让我们的企业赶上国内最高水平，然后向国际水平靠近。

2 国际化背景下的管理与营销策略①

近年来，公司正在以一种更大的开放性将自己置身于国际化市场。在未来的国际化背景下，我们应该采取哪些实质性动作？

随着横店影视城产品与管理的完善，我们在国际上的知名度越来越高，特别是在今年与国际间的合作更加密切了。在影视拍摄上，从前几年的《王战士》《中天》《马可波罗》等国外的中小制作，到现在的《功夫之王》《投名状》以及好莱坞主流影片《木乃伊3》，我们开始真正与国际合作，以后会越来越多，我们的管理和员工的素养也会随之不断跟进。同时，我们游客的市场半径也越来越大，从江浙沪扩展到沿海，进而发展到港澳台。在下一步的工作中，也将逐步开拓东南亚、韩日、欧美等地。

这对我们也提出了新的更高的要求，尤其是员工的素养方面。在这样的背景下，我们将继续坚持循序渐进式的发展，即通过精耕细作提高我们的管理水平，通过主动走出去或请进来以加强与国际间的合作。比如我们上次参加戛纳国际电影节就吸引了众多片商，再如前段时间邀请威尼斯电

① 摘自2007年11月6日企业文化访谈系列之《以企业文化建设推动企业持久发展》一文。

2015横店影视节·第二届“文荣奖”颁奖典礼

影节主席前来考察。同时，用我们的服务赢得良好的口碑，给每个进来的剧组留下好印象，像加拿大的《马可波罗》剧组，就因对我们这里比较满意，此后又陆续来拍了《龙小子丹比》《白鹤功夫传》，这就是我们最大的实质性工作。至于对海外的营销，还是按照既定的方针，以波状距离稳扎稳打地对外推广，从近到远，从亚洲到欧美，逐步进入各级市场，并进而巩固市场。我们“一城一策”的营销策略，仍然会在国际市场上推行，将继续针对不同的市场制定不同的营销策略。

3 十年规划：对未来业态的前瞻性构想[①]

从2010年起，横店影视城开始编制下一个十年规划。

这个十年规划，是对公司未来的全新构想，也对三年、五年、十年后乃至更长时间的横店影视城该呈现怎样的业态，做了一个前瞻性的设计。

“十年规划”，分两个阶段，即两个五年规划。最终目的是把横店影视城从原来纯观光型的景区转换为观光、休闲复合型景区。

十年的工作重点，是通过对现有主题公园的兴建、扩建，来建造满足不同游览层面需求的主题公园，并对现有景区的功能、布局作合理的调整，有些景区将侧重于影视拍摄，有些则侧重于旅游开发。对拍摄场景也会做一个更全面、多元的增补。同时，对现有景区进一步完善深化，在旅游景点舒适度、演艺观赏性以及商品特色上做文章。这里有一个重点，就是要大力发展演艺秀[②]，我们的目标是打造“中国的拉斯维加斯”，五年之内整

---

① 摘自2010年10月17日企业文化访谈系列之《思想之水流动起来才会生生不息》一文。

② “演艺秀并非横店首创。深圳华侨城是演艺秀的发源地，杭州宋城的《宋城千古情》无疑救了该乐园，上海欢乐谷乃至一些古镇诸如周庄等都拥有演艺秀。一个景区拥有一两台演艺秀很正常，但如果同时上演20多场原创演艺秀，就不仅仅是壮观，更成了一种现象。这种现象，在中国旅游界堪称绝版。只有一个地方拥有，那就是横店”。——摘自章国斌《殷旭和他的演艺秀》一文。

精彩演艺·怒海争风

个横店影视城的演艺秀将做到20场以上，游客来一次两次看不完，住两天三天也看不完。让横店成为中国最知名的大秀场，以此带动会展业，大力发展会务旅游，吸引更多游客到此休闲、度假，提高人均消费水平，拉动整个横店镇区的发展。力争五年之内，游客突破1000万人次。在十年规划期间实现突破2000万人次的目标。

除了梦幻谷，我们还会有第二个夜间主题公园，十年内完善第三个夜间主题公园，使夜间游览成为横店的一道风景，以此来拉动横店娱乐业的发展。酒店业则继续打造文化主题酒店，针对不同层面、各种等级合理完善配置。届时，还会更多地发展购物、娱乐、餐饮和体育竞技类的项目，会有更多的现代科技型、参与型、体验型项目融入到游览观光中，到那时我们整个公司的业态将更为完整，从单一门票发展为更全面、均衡、多元的营业场所。

通过两个五年的努力，使横店不仅仅是影视拍摄胜地，更是一个非常发达的旅游目的地、风情小城，成为海内外游客共同的向往和选择。

横店春节大庙会

4 在愿景与现状之间：人才紧缺与创新不足[①]

目前，在愿景与现状之间，我们的最大困难就是各类人才的紧缺[②]。

我们的事业正在急剧扩张，各领域顶尖人才却大量不足，比如现在面对有些专业问题仅凭公司现有人员不能解决，只能依赖外部，主动权不在自己手上，就会造成有些工作进度的缓慢。我们的计划在实施过程中，最大困难还是人力资源不足，阻碍发展的最大瓶颈还是人才问题。换句话说，只要对这个问题高度重视并予以解决，我们上文提到的宏伟目标就能如期实现。

要解决问题，首先要立足于对现有人才的培养。人力资源光靠引进是不够的，最主要的还是员工自身知识技能水平的不断提高，以此来适应企业的高速发展。这几年中公司既有送出去培训，也有引进来讲授。比如最近实施的与浙江旅游职业学院联合办学，公司37名领班以上管理人员参加了考试辅导，顺利通过成人高考的人员都将免费安排在大专班就读，修完规定学分后，不仅可以取得学院颁发的大专学历证书，自身的专业知识和综合素质也得以提高。当然，这其中更重要的是大家都能认识到要实现公司发展前景，需要注重自身学习。这学习包括书面式学习、课堂式学习，

① 摘自2010年10月17日企业文化访谈系列之《思想之水流动起来才会生生不息》一文。

② 2015年，公司以标准化、制度化建设为突破口，着重搞人力资源建设，通过卓越绩效管理和人力资源工作的纵深来实现横店影视城的可持续发展。按2011~2020年的十年规划纲要，制定并实施了人才培养计划，引进了人力资源咨询机构，分八个阶段进行项目推进，使公司在组织资源、搭建流程、开展业务、落实管理环节等方面更加明晰，整个管理和控制流程也更加科学合理，对人力资源的使用和评价也日趋公开、公平、公正。具体措施如下：与相关院校合作办学，开设星级酒店订单班，以多种方式开展了人才招聘工作，陆续招聘和引进了大量企业发展所需的人才，全年培训各岗位员工65394人次；强化督导制度，通过督导员的独立工作，促进了企业各岗位员工工作的规范化，提升了服务品质；制定了《高级管理人员考核办法》，从德、能、勤、绩、廉五个方面对副职以上管理人员进行综合评价，有效激活了高管人员工作的积极性、创造性，使高管人员在引领员工创业创新上起到了更加突出的作用。

国防教育示范基地·阅兵馆

横店马拉松明星跑团

更包含了在实践中的学习。

当然，我们也不排除引进部分行业顶尖人才作为补充。但是，如果每个员工都能积极学习，提高自身的专业技能水平，相信很多问题还是能迎刃而解的。这项工作不仅是人力资源部门的工作，全体员工都应高度认识这个问题，都有责任强化自身的学习和提高，共同解决这个瓶颈。

目前公司最明显的不足是下属各企业的创新程度表现不均，创新氛围不够浓厚。有些企业存在活力不够、进步较缓的现象。在我们公司范围内，还未形成积极主动、充满热情、充满激情的创新氛围。客观上讲可能是本部有专门的机构包揽了主要项目的创新、开发，在某种程度上承担了这个责任，造成了某些企业的依赖思想，维持现状，无法突破，以至于等、靠、要等现象时有发生。这种现象也不仅仅存在于我们公司，对任何一个企业来说，大量的创新肯定集中在公司顶端。国内外知名企业开发大型的投资产品，也相对集中在公司的一个研发部门，企业生产部门则更多地着重于日常管理。在这个问题上，对创新的理解上有一个误区，我们并没有要求每个人都参与产品创新、项目研发，因为各类信息和专业技能不是每个人都能掌握的。我们所说的创新是每个管理人员和每个员工的思维创新，在管理方式和个人岗位技能上的突破。比如：把源自宾馆饭店的“六常法”引进到景区管理中来，创出景区“六常法”管理新模式①。又比

① 2009年年初以来，广州街·香港街景区引入宾馆“六常法”管理办法加以改造，进行管理创新，变成景区“六常法”，提高了景区管理水平和服务质量。该景区领导先是让员工自学和了解“六常法”，再组织相关人员结合实际情况编写了自己景区的“六常法”初步方案，让各岗位员工尝试着实施，对相关库房进行清扫和初步整理，并对方案提出修改意见。请来懂行的专家对员工进行“六常法”专题培训，还组织各部门进行了交叉培训，让领班以上人员轮流给其他员工上课。景区几次三番地组织员工对他们自己岗位的“六常法”管理文字稿逐字逐句进行讨论修改，集思广益，最后定稿作为相应岗位的“六常法”管理文本正式出台，印发到相应岗位付诸实施。景区还结合公司原有考核办法，制定了相应岗位的“六常法”管理考核评分细则，于12月份进入正式实施和考核阶段，同时多次组织进行检查和落实整改。“六常法”的引入、消化和实施，有效提升了景区整体管理水平，也为景区带来了实实在在的效益。2009年该景区共接待中外游客74.32万人次，接待影视剧组及广告片共86个，同比分别增长17.23%、17.8%；营收达到历史最好水平，同比增长29.86%。

如：清卫员清扫地面，同样的工作量，做事麻利的用5分钟时间就完成而且做得很到位，而做事比较拖拉的需要用10分钟，效果还不尽如人意，这就涉及到技能创新和方法创新。所以，我们要积极提倡大家在这类创新上多做努力。

思想就像一潭水，必须要流动起来，才会显得奔腾、清澈、具有活力，才可以生生不息，即所谓“流水不腐，户枢不蠹”。否则就会如一潭死水，久而久之就会逐渐干涸、变质。现在我们企业有一部分管理人员固步自封，怕承担责任，不求有功，但求无过，这个问题必须要有全面的改观。我们不断地呼吁职业经理人要“戒惰破满”，就是想通过建立各种学习考核机制来激活大家的创新思维，战胜和超越自我。

5 全员营销与精准营销①

2009年的市场形势，让营销公司的市场人员强烈地感受到了创新的重要性。之前我们在市场上率先采取的一系列行之有效的手段，已经被我们的同行运用得很好，甚至更好了，而我们自己却在一些地方原地踏步。虽然6月至8月的业绩有了起色，但从严格意义上来说，这不是创新带来的结果，而是一个好的政策所产生的联动效应和效益。对于这次的政策调整，虽然我不是很满意，但至少在当时只能这样做，这也再次表明，我们不能墨守成规，必须改变自己的行为方式。

从这几年的实践可以看出，我们最缺的不是政策，是营销策划，这不是某个部门或个人的事，要依靠团队的智慧，要全员参与。

我们现在实施“统分结合，以统为主”的营销纪律，但作为单个企业来说，若想通过策划活动或推出新产品来带动效益，也不是不可能的事，

① 摘自2009年8月12日《三管齐下，再创佳绩，注重人本，做强品牌——在浙江横店影视城有限公司2009年度工作会议上谈2010年工作思路》一文。

我们有很多成功的案例。风筝节、踏青节、啤酒节、美食节等，都是活动策划，但为什么现在这样的活动越来越少，或者几年来都没有任何改进？我们唯一越做越红火并成为一个品牌的是“五彩缤纷水世界”活动，把原本的旅游淡季演绎得精彩纷呈，并极有可能成为全年第二个旺季。它为什么能成功？我认为关键在于它是一个多重能量的整合。对营销公司来说，它是一种政策上的导向，有了撬动市场的价格杠杆。对企业来说，以泼水为抓手，带来了卖点。再加上我们不断添加进去的其他辅助活动，共同促进了这一活动的成功。所以，我们要认真想想，既然“五彩缤纷水世界”能够成功，那么“金秋游”怎么做？“过大年”又怎样推行？我们曾经做过圣诞节香港街购物的活动，尽管后来没有坚持下去，但在当时也是一个创新，何况还来了3000名游客。

做营销就是要异想天开，走别人没走过的路，但这几年我们却出现了等、靠、要的现象。市场部等着营销公司的管理层出思路、出政策、出广告费、出具体方案，营销公司和景区等着本部创造产品、策划活动，本部职能部门很多时候却在为一些琐事奔波，加之与市场的相对脱节，没有足够的精力和前瞻性来做好根本性的工作，这就是问题的根本所在。

在这次年度工作会议的发言中，很多人都提到了营销工作，还提到了“精准营销”，这非常正确。其实，精准营销就是我们公司的看家法宝，即市场定位。要做给谁看，讲给谁听，吸引哪些人来，将这些分析透了，很多工作就迎刃而解。当我们研究完市场，就要将营销的理念深入骨髓，职业经理人的大脑神经中就要有敏感地捕捉市场的直觉。在这里，我要表扬江苏市场这一仗打得很漂亮，也是我们公司各个部门合力的结果，说明这个市场是拿得下的，关键是没人敢去破题。所以，创新的思维最重要。真正的好方法不需要很复杂，思路打开就行了。这种营销思维用到其他岗位上也适合，如我们的影管工作，之前我们曾去北京等地参加各种影交会，但总觉得无处着手。后来分析发现，我们若要真正上门营销可能连客户都找不到，但一年到头主动找上门来的剧组却几乎囊括了全国各地的影视界人士，我们能做好每一个上门来的人的工作吗？这就是反向思维，就是营

欢乐水世界——梦幻谷

销。这几年，我们影管公司的工作有了很大进步，希望能再接再厉。这不是总经理一个人的事，需要每位协拍经理共同努力，还需要所有跟剧组有关的住宿、餐饮、道具等岗位员工的积极参与，这才是真正意义上的全员营销。

营销不仅仅是签个合同，拎包上门谈业务，而是在整个服务过程中，每个服务环节上通过我们的服务对客户产生的潜移默化的影响。

明年，我们的票价在今年的基础上不会做大的变动。要继续充分运用横店的住宿优势，仍然坚持今年买联票送住宿的政策，只是在某些操作方式上会做些调整。组合票要有更优惠的政策出台，每多一个景点，优惠力度会加大。广告费会在今年的基础上递增20%以上，当然，我们要先研究总结今年广告投放的得失，使明年广告投放做得更精准。同时，活动策划要加大力度，活动本身未必会带来大的、直接的经济效益，但却是一种动态广告，是一种推广手段。影视拍摄服务方面不会提高价格，但会有类似于摄影棚免费等政策出台，要仔细研究，让剧组感受到我们有更大的优惠。此外，要加大社会宾馆的收购力度，要为明年游客与剧组的营销打基础。

6 如何开发和经营旅游商品①

近几年来，公司在旅游商品开发上做了有益的探索，取得了一些成绩。但与云南的丽江、美国迪尼斯乐园相比，我们还有不少差距。

大环境的局限与小企业的两难

这是由目前我们国家整体的旅游结构和公司的具体情况造成的。具体表现在以下这些方面：

一是受我们国家整体旅游结构的影响。如现在国内大部分旅游景点中短线游客的比重较大，海外游客和长途游客不多。我们发现旅游商品做得好的地区、景点，往往也是国内较知名的旅游目的地，有很多的长途客人，比如云南。因为，一般来说，长途旅游的购物欲望会比较强，旅游购物的热情与距离的长短基本成正比。为什么这么说呢？道理很简单，距离产生差异，如异地别样的风土人情、土特产、工艺品等比较容易吸引游客。再则，中国现阶段的旅游景点都比较年轻，它们大多是从周边市场起步，距离越近，差异就越小，游客的购物热情相对就较低。这是从游客、地域的角度来说。第二点原因，我觉得是很多景区没有形成自己独特的品牌，主题类似、内容同质化的情况比较多，因此旅游商品也很难开发出特色来。

① 摘自2008年5月14日企业经营管理实务系列之《群策群力发展旅游商品和旅游商铺》一文。

而特色恰恰是旅游商品的生命。第三，同各个地方的重视程度有关系，没有有意识地进行挖掘和引导，往往以社会上的小作坊形式开发为主，并没有一个强有力的专门研发和推广的部门，这样，旅游商品的发展会比较缓慢。

前面所说的云南旅游商品之所以较为发达，一方面是由于资源独特的原因，另一方面政府的产业导向也起了很重要的作用。当然，中国旅游商品的开发通过近十年的发展已经有了很大的进步，成功的例子也非常多，像苏州的丝绸、云南的充满民族特色的工艺品，这些旅游商品都植根于当地的文化，有很浓郁的地方特色。这些是现阶段我国旅游商品的大致情况。

至于在横店影视城，造成旅游商品这一块较弱的原因大致有这么几点：

一是我们的企业还比较年轻，成立的时间不长，前期的主要精力放在了市场的开拓与旅游景观产品、演艺产品的开发等方面，在购物产品上投放的力量偏弱，旅游商品基本游离在主流之外，目前还是靠市场的调节和各家经营户自身的运作；再者，我们的游客大多来自周边的华东市场，地域的雷同使我们很难开发出差异化的旅游产品，难以激起他们的购买欲望。再一个，是我们处于探索的过程中，还存在困惑。因为之前，我们一直认为旅游商品的开发是要有意识地去创造一些很具象的产品出来，比如做一个模型、饰品等等。我们经过尝试之后，发现这个思路行不通，这些产品的销量并不好。我们发现，这其实是缺乏灵魂、缺乏感染力造成的。另外，公司还有这样的顾虑：如果我们制作得很精致，那么开发的成本很大，售价随之就相对要高，而我们的消费群体还没有达到这样的水平。如果成本要低，那么在设计上就要讨巧。依靠地区原有的基础，讨巧的产品还是有的，比如金华酥饼，它目前在我们的旅游商品中占了很大的比重，而它依靠的是社会已经形成的知名度，变成了我们的产品，有一定的地域特点。但是同时，它又受到一定的制约，想做得特别大也很难。所以，这也是我们目前存在的一个两难状况。

当前旅游商品开发的差异与差距

我们企业与丽江的差异，前面已经概述。简单谈谈和美国迪士尼的差异。

迪士尼乐园有个很大的特点，那就是它先对它的卡通人物形象进行宣传推广，让它们变成一种大众喜闻乐见的文化现象。美国的小孩，从他们一出生就接受了米奇带给他们的文化感染力。当这些小孩有一天具备了购买能力时，他已经对这些产品非常熟悉了。因此，迪士尼走的道路不是为推产品而推产品，而是先推文化，让迪士尼文化深入人心后，才在这个基础上应运而生了它的系列产品。现在我们想，其实迪士尼乐园的商品并没有特别的出彩之处，但是同样的印有米奇形象的产品，在迪士尼乐园里卖得就是特别火，关键就是这些产品有迪士尼的文化印记在里面，游客已经对这种文化能够接受了，因此旅游商品作为这种文化现象就顺势地推广出去了。迪士尼的旅游商品在它整个旅游收入的比重超过了60%以上，是很成功的一个典范。目前，我们80%的收入还是来自门票。假如我们横店影视城要达到这个程度的话，首先要有很好的创意，我们要找一个什么样的典型形象、典型标志物来代表、表达横店影视城?

这一点，从目前来说有一定困难，我们也正在探索当中，希望公司上下群策群力来共同探索。我们和迪士尼不同，迪士尼是先有文化，再派生出产品，而我们是先有了影视基地，然后才慢慢积淀出我们的文化。在这个积淀的文化中，再进行提炼，形成横店影视城独特的文化，到时就会有我们横店影视城的标志物、代表形象等一些特有的深入人心的具象表现。

虽然我们目前在商品开发上的力度还不够大，但每年都在做一些尝试。比如我们现在做得还可以的一些“贴牌”产品，像“八面丰”系列的矿泉水、面巾纸等。这些产品依托市场进行开发，利用了社会的资源来扩大我们的品牌知名度。这些商品虽然不是我们开发的，但有助于我们公司的品牌推广。全世界的知名品牌，相当一部分搞的也都是“贴牌”，它们只负责设计和推广，而并没有自己的工厂，卖的就是“品牌”。像这种“贴牌”销售的方式，在我们下一步工作中还要加大力度，需要我们长期坚持，并重点依托义乌小商品市场的资源、平台。这个过程不是简单地照搬照抄，我们利用的是他们的设计能力和生产能力，同时要注入我们自己的文化，贴上我们的品牌标志。我们要充分利用社会资源，继续加强这一块产品的开发。

第二点就是开一些样板店，用类似专卖店的形式销售我们大众化的商品。其实全世界的旅游商品有很多共同点，无非由实用性、观赏性、纪念性等诸多因素组成，我们可以将普通的商品通过专卖店的形式推广出去，这是我们目前正在尝试的，而且已经取得了一定效果。像梦幻谷的西域风情店，从店铺的装潢、产品的独特性等方面已经同景区的其他店铺形成了很大差异。我们可以把这些店铺租赁给经营户，但在产品的包装、内容、产地等方面的要求则要延续和保持原有风格。今年我们又相继推出了祥瑞轩、江南绸庄、东阳竹艺馆等特色店铺，包括前几年在广州街景区开的航海商店、玩具店等，都是样板店。我们就是想通过样板店来形成示范，同时逐步来改变景区商铺乱、杂、个性不突出、不够美观等不足，同时带动景区其他商铺的发展。

贴牌和样板店，是我们今后在商品开发上主要的两个方向，也不排除将来在合适的时候成立我们自己专有的研发机构[①]，直接设计、直接生产。其实我们现在也在尝试着做，像旅游大厦的八宝糕、贵宾楼的锦鱼年糕，这也是一种形式，利用我们企业的潜在力量来开发。

旅游商品的开发经营是企业品牌战略的组成部分

2007年以来，公司陆续在梦幻谷景区推出了西域风情店、祥瑞轩、江南绸庄、东阳竹艺馆等样板店。在取得较好经济收入的同时，这些店都有

① 2015年11月，横店影视城文化创意发展有限公司成立，定位于“影视衍生品一站式运营商”，以横店影视城为载体，结合强大的影视拍摄资源、丰富的影视拍摄场景和精彩的演艺秀，致力于景区旅游及影视衍生品的研发、生产、营销。

一个特点，就是装修与商品都比较符合景区的主题，一定程度上丰富了景区内容。这也体现了公司的品牌化战略。

首先，公司的经营战略是景区建设的指导方针和行动指南。这一点理所当然地规定了景区商铺的发展方式和方向，我们在《员工手册》上讲得很清楚，就是“影视为表、旅游为里、文化为魂”。另外，尽管各景区具体的风格、定位可以是不同的、有差异的，但在总体上、在本质上又必须要按公司经营战略的发展来推进，就是都要统一有横店影视城的文化印记，都要保证一个质量标准和服务规范。总之，在如何建设特色商铺的问题上，一言以蔽之就是，依照公司经营战略，结合各景区特点，在坚持公司经营战略不变的原则下，允许各景区在具体的形式、方法上可以百花齐放、丰富多彩。

现在我们景区内的旅游产品有演艺类产品和商业类产品等几大块，由于公司经营战略在各个时期发展的侧重点不同，前几年在演艺产品上的开发力度大一些，但随着公司品牌化建设的不断深入，商业性旅游产品的开发也将加大力度。由于现阶段部分景区的一些商铺已跟不上公司品牌的发展要求，特别是在商业内容和景观效果上，所以，样板店就是这种情况下的产物，像西域风情、祥瑞轩、江南绸庄、东阳竹艺馆这些店铺，都具有很明显的特色，它的陈设、装饰有很强的观赏性，兼具景观要求，成了景区的一道风景。在今后相当长的一段时期内，我们要致力于这类商铺的开发，在每个景区都进行推广，通过若干年的努力，使我们的店铺特色更明显、装潢更美观、针对性更强。更重要的是，通过特色店再来带动我们的旅游商品的开发。像在江南绸庄中，我们就引入了河南的汴绣，来绣一些景区的景观。

当然，在具体的操作中还要讲究科学的工作方法，比如认真分析哪些景区适合开哪些商铺，哪些商铺不适合在哪些地方开；还要考虑到景区商铺的容量，并不是一味地多开就是好；在同一区块尽量要注意商品的差异化问题，等等。当然，这些不是一步就能到位的，应该有个循序渐进的过程，这两年我们主要采取整体盘整和局部推倒的策略，采取保留、淘汰和引进相结合的方法。

我们与旅游商品个体经营者的关系定位

旅游商品个体经营者，是横店影视城的有机组成部分，也是公司企业文化的实践者、公司创利的合作人。

从法理上说，横店影视城是一个法人机构，这个机构里的所有人和物都是一体的。虽然经营户没有和横店影视城签订正式的员工劳动合同，但是他们和我们签订了经营协议，通过这种方式，我们连在了一起。比如，如果某游客在景区被某经营户“宰”了，那么，他投诉的对象就是我们横店影视城，你能说没关系吗？因此，从这个角度来说，经营户是我们另外一种形式的员工，他们与普通员工的区别在于不直接在横店影视城领取薪酬，需要靠自己的经营来获取收入，但他们依附的是横店影视城的资源，他们的经济来源还是来自横店影视城。所以无论是经济上还是法理上，经营户均是横店影视城的有机部分。正因如此，我们要加大对他们的引导、培训与关心。这是我们企业对每一个成员都要尽到的责任，同时，他们也享有契约所赋予他们的权益，以及公司对他们利益的维护。

近两年来，我们在经营户方面实施了多项举措，从深层次的原因上来说，是因为将来旅游购物将会随着横店影视城的发展在公司的收入构成中占更大的比重，在这个过程中，我们需要有一支相对素质较高、经营能力较强、又能和公司同甘共苦、能理解并接受横店影视城文化的稳定的经营户队伍来保证我们的旅游商品品质和销售能持续地提高。就像在公司的品牌理念中所阐述的一样，我们组织经营户出去考察也好，给他们进行培训也好，都是让他们能有更快的进步，更好地接受公司经营文化，从而产生更好的效益，继而保证公司的效益。现在的经营户队伍中很大一批是多年跟随着横店影视城，并同横店影视城一起成长起来的，他们的业务很娴熟，对横店影视城的制度、理念非常理解，这些年也是一年做得比一年好，还保证了公司每年经营收入的递增，所以这是一个真正称得上和谐共赢的局面。因此，我们不希望这批人每年换很多，接下来我们还会进一步加大对他们的关心度，加大培训，提供更多学习的机会。

若干年以后，他们不是单纯地依附横店影视城，还会利用他们的经验、创新思维，以及对公司文化的理解来加快公司产品开发的步伐，那将是真正的群策群力。

还有一个深层次问题是，在具体的经营过程中，经营户之间，经营户与剧组、景区、游客之间难免有利益冲突，难免发生摩擦，这时候我们就成了协调方，就要出面处理各种矛盾。

任何事情都是在平衡中被打破，打破之后进行调整，调整平衡后再次被打破，再调整……这也正是我们管理者要做的。这些年，我们在经营户之间做了很多的规范、事前的约定，不偏不倚。如果我们把利益的临界点约定好了，矛盾就会减缓很多。作为管理者要承担调节的责任，在保证双方公平的前提下，势必要有一方做出合理的让步，这就要我们管理者从中调节，这也是我们必须要承担的责任。

任何地方都会出现矛盾，不仅仅经营户，员工与员工之间，游客与游客之间也会有矛盾。这就需要我们在管理上跟进，在各方面进行约束。譬如在经营协议中我们规定，各经营点不能出现假冒伪劣商品。这是通过协议进行约束，同时我们还要通过管理手段进行规范，不定时地进行检查。更要接受卫生防疫、工商管理、食品检测等有关部门的督察，使能够预见到的问题都得到有效的规范，尽可能地减少矛盾的产生。总的说来，这些年，问题在不断减少，新的问题也在产生，我们的规范也是一遍又一遍地修订，一次又一次地调整，调整的目的最终还是为了维护当事者双方的利益。

这里我还要重点强调一点，就是我们各个企业的管理者对这一块工作的重视程度不一。大部分都是好的，但也有少部分人认为经营户不是我们直接的经济体，不是我们的员工，因此对这一工作不重视，经营户很多问题的产生是由于我们管理者的不重视所造成的。如果事先就把它消灭在萌芽状态，那就没有后面的那么多事，而且出现的很多事也不应该只由商品公司来解决，更多地是应该由经营户所在地的管理者把所有关系协调好。虽然问题的产生，有的是因为经营户违反了契约造成的，现在看来更多的是我们的管理者对经营户关心不够，管理不够规范造成的。在商品开发这块工作上，现在几乎都是商品公司在做，很多管理者原动力不足，虽然我们设立了“产品开发奖”，但收效不明显，甚至一些景区还不如宾馆来得重视。公司本部对商品开发这块工作一直以来都高度重视，但是因为客观原因，对下属单位没有出台有效的机制，使得很多管理者并没有将它作为工作任务之一，在这里我们呼吁每一位企业管理者都要把旅游商品的开发、推广、成长作为自己工作的主要内容之一，公司本部也会进一步加大操作力度。

对经营户的几个建议

对经营户来说，他们在很多问题上也存在困惑，比较集中的一点就是产品的雷同性，经营户之间形成了不良竞争与挤压，使得利润下降。这其实是目前国内旅游界的普遍现象，有待于我们经营水平和产品开发能力的进一步提高。在现阶段，我觉得经营户们是否可以从这些方面去努力：

第一，尽量寻求人无我有的东西。我们努力去找，总能找到一些人家没有的东西，谁喝了头口水谁就获得了先机。这一点仍是有空间的。

第二，同样的商品，不同的卖相。如果商品类同，那我们在包装、售价、陈设上是否可以做一个不同的调整？包装上是否可以更加精美，让客人拿出去送人觉得更有体面？在店铺装潢上，除了景区配备的设施外，自己仍然可以添置一些灯光、设备，让店铺看起来更有特色，走出一条与众不同的道路。

第三，我们可以找一些与商品相关的东西。譬如，卖刀的店铺可以增加摆刀的架子、磨刀的器具、刀的防护用具等，卖山核桃的可以顺带卖一下夹山核桃的夹子，卖茶叶的同时也供应一些茶具、保管器皿以及介绍茶叶的常识等等。我们可以在这些方面对原有的商品进行延伸和增补，同样对游客来说，也是服务更周到的体现。这一点上，我们可以进行广泛的延伸，类似的延伸可以想出很多。

第四，讲究服务技巧。有人会做生意，有人不会做生意，这里就有很多服务技巧的问题。当然最重要的还是要经营者在实践中摸索积累。

第五，创新理念。在现有产品暂时没有很大突破的情况下，利用自身的资源，对产品进行进一步升华，给产品加入自己的创新理念，设计生产一些产品。比如金华酥饼，你是否可以从饼馅的多样性上动动脑筋，调整、改动一下，加点火腿丁、花生碎粒？等等。总之，只要口味好、多样化，哪怕售价高一些也会吸引那些追求口味多样化的游客。当然，如果有自己的商品专利那就更好了。这一点上，我对经营户寄予更大的希望，希望他们挖掘更新颖的商品和经营模式来吸引客人。比如秦王宫景区的威亚拍摄点，虽然目前做的不算特别红火，但它的形式很好，用影视剧中特有的威亚来满足游客在空中做游侠的感觉，而且这也很符合影视城的文化。

第六，工作规范化。当游客与经营户发生矛盾，经营户要配合公司把工作进一步规范化。曾有不少游客对公司的某些旅游商品比如“龙椅”拍照有点意见，认为明明所购的门票包括了景区的所有景观，为什么在使用“龙椅”拍照时还要另外收费？从而与经营户产生了矛盾。从游客维权这个角度来说，他应当有事先的知情权，从这点来说，他们的不满意是有道理的，所以我们今后要做得更加规范。今后我们要在景区门口设立一个公示，告知游客景区里面的哪些内容是需要另外收费的。这也涉及到我们与游客的约定，门票就是我们和游客的约定，他可以进行自由选择。

至于我们为什么这么做呢？这就涉及到公司如何开发、经营旅游商品的问题，如何引导游客再次消费、深度消费的问题。当然，对游客就不需要讲这些，我们对他们要做到位的就是：事先告知，现场明示，外加精致和有足够吸引力的内容。

本着公平、公正的原则协调利益相关方

2008年有一些特殊情况，如法定节假日的调整，以及年初的冰冻雨雪灾害和近期地震灾害造成的影响，很多经营户对经营前景出现了悲观的情

绪。我觉得这些担忧其实是不必要的，因为，在年初，我们给所有经营户的一个重大承诺就是年度的游客量，我们承诺今年的游客量不会少于500万人次。这个数字是关键指标。

如果真的碰到了人力不可抗拒的灾害，我们将本着公平、公正的原则考虑适当调整原来协议中的相关内容。当然，我们是有信心达到这个游客量的。

但是从另外一个角度，每个经营户在投标时，其实都明白做生意从来都是风险与机会同在，任何事情都有双面性，况且我们也要承担风险的。横店影视城承担的风险是什么呢？今年亏损了，那明年这个商店就没人经营了，或者说承包价大大减少了。经营户承担的是今年一年的风险，而横店影视城要承担的则是今后好几年的风险。所以最终说回来，我们希望你们每年都能赚，你们赚得越多，我们越高兴。我们向经营户做出500万人次游客量的承诺，这是承诺给你的一个创利平台，至于你如何获利，那就是“八仙过海，各显神通”了。至于你的经营能力如何？你投标时有没有非理性地大幅度抬高基数？这些风险因素除了你自己，不能由别人来给你判断、承担。其实，很多经营点我们并没有定很高的基数，只是在一个合适的范围内，也希望大家投标时理性地投。

其实，公司每年还是采取了一定措施的。第一个就是减少店面。每年我们都不同程度地减少经营点，某种程度上就是保证已有经营点的利益，不要因过度竞争造成亏本。第二，我们会对经营有方、有自己特色的、服务好的，同时又遵守规范的经营户，或者说经营有一定难度的经营店，不进行招标，而采用议标的形式继续签订合约。每一年我们都拿出了一部分店铺进行尝试。这两点是我们已经在做的，第三点是我们还会逐步对景区节目时间进行适当调整，给游客留出尽可能多的时间来购物。

最后在这里还是想强调一句：做生意一定不要盲目，自己要把握好尺度，要有风险意识，理性审慎地对待，同时增强自身的经营能力。我们不主张缺乏经营能力的人盲目投标，下次投标时我们会强化资历审查。

总之，如何开发和经营旅游商品是一个困扰全国旅游界的重大课题，但是，我们还是有了较大突破，经过短短的六七年时间，我们从过去一年只有几十万左右的商铺收入，发展到了现在的1500多万，因此，我们有信心与公司全体员工、全体经营户共同努力，进一步做好旅游商品的开发和经营工作。

7 产品开发是企业生存之道

自公司成功推出《梦幻太极》这些大型演艺节目以来，媒体、市场给予了高度评价。这些节目标志着公司的产品开发达到了一个新的高度，在战略意义上象征着我们走到了一个质变点，它标志着公司从此由影视拍摄基地发展为影视旅游主题公园。这一步，在公司发展史上是一个质的跨越，是一个里程碑。

要生存，就要不断推陈出新①

为什么这么说呢？因为事物的发展总是呈阶段性的，并且处于量变到质变的过程中，而在其质变的临界点上总有一个标志，一个阶段性的标志。所以，一个超大型主题公园的定性、确立、崛起也是如此。

① 主题公园景区的性质，决定了横店影视城新产品开发的“新常态”，只有这样才能让游客走进横店影视城后“每次都有新发现”。2015年，公司着重建设了梦外滩、花木温泉度假区、梦幻谷海豚湾、春秋（唐）园、广州街民国码头二期等项目，为横店影视城的更大发展奠定了基础。中国电影放映机博物馆2016年1月底前建成开放，电影机收藏馆也同步与观众见面。此外，“横店影视城泛博物馆群”建设已在积极推进中。公司的信息化建设步伐得到加快，景区、宾馆无线网络覆盖项目一期工程已完成并开通使用，二期工程在2016年1月底前完成，产品开发中心内部的项目管理软件系统、剧组管理系统、NC财务共享项目、旅游APP应用、酒店管理系统、检售票系统等项目的开发、改造与升级，均已取得阶段性成果。OA系统的应用面也更加广泛。这一年，公司还重新修订了《横店影视城十年规划：2011—2020》，申报了从地方到中央的28个项目，成功地通过了省级现代服务业集聚示范区试点提升方案、青少年户外营地、浙江省运动休闲旅游示范基地等。

另外，关于这个战略意义的重要性就是：我们终于凭实力站在了新的平台——超大型主题公园的平台上，有基础和同行竞争了。回顾这几年的公司发展历程，可以很清楚地看到，在产品这个问题上，小、中、大一系列节目的开发过程，其实是一个渐进的、累积的、从量变到质变的发展过程。正是以这些厚实基础为后盾，我们才能有实力站在超大型主题公园的平台上，与对手竞争，完成公司愿景。

具体说来，产品开发是企业的生存之道。

作为我们这样一个以游客观光经济为主的景点企业，其内容和吸引力是我们生存的基础。如果要赋予企业永久的活力，必须注入能让游客赏心悦目并参与其中的节目、设施和活动等产品，让他们从中得到启迪或乐趣，真正感受到我们公司提出的“你来了，所以你快乐!”的美学观点。

企业要生存就要不断推出新的旅游产品，这也是我们一直坚持追求的——“每次都有新发现”。也就是说，每一阶段都要用新的思路依据科技手段和不断积累的影视文化元素去创造新的产品。回望我们公司走过的路程，节目总体来说是越做越精美、越做越精彩。比如后来的《暴雨山洪》《怒海争风》，相比之前的《英雄比剑》，无论是场景布置还是表现手法，都显得更为壮观和新颖。再如现在的《梦幻太极》，虽然目前来说仍不够完善，但却是我们现阶段的标志性节目，它将大自然中火山喷发的现象和现代的舞美灯光、舞蹈杂技结合了起来，进而形成了一种新的表现形式。因此我们说，从全世界的主题公园和我们企业自身发展的现状来看，只有不断开发新产品，才能让企业永葆活力和青春。

产品的不断创新和开发，带给我们企业的是确保了游客量每年都有大幅度的持续提升。横店影视城作为拍摄电影和电视剧的影视基地，之所以能够促使游客量有如此大幅度的提升，正是由于我们这几年对产品不断的开发和升华。否则，哪怕我们今天把营销做得再出色、管理做得再好，也不可能让游客量达到这么大的提升幅度。

现在我们说在若干年之内游客量仍然会继续向上提升，这个说法是建立在我们对产品开发的不懈追求上的。同时，对原有的产品还将继续升级。

如《英雄比剑》《怒海争风》都正在做升级版，至于《梦幻太极》，我们将继续完善，每年都会有新的提升。不断提高产品的科技含量和演出水平、表现手法，再加上好的管理、不断扩大的营销，我们的企业才会不断发展壮大。

产品开发是个综合性难题

目前企业在产品开发上还面临一些具体难题。

首先需要指出，在产品开发问题上，任何企业所面临的都是一个综合性的难题，它要考虑的因素很多，而如何创新就是其中的一个最大难题。可以这么说，这几年，我们依靠自身的力量一路走来，没有请名家来做策划，所有的策划和设计都来自于我们这支团队。从这点上说，我们的团队得到了很好的锻炼。然而，换个角度思考，其实我们面临的最大难题恰恰是产品开发仅局限于一个小团队或者是几个人身上，没有形成一个多层面的创作队伍。

当然，由于分工的制约，我们不要求全体员工都来直接参与开发，但要求中高层管理人员应该个个都能运用自己某方面突出的才华有所创新。但现状是他们过于依赖本部这几个人，他们自身在产品策划、推广上能够独当一面的地方并没有凸显出来。我们要意识到如果仅仅依靠几个人，不管他们的阅历多么丰富，吸纳了多少外在的营养，局限肯定还是会有的。只有群策群力，有更多的人参与进来，我们的产品开发才会层出不穷，才会有更高的水平。我们常说“三个臭皮匠顶个诸葛亮”。蜀国当年为什么没能在三国鼎立的背景下夺得天下？最终的原因就是蜀中只有五虎将，而没有谋士、大将如云的场面，到最后只依靠一个诸葛亮。而晋为什么又能统一全国？也还得益于原来魏国留下来的那批谋士、猛将团队。历史上的这些故事用到我们今天的企业里道理都是一样的。如果我们的产品开发永远只集中在一个小团队身上，这在一定程度上可能还会成为痼疾。因为没有了在内部你追我赶的竞争状态，我们的进步一定会比较缓慢。

现在我一直在思考怎样突破这个难题？在今后的工作中，我们希望能够建立一个金字塔形的、稳固的产品开发创作队伍。首先向基层提倡人人都能有创意、出创意；然后要求中层管理人员认真总结那些产生于第一线的各种小制作、小创新，提炼并形成中制作；最后由比较高层的团队借鉴这些中制作、小制作中的精华，开发高制作。金字塔形的开发创作队伍是最理想的状态。今后，在一些中小型产品的创新、制作上，公司本部会尽量放手，交予相应的单位去独立完成，我们仅仅作为顾问或咨询者参与。

当广大员工都切切实实地去动脑参与时，才能真正推动我们企业快速、持久的发展。

开放式思路：升级与淘汰

借鉴影视大片开发旅游产品，这是我们公司的一大特色。但也出现这样的情况，就是随着时间的推移，一些影视作品的影响逐步淡化，同时新的影响力更大的作品也在不断推出。这样我们应该怎样对待原来的旅游产品？

我多次强调这样一个基本原则，这就是：求新、求奇、与时俱进。按这个原则来对待原来的旅游产品，思路就很清晰了，这就是升级与淘汰。其实，我们在开发旅游产品之初就预先考虑到了这个问题，因此，我们在借鉴影视大片时一直会有所选择或者说有个针对性，就是尽可能地选择那些将来能在中国电影史上占有一席之地的相对经典的作品。比如《英雄》，对于这部电影，不管人们会有怎样不同的看法，也姑且不论它的艺术质量或者故事情节，但它在中国电影史上永远有着里程碑式的影响。基于这样的原因，我们就把它移植过来。又如《无极》，现在它在我们景区的演出可能也不太成功。当时也是考虑到这部影片是一种尝试，可能在今后会慢慢淡化掉。所以我们的投资就比较少，在制作上也较为粗糙。它只是在一个特定的时期进行的部分恢复，事后并没有进行更为深度的开发。但即便这样我们也不能说《无极》一定不好，今后我们会随着时间的推移对它进行新的评估，以决定是提升还是淘汰。

我们认为任何作品只要有它的经典之处，就有其存在的合理性，而且年代越久给人的感受越深。若干年以后，当大家连影片都没看过却能到现场感受它时，肯定会有一种沧桑感以及对历史的追溯。人都喜欢怀旧和对以往不知的历史进行探索，而我们恰好能满足游客的这种需求，随着时间的积累，我们的艺术积淀也会越来越深厚。就像央视的《流金岁月》放映我们中国以及好莱坞以往的电影片段时，仍然会给许多电影爱好者留下深刻的印象，并且大家会乐此不疲地去欣赏，为什么会这样？就是因为经典永远有它的迷人之处。我们就要按照这个思路去精心选择作品加以复原，并进行长期的积累，当达到一定的程度时，就会无中生有形成我们横店影视城的固有文化。有朝一日，当任何地方都找不到这样的影片遗址时，我们却还能完整地保存下来，这就会成为一种古迹。我们现存的那些历史古迹每天都会吸引众多的游人争相前去参观，在当时看来它们又何尝不是人造的景观？比如全国重点文物保护单位故宫，经过历史的沉淀它们早已是名胜古迹。所以我们只要运营得法，影视产品不但不会淡化，而且会随着时间的积累越来越深厚，越来越有价值。

开发设计旅游产品时应遵循哪些原则

总的原则是必须遵循和符合公司“影视为表，旅游为里，文化为魂”的经营战略。具体讲可分为这样五点：一是在开发设计旅游产品时首先要遵循我们的品牌要求。现在各个景区都有着各自的品牌个性，如广州街·香港街的“洋气”、明清宫苑的“王气”、秦王宫的“正气”、清明上河图的“俗气”以及新开发的梦幻谷的“体验性”，这些都是我们在品牌设计之初设置好的定位，这就要求我们在设计开发新产品时不能自行一套，要把握这些原则。每个景区都有相应的历史时期的景观，因此开发的产品必须要与那个年代相吻合，何况我们的景区是多元化的，不能看到什么好大家都去做，更多的是要形成差异和个性。

二是在开发设计产品时，一定要蕴含影视元素，一定要坚持“无一处无有来处”。我们横店没有很多历史的沉淀，景区里的建筑都是后来才建造起来的，就很容易给外人造成一种比较虚的感觉。但我们的影视作品是实的，必须要用实的东西来弥补这些相对较虚的地方。我们恢复影视作品必须要符合当时的历史，要与剧情相吻合。因此就不能把海盗放到清明上河图景区，也不能把汉武大帝放到明清宫苑里，就如《梦回秦汉》节目里汉武帝和秦始皇的对话，尽管使用了时空转换的艺术表现手法，但仍放在秦王宫。不能因为有虚的东西就可以天马行空地去开发产品，一定要有来处，这样才能给游客以更高的可信度。

三是要有创新思维。影视是从生活中提炼出来的，已经加入了人的思维、创作，所以它本身就是一种创新，虽然可能会在一些地方做些许的改变，但这不影响它固有的价值，尤其是一些经典作品。正因为影视有着许多创新思维，才会吸引现代人的关注。因此我们在影视作品的基础上再开发新产品时，也要进行大胆的创新。再以《梦回秦汉》为例，它虽然是一个正剧，但不影响我们的想象。当我们运用现代科技手段让汉武帝和秦始皇对话时，出现在那样的剧情里就不觉得好笑，而是很自然的事情了，这也与秦王宫的正气相符合。我们不能因为要尊重历史就一点都不敢做改动，在宗旨不变的基础上思维仍然要放开，要充分发挥想象力，这和上面提的第一点、第二点看起来有些矛盾，但实质上却是统一的，也就是既要有约束，又要进行创新。

四是要有成本概念。作为一个企业，一定要有投入和产出的概念。在设计开发产品时，一定要对市场有完整的、精准的把握和评估。不能就产品而产品，而是要就市场而产品。在设计的过程中也要充分考虑到今后的运行，不能一味地堆砌。比如在质量不受太大影响的情况下，要想法找到更低廉的替代品，但当涉及到高精尖的产品需要资金投入时就要毫不吝惜，这也是我们常说的“好钢要用到刀刃上”，力求投入、运行成本最小化。现在市场的某些产品，虽然有很高的技术含量，也有很好的可观赏性，但只因对市场的把握不够精确，致使设计者和运营者脱节，所以造成投入成本过高，效益很难产生，这是我们在产品开发中必须要杜绝的。设计者首先要为投入者考虑，要提供一个合理的设计。设计者要有成本概念，要为运营者考虑。运营者参与设计时也要关注产品有无可观赏性和发展前景，并考虑在将来运行时如何尽可能地降低运营成本。

五是要紧盯国内、国际整个市场的走向，善于研究、把握和开发，注重包括科技水平、游客对产品的要求等方面的信息。同时，还一定要有前瞻性。很多产品可能等你设计好运行时已经落后了，所以要力争走在前面，这样等你的产品开发出来运作时才会正好赶在节骨眼上，才能产生最好的效益。

开发之后，如何经营

一个好的产品开发不易，经营更是一项重要工程。应怎样经营我们的旅游产品？

首先要用市场经济的观点来看问题，一个好的产品一定要适应市场的发展需求，正因此我们在开发设计产品时绝对不会照搬照抄，而是会根据横店的实际情况来确定。当游客发展到一定阶段对我们的产品有了新的需求时，我们一定要适应这种需求去考虑开发新的产品，而在整个设计过程中也要和市场接轨。这就是为什么我们一开始并没有建梦幻谷，因为梦幻谷的投资和经营成本都比较大。如果在游客量和消费水平都还没达到相吻合的程度时就建造，我们将难以运转。正因为有了成功开发、经营江南水乡景区的经验，我们才打造了这个更大的夜游项目。

但一个市场认可的产品就是好的旅游产品吗？仍然不能说是，还需要精心的运作。也就是说，虽然市场认可了这个产品，但如果没有在市场上进行深度营销，藏在深闺人不识，等过了这个时间它就不值钱了。很多产品可能现在看来无论是技术含量还是表现手法都是先进的，但过了几年很可能就已经落后了。所以必须要在产品最亮丽、最能发挥其最大效益的时候将它展示出来，如果一旦错失这个稍纵即逝的机会，别的更先进的产品很快就会出来。市场认可了，我们也进行了深度开发，并产生了效益时，这才是真正的好产品。当游客趋之若鹜在一定的时期内形成了一个相对高的热潮时，我们才能得以顺利地拿回成本，才能在新产生的效益中拿出一部分投入新的开发，从而进入一个良性的循环。

至于经营，其实在产品的设计、制作和运行的过程中，经营思想就要一直蕴含在里面。比如一开始准备建梦幻谷时我们想请美国人设计制作，因为他们的设计水平在目前来说肯定要超过我们国内，但当时他们设计的制作成本不少于1亿美金，可能还会达到2亿美金，那时人民币兑美元的汇率还是1:8。当时我们就考虑，如果按照这样的方案做，一下子要投入那么多资金，而当时的市场根本就达不到这样的消费水平，七八亿的资金投下去可能等到设备全部烂掉时还收不回。所以我们最终只能放弃。现在由我们自己设计的梦幻谷，总投入还不到一亿元人民币，但这个产品拿出来并没有让市场失望，它也和我们现在的游客消费水平相吻合。因此我们能很从容地在三年之内收回投资（实际上，第一期投入，一年半后就收回了），并在此基础上再加大开发力度，这样我们每年都会对它进行充实、完善。所以说，为了防范风险，就必须在最初的产品设计中首先对以后的经营状况进行分析。

这个根本性的问题解决以后，还有对外营销，营销力度肯定还要加大，如果原来30万的游客就可以获得很好的效益，现在估计要60万了，需要有大量消费能力相对较强的游客进入。现在我们的游客群主要还是团队，今后要想办法使散客数量能有更大幅度的提升，这也是我们在下一轮的营销工作中将要做的。

还有内部管理，经营好一个产品的确不是一件容易的事，它是由一系列环节共同构成的，并不是单纯的设计、管理、营销，而是一个系统工程。否则，即便大量的游客来了，也有了像样的营收，但如果内部管理混乱，比如设备经常坏、水电流失严重、服务质量差，它仍然不能算是一个好产品，这就对我们的管理水平提出了更高的要求。另外，在这个滚动开发的过程中，还要想办法让产品有更高的提升。

教给青年员工的入门方法

很多青年员工对旅游产品的策划、开发感兴趣，但又觉得难以上手，青年员工该如何入门？在这个问题上我建议，如果对如何开发旅游产品没有经验的话，在起步时可以先从模仿入手，这也是一个初学者常用的方法。你可以回忆在小学里初学写文章的情景，不也是从模仿名家范文入手的吗？这个方法同样适用于初学旅游产品的策划、开发问题。

这里我把思路拉开一点。纵观世界总体的发展历程，美国现在是世界头号大国，但当年开发北美时，他们也对英国、西班牙等老牌帝国进行了多方面的模仿，与本国的实际相结合才逐步壮大起来。再如亚洲五小龙，它们也在经济、文化等方面做了大量的模仿，日本、韩国无一例外。正因此，我们不要一提起模仿就认为它是不好的。模仿与抄袭是有区别的，当然模仿也有着不同的方式。有纯粹不动脑筋、照搬照抄的模仿，也有吸取众家之长融入自己主见加以升华、消化的模仿，这两者有着根本的区别。一个有创新思维的模仿者，他创造的产品虽然“出于蓝”，却能“胜于蓝”。而一个单纯的模仿者，他虽然“出于蓝”，却永远超不过蓝。所以，要想建立自己独特的品牌，就要建立在“青出于蓝，胜于蓝”的基础之上。当然，如果你在某一点上完全没有模仿任何人，纯粹是自己的创造，那就更胜一筹。实际上，当你的整个产品在一定的范围内已经独树一帜，甚至已达到了世界顶级水平的时候，你就很少能找到模仿的对象了，这时全新的创新、突破也将会应运而生。

古人说，它山之石，可以攻玉。我们现在的产品开发在很多方面都参考、模仿、借鉴了别人的东西，但是通过我们的努力，可能已经很难让人找出模仿的痕迹了。这正是因为我们只模仿人家的思路，学习人家的长处，同时加入了自己的创新。

8 演艺产品如何承载文化之魂[1]

2010年8月公司年度工作会议，提出公司今后的发展目标是把横店影视城打造成“中国的拉斯维加斯”，其中一个着力点是大力提升和发展旅游演艺产品[2]，努力提高其文化内涵。而国家旅游局则把2011年的旅游主题确定为“中华文化游”，显然，我们企业的做法与国家旅游局的要求有契合点。

旅游的内核就是文化

这个契合点在于，旅游的内核就是文化。至于怎么抓、抓哪些就要因地制宜、百花齐放了。在国家层面上，国家旅游局局长邵琪伟在贵州举行的“2011中华文化游”启动仪式上说，“确定2011年为‘中华文化游’主题年，旨在通过旅游传播、弘扬中华文化，促进文化和旅游产业的融合发展，展示中国旅游产业发展的新成果”。在这里，邵局长讲的“展示”的那个载体是什么呢？它们是——目前，中国有国家级非物质文化遗产657个，国家重点文物单位2351个，历史文化名城109座，历史名镇名村251个，56个民族绚丽多彩的民族文化，等等，这些丰富的载体为我国旅游业发展奠

① 摘自2011年2月17日企业文化访谈系列之《打造“中国的拉斯维加斯”》一文。

② 旅游演艺是一项比较符合游客需求的旅游产品，且老少咸宜。当国内景区演艺项目方兴未艾之时，横店影视城的演艺项目与国内第一轮开发同步兴起，因抢先同行一步而具备了人无我有的优势；当各地竞相开发演艺节目之时，影视城发挥规模优势，以多取胜，在横店一地打造出20台以上的演艺节目，同时，把演艺节目做精做深，通过不断的升级改版，提高品质，打磨精品，在竞争中立于不败之地；当各地精品迭出时，横店则无处不成“秀”，在以多取胜的基础上再求全，让各种形式的“秀”在横店都能看到，使横店成为中国“秀”元素最为集聚的“拉斯维加斯”，使“横店秀”成了国内最著名的旅游演艺品牌。“越是民族的越是世界的”，概而言之，横店影视城演艺秀的灵魂是对中国传统文化的展示和弘扬。

定了深厚的文化基础。游客在旅游中接触、观摩、欣赏这些，就是“中华文化游”了。

而我们企业所强调的“大力提升和发展旅游演艺产品，并努力提高其文化内涵”，其具体含义是“不断丰富的影视与旅游有机结合的‘梦幻、快乐’的影视旅游产品”，让游客从中欣赏我们企业独特的文化内涵，这个早就写入了我们的品牌手册，这是一个纲。在这个纲的指导下，我们怎样提升和发展旅游演艺产品，怎样提高其独特的文化内涵，就很清晰了。这就是我们旅游演艺产品在文化内涵上与其他旅游景区的不同点。

再强调一下，如果说杭州西湖（它是中国古代传统文化）、安徽黄山（它是中国十大风景名胜中唯一的山岳风景区）等景区，因其古老传统文化、悠久山水文化吸引人，那么，我们的影视与旅游有机结合的景区，会因其现代、新奇、快乐、不断创新的文化而更加引人注目。

独特的演艺节目体现独特的文化内涵

用独特的演艺节目来体现独特的文化内涵是我们公司开发旅游演艺的有效手段，以我策划和编剧的《梦幻太极》[①]为例，它已经是横店影视城演艺节目的代表作，在业界旅游演艺开发方面也有一席之地。比如在省旅游局的工作会议上，它与《宋城千古情》《印象普陀》并称为浙江省的三大表演。

《宋城千古情》是浙江旅游历史最早的演艺节目，而且它本身确实也不错；另一个是《印象普陀》，在市场上还没得到完全认可，但至少已经有点

① 《梦幻太极》是全球最大的火山实景演出，梦幻谷景区中的“魂魄”。这场为时40分钟的演出，演员就多达230人，运用多媒体、特技、舞台机械、舞蹈、杂技、魔术、特效等多种现代演出手段，贯穿“太极、五行、八卦”的理念和视觉元素，阐述了人与自然、人与人、人与自我既对立又统一的关系，将《易经》中深奥的文化符号具象化，成为主题鲜明、风格独特的舞台艺术。在可容纳5000多名观众的开放式大剧场中的实景演出，以瑰丽奇异的场面令游客们叹为观止，让游客轻松愉快地领略传统文化精髓，同时感受到强烈的心灵震撼。

2014年7月1日殷旭（中）在《梦幻太极》彩排现场

名气，印象系列在全国本来就有一定的知名度，而且普陀的历史也比较悠久；再就是《梦幻太极》。这三个节目的风格完全不一样。客观地讲，从精致的角度上来说，我们与《宋城千古情》还有一定的差距。因为它通过十多年的磨砺，已经很成熟了。对于《梦幻太极》，我们可以这样说，再过两到三年的精雕细琢，我们有把握把它打造成国内顶级的精品。其实，从社会反响、游客接待量、投资回报率等实际效应来说，我们这个节目已经跨入顶级水平，因为演艺本来就是文化的商业性问题，首先要得到市场的认可。当然，艺术是无止境的，我们在艺术问题上永远不能说“顶级”这个词。几年前，我们还说自己的演艺与《宋城千古情》尚有一定的差距，但从现在起，我们的《梦幻太极》可以说是与它各有千秋。

至于《梦幻太极》对我们企业所起的主要作用，就是极大地提升了我们的品牌价值，带来了良好的经济效益。这个节目直接带活了梦幻谷景区，并在短短三年的时间里使其从一个小的辅助性景区一跃变成我们的头号大景区，去年更是达到了1亿元的营业额，游客量达到120万人次，并且还间接带动了其他景区和所有宾馆的经营。我们的宾馆这几年异军突起，不仅没空置，反而经常出现客满住不下的状况，《梦幻太极》起到了不可替代的推动作用。

实践已经证明，像这种文化产品对市场具有很好的拉动作用，这也是我们为什么会坚定决心，要进一步提升演艺产品品质，提出打造“中国的拉斯维加斯”的原因所在。

如何让游客得到深度体验

十多年前我曾经说过，对旅游业来说，它与一般的纯贸易行业不同，比如粮食、副食品、汽车买卖等行业，虽然他们其中也会有一定的文化，但更突出的是纯粹的商业性。而我们所从事的旅游行业的每个环节都包含文化。

文化在以前来说是很虚的东西，最早的“文化”定义甚至狭隘地以是否识字来界定，识字就是有文化，不识字就没有文化。这几年来，文化又有泛滥之势，任何事情都与“文化”扯在一起，把泛文化引申开来，这个方向是对的，但又在很多地方用错了对象，说法上有点问题。文化其实就是人类文明的一种传承，将生活常识汇集起来，把里面的经典以喜闻乐见的形式固定下来，以理论的方式加以提高，通过理论概括以后，再在实践行为中不断深化，并付诸日常行为，文化就形成了。就像过年这种民俗就是一种文化，不同地区的人过年如北方、南方是有差异的，这个差异就是民俗的差异，就是文化的差异，就是不同文化的体现。

如何让游客来深度体验我们的文化旅游产品的文化内涵？在公司成立之初，我们就对其进行了定位，就是“影视为表，旅游为里，文化为魂”，这其中的着力点就是在“文化为魂”上。其具体的操作理念与方式就是开发“不断丰富的影视与旅游有机结合的‘梦幻、快乐’的影视旅游产品”，也就是说，当我们的产品最初只是一些建筑时，它本身是空的，只不过是

梦幻太极演艺秀

一幢幢房子，但如果把里面的文化含量做足了以后，这幢房子就活了，而且这个空间可以无限扩大。我们当初认为要想把影视城盘活，就一定要用文化的内涵把这些空房子充实起来，让文化内涵成为它的支撑，这是能否成功的关键，我们最终选择了影视文化。发展到今天，尽管我们的影视文化还处于浅层次的阶段，但已经形成了自己的特色，收到了效益，接下来就是如何进一步做深、做透的问题。

用景区演艺体现文化个性

结合“中华文化年”这一主题，我们企业在这一年里将如何加强？实际上从去年开始我们就提出要把横店打造成“中国的拉斯维加斯”，今年在做的工作就是执行去年所部署的任务——加大文化产品的开发。“拉斯维加斯”只不过是一个形象化的表述，是让员工从感性的层面上明白企业的发展目标是怎么样的。“拉斯维加斯”是什么含义？它是世界著名的旅游目的地。但我们的目标与它又有着很大的区别：它是一座城市，以酒店、演艺为中心，更重要的是有着很发达的博彩业；因国情不同，博彩业我们学不来，但演艺、餐饮、购物、会务等方面是可以学的，并且我们是另辟蹊径，以景区当中的演艺为主。

从国内这几年的情况来看，景区的演艺产品[①]获得了市场的一致好评，像《宋城千古情》还得到了中央领导的直接认可，并最终造就了它的成功上市。同时，在中央领导的认识中，认为它不仅代表了一种文化，也是为中国演艺业、文艺团体今后如何发展创造了一条新路。在中国，大部分文艺团队、歌舞剧院（团）都是各地政府花财政的钱来支撑着，正因为如此，反而得不到长足的发展，甚至还有萎缩的情况。因为国家财政不可能永远将他们养下去，而这个产业必须要有大量的资金投入，所以现在还处于半生存、半发展的状况，它是养在深闺的，跟大部分老百姓没有多大关系。所以，当景区演艺这种形式一出现，因为完全贴近老百姓的生活，让每位出行的人都能感受到级品质的视听感受，自然会受到欢迎。因此我们说，这从某种程度上是对文化事业带来的一种革命性变化，它的意义在国家层面上不仅仅是一种表现形式，更是体制上的改革。不管是宋城、华侨城系列的演艺，还是有一定知名度的《印象刘三姐》以及我们的《梦幻太极》，都已经深切感受到这条路的成功之处。

对我们企业来说，现在最有代表性和竞争力的就是演艺。因为在旅游产业当中，同质化的地方比较多。比如酒店文化，在全中国说起来都大

① 在横店的旅游产品中，演艺类产品分为四类，第一类是影视片段经典重现与影视人物真人表演秀；第二类是以影视拍摄表现手法与影视特效，结合传统模式，融现代舞美手段与传统杂技、魔术、歌舞为一体的大型舞台剧；第三类是影视视频与设备的互动秀；第四类是大型实景演出节目。所有演艺节目，从故事策划到取名再到手法选用，都是团队自己的想法，没有请任何外人来策划编剧。在发展的同时，也并不完全借助外力，自身演职队伍的培养与开拓也已成为横店演艺的一大重要资源。

同小异。再如游乐园文化，单纯从游乐项目的角度来说，我们不可能有太多自己独创的项目，游乐设施大部分都是买来的，与其他地方有雷同在所难免。

综观现有的服务体系和产品，若要提炼出横店影视城所独有的一种文化，我们觉得用演艺来表现会更容易体现我们的个性。通过演艺来寻求突破，带动景区的发展，从投入产出上来说有着良好的投资回报率，这是由现实决定的。从另外一个角度来说，要想让企业具备更大的竞争性，如果仅仅局限于酒店日常的规范服务、景区一些常规的游览内容上，我们很难凸显出优势来，唯有演艺更易形成竞争力。

保持强烈的进取心和忧患意识

公司在演艺产品上已经走向一个高度，而目前全国各地景区也都很注重旅游演艺产品的开发，有人问我，是否担心他们群雄并起之后，对我们的市场会产生一定的分流？同时，演艺的推出是否会造成部分访客赶场而忽略看景区？

首先，我们现在的产品不可能造成只是看演艺这样一种概念，因为我们有足够多的场景和建筑。游客到景区后，在看演艺前后必然有机会去看拍摄场景，对他们来说，这些场景既有建筑本身的可观赏性，同时还有很多剧组留下来的文化，这些会渗透到他们整个的游程中。从另一个角度来说，若是有朝一日我们的演艺真的达到了登峰造极的水平，对外界来说，到横店就是为了看中国顶级或者更多表现形式的演艺，很多有名的团体甚至以到横店演出作为自己演艺事业的一种期望，这也是我们的一种成功。当然，这个现在看起来有些遥远，倘若真有那么一天，那我们所有的场景、景区或许都会对游人免费，而看演艺就要买票入场。

现在，我们正着手建设第二家类似于梦幻谷的主题公园。在建设新的主题公园时，我们也会充分考虑周边环境、交通、停车场等的限制，目前设计的新的主题公园是准备接待300万人次的游客。一旦新的主题公园推出，我们很可能会把梦幻谷拿出来免费开放，只不过把游乐设施、演艺单独卖票，游客可以买一张卡实行刷卡消费。

在目前的情况下，之所以存在游客来横店都为了赶演出的担心，恰恰反映出我们的演出场次不够多，所以人人都会盯着去看。换句话说，如果我们有足够多高质量的演出供游客选择，让他们赶都赶不过来，他们自然会在游玩中做到从容不迫，有选择性地慢慢欣赏，或者会在景区安排更多逗留的时间，甚至这次看不完，下次再来。

全国各地景区相继开发旅游演艺产品，这是否会对我们的市场产生一定的分流？确切地来说，这没有什么好担心的。在市场化高度发展的今天，没有一家企业敢说它的产品可以垄断市场、独步天下。而且，随着社会的发展，科技水平的逐渐提高，会更容易、更快地被突破。所以，竞争对我们来说是促进进步，从而形成一种更大的动力。如果当初没有竞争，也许我们产品的更新换代、打造“中国的拉斯维加斯”愿景、“人精我多，人多我全”等精品意识都没这么强烈。正是因为这样，促使我们有了强烈的进取心。我们始终有忧患意识。如果沾沾自喜，认为自己已经进入国内主题公园第一阵营，进入了行业一流的行列，那么，这个念头一旦冒起，就说明你已经开始走下坡路了。所以，哪怕在各方面是绝对第一，我们永远也不要产生可以歇一下的想法，始终要有忧患意识。

提升演艺产品的竞争力

除了用独特的演艺节目来表达我们企业的独特文化内涵，我们还有什么方式来提升演艺节目的竞争力?

现在我们基本定型的演出有12场，五年内力争达到30场，10年内达到50场，或许也有可能在5年之内就会接近50场。首先确定的是，一旦节目定型以后，每一年都会更新升级。从现有演艺来说，比如梦幻谷投入并不高的《江南遗韵》节目，这几年一直没有停止升级，最近我们又准备对其进行一次大的提升，在天顶上加盖，使其下雨天也不受影响。在表现形式上，也不局限于传统的方式，准备增加LED视屏，每个曲目采用不同的背景来加强它的渲染度，由单纯的器乐到增加和声。在产品开发的道路上，我们一直力求在每个环节上精益求精，坚持“人无我有，人有我精，人精我多，人多我全”的原则。现在，我们已经进入“人有我精”的境界，所以不会停止升级换代，像《梦幻太极》的升级[①]就加快了进度，现在刚进入第四年，就已经进行第五版的改版。以这样的频率和进度坚持下去，做到精益求精，然后才会“人精我多”，最终成为一个大秀场。“人多我全”里的“全”是指表现形式的“全”。到那时候，全世界各种各样的表演，我们这里都将会有所体现，水上的、空中的、露天的、室内的、视频机械的、人工表演的，我们全都要有。我们现在已经定了这么一个目标，首先是定在“精”这个系列上，这个主动权在自己手上，我们现在不是为了追求30场这个数量，而是形势迫使我们必须根据自身的发展需求进行自我超越，要力争使投下去的每个演艺都能最终成为精品，与此同时，新产品的开发也会同步进行。如清明上河图的《游龙戏凤》已经开工，正在设计的有《紫禁大典》《神往华夏》。明清民居博览城的《金粉恋歌》已经在实施当中，将在5月份推出。

① 2014年7月1日，《梦幻太极》第八版正式演出。这次改版是颠覆式的，大的结构上从节目式改为篇章式，分春夏秋冬四个篇章。春篇章引入伊甸园场景，把所有能够反映万物生机勃勃的元素都引用过来。春象征着生机，夏则象征热烈，因此引入“海底总动员”场景，以迪斯尼加百老汇式的风格，打造成一个热闹欢快的海底世界。秋篇章是转折点，物极必反，物盈则衰，基调从明朗转为肃杀。冬篇章讲的是灾难突降，结尾复始，冬去春来，大自然归于和谐。四个篇章有很强的整体感和季节感。除剧情外，最直接的亮点是舞台。原来《梦幻太极》的表演场地是火山以及火山下的香格里湖，新版除火山这一主体视觉不变，“水、陆、空”均成表演区域。半圆形的陆地舞台变为600多平方米的干湿平台，3秒钟之内自由转换。前端矩阵平台由14块可独立升降的升降台组成，可据剧情变幻阵型。水舞台集合了喷泉、水中火、雾森、移动平台、升降平台等多种水下器械，与干湿平台完美搭配，将节目直接推送到观众眼前，使观众不仅能欣赏到整体节目效果，也能看到演员的细微表情动作，增加了观演互动性。空中舞台则引入了全球顶尖的数控威亚技术，26个威亚点，30米的高空，上下两层密密麻麻、粗细不一的威亚线，使得空中表演成了国内首创的又一大亮点。此外，360度旋转威亚的使用，10秒之内可达到20米的上下落差。所有舞蹈都重新编排，400多套服装造型各异，20秒钟更换一套，最多时演员需同时身穿两三套服装。除此，还增加了由灯光秀组成的《序》篇章，堪称亚洲一流的室外灯光秀。

总之，我们的选材力求慎重，一旦选准了，在这个题目、题材、内容上是不变的，但表现形式、表现手法要不断进行升级，随着时代的发展，不断融入新元素、新的表现手法和表现理念，创造出与时代更合拍的产品。

9 我们用过的一些创新手法①

创新营销是我们今年新提出来的一个概念，因为我们公司的理念就是不断创新、追求完美。实际上多年来我们横店影视城的营销，坚持到今天，很重要的一点就是创新。

我们有很多新的创造，就拿横店影视城营销公司来说，这种机构和模式，应该说是全国首创的，至少在整个浙江省我们是第一家。由于我们的开创，浙江省很多旅游企业相继走上这样的路子，都成立了营销公司或销售公司。

有一个案例，我们2002年初在温州搞过一个千人团，这个千人团对当时启动温州市场起了很大的推动作用。它解除了很多人的疑虑，我们不让他们花一分钱，只希望他们能来看一看，就组织一千个人来参观。此后，宋城、奉化、普陀等地相继推出，但后来连两百人都很难组织起来了，这就是创新。前面已经有人走过了，后面的即便跟着做，也未必能达到预期的宣传效果，因此我们说创新很重要。

我们公司从成立之初到目前为止，有过很多的创新手法，都是集体智慧的结晶。正是因为有了这些创新，我们才能走到今天。但从去年开始，我们感觉有了一些变化，什么变化呢？虽然现在我们的营销前景仍然很好，在座的各位干劲仍然很足、很有激情，仍然是倍感身上的压力而奋

① 摘自2008年10月29日企业经营管理实务系列之《创新营销思路与方法——在营销工作会议上的讲话》一文。

1
2
3

1. 2017第4届全国宫廷排舞、广场舞大赛开幕式
2. 拜师礼
3. 开笔礼

力拼搏，这都没有错。我们一点都没有偷懒，甚至我们多个市场部经理曾跟我说：“殷总，你是不是可以考虑把我调离一下，我的压力实在是有点大。”我说：“你那个市场不是做得很好吗？走得还是很健康嘛！”他说：“我不知道下一步怎么走、怎么进步了！我已经尽力了。”

所以，从去年起，关于创新这个问题就有了一定的迟缓。实际上这种思想已悄悄侵入到了我们的日常工作中，任何事情都不是一夜之间形成的，它都是一个从量变到质变的过程。所以我们觉得这个问题值得警惕。正因如此，我们在今年春节刚过就组织了营销公司的正副总经理召开了一个会议。会上我就提出，现在我们应该算是在一个温度比较适合的水里游泳，在游到彼岸的过程中，我们没有偷懒，虽然比较累，却一会儿也没有停下来，但如果这时候你是在一个冰河里游泳，你敢不敢不奋力前进？稍微有一点不用力，你就会被冻僵。

我年轻时练过冬泳，对此是比较有感受的。那个时候你会拼了一条命前进，丝毫不敢停下来，而且这时会感觉浑身像针刺一样，胸口也像有一块石头压着喘不过气来，哪像我们在适合的温水里，可以躺在水面上休息？这时候的干劲以及努力的程度与我们在温度适合的水里面是完全不同的。再比如说，如果水底下火山爆发了，熔岩正往上涌，水温在不断地升高，你必须要赶快逃命，这时候你的力气及潜能的发挥会比在冰水里更大，那是一种逃命式的游泳。当然我今天这样说的目的，并不是说我们的营销已经到了这样一个要逃命或拼命的程度了。但我们大家要不断前进，不断地把已取得的成绩甩在后面，要不断地想象着后面有熔岩、沸水在追着我们。生于忧患，死于安乐。我们要始终有忧患意识。

众所周知，全中国的旅游主题公园成功的鲜有成例。所以我们每个人都必须要调动一下自己的潜能，这样，我们进步的速度是不是可以更快一点？效益是不是可以更高一点？其实形势的发展也确实到了这个阶段。

到目前为止，已经有很多人跟我提出，包括在去年我们统一要求提合理化建议，就有人指出我们现在的营销手段仍很落后，即人海战术。有人直接当面跟我提，还有好几篇是写在建议书里报到我这儿的，都希望能改变我们的营销手段，有些写的很具体，比如实行网上销售、代理制或者更先进的方法，以减少在市场上的人员。这些想法都很好，与我们管理层的想法是高度一致的。我们也觉得目前的人海战术不能算是最先进的，虽然这是我们公司的一个成功经验，并且从目前的情况看，在以后相当长的时期内，我们还要继续大力提倡并推行这一方案。但终有一天我们会实行更好的营销手段，当我们品牌的知名度已经到了可以让我们的市场不冷却时，我们只需坐在家里，通过媒体及现代信息的传递就可以把顾客吸引过来。我们相信会有这么一天，但要有一段时间。

去年以来，我们营销公司本身的费用是将近900万元，从上一年的600多万元，再到上一年的400多万元，去年的宣传费用是1500万元。没有去年这900万元和1500万元的投入，我们不会有现在这几个亿的收入，目前的情况就是这样的。我们是否也能为营销寻求一种更新的、效益更高的手段？我们的宣传费用、广告费用的递增肯定是要一直向上的。也就是说，我们能不能把每100元里的营销比重即营销费用、广告费用降到10%以内？

降一个百分点或者降两个百分点？这里面当然有一个开源节流的问题，比如我们新的市场拓展，新客户引进，这是开源。同时，也还有节流，同一个市场，今年这么多的费用，送来的是3万游客，明年送来的是5万游客。虽然你的奖金高了，宣传费用也递增了，但是比重减少了。这就是公司下一步要追求的目标，我们不能一味地砸钱。

提到这里，应该说我们公司还是有很大进步的。在2002年和2003年里，曾经不断有这方面的议论，甚至有人拿了我们某个市场的数据到徐文荣主席那里去反映，说我们这样做是饮鸩止渴。因为从数据上看，一年在一个市场上投入的资金远远大于它引进游客带来的收入，这一说法看来似乎很有道理。当时我曾给徐主席解释，我说我们现在正处于市场进入阶段，也就是打基础的阶段，我们的着眼点是将来。为了以后长远的目标，不要说盈利很少，我们甚至做好了头一年、两年里一点利润都没有的准备。后来的事实也证明我们这一做法是正确的。就像我们海外市场，前年几乎没有游客，只有几百个人，去年算是正式启动了，但也只有2000多人。今年就大不一样了，截至4月底已经达到5600多人。从去年全年的2000人，到今年4个月的5600多人，这其中的变化很容易就可以看出，因此我们说开发市场必须要有一个过程。

我们会长毕竟是搞企业的专家，他一听就懂了，马上表示支持我们这么做。与那个时候相比，我们今天有了很大的进步，但我觉得还远远不够，这需要我们在思想上如何去超越自己？有些人在进入市场之后，在上一任的言传身教下，仍沿着原来的方式按部就班地走，没有要急于突破的思维。这样的市场理念就像我刚才所说的游泳一样，没有拼了力气去游，虽然很稳，但是缺乏新的动力，总是想着原来的成绩。还有一个就是悲观思想，总觉得我已经很难突破了，去年已达到了3万，今年让我再突破3万人的成绩确实很难。有些人也试了好多办法，但都没有成功。我这样说，并不是要把我们原来成功的东西都抛掉，既然我们成功了，肯定是适应市场的，所以肯定还是要坚持并值得推广下去。然而当你自身创造了一个成功经验的同时，其实也把自己约束住了，怎么样去摆脱这种束缚？这就要求你在下一步的工作中要超越自己。

10 创新营销的五个思路①

营销，在理论上讲讲很容易，但怎么创新？怎样推广？我一直在想这个问题。我不是神仙，不可能在这里包罗万象地把一切办法都想好交给你们，如果这样的话，我一个人就够了，不需要我们这么多人在这里。正因为我们一个个经验的创造是整个团队努力的结果，所以我今天把这个课题交给大家。

一是要总结我们前面工作的方法和经验。因为在那些案例中，相当多的都是很具体的营销实战案例。我们反思一下这几年走过的路程，哪几个市场做得比较好？哪个市场上的哪些思路从提出来就非常棒？又有哪些活动组织得相当不错？不妨都整理并总结出来，我们再发给个人，让大家根据这些总结出来的实战案例加以提高。

二是要脚踏实地，做好调研，找准下一个新的增长点。我们要去挠痒，找到真正的痒点。通过调研，你会发现一些新的情况，还会接触到不少的人，某个人一句不经意的话可能会给我们带出一个新的产品。除了正式的调研外，你在汽车上、火车上、飞机上或者我们日常的生活当中，都可以顺便进行调研。比如我们在吃饭时，一桌子人互不相识，但通过介绍相互认识了，你就可以问他们知不知道横店？有没有到横店玩过？并介绍我们的产品，对方可能会因了你的介绍而来旅游，这也是调研。调研过程中，你可能会产生新的想法。

三是仍然要以活动为媒介，多策划新的活动①。我们知道很多活动本身产生的直接效益可能并不大，但联动效益是巨大的。之前我曾多次表扬过大智禅寺，他们有许多好的创意。原来景区只有一个活动，现在已经组织

① 摘自2007年4月29日企业经营管理实务系列之《团队营销与创新营销——在营销工作会议上的讲话》一文。

了八大活动。每年在这八大活动中都会创造出很多的机会和收益。去年放映电影《一轮明月》，景区联系相关人员将首映式拉到这边来举行，并借用李叔同和佛教的关系，组织了一场大的法会。很多知名的长老，包括五台山的长老都被邀请了过来。也就是说，我们要从活动做起，带动宣传促销。

另外一个案例就是在上海，这一点高辉做得比较好，他很善于捕捉商机，策划了一个圣诞party。当时我正好去上海出差，晚上我们一起去喝茶时，他跟我说起，我一听立即赞成，当晚就策划方案、讨论，形成了基本的框架，第二天就马上落实。当时第一批就来了300多人，第二批有上千人。

再如今年我们在杭州市场组织的金婚银婚活动，也非常好，也是一个创新。其实，同样的产品是不会重复的，今天在杭州市场，明天难道就不能在南昌、福州、无锡甚至苏州市场做吗？同样的活动，老年人的婚庆party，为什么不能重复做？这只是找一个由头将老年人拉到这里来旅游、来休闲。但是从去年开始我们感觉这种创新的活动明显减少了，而且深化程度也不够。

DV游[②]推了三年了，从去年才初见成效，今年怎么来突破呢？以前可能还有人说我们的DV游不太专业，但现在我们的设备已经更新了，轨道车、服装等道具都配齐了，并让导演进行了化妆，他们的拍摄经验也更专业了，这都需要大家集思广益。以上这些都是我们成功的经验。

四是开拓会务、会展市场。今年年初，我曾提出希望营销公司的两位副总来专抓会务和会展，即把会议拉进来，因为这其中是有活动舞台的，

① 长远看来，这一思路得到了很好的贯彻。2015年，公司以“2015横店假期”为年度活动主题，策划并实施了春节、春假、暑期、秋季四大主题宣传推广活动，创新了旅游宣传推广活动的新模式，取得了明显成效。特别是“横店大庙会，春节七天乐”“梦幻谷九年庆”“横店大妈节·宫廷广场舞”“横店影视节”等活动，提升了横店影视城的市场认知度，有效培育和引导了散客休闲度假市场，引起了热烈的反响。

② 2015年11月，横店影视城对针对游客影视拍摄体验的DV游项目进行整合，成立了横店影视城微电影有限公司，多维度地满足不同群体的影视体验需求，立足打造最娱乐、最大众的微电影品牌。

今后服装厂、袜子厂、模特表演、新闻发布等都会做。当然，对灯光、音响等基本条件我们也要进一步配置。下一步我们将准备对贵宾楼和国贸大厦进行改造，在改造的过程中，这些方面的设施都会配置起来，也就是说硬件是会慢慢提供的。从目前的市场状况来看，各种会务已呈增长趋势，而且价格一直很高。我们的房价加上交通费还能比别人便宜，肯定会吸引很多人。我们营销公司要把这些结合起来，想想具体怎样来推动？不要所有的城市乱推，要选择重点。某一个宾馆选择某一个市场，今天你选择了上海，那我就选择杭州或者宁波。每一个宾馆都有所侧重，如果全部跑是顾不过来的。创新思维不能说总是找新闻记者发两篇文章，有资金就多做两个户外公交车的宣传，没资金就只做豆腐干似的广告，然后跟我们的旅行社挂上钩，就等于完成任务了，创新并不是这么简单。

五是媒体上的宣传。这里也确实存在一个经济利益上的关系，但我们可以制造事件，这个事件我是指正面的事件。当然负面事件成功的也很多，我们中国最有名的要算千岛湖事件，从一个旅游落后的县变成了著名的旅游点，这是由负面事件引起的大的营销效应，是可遇而不可求的，当然，我们也不希望出现这样的事。现在社会上已提出了危机公关，很多企业都是在发生了负面事件的情况下，在危机出现时进行公关后化险为夷的，而且变成了正面的东西。既然这样，我们是不是可以有意识地和当地的有关部门联手，制造出一些正面的事件来？我们不要去生搬硬套，但可以找到某个点，我想很多媒体都会有许多这方面的想法，找点由头，这样我们就可以报道出去，而很多事情也确确实实是需要找点由头的。比如对于建设新农村，是否可以建议他们来看看横店的新农村，组织一些干部来参观？这些接待我觉得都是可以的。这个话题早几年就曾经说过，也是一种制造事件、由头和卖点的方法，你这样做好以后，媒体也就好报道了。又如各地正在抓招商引资、抓经济开发区、抓三农问题、抓工业的更新换代，由于这些课题在报纸、电视上很好报道，你再组织一下，就能很好地加以宣传了，这都叫制造事件。

11 一定要对社会经济和客户有精确的把脉①

2008年，在经历了雪灾、地震等自然灾害以及黄金周调整等一系列不利因素的条件下，在整个旅游行业大部分出现滑坡的情况下，我们仍然保持着上升的势态，预计全年我们的游客量还会有6%左右的增长率，营收会增长20%以上，利润会递增25%以上。我们对这样的成绩感到自豪，每个营销员都功不可没。可以说，在国内的旅游企业中，我们的营销队伍仍然称得上是一流的。

之前我们曾多次召开过营销工作会议，对创新营销以及怎样寻求突破等问题，同大家一起做了分析和探讨，一些市场部已根据会议部署启动了相关方面的工作，这些思维要在今后的工作中一以贯之。今天的会议，我们将重点对2009年的营销环境进行分析，并针对下一步的工作提出要求。

旅游行业是一个对外部环境反应非常敏感的行业，很容易受到诸如自然灾害、瘟疫、政治事件等外界因素的影响，市场上任何一个波动都会最先影响到我们。因此，营销人员在制订营销政策时，必须要把社会、政治、经济、生活、文化等种种动态因素进行综合考虑。正因为我们能把握住市场脉搏，及时进行了自我修复和调整，才能在2008年如此不利的条件下赢得了市场。

那么，2009年我们面临的又将会是一个怎样的情况？在今年8月份的年度会议上，我们对明年的前景进行了展望，认为2009年对旅游行业来说将是严峻的一年。而当时经济危机并没有现在这么严重，整个国际经济形势也还没有这样严峻。从目前的情况来看，此次金融危机所带来的影响肯定会超过上世纪90年代的东南亚危机，那次毕竟仅在韩国、印尼、马来西亚、

① 摘自2008年10月29日企业经营管理实务系列之《创新营销思路与方法——在营销工作会议上的讲话》一文。

泰国等部分国家产生了影响，对整个世界经济的冲击并不大。而在此次的金融危机中，世界经济的领头羊美国以及其他经济发达的欧美国家都受到了很大冲击。至于这场危机最终将以什么样的方式结束？又将会造成多大的破坏力？谁都无法准确料定。

西方是自由经济体制，政府一般不会干预市场，但现在各国已开始采取不同的方式进行救市，这在世界经济史上都是不多见的，也说明了它的严重程度。今天，中国与世界的联系已日渐增强。对我国来说在投资、国内消费、外向型企业出口等三大经济主发动机中，外向型经济已经起着主导作用，在目前这样的世界经济形势下，势必会影响到我国的出口。现在，在外向型企业中已经明显感受到了这种影响，今年到目前已有两万个中小企业倒闭，上千万名员工失业。年初，我们国家的政策是“双防”，即防止经济过热，防止通货膨胀。7月份改为“一保一控”，即保经济增长，控通货膨胀。最近又改为全力保经济增长。在一年之内将经济政策做如此大反差的调整，这在建国以来都是少见的。当然，对于是否会出现经济大萧条，经济学家也存在很大的争议。一些人认为虽然现在股市暴跌、楼市低迷，但通过政府救市或许能改变经济发展的走向，尤其是像我们国家虽然已与世界接轨了，但主要还是依附于国内市场需求，并且国家也有一定的财力基础，尚可谨慎乐观地看待明年国内的经济走势。

不管怎样，2009年注定是对我们的一个新的考验。在整个国内外经济都有所衰退的条件下，我们的企业将何去何从？这里我可以自信地告诉大家，我对明年的经济走势持谨慎的乐观态度。前几年我们一直都非常谨慎，没有进行过超出公司能力的扩张，包括广告投放、营销市场的开拓等，都是按照精密的计划一步步实施的。营销机构、资金投放、队伍建设也都在我们的掌控范围之内，再加上这些年积累的经验，所以我们对明年仍然很有信心。今年我们的广告费已大大超过去年，但明年的广告费、营销费仍然会逆势而上，也就是说公司明年的营销力度还会超过今年。

营销工作者直接面对的是游客和旅行商，一定要对社会、经济和客户有一个精确的把脉，才能制定出相对应的政策。

12 不同阶段要对不同市场有所侧重①

公司在发展的过程中，不同的阶段要对不同的市场有所侧重，比如明年，我们在做好以往延续工作的同时，要主打农村市场以及退休人员市场(70岁以下人员)。

为什么要对农村市场引起高度重视？原因在于，大部分农村人口的收入对国际经济的依附度并不大，所以上面我们所讲到的危机对他们的影响没有这么直接和广泛，更何况在刚刚结束的党的十七届三中全会中，明确提出接下来中央将要投入非常大的精力和财力来促进农村发展，各项有利于农村发展的政策不断颁布。所有这些都告诉我们，农村市场仍然坚如磐石，值得我们去做。此外，作为我们这样的人造景观，对农村市场有着更大的吸引力，这点大家都应该有感触。实际上这几年我们一直在尝试，也收到了很好的效果。当年我们最先在温州市场做试点启动农村市场，效果很好，直到今天我们浙江市场仍然有很大一块在农村，甚至连江西、江苏等市场都有不少农村游客过来。

至于退休人员市场，我们的目标锁定在70岁以下人员。按照目前国民的健康状况来说，70岁以下退休人员大部分人的身体仍然很好，更重要的是这一阶段的人都有相对好的心理预期，他们基本都已解决了住房问题，并都有稳定的收入，子女都已工作，几乎不再需要他们太大的投入。在这种情况下，这些人的旅游需求将会越来越强。如今，横店影视城产品的吸引力日益提高，之前我们已做了一些好的尝试，无论是五彩缤纷水世界，还是金秋游，都受到了老年游客的青睐，因此，吸引更多的老年人选择我们这里作为出游目的地是完全可行的。

① 摘自2008年10月29日企业经营管理实务系列之《创新营销思路与方法——在营销工作会议上的讲话》一文。

此外，对企业奖励游和自驾车游仍然要作为一个重要的方向来抓。虽然发生了经济危机，但并不代表所有的企业都会出现亏损，还有很多优秀的大企业并没有受到太大的影响，甚至有些企业还寻找到了新的商机，所以说我们还有市场可以继续挖。像最近我们省里的一家保险公司又有120多个客人到我们这里来，他们已连续好几年都过来开年度会议加活动。由此可见，把一个企业做好了，营销就可以延续下去。一旦营销主攻方向确定了，就需要我们各市场部群策群力来创造各种新的营销手段，八仙过海，各显神通。

要开拓这两个市场，就要用好政策，比如加大周末和非周末的调控力度。明年的价格政策正在讨论，之后还将拿到一线去征求企业的意见，最后将统一公布。总的原则是，明年我们将会对黄金周和双休日的价格略有提升，同时，降低非周末价格。这将为营销人员进一步做好非周末营销提供有力支持。现在我们这里周末与非周末的反差已大有改善，比如暑期游就开展得非常好，公司已连续两年实现了利润翻番。我们要学会寻求一些不受时间限制的客户来填补市场淡季，农村市场、退休人员市场的开拓要紧紧围绕着这一政策开展。如果这两个主打市场能够做好，我们将仍然能保持较好的上升趋势，能圆满完成我们的营销任务。

13 创新营销主要体现在营销思路和方法上①

我们的发展目标以及所面临的经济形势明确之后，一线的营销人员该怎样去开展具体工作呢?

重点是营销思路和方法。客观世界不断处于变动中，我们的思路和方法也得不断创新，不妨借鉴一下其他行业的营销手段。我刚刚看到一个大

① 摘自2008年10月29日企业经营管理实务系列之《创新营销思路与方法——在营销工作会议上的讲话》一文。

学生创业的案例，在这里给大家讲讲，希望能对我们的工作有所启示。

建德三都是杭州地区较大的柑橘种植基地，这里的蜜橘品质上乘，可是售价就是不如黄岩橘子。每年一到橘子收获时节，黄岩等地的客商甚至会开着装满品牌橘子包装盒的大卡车一车一车地把三都蜜橘运走。直到今年，几个在宁波读书的大学生暑期实习到建德农村去调研，其中为首的一位大学生是三都人，他们策划了一个帮助当地橘农推销蜜橘的方案。首先他们给自己的橘子命名为“2009”，取自橘子英文orange的谐音，并在建德当地注册了“爱上爱果品公司”，专门经营橘子。此后，他们推出了“只送不卖”的另类营销策略。几个大学生先在居民小区卖橘子，让顾客品尝。由于实打实的质量口感，每次顾客品尝完都会马上要买，但是大学生们却告诉他们现在不卖。而是给他们三分钟时间，吃多少送多少，并请他们叫自己的朋友一起来品尝，留下客户资料，预定之后送货上门。散卖毕竟精力有限，几个大学生又把心思用在进军超市上。一开始，超市不接受这几个大学生的上门推销。他们就挑了几个又小又难看的橘子带给超市的人试吃，这一试吃，超市的管理人员就动心了，这么小的都这么甜，别说那些大的了，于是他们便让超市试着卖。结果第一车8000多斤橘子运到宁波家乐福超市两天半就全部售完，超市马上跟他们签下预定60吨的协议。此后，“2009”又成功进入金华的沃尔玛超市。短短2个多月时间里，这几个大学生把建德的橘子卖到了金华、义乌等地，用自己独特的营销方法，把橘农发愁卖不出去的橘子成功推销了出去。

这是一个成功的营销案例，可以引发我们很多的思考。比如我们的营销员是否也可以去围绕社区做文章？现在社区的力量越来越大，都有党委、街道、社区服务中心、业主委员会等组织机构，他们经常会定期组织一些活动。我们的营销员为何不拿出耐心去逐个拜访社区？甚至也冒一下险，先让顾客来游玩，满意后再付款，若不满意可以不付款或者降价。此举一定能赢得顾客的信任。当然，如果确实不行，我们也可以再调整，但至少会扩大影响。好的营销并不复杂，往往最质朴、最简单的策略最有成效。中国有句古话叫“将欲取之，必先予之”，上面讲到的那几个大学生，他们一点资本都没有，但却舍得拿出柑橘免费让顾客品尝。现在我们的产品已逐步成熟，管理也日趋完善，我们为什么不可以去做？何况我们还有演艺队伍、导游讲解、宾馆用餐住宿等强有力的支持，如果大家肯花力气去实行地毯式的推广，通过多种多样的形式将退休人群的市场做好，将是一个很大的客户群。至于农村市场，我们已经有很多成功经验了。只要不怕吃苦，有耐心，多动脑筋，肯定还会有更大的突破。

14 我为什么不怕公开营销模式①

最近，我们横店影视城被评为全国旅游系统先进集体，是由国家人事部和旅游局联合评定的。全国共评选出80个，浙江省占5个。对这5个名额，当时的竞争是很激烈的。在评比的过程中，我们公司起先并没有很主动地去争取，但通过金华地区的评选，大家认为横店影视城当之无愧，所以我们开始申报。随之在全省的10多个地、市中进行了竞争，省旅游局在广泛征求意见后，经过研究，一致认为横店影视城名实相符，所以我们公司第一个被通过，成为重点支持的对象。

被评为全国旅游系统先进集体，我们看重的并不是这一荣誉本身，而是我们的营销所取得的业绩，因为评选中对我们游客人次是一个衡量的硬指标。中国旅游报、江南游报、横店集团报等单位，先后前来我们公司对评上旅游系统先进集体一事进行了采访，都对我们的营销产生了浓厚的兴趣，当时我就把它原原本本地说了出来。结果他们众口一致地问了我一个

① 摘自2007年4月29日企业经营管理实务系列之《团队营销与创新营销——在营销工作会议上的讲话》。

问题:“你把你们公司内部的营销管理经验都说了出来，你就不怕我们文章登出去以后被别人学走了?”我说学走没有关系，我们公司历来提倡任何事情都公开、透明，除了公司或者集团规定的一些数据及私密性的问题，其余的都可以对外公开。

为什么能够这样说呢?就因为我们的营销是一个团队营销。外单位要学是能学走的，学好也很简单，但要做好却并不是人人都有这个条件的。原因何在?因为营销是一个非常宽泛的概念，并不是简单的市场促销，即派一个人到市场上拉几个顾客就行了，不是那么简单。我们的营销实际上是一个整体周密性的行为，包含了产品开发以及内部的管理，它们是紧密相连的。如果没有内部的管理，没有有形产品的开发，我们不会有今天，也就是说我们背后的支撑是非常重要的。那么这个支撑来自于哪里呢?首先来源于我们横店集团，如果集团没有给我们提供这么大的一个平台，让我们有今天这样一个全球规模最大、在国内当之无愧成为龙头地位的影视城，我们的营销是很难达到今天这样的水平的。其次还包括我们的后盾。因为有了集团的支撑，我们公司在建立之初才会没有财务负担，从起步开始就轻装上阵。同时，在其他方面也有许多大的后盾，比如当没有营销费用、宣传费用时，集团也在支撑我们。正是有了这样的平台和后盾，我们才有了今天。所以即便在目前，也不是任何单位都能一下子拥有这样的规模，也就是说这些并不是有钱就能解决的。在目前的情况下，这样一个占地15000多亩的影视基地，全中国应该不会再有第二个能建起来，因为土地会受到约束。虽然跟无锡比，我们是后发，但与全国很多的主题公园和影视旅游主题公园相比，我们则是先发。这不是一朝一夕能够达到的。我们这个团队里既有十多年前就从事旅游专业、旅游营销的引进人员，也有在其他岗位从事过销售管理的引进人员，以及横店集团原来拥有的一批人员。经过这几年的发展，从今天到会的情况看，我们在座的大部分人都是青年人，也就是说，现在在座的80%以上的人员都是我们横店影视城成立以后从各个岗位上选拔出来的。他们经过培训后在市场上摸爬滚打，才有了我们今天的济济一堂。因此，我们这支团队来之不易。它既包括在前面冲锋陷阵的人员，还包括在背后做强力支撑的人员。当我们的客人进入横店以后，他们的吃、住、行等所有的消费行为，都需要背后的这些人员做出强有力的支撑，包括住宿、餐饮、宣传，如策划部、杂志社等多个部门都从旁边提供了很多强有力的帮助。

我们有了一个完整的团队，有了这么大的后盾和平台，才可以说横店影视城的营销初具规模、略有小成。我们不能自吹自擂，至今仍不能说已非常成功。之所以说略有小成，是因为我们从一个名不见经传的浙中小镇变成了浙江的旅游热点，变成金华地区当之无愧的旅游枢纽地，这是令我们引以为豪的。从这里引申出来，实际上是对我们以往工作做出的简单评估和正确估价。也就是说，我们今天拥有规模、资金、团队支撑等多种优势，值得自豪。但另一方面，我们也面临新的压力。

在我们的队伍中，可能会有以下一些想法：一是关于自己的薪水。有些人总在想自己在市场上一年给横店送来那么多的游客，或者说自己做成了500万、700万甚至800万的营销，但收入只有5万、6万、7万或者10万，总觉得自己的贡献很大，薪水很低。其实他恰恰忘了自己所在的环境。我们横店集团投资了将近30亿元的资金，它有一个成本在里面，是要收回来的，没有这些投入，平地里我们怎么做？当然这里我们也不否定薪水的重要性，横店影视城的品牌价值观就是义利并重，公司的经营成果是与员工个人的利益挂钩的，让员工有更好的收入、更体面的生活，这些都是适当的。但必须要明白一个前提，即它不是某一个人的单独的营销能力，是一个团队。我们之所以不怕公开营销模式，是因为我们的营销完全建立在一个团队的基础之上，并不是哪一个人。所以，如果你到一个新的岗位，一定要慎重了解对方的背景、团队，也许到那个时候，你的营销业绩并不那么尽如人意。这种对薪水不满的想法在我们的工作中已经流露出来了，不光是营销，其他岗位也有。

还有一个暴露出来的想法，就是有茫然状态。总觉得我们的营销做到这一地步，好像已经很难进步了。自己已想不出良策或者更好的创意，有点无能为力了。这在以往的总结当中，包括我们的高层，也会觉得自己已经江郎才尽，这一点可能在我们的营销队伍当中也有。的确，这几年我们创造了一些辉煌，但也带来了很多负面的影响。其中有一点就是，我们开始裹足于之前的一些成功经验，不敢放开手脚。这些都可以理解，今天指出来，就是想告诉大家，我们确实不是一个人在奋斗，而是一个团队在努力。个人能力并不够大，而且每个人也会有处于低谷的时候。如果感觉自己所在的市场一下子撑不起来，不要灰心丧气，只要找准方向，持之以恒，一定还会有所作为。

这里面隐含着两种想法：一种是自我膨胀，一种是陷入低谷。所以仍然要强调我们是一个团队，正因为是一个整体，我们才建立了今天这么一个完整的团队、完整的架构，也为今后的发展奠定了一个基础。对于这个基础，我们认为还是比较扎实的，并且会越来越好，就像我们种上了一棵小树，现在已经生根发芽了，并且根系已越来越深，从横向、纵向等多方位生长。它的躯干会越来越粗壮，枝叶也会越来越繁茂。虽然这棵树的成长需要一个过程，但毕竟是在健康地、状况良好地生长，我们要强调的是，树是整个生命体，根、枝、叶须臾不可分离，是各司其职、互为依托的，因此我们要正确地估量自己。

去年，我接待我们浙江省一位有名的民营企业家，他表示这几年一直在关注我们横店影视城走过的路，其他方面他并不敢恭维，但营销值得钦佩。当时我也表示，他们其实一直是我们的赶超目标。在目前的状况下，他们公司的管理、产品等很多地方还是值得我们学习的。但他最终却说“你们的营销确实是最棒的。我们虽然比你们早这么长时间，也一直想打造这么一支团队，但我们的营销比你们差。”面对成绩，我们自己不能知足，还要继续对我们的工作持有一个不断创新的观念。

15 旅游企业如何应对突发事件①

2008年5月12日的汶川大地震后，举国痛定思痛。如果说在我们原来的日常工作中已经把如何应对突发事件作为重要工作来抓的话，那么，在目前的特殊背景下，我们就要作为当务之急来反思与考量了。如各企业、各部门原来拟定的应对措施、应急预案是否周全？是否还有重大隐患没有排除？

事故与隐患的综合分析

夜游景区梦幻谷主要有这样几个方面：

首先是停电。像去年发生在梦幻谷里的停电事故，给我们带来了不小的负面影响。事后的分析表明，供电部门也有他们的无奈，因为有时供电系统也会突发故障。这个不确定因素给夜游景区带来了很大压力，如现场的治安秩序。突然停电造成的直接后果就是，黑暗中几千几万名游客的秩序、安全很难有效控制。再者，游乐设施的运转、大型演艺节目都离不开电。如果中途停电，游客的情绪就会很激烈，几千几万人的情绪一旦失控后果会很严重。

其次是游乐设施突发故障与游客不听指挥所带来的人身伤亡事故。主要包括三类。一是机械故障，比如游乐设施在运行途中突然程序失控。二是游客伤害事故。如梦幻谷景区内的小火车项目，尽管我们有提示，但仍有一些游客会把手或者头伸向外面。三是游客自身潜伏的疾病引发的事

① 摘自2008年6月14日企业经营管理实务系列之《旅游服务企业对突发事件的应对之策》一文。相关主题会议上，公司一些重要环节的代表如安保、演艺、导游等与会，从景区、宾馆两方面，结合本企业、本部门的具体情况，探讨旅游服务企业如何应对突发事件。

故。像我们已通过多种渠道提示心脏病人不能乘坐“翻天覆地”，但仍有人坚持上去，结果一上去心脏就受不了了。

宾馆方面我们比较担心的突发事件主要有这样两点：高层建筑火灾与群体食物中毒。因为在浙江省就发生过多起这方面的事件，尤其是从高层建筑里逃生的确存在难题。预防措施主要是加装一些火焰探测器之类，这些是明的地方，还比较容易看得见。更可怕的是那些眼睛看不见的有害病菌问题，只要一不小心，一个重大的群体食物中毒事故就可能会出来。因此，我们时常告诫自己的员工，要用如履薄冰的心态搞好食品卫生工作。

关于演出方面可能发生的突发事故，主要在这两点上：一是演出场馆发生火灾问题。从全国各地的情况来看，演出场馆发生火灾引发的突发事故时有发生。引起火灾的原因有很多，比如电线老化、雷击以及设备本身的老化或损坏等。二是演出事故造成的人身伤害。比如特技表演中威亚和炸点的使用，表演中演员与游客之间的距离很近，一不小心就会伤人。

游客方面安保部最担心的是发生群体拥挤互相踩踏而造成的游客伤亡事故。如夜游景区梦幻谷，在节假日期间暴露出一些问题：窄小的场地如游乐设施、暴雨山洪等场所，根本无法容纳庞大的游客流量。这时，现场的安保压力相当大：既要担心突然停电的情况，又要提防游客因恐惧、拥挤互相踩踏而引发其肢体冲突。现在国家节假日调整后，预计今年“十一”黄金周游客量将达到一个新的高峰，安全风险随之增大。这是当前一个突出的重大问题。

我们一方面在仔细分析有哪些因素容易引发突发事故的同时，更要把重点放在如何应对的问题上，把应对措施想得周全些。比如梦幻谷的突然停电，如果是来自电力部门的因素造成的，不是我们所能控制的，那么我们防范、应对的思路首先就是，如果停电了应该怎么办？第一原则是采取措施稳住游客。如：首先应该有应急的语音系统，提示游客不要惊慌，告诉他们景区正在排除故障，请他们待在原位耐心等待。之后可以播放一些舒缓的音乐，缓解游客的情绪。如果经过短时间的修理排除了故障固然最好，一旦确定不能演出，要及时诚恳地告知游客，在工作人员的引导下将他们有序地疏散掉，并同时承诺退还部分票价款。如果确定可以修好，只是时间稍长一些。那么就要设法活跃游客情绪，现场互动起来，如是否在现场拿手电筒举行一些互动的表演节目，用预备的语音系统配备音乐？还可以把《梦幻太极》里的发光服穿出来表演，等等。另外，关于节假日期间游乐设施、暴雨山洪等场所无法容纳庞大的游客流量问题，我们所采取的分流措施还是有效的，但一些细节还要进一步改进、完善。如景区游人太多时容易引起通讯不畅的问题，这也会给安保工作带来隐患。以前我们没有碰到过这个问题，没有经验，但在今年“十一”期间，我们就要提前向有关部门请示，要求增设一个移动的车载传送器，解决这个因景区游人太多容易引起通讯不畅的问题。当然，同时还要配备一些对讲机。

总之，大家在分析造成重大突发事故的各种可能因素时，还要着重讨论有效的应对措施，并在今后的工作中进一步完善我们的应急预案。

实战演练与应急预案

作为导游，在带团过程中最怕遇到的突发事件是游客的摔伤与溺水事件，这些问题往往会引发大的事故，尤其是团队中有老人或小孩的情况。因为不少老人有心脏病、高血压等疾病，不小心摔跤往往引起脑中风之类的疾病；而小孩则往往喜欢跑到水域边嬉水，如不小心就会发生溺水事件。因此我们在对导游的培训中经常强调，要时刻关注游客的动态。如发现老人因走路缓慢而落后时，不应催其急促地赶上来，而应放慢带团的速度，以防老人因赶路时步履不稳而摔跤受伤，等等。总之，作为一线导游，要努力贯彻公司一再强调的抓细节要求，始终抓住游客在游览过程中的各个环节，注意每一个细节，努力防患于未然。

正因为世界上没有零风险，任何企业无法彻底杜绝风险，所以才要在平常的工作中抓安全工作，抓如何预防、怎样应对。我们曾在国贸大厦举行了一场高规格的消防演习，演练高层建筑发生火灾时怎样帮助游客逃生。在现场当我看到国贸那些年轻的女员工模拟逃生游客，从十几米高的窗口跳下来时，我很赞赏，为我们员工的勇敢、敬业而自豪。这种实战性质的演练有效地提高了我们应对重大突发事件的能力。

在实战性质的演练问题上，今年梦幻谷走在了前头。5.12汶川大地震后，我们马上组织了游乐设施突发事故的应急演习，同时还邀请了金华、东阳的相关领导现场指导，取得了良好的效果。这种及时、针对性强、实战性的演练很好地贯彻了公司的要求。现在我们已要求各单位制订、完善了相关突发事件的应急措施。有了这些预案，还要进行演习、培训，要让每一位员工都能在突发事件前知道怎样应对。今年各单位还要进行一次安全方面的演习，影都宾馆现在就正在准备进行消防演练。旅游大厦因处在人流量较多的万盛街上，正准备进行旅游突发事故的演练。此外，景区里的机械事故也很容易引发重大突发事件，我们也要高度重视，像秦王宫里的《梦回秦汉》、清明上河图的《杨门女将》《汴梁一梦》等，我们都要求机械操作人员必须严格定期进行检修。

我们还要进行补课。首先要编制应急手册，可以请一些专家有针对性地进行编制。比如发生火灾了，景区尤其是人群比较密集的演出场馆里应如何处置？宾馆特别是高层建筑里的人又该怎样应对？再如面对台风，景区应该怎样预防？这些都要有非常详细的说明。应急手册要结合我们公司的实际情况来分册编制，要有很强的实用性和针对性，对不同的景区和宾馆有所侧重，确保人手一册。今后，在对进入公司的新员工进行培训时就要把相关知识灌输给他们。这一点要列入我们的工作流程。

此外，还要继续加强演习，将预防落到实处。希望安保部制订出详细的方案，利用从现在到年底的时间把我们可能遇到的突发事件进行演习。很多时候，灾难本身可能并不会带给我们多大的伤害，但由于逃生方法不当造成了更大的伤害，比如踩踏事件。正因此，在今后的演习中，要有包括地震、火灾、爆炸等多方面的逃生演习，每年都要进行一次，每次都要有所侧重。可能大家都听说了，这次地震灾区涌现出一个被称为“史上最牛的校长”，他坚持每学期都组织学生进行逃生演习，结果地震发生时，2000多名学生毫发无损地逃了出来。这是一个了不起的案例，这种做法值得我们用到企业中来。

现在，与横店影视城有业务往来的旅行社累计有3000多家了，经常给我们送团来的旅行社也有1000多家。因此，如果一旦发生突发事件，旅行社出于自身的利益或者职责，都会在第一时间跟计调部进行交涉。此时，我们计调部应该怎样应对?

作为公司的一个重要窗口，对于计调部应该采取的应对措施，公司已有一套规范的流程，我们的职责就是严格按流程操作。简单地说，面对客户的投诉，计调人员的工作方式就是：工作流程的操作要严谨化，工作人员的表现要柔性化。当然，计调工作面对的工作对象确实有其特殊性。以梦幻谷景区的突发性停电事件来说，团队游客的情绪当然很激动，意见也很大，但第一时间直接向我们投诉的却是组团的旅行社，这样，我们的工作对象就是组团社的计调或者总经理了。我们只要如实、诚恳地把事故原因、解决办法告诉他们，一般都能及时解决。

计调部面对的这种问题，就其性质来说，其实是一个旅游群体性事件，处理不当是要引发严重后果的。但与一般的旅游群体性事件相比，又有其特殊性。特殊在哪里呢？就是由旅行社作了代言人，双重的代言人，既代表了团队游客，又代表了他们自己。因此，做好这样的对象就具有了多重意义：在化解了这个旅游群体性事件的同时，既维护了团队游客的利益，也留住了旅行社这个客户。

针对重大突发事件的工作方式

一旦发生重大突发事件，对于旅游企业来说难免会造成一定的影响，我们是否能在第一时间接受采访，把真相公布出去?

首先强调，我们是一个负责任的企业，如果一旦发生重大突发事件，我们的态度就是公开、透明、积极应对。这是因为，只要是重大突发事件，它也就相对蕴含了重大的社会意义和新闻价值，所以这样的事件就不是“家事”了。你根本无法隐瞒它，并且必须依法在第一时间上报上级职能部门，这是企业的职责，也是法定义务。隐瞒就是违纪违法。

同时，在这个大前提下，我们的工作方式要谨慎，因为一个负责任的企业的最大特点之一就是不乱说话、不乱表态。因为，鉴于重大突发事件不能擅自处理的原则，在上级职能部门调查取证期间，我们所能谈的内容、范围是受到相关纪律约束的。这个调查结论也就是真相的第一时间公布权，不在我们这里，而是上级职能部门。所以，在很多情况下，尽管我们很想通过媒体向公众做些解释、说明、宣传，但在上级职能部门没有公布正式结论之前，我们还是要谨言慎行的。

另外，如果一旦发生重大突发事件，并且是有人为因素在内的，如事故灾难、公共卫生事件、社会安全事件，这些势必就有责任方、受害方。不管哪一方抢在第一时间公开声明，如何强调自己讲的才是真相，总有人会说这是一面之词、一家之言，此时就需要第三方了，如法院、政府相关职能部门或独立中间机构。

如果确实发生了重大突发事件，并已经给公司造成了不好的影响，我们又该如何扭转这种被动局面？

如果企业是无过错的，就应及时公开讲明真相，消除公众的误解。比如肯德基遭遇了“苏丹红”事件，出现这种情况后，他们很快就公开发言，并承诺：一是他们没有用苏丹红，二是所用的材料都是通过中国各相关部门检验过的，所以危机很快就解除了。此外，还有一些企业因为危机反而扩大了知名度，比如杭州的食为先等。因此，遇到危机时，既然已不能改变，就要积极去面对。

危机公关的意识应该时刻存在于我们企业管理者当中。如果企业确实是有过错的，就要勇于承担。比如浙西大峡谷事件，发生这样的事件是不需要辩解的，唯一的态度就是承认错误，承担应尽的责任，这才能重新赢回社会的信任。

具体来说，面对危机，首先要非常积极地对当事人和同行做出最大限度的赔偿和安抚，对他们负起责任。不管对方态度怎样，我们都要坦诚以待，一定要注意沟通的方式和方法。其次是通过中介机构进行处理，比如消费者协会、公安安检部门甚至法院。三是经过中介机构处理以后，仍然有不利于我们的报道刊登出来，此时就要有公关意识了，可请报社出面将这一问题摆在公众面前，由读者参与进来集体讨论定夺。如做不到，可请另外的报纸将事实刊登出来，甚至可以找机会将企业好的一面报道出来，一反一正由读者去评价。面对危机，有很多方法可以补救。如今，大众的维权意识明显提高，但如果所提的要求超出了合理的界限，我们也要坚持自己的底线。

一线干部员工如何应对一般性突发事件

企业除了需要防范重大的突发事件外，在日常的工作中更多见的都是一些一般性突发事件，这是对一线干部员工的考验。

大多数人在遇到突发事件时往往会忙中生乱，忙中生事，导致一系列问题在一瞬间形成。有时是因为员工在具体处理突发事件时的应变能力不够强，执行规定有时太死板；有时是因为应急情况下需要使用的设备往往在平时是不常用的，这就可能出现在关键时刻设备不能正常使用的情况，比如应急灯、喊话器等。

从表面上看，执行规定机械死板的问题，似乎牵涉到如何授权的问题，其实深层次的却是：如何把握好严谨性与灵活性，如何拿捏好具体规定与原则规定的关系问题。因为，一般来讲，所谓制度、规定都是对以往经验的总结，所以是相对滞后的。因此，为了应对未来层出不穷的新问题，我们在制度设计时就要预留一些空间，用来对付未知的新问题。所以，在制定具体规定的同时，要设计一些原则规定加以预防、控制。所谓有些人执行规定太死板的原因，主要在于他只盯住了一些具体规定而没有理解那些原则规定的含义。

可以明确指出的是，在发生了突发事件且又来不及请示领导的紧急情况下，一线的干部、员工可以根据一些基本原则先行采取相关应急措施。

这些基本原则是我们的共识，是我们处理问题时共同遵循的准则。这个基本原则就是：所采取的应对措施应当是必须的，均是为了预防、中止、减轻突发事件的危害性的。

具体如下：

一是做好预防工作。任何一个成功预防危机的案例，它事先都有一套良好的应急机制及相应的设备设施。我们现在做这样的访谈也是一种预防，将工作中可能出现的问题列出来，进而设定相应的应急预案。下一步还要制定应急手册，让全体员工知道更多的常识。

二是要有良好的执行机制。有了防范的预案和设施，还要有强制性的措施确保执行。比如一年一次的消防设施检查，这都是强制性和量化的工作。再如应急灯、喊话器，是否能保证在用到时正常使用？等等，这些都要有刚性的、强制执行的、量化的制度加以保证。

三是要有很好的训练。只有经过培训才能在危机发生时更好地按规定执行，因此，我们要求所有涉及到游客的企业都要加强培训，让员工增加相关的专业理论知识，同时每年都要进行实战演练。

四是要有一套分级管理的齐全的组织机构。这个组织机构还包括传递系统，既有硬件又有软件。所谓硬件，是当我们的无线通讯不能畅通时，要有对讲机，内线电话仍能继续维持工作。还要有用于提示的应急语音系统。现在，我们每个单位都设置了安全员，这也是一种组织架构。同时每个员工都承载了安全员的职能，问题在于通过怎样的机制把这些统一协调成一个有机的系统？这就是软件，需要我们进一步研究并做好工作。

五是要有科学的思维方式和正确的操作方法。这里举一个例子。曾发生过这样的事情：一个化粪池在清污时，第一个人下去后晕倒了，第二、第三个紧接着又下去了，结果一下子死掉了三四个人。如果在第一个人出现这种情况时大家能冷静地思考一下，回顾一下化粪池里容易产生致命的缺氧这样一个常识，就完全可以避免这么大的伤亡。因此，希望我们的员工尤其是管理层在遇到突发事件时要保持冷静，审时度势。同时，每个员工都要结合自己所在的岗位，事先在脑海中设置应对预案，当真正遇到时就不会慌乱了。二是安保人员如何应对？当突发事件发生时，保护游客的人身安全及公司、游客的财产安全是安保人员的神圣职责，只要有一丝希望就不轻言放弃。但是，还应有生命高于一切的意识，要懂得保护好自己才能更好地救别人。我在安保会议上已不止一次强调过，安保在执勤的过程中，若自身的力量无法与对方抗衡时，恰当的办法是先稳住对方和拖延、退让，寻求和等待支援。只有建立在自身人身安全有一定保障的基础上，你的保卫和施救才有效。总之，生命是最重要的，我们的员工也一定要懂得保护自己。

六是做好善后工作。对当事人要以最诚恳的态度和最好的方法对待，这时我们做出一定的利益牺牲也是必要的，让当事人得到心灵上的安慰和经济上的适当补偿。退一步讲，作为服务企业，哪怕不是我们的责任，只要发生在我们的辖区之内，我们也应主动地担负起一些责任，以减轻当事人的痛苦和损失。

七是每位员工都应建立危机意识和良好的职业素养。在常态下工作的同时，还要时刻准备面对各种突发事件。这要依靠平时的积累和训练，包括工作技能、沟通能力、精神状态等多个方面。

我们这次主题讨论正逢悼念5.12汶川大地震灾难一个月之际，这样的讨论当然有反思的意义在内。更重要的在于，这是现实的必然要求。为什么这么说？我们站在宏观的层面上观察就很清楚了，如果我没记错的话，在如何应对重大突发事件的问题上，这几年来国家至少出台了四部法律法规和规范，它们是：全国人大常委会颁布的《中华人民共和国突发事件应对法》、国务院颁布的《国家突发公共事件总体应急预案》、国家旅游局颁布的《旅游突发公共事件应急预案》和中国饭店协会发布的《中国饭店行业突发事件应急规范》。这些法规和规范明确指明了企业的职责和义务。作为一个负责任的企业，我们当然要履行这些法定职责、法定义务，并要常抓不懈。在宏观层面上，是对国家、对人民的高度负责；在微观层面上，则有利于企业的健康有序发展。而这，就是我们企业紧抓如何应对重大突发事件的重要意义。

16 打好经营翻身仗系列访谈之餐饮篇①

2011年，我们的餐饮公司有3000多万元的营收，但却是亏损的。

其实餐饮公司的亏损是“假亏”，调整一下就不会亏了。去年餐饮公司能做到3000多万元的营收已经是个不小的进步了，若平均一下每家餐厅也有400多万元的营收，并不比公司其他任何一家酒店宾馆逊色。盈亏数据并不能说明问题，我们要解决的是思维方式问题，少谈困难，多讲创新。

经营一个企业，最老生常谈的话就是“开源节流”，“开源”其实就是经营，“节流”其实就是管理。但在这两个问题中，肯定还是开源在前、节流在后。

开　源

在3000多万元的营收中，团队占61%，约1800多万元，散客占27%，约700多万元，剧组和婚宴占剩余部分。先来说团队。团队餐利润很薄，但量大，可以摊薄整体费用。对我们公司来说，它还有一个至关重要的作用，就是配套服务。其实从经营成本这一角度来说，我们公司放弃餐饮，扶持社会餐馆，就能减少部分亏损。但这样的话，对横店的餐饮品牌会有很大的损失，如果没有我们立点标杆，没有对比，大家就会竞相恶性竞争。因此，我们很大一部分还承担了“标杆”的责任，使横店餐饮有品质的保障。

如何将现有的餐饮管理公司做大做强，取得突破?

（1）餐标

去年餐标已经提高了一个等级，由15元提高到了20元。如果今年有去

① 摘自2012年2月13日企业经营管理实务系列之《打好经营翻身仗系列访谈之一》一文。到2016年，餐饮公司实现营收9000多万元，利润突破千万元。

年同等的游客量，那营收就有上升。另外，星光酒店的经营加强规范，景阳楼通过这一轮改造，也会有一定的改善，我们的几个餐厅都会改善。

（2）婚庆

婚庆不是餐饮公司的主打业务，因为婚庆毕竟还要讲场面，我们并没有合适的场地，只能偶尔为之。

（3）散客

散客做好了有很大的潜力。根据两年计划，像珠江渔村，如果包厢、停车场、卫生间等全都跟上去了，营收翻一番是轻而易举的事。万豪大酒店主打品质，多接一些散客以及剧组的杀青饭、开机宴，以它目前的环境和交通条件，营收翻一番也不难。另外，随着三大景区的停车场往梦幻谷水世界门口转移的趋势，将景阳楼食府的包厢略微刷新，做好团队、散客晚上这一餐，增加两三百万元的营收也不难。这样一算，只散客这一块，增加1000万元的营收完全可以做到。今年，餐饮公司只要做好这三家酒店的散客就可以了。

（4）快餐中心

在景区开快餐店来开源，投入成本也不大，很好。这就是一种“借势”，景区1000多万人次的游客量，争取一块是一块，而且毛利并不低。做剧组的快餐也不会亏损，因为餐饮公司不是生产单位，不需要控制成本，进出的差价全都是我们的利润，这是有保障的增量，就看我们的公关能力如何了。员工餐的营收空间似乎有限，只能作为附带业务。快餐今年做个两三百万元不在话下，做得好的话，四五百万元也是有可能实现的。

因此，在开源方面，散客和剧组快餐是餐饮的“牛鼻子”，2012年着重努力的方向就是这两个方面。如果团队再增长20%，那营收就可递增2000多万元。“取法其上，仅得其中”，如果老是盯着那些困难，就永远也上不去，可能还要倒退。今年餐饮公司自己要有三个营收目标，增长1000万元为合格，增长1500万元为良好，增长2000万元为优秀。你们就要下定这样的决心并朝着这个方向努力。哪怕有些条件、配套还没跟上，你们也要朝着1000万元的方面去努力。

(5) 物流

物流才是餐饮公司最大的牛鼻子，要做好“季节采购，全年销售”，充分利用好我们的资金优势，随时对物价走势做好预测。还有一个很大的突破点就是如何让社会餐馆到我们这里进货。

节　流

餐饮公司最大的一个劣势就是各种行政机构、人员都十分齐全，而且每个管理者都拿着相对高的薪酬，员工的待遇也高。这一块我们不能动，本来就应该给员工一份合理的收入。但同时我们也希望用这钱买来更专业、更具品质的服务、技能和经营思路。我希望我们能引领社会潮流，成为横店餐饮的一个热点，这是我们这个创新领导团队要做的。进行反向思维一下，如果我们这些拿着同样薪水的人，创造了比别人多一倍的创新工作量，这也是一种节流。在这一块上，我们还有很多文章可做，要努力调动大家的积极性，利用团队优势，发挥集约优势、品牌优势。

第二种节流就是内部“跑冒滴漏”的节约。我们要一点一点地抠细节，要拿出数据对能耗、物耗进行一项项的排查，比如餐具有没有损坏流失，厨具使用是否得当，日常维护是否到位等等。因为餐饮的摊子有点大，里面有很多文章可做。对这一块，餐饮公司的经营班子要有分工，要有财务数据的配合。以我们目前的管理水平，节能方面再平均下降5%是一定可以的，那我们在营收中减少了5%的支出就是净利了。我们说的节流是一种综合节流，要看工作量是否合理，工作流程是否有重复劳动。

如果我们真的这样一点一点去抠，去开源节流了，那今天所讨论的肯定不是“扭亏”，餐饮公司应该是创利企业了。我对餐饮管理公司打好经营翻身仗提出以下目标：2012年，几条措施同时并举，铆足一股劲，不以“扭亏”为及格，创下200万元利润是及格线，300万元利润是良好，500万元利润是优秀。

17 打好经营翻身仗系列访谈之旅游商品篇①

旅游商品公司已成立多年，在大宗商品采购、建材店的运营、样板店开发、商铺规范经营四大块工作上进行了有益的探索，也取得了一些值得肯定的成效，但2011年出现了经营亏损。

2011年做了1454万元的营收，同比增长了289%，从营收上说不算少。但是从利润看，2010年是9000元，2011年营收增长的同时反而亏损了41万元。虽然这其中有很大的因素是2011年年终绩效奖金在利润中体现了，但仍不可否认这份成绩单是不合格的。其中样板店开发和采购体系这两块问题较大。

公司的样板店从2005年开始开发。2005年时，景区商铺的档次比较低，与景区环境也不相匹配，品质很差，经济效益也很差。本着调整旅游商品结构、提高经济效益、营造景区主题氛围和丰富商品内容、提升服务质量的想法和目的，公司领导提出要开发样板店。当时全国都没有样板店的概念，我们只能摸着石头过河。通过这七年的工作，从广州街开始，到梦幻谷、明清宫苑，再到清明上河图，直到现在的秦王宫，我们基本上把几个主要景区做遍了。前三个目标我们基本达到了，但第四个目标离我们企业的服务要求还有一段距离。

以目前这种样板店运营的模式，已经出现了一些问题。为了让商品公司腾出更多的精力做好开发工作，我们正在研究保留几家永久性商铺培训员工和保证盈利，同时把商铺管理的功能转回给本部有关部门。等2012年12月25日的商铺招标完成之后，商铺管理功能就可以正式剥离出商品公司了。这样一来，商品公司的工作职责就是三个方面：满足内部企业的采

① 摘自2012年3月22日企业经营管理实务系列之《打好经营翻身仗系列访谈之二》一文。2016年，商品公司营收7000多万元，利润已达到400多万元。

购、对外业务的拓展和样板店。但是接下去样板店的工作要承担起开发旅游商品这一成立商品公司之初时的功能。

目前的采购体系也到了更新的时候。现在串标现象已有抬头。前段时间公司开会下过指令，今后各业主单位的采购单中不得指明什么厂家，招标议标都与业主单位无关，他们只要报数量即可，而价格则由商品公司随行就市进行把关。采购过程就商品公司一家负责，审计部不再参与采购。但审计部有另外的一套询价体系来监管商品公司。业主单位要负责最后的验收。有时采购过程没有问题，但验收这一环节出了问题，商家有可能会以次充好或者串通。如果我们责任到人了，每个环节都由单体负责，那么验收出毛病查验收，采购出毛病查采购，有了成绩是一个人的，出了事情，责任也是一个人的。商品公司要赶紧起草新的采购规范。

2012年，商品公司要做到扭亏为盈，我认为大致要做到以下几点：

第一，给予合适的政策。这一条已经在刚下发的《关于物品统一采购范围调整的通知》中的采购管理费一项中有所体现。这个是合理的，因为商品公司采购也是有成本的。这一点，公司本部会给予商品公司“基本生活保障”。如果在平时工作中精打细算，以横店影视城目前的采购量来说，2012年商品公司的效益可以持平。

第二，调整经营思路，提高专业水平。如何才能找到真正的“源头”？找到“源头”之后，如何确定最合适的供货商？如何捕捉市场行情，预测市场走向？如何规避市场风险？这些都是要考验采购人员专业水平的。例如，当我们捕捉到铜价将要上涨这一信息时，利用我们的资金优势，可以先采购一定量的电线，定下价格，并与供货商签订合约。可以先库存在对方处，等我们要用时再发货。等铜价上涨了之后，他们是随行就市，但我们拿到的价格还是上涨前较低的价格。这样，哪怕我们多付一点仓管费给厂家都是划算的。甚至我们还可以转卖给其他人，获取其中的差价。同理，如果预测某样东西要降价，那么我们就少进一些，用多少进多少。要做到这些，都要取决于我们的专业水平，取决于我们对这个行业的熟悉程度。当我们成为这个行业的行家了，那么这里面的利差才会大有文章可做。

第三，调整机构、流程，使之更加合理、高效。公开招标，本来是一个进步的方法，随着事物的演变，以及责任的分摊、市场环境的改变，证明公开招标这个方法已不适用我们公司目前的发展。因此，我们把采购权交给更加专业的商品公司。这是一把双刃剑，对商品公司也是一种考验。既是裁判员又是运动员是做不好的。在采购过程中，运动员就商品公司一个，审计部、业主单位都是裁判员。同时，我们也将把商品公司商铺管理的这一职责剥离开来。进行这样一轮的机构、职能和流程的调整，是希望大家能把工作效率、盈利空间提高上去。某种程度，这样一种“无缝”的流程，也可以让商品公司放开手脚大胆地干，尽可能地把赢利点提高上去。同时，商品公司内部与该流程相匹配的机构设置也要进行调整和分工、分类，“进、销、存”一定要流畅。

第四，内部管理要细“抠”，抠效益、抠管理、抠人、抠物。过去做生意，最大的费用是利息。现在做生意，是人力成本。因此，在今后的经营管理中，我们要尽量做到高效、多能，不可再搞人海战术。在公司内部也要建立相应的激励机制，尽量挖掘、调动每一位员工的潜能。这是抠人。二是抠物，尽量不要出现或减少物品损耗。三是抠日常工作中的跑冒滴漏。好的管理一定是抠出来，特别是我们这样劳动密集型的、利润薄的企业，我们要最大限度地堵塞一切漏洞，最大化地发挥人的主观能动性。

第五，创新。做生意要会变通，当我们做了电线，就要想到做低压开关；做了开关，就要想到做管材；做了管材就要想到做螺丝、夹头、接头，这种发散性连带是无限制的，完全可以举一反三。但在我们开拓新业务时也要核算一下，做哪块利润厚一点？生意做得好，是一种共赢，会做生意的人哪怕只是卖一个马桶，都可以推销掉卫生间需要的所有材料。那么在我们机构、流程都合理的情况下，剩下的就是如何激励员工往更高的目标努力的问题。

如果这五个方面做好了，旅游商品公司不仅不会亏损，还可以成为盈利大户。因为公司对旅游商品公司一直以来的期望就是有一天能达到1000

万元利润。这个目标若真要实现起来并不遥远，只要我们有梦想，有激情，是肯定可以梦想成真的。唐朝有首《插秧诗》:“手把青秧插满田，低头便见水中天。身心清净方为道，退步原来是向前。”诗中所提到的“退步”“向前”“身心清净”“道”，都与我们的经营管理工作相通。

埋头做事照现光明，无私才能无畏，大家只有铆足劲把各自的工作做好才是正道。

18 打好经营翻身仗系列访谈之制景装修公司篇[①]

制景装修公司是一家专业性很强的公司，既承担着服务于横店影视城经济发展的重任，自身也要创利，实现企业的更大发展。多年来，制景装修公司为横店影视城各景区、宾馆及影视配套工程的建设做出了重要贡献，功不可没，但从经济效益来看尚不理想。制景装修公司的收入主要有以下几方面：日常维修、总部工程、绿化养护和种植、剧组制景业务。2012年，制景装修公司在日常维修、总部工程及制景业务方面共有100多万元利润，减去绿化亏损，大概有80多万元利润。公司现有正式职工35人，按人均计算，人工工资和奖金要200万元。这样一来，最终亏损100多万元。

公司本部对制景公司的定位具有二重性：对内它是横店影视城公司的一个配套性质的专业公司，对外又是面向市场、具有较高资质的企业。这个两条腿走路的特点给制景公司的经营管理带来了挑战，公司本部能理解其中的难度。所以公司本部现在对制景公司提出的盈利要求，是以提高功效为核心，并不是要求马上有高额的经济利润，今年对制景公司的要求是要在持平的基础上略有盈利，绝对不能亏损。

① 摘自2012年4月24日旅游商品公司副总经理《打好经营翻身仗系列访谈之三》一文。制景装修公司现已改为制景装饰公司。2016年，制景装饰公司实现营收3000多万元，利润达到800多万元。

精准分析

即便如此，制景公司也要客观分析以往的工作，还有很多地方需要提高，有以下几点：

(1) 职责不清

企业以盈利为目标，现代企业管理必须要进行职权划分。比如目前存在的无业主范围内的绿化，必须要弄清楚到底该由哪家单位负责。严济慈展馆已划入明清宫苑管理，金佛庄也划入了梦幻谷，那么这些地方的绿化费用自然应由这些单位承担。秦清路的绿化既然不属于哪家单位，可以要求本部进行协调划分。对于原“四共委”的，也可以从起源上予以追溯，怎么最后竟成为制景公司亏损的一大理由？另外，既然绿化养护亏损这么多，不妨在企业内部实行市场化营运。如果企业不认同制景公司的价格，可以由企业自行向社会寻求合作方，但制景公司必须要承担起监督的责任，确保绿化养护的质量。倘若质量下降，我们就要收回。有了竞争，才能更容易引起重视，迫使每个人都开动脑筋去高效地开展工作。

(2) 方法有误

比如绿化工作按所栽种苗木价格的15%来结算人工费，就不太合理。这岂不是变相地想要业主都买名贵的树木？我们可以根据企业的实际情况研究确定更合适的人工费。此外，如何降低人工成本？工欲善其事必先利其器。对于一些必要的机械化设施，制景公司要有针对性地去采购，最大程度地将人解放出来。

(3) 缺乏标准

横店影视城在大力推行标准化的进程中，目前尚未将专业公司的标准定下来，希望制景公司根据自身企业的特点摸索出基础的内容，这些标准要制订得很细。比如绿化标准，就要写明苗木栽种的间距，像秦王宫后花园里的白杨树就太密了，肯定不利于苗木以后的成长壮大，而这一问题到现在还没有完全解决。我们植树要像做功德、做建筑一样，当成百年大计来做。对于修剪也要有规范的操作，并不是所有的林木都一味地进行修剪。游步道、欧式建筑前自然要精工细作，但对于其他一些地方，如可能会涉及拍摄的地方，不妨让其自然生长，不要人为地修剪太多，特别是乔木。这一方面降低了人力成本，也不使景观受到任何影响，何况有些林木就是因为这份自然才更吸引人。

三大对策

(1) 建立合理的运行机制和机构

综合“游龙戏凤”“暴雨山洪”“合欢宾馆”等项目的实施总结经验，以不亏为原则，围绕统筹、分块、费用调整等方面大胆进行提高功效的探索。“暴雨山洪”工程在今年雨水这么多的情况下能抢得下来，合欢谷1号楼工程原定7月份完工，目前来看6月份就可以投入使用，值得表扬。可见好的机制对开展工作来说有多重要。

(2) 建立一支涵盖门类相对齐全的员工技术队伍

要大力发展项目经理、工匠中的领头人，根据业务能力对各个工种进行级别划分。在少量引进技术人员的同时，要更多地立足于培养本企业现有员工，不仅能节约成本，更有利于稳定员工队伍。即便如今工程紧，也要尽可能地安排优秀员工外出培训提升，去学院学习理论或者去优秀的企业学习好的工作方法。就像酒店类企业在这么多接待任务的情况下也已经开设了好几个拓展班。同时，要研究更好的政策有意识地去吸引、挖掘相对年轻的员工，并将其作为企业今后发展中重点培育的对象。建国以来有段时间的风气是很好的，比如李瑞环就从一个小木匠成为中央政治局常委，这都是那个年代注重对一线员工培养的结果。此外还有诸如“孟泰工作法”“郝建秀工作法”等传统的工作法，也不妨在我们制景公司内部树立这样一些标杆。大庆油田建设时，就有王进喜的“1205钻井标杆队”，我们也可以选一些优秀的员工组成一支标杆队。对于制景公司来说，要逐

音乐节

步树立"技术立企"的观念。这一点具有战略意义，因为有朝一日制景公司一定会对外扩展，这样才更容易盈利，这就必须要有一支高素质的员工队伍做支撑。此外，每个工程结束后，都不要一味地忙着接活，要进行必要的总结和反思，要牢记磨刀不误砍柴工。

(3) 一定要不断总结经验，使运行体系逐步走向成熟

这种成熟既包括对内部的计算定额、流程，还包含以后标准化的建立，要逐步积累摸索经验。只有先把内部的管理做好，提高功效，才能真正实现长久的盈利。

在企业发展前行的过程中，任何时候都不要有畏难情绪，遇见问题要多从主观上找原因，敢于直视问题，并积极寻求解决方案。当有一天再有大的影片来横店拍摄时，倘若会指明要由制景公司来制景，我们自己的品牌就建立起来了，还何愁没有利润？希望制景公司的全体员工齐心协力，多发挥主观能动性，少抱怨客观原因，为公司的发展开拓更广阔的空间。

19 从骨子里做一个特强型企业①

2008年，公司突破了1个亿的利润，这对我们来说很不容易。最近，集团总部正式发文认定横店影视城为集团下属企业中的特大型企业。在这之前，整个集团里特大型企业只有东磁公司一家。然而，目前来看，特大型企业对我们来说不过是一个表象，我们要从骨子里做一个特强型企业。

只追求特大是不行的，还要力争达到持续性的特强。从大到强，将是我们公司从明年开始要面临的一个新的更艰巨的任务。这样一来，我们这支团队的责任就更大了。

① 摘自2008年12月5日《企业管理者永远不要有满足感——在中层管理人员综合考评情况通报会上的讲话》一文。

效益必须靠管理来提升

我们公司从2001年组建至今，在这七年的发展中一直很健康，即便在“非典”那年，企业的效益仍是持续上升的，能做到这一点难能可贵。但是，任何企业都有它的周期性，大家所能做的就是在我们这一任一个相当长的时间段里，尽力让我们的企业保持上升的趋势。众所周知，2008年，面对如此多的对旅游市场造成严重冲击的因素，我们仍然创造了这么好的业绩。从这一点上可以说明，通过努力，很多不利因素都是可以化解的。2009年的经济危机摆在我们面前，从2008年8月份我们就感慨“狼来了”，现在更是切实感受到了它的压力。尽管2009年的客观形势如此严峻，我们仍然提出了更高的任务指标，即在今年1个亿利润的基础上，利润递增20%。要达到这一目标不是简单的一句话能概括得了的，首先还是我们在年度会议上提出来的“戒惰破满”“提升管理”。

提升管理具体包括很多方面，这里强调的管理是指细化到每一个点上，即提升科学管理水平，降低物耗。很多人认为，我们的企业发展到今天这样的规模，费用是一定要上升的，的确，绝对额上升不可遏制，但我们要考虑费用的占用比例或者相对递增的绝对数是否可以下降？从公司层面上来说，从8月份年度会议以后，我们已采取了一系列措施，比如将二星级及以下的宾馆合并成立酒店管理公司，以及之前成立的餐饮管理中心，都是为了整合资源，降低费用。现在，我们已经把四大景区的营销部撤销了，统一合并到梦幻谷。紧接着又请示总部批准，从明年起，除了贵宾楼、国贸大厦、影视城宾馆（现影星酒店）、旅行社、影视管理公司，其余单位均变成非独立核算的机构。同时，所有景区的财务全部集中，只留一个出纳。今后公司还将进一步进行调整，目的在于压缩我们的后勤、办公室人员以及管理人员，让公司的效率更高。

当然，只靠上面这一项是远远不行的，关键还要看我们具体怎么做。大家认真想一下，我们现有的每个岗位都做得足够好了吗？如果大家去深挖，可以发现更多问题，特别是浪费性的费用。今年我们准备给秦王宫景区颁发一个特殊奖，就是因为他们发现了水管泄漏的问题[①]。这么大的一个漏洞为什么这么多年都没有被发现？仅此一项，每年就给景区挽回10多万元的损失，这就是一个责任心的问题。再如怎样让我们的广告费发挥最大的效益，让好钢用到刀刃上？营销公司的每一个营销员在外面是否都能发挥应有的作用？一个市场到底需要多少人去操作？这都是可以降低费用的地方。

当然，对人力资源最大的节约是提高每个员工的工作效率。我们企业发展到今天，从不会以降低员工的薪水来提高效益，必须要依靠管理来提升。这项工作依赖于全体员工共同用心、用功去做，一点一滴地去抓。像我们横店集团东磁公司，不仅企业规模大，管理也是一流的，值得我们学习。我们既已被批准为特大型企业，就要拿出特大型企业应有的管理水平来。

我们的队伍根本没有资格固步自封

总体来说，我们认为，在公司目前的队伍中有很大一部分人的学习提高是不够的。一些人已连续几年的考核分数都偏低。

学习既包括文化知识、业务能力的学习，还包括向周边先进企业的管理方法和管理能力很强的个人学习，同时，还要自身探索新的更好的管理

① 2009年1月5日，公司对秦王宫景区解决多年浪费用水及漏水问题的情况进行了通报。经查，秦王宫景区的汉街与西城墙交汇处，从景区建成之初以来，一直存在地下水管漏水问题。直接原因是景区建成铺设水管时施工不当，导致一根80mm的弯头开裂。2008年4月，梦幻谷景区江南水乡建增压泵后，秦王宫景区的水压大幅增强，导致景区大殿地下室的一只消防水泵封门脱离喷出，大量自来水外泄。景区总经理陈宝明知晓此事后，意识到其他水路也可能存在水压增强带来的隐患，组织工程人员对景区所有用水设施进行一次普查。后来，针对用水量居高不下的情况，景区改变以往的巡查方法，由工程领班仰新龙负责，对每一根水管进行试水排查，终于在9月13日发现这个漏水弯头。景区总经理亲自与工程人员一起对破损水管进行更换，彻底解决了多年来存在的漏水问题。经测算，每月可为企业挽回经济损失上万元。为此，公司决定对陈宝明、仰新龙二位同志给予奖励，并通报表彰。

手段。人要不断取得进步，不能固步自封，何况我们现在根本没有这种固步自封的资格。同样，我们的全体员工是否也都做到了最好？最近艺术团公司对设施设备操作人员进行了考核，不管是理论还是操作，考零分的人都有。如果我们在第一线的工程人员连基本的操作考试都不及格，在工作中又将怎样具体去做呢？我们员工的技能水平与即将要评5A景区的特大型企业是否相吻合？因此，加强队伍建设，不仅仅是人力资源部加强培训的事，每个单位都要有各自的培训计划，对全体员工进行新的提升，千万不要走过场，一定要有成效。

公司的队伍建设是全方位的，我们徐主席经常讲“先做人，后做事，做好事”，作为管理人员，首先就要以身作则，包括加强学习，提高技能，不断创新，同时，运用行政手段和感召力来带动我们的员工。公司珍惜现有的这支管理队伍，但绝不会溺爱。为了应对西方百年一遇的金融危机给我们造成的影响，为了提高企业的市场竞争力，公司今后还会对管理层提出更严格的要求，希望大家把这当作一种磨练和提高综合素质的必由之路。

面对2009年的严峻形势，全体员工只有携起手来知难而上，才能为我们企业赢得更好的发展空间。

Part 7
职业操守与文化慧命：职业经理人十课

- 我为何带领大家学《论语》
- 为儒家“理学”正名
- 法、势、术在企业管理中的现代转换
- 功夫在诗外：给职业经理人的七个字
- “公生明，廉生威”：职业经理人必须清正廉洁
- 机密档：中层管理人员考评样本
- 思想归队：做个有担当的职业经理人
- 经营之道：给职业经理人的九字真经
- 职业经理人的历史使命
- 大环境与大方向：转折关口上的产业想象

1 我为何带领大家学《论语》[①]

对于《论语》，我接触得很早，大概在三十年前。当时正值“批林批孔”，我只有二十来岁，刚参加工作没几年，我所在的单位要在全公司范围内选拔人员成立马列主义毛泽东思想宣传小组，对外叫“宣讲团”。每个单位都要成立“宣讲团”，然后进行系统选拔，我们单位居然把我选拔上去了。大家被送去培训，然后就登台讲课，当时是很幼稚的。我想，为什么要批孔呢？要批孔首先应该知道孔子在说什么吧。从那个时候起，我开始看《论语》，边看边学，后来我很疑惑，他讲得很有道理嘛，干嘛要批他呢？

这么多年过去了，蓦然回首，当我再来翻阅《论语》，简直是恍然大悟。我们今天所言所行所遵循的，基本上都是《论语》里的道理。可以这么说，理念是纲，行为是目，纲举才能目张。如果你没有一个好的理念，没有一个恰如其分的觉悟，没有一个端正的价值观，是做不好事情的。因为你连基本的理念都不懂，怎么能左右自己的行为，做好业务呢？有了这个纲，你再通过自身的努力，增强业务能力，增强处世能力，你的目才能张。为什么我们徐文荣主席反复强调要“先做人，后做事，做好事”？这句话非常质朴，但道理很深刻。其实我们这些经理人就是这样，只有懂得了做人的道理，才能做好事，做符合道义的事。我们要打造我们的品牌，创建我们的企业文化，这个企业文化就是我们倡导的行为准则。打造一个国际化的品牌，必须要有自己的完整的文化理念，有了系统的文化理念以后，才能够为这个企业创建一个自己的品牌，所以，很多道理都是相通的。

《论语》是什么呢？它是记录孔子及其弟子言行的一部语录体著作，

---

① 摘自2006年8月31日《解读〈论语〉，学做职业经理人——在浙江横店影视城有限公司2006年度工作会议上的讲话》一文。

由孔子的弟子及其再传弟子编写而成。孔子名丘，字仲尼，春秋时期鲁国人，他在国际上是最知名的中国人，是中国惟一进入世界历史十大名人之列的人。

孔子是最伟大的教育家，中国几千年的伦理道德都建立在他开启的儒家思想的基础之上，而儒家学说的精义基本都包含在《论语》里面。儒家先贤倡导待人接物的美德是温、良、恭、俭、让，温和、善良、庄重、俭朴、谦让；提出做人的道德准则是仁、义、礼、智、信。仁，道义、仁者爱人。孔子“学而不厌，诲人不倦”“发愤忘食，乐而忘忧，不知老之将至”的好学求真的敬业精神，至死方休的执著追求，永远值得我们学习。他的精神和学说滋养了一代代中国人，形成了我们中华民族的优良传统。

《论语》全书共20篇，512章，15000多字。它在治国方面是很重要的经典。从汉武帝时代“罢黜百家，独尊儒术”开始，基本上历朝历代都把它作为制定治国方略的文化资源。北宋宰相赵普有句话叫做“半部《论语》治天下”。它现在过时了吗？也远远没有。新加坡原来是马来西亚的一个边缘小岛，当时，他们得不到中央的支持，甚至连水都没有。马来西亚抛弃了这个小岛，新加坡就自己独立了。此后由华人李光耀带领新加坡人民自强不息，到目前为止，这个小小的岛国在亚洲四小龙中仍保持着强劲的增长态势。他的建国理念就是一种儒学教化。在清末，洋务派提出“西学为用，中学为体”，是指用中国的理论来治理自己的国家，但是要把西方先进的科学技术融入到我们的治国主张。所以说，至今《论语》仍有其现实意义。世上很多道理完全是相通的，包括现在我们很多日常生活中的道理。比如佛教为什么在印度发源却在中国繁荣起来？就是因为印度的佛教传入中国之后，经历了本土化的过程，融合了我们的道家思想和儒家学说，特别是儒家学说，把仁者爱人的思想贯穿到佛教中去了。①

---

① 梁启超认为，佛教的传入使中国成为亚洲的中国，使中华文化成为亚洲的文化，证明中华文化有一种气度，有一种非常好的开放互融的态势。佛教在公元前后传入中国，与中华民族的文化生息与共，互相滋养，后来的朱熹和王阳明分别建立的理学和心学，都受到佛学的重大影响。清代雍正皇帝的思维很有代表性，用儒家治国，用佛家治心，用道家治身体。不仅国家如此，老百姓也是如此，多元并举，这就是中华文化。

有本天主教的小册子《人生之最》里说：

“人生最大的意义是奋斗，人生最大的财富是健康，人生最大的目的是服务，人生最大的快乐是行善，人生最大的勇气是悔改，人生最大的悲哀是忘本，人生最大的过错是妒忌，人生最大的伤害是贪婪，人生最大的债务是亏欠，人生最大的敌人是自己，人生最需养成的是勤俭，人生最需发挥的是爱心，人生最需注重的是礼节，人生最需要做的是诚信，人生最需珍惜的是光阴，人生最需追求的是知音，人生最需遵守的是法纪，人生最需修炼的是忍耐，人生最需回馈的是孝道，人生最需报效的是天主。”

读完之后，我把最后一句改为“人生最需报效的是国家”，在企业，最需报效的是企业。所以，在人类的发展过程当中，不管是天主教也好，儒教也好，佛教也好，我们的宗教大多是和现实相通的。

我们联系现实，把《论语》中的相关内容主要分为九个方面在这里阐述一下。

关于“士”

“士”在古代是读书人的统称，那么我们现在的职业经理人也该被视为“士”。为什么呢？因为要成为职业经理人本身就应该具有一定的文化修养，没有文化修养，绝对做不了职业经理人。我们是新形势下的一个知识群体。

在《论语》当中，作者都把“君子”归结到好的方面。何为君子？何为小人？把做得好的、符合仁义道德的称作“君子”，反之则是小人。那么，我们这些可以称作“士”的人，就必须是君子，我们职业经理人就是今天的“君子”。因为，我们每个人都率领着一个团队，这个团队将会受到你的思想以及行为本身的影响。这也就是说，在一个企业要做到正气，我们首先要做到“君子”。

（1）士不可以不弘毅，任重而道远。仁以为己任，不亦重乎？死而后已，不亦远乎？

作为一个“士”，你不可以不器量宏大，意志坚毅，因为任重而道远。你必须广施仁德，并作为自己终身的一个责任，这是一个多么重要的问题。在这当中，死而后已，不亦远乎。就是说，这不是一蹴而就的事情。你要做一个“士”，做一个“君子”，要实施你的理想，完成你的工作，这是一个非常远大的志向，一个非常漫长的过程。

我为什么把这个作为开端来讲呢？我觉得我们是职业经理人，从踏上这一条路开始，我们就必须有宏大的抱负和强烈的责任感，我觉得这就是我们职业经理人要有的抱负。

（2）君子坦荡荡，小人常戚戚。

作为一个君子，胸怀坦荡，堂堂正正。作为一个职业经理人，也必须堂堂正正做人，不能患得患失，要凭我们自己的本领去做人做事。

（3）君子求诸己，小人求诸人。

诸，是“之于”。君子对自己要求严格，小人则对别人要求更严格。君子注重个人的道德修养，多从对自身的反省开始，小人则相反，往往一味地苛责他人。

具有君子品行的人，遇到困难首先想到的是要靠自己去解决，不到万不得已不去求助于别人。而不具备君子品行的人，遇事总是习惯于求助于别人，而不是靠自己去解决。

（4）君子病无能焉，不病人之不己知也。

君子最害怕、最担忧的是自己能力不够，而不害怕人家不知道我。

作为职业经理人，做事情不要只表现自己，更不要在领导、老板面前过分去表现。你只要有能力，尽管安心、努力地做，不要怕人家不知道。

(5) 君子九思："视思明，听思聪，色思温，貌思恭，言思忠，事思敬，疑思问，忿思难，见得思义。"

对君子来说，靠的是"思"，君子有九思。"视思明"，就是说你看事情要考虑自己看明白了没有？看清楚了没有？"听思聪"，你听到的这个事情听清楚了吗？"色思温"，我们从事服务业的，你的态度温和吗？你在工作时，在跟别人打交道时和颜悦色吗？"貌思恭"，我们作为职业经理人，都是有一定领导职务的，你的言谈举止庄重吗？在员工面前、客户面前，若是表现轻浮，油腔滑调，你能把你的企业形象维护好吗？你自身的形象做好了吗？"言思忠"，"忠"，忠诚，就是我们在企业需要时，对企业、对老板要忠诚。在这里，我们强调对职业精神的一种虔诚。"事思敬"，就是我们做事情时做到敬业了没有？"疑思问"，当你碰到不懂的事情时不要装懂，碰到困难就去学去问，甚至不耻下问，这不是难为情的事情。"忿思难"，当你在愤怒的时候，你一定要克制，要想想当你愤怒的行为实施之后会带来什么样的后果，是不是灾难性的或者会产生什么不良后果。我们职业经理人肩负着一个企业的重担，你在与职工的交流当中，在业务上的交往当中，出现问题时，若仅凭一时之愤而破坏了一些我们准备要做的事情，或者说得罪了一些客户，影响了我们的正常业务，这些后果你必须要考虑。"见得思义"，"得"，得益，碰到利益，你要想想这个"利"是否符合道德。

关于"君子"，关于"士"，还有很多论述，这里我就简单讲这么几点。君子有"九思"，我们职业经理人也应该有"九思"，要把它运用到我们的工作当中。

关于"学"

"学"，学习。

(1) 学而时习之，不亦说乎？有朋自远方来，不亦乐乎？

"说"，通"悦"，喜悦。你在学习过程中，要不断地努力实践，不能停留在书本上。对职业经理人来说，就是怎么把我们学到的书本上的知识运用到工作上去。学而时习，这是件多么让人快乐的事情！同理，有朋自远方来，不亦乐乎？有朋友从远方来，不是很快乐吗？

（2）人不知而不愠，不亦君子乎？

人家不知道你，不要烦恼。没有人赏识，没有人知道，不要紧，你不要担心，你还是你。我们经理人在职业生涯中总会碰到一些坎坷，有时你觉得自己有终生的抱负、满腹的经纶，但领导却不赏识。这时你不应该心生怨恨，而应该继续努力。不要担忧，只要你做好了，总会出人头地。

（3）博学而笃志，切问而近思。

（4）学而不思则罔，思而不学则殆。

（5）吾尝终日不食，终夜不寝，以思无益，不如学也。

以上三句连贯起来理解。博学，广泛地学习；笃志，坚定的志向；切问，就是说你要恳切地追问，用“学”来“思”，即“近思”。我们在建立学习制度时觉得我们的学习应该有这种态度，学完你就可以把它运用到工作当中。

“学而不思则罔，思而不学则殆。”学习，你必须思考，要经过自己的消化，百人有百人的想法，百人有百人的观点，一部《论语》，每个人读下来的感悟都不一样。因为学是终身的，你必须要不断有新的思考。我们从小就知道有九大行星，现在实际上只有八大行星，冥王星不是。我们现在是知识经济，是知识爆炸的时代，不学习光是空想是不行的，这是相互的效应。

孔夫子自己说，“吾尝终日不食，终夜不寝，以思无益，不如学也。”——我曾经整天不吃饭，整夜不睡觉，在思考，想来想去，想不出更好的，那么我还不如静下心来去学习前人留下来的东西。这对我们职业经理人来说很有意义。为什么有些人干得比较好，而有些人成效不大呢？在你百思不得其解的时候，有针对性地去学，学人家的成功经验，看他的案例，也学学身边的，只要人家做得好，我就去学。这个“学”，要“泛”，我们今天在座的各位永远都要互相学习，谁做得好，我们就向他学。这样，我们才会进步。你闷在旁边，闭门造车，固步自封，是很难做好的。

(6) 仕而优则学，学而优则仕。

这是在说学习方法，“仕”，是“官”，当官。作为一个职业经理人，在企业里面也是个官，就应该在空闲时间抓紧学习，在学习之余，则要考虑怎么做好你的官。

(7) 知之者不如好之者，好之者不如乐之者。

学习很枯燥，我们怎么学呢？说实话，有时我也有很多困惑。当年，看一本书看得头都大了，捧着一本字典看《诗经》，一字一字地啃，觉得很苦，简直不堪忍受。因为文化有限，只读了五年书。所以，“知之者不如好之者，好之者不如乐之者。”“知之者”就是我很想了解，因为我看了很多东西都看不懂，这样就会促进、加强我们的学习。大家觉得学习很枯燥，但你若是仔细想想就会明白，我要管理一个企业，要做好这项工作，自己却有那么多东西不懂，我会觉得无地自容。当你想了解了，你就会去学。

这里还提到一个学习的方法和艺术，就是“知之者不如好之者”，想要了解它不如喜好它更有动力。这也是为什么有人喜欢看诗歌，有人喜欢看小说，有人则喜欢看电视。学习是广泛的，看电视跟看书不一样。电视上的东西是经过人家咀嚼过、消化过的东西，而看书尤其是看原著，则是自己再思考的过程，你会体味出它的真谛，领悟它真正的思想。但是，后面又说了“好之者不如乐之者”，你喜欢他，不代表你有更持久的兴趣。一个人只要对这一事物产生兴趣了，就会感觉整个过程是其乐无穷的。相信这样三个过程用到学习上定会有效果。

(8) 性相近，习相远也。

就是人的本性、天资，都是差不多的。今天我们在座的各位其实都是差不多的。

为什么人和人之间还有那么大的差别？习相远也。“习”，是环境、习俗。我们人的天资都差不多，但人与人的习惯、表现是大不一样的。这就需要学习。

对职业经理人也是一样的道理。为什么我们同样是总经理，同样都是市场部的营销经理，有人就成绩显著，有人却业绩不太理想？为什么？这是差别。差别在哪里？差别来自于你对事情的思考，来自于你的锻炼。你能不能想出办法改善？办法来自于哪里？来自多学多思。

(9) 三人行，必有我师焉，择其善者而从之，其不善者而改之。

这句话好理解。我们坐在这里互相学习，今天我暂时做一下老师。“择其善者而从之，其不善者而改之。”选择他优秀的、好的地方向他学习；对于他不够好的，你就以他为参照物，引以为戒，不要犯同样的错误。

关于学习的句子，还有很多。《论语》里的《治学篇》，都是探讨如何学习的。

学习也是一种自我教育。现在我们是职业经理人，应该进行自我教育。我经常听到大家在说，“我是想学啊，可是我很忙啊。”是忙！但这里我想到了这句话——“唐棣之华，偏其反而；岂不尔思？室是远而。”唐棣花正在开放，很漂亮，落英缤纷，在风中翩翩起舞。这是比喻一个男子对女子的仰慕，我正在想念你，你像落英缤纷一样，多么美丽。“偏其反而”，我怎么能不想你呢？但是我离你太远了。我想写这首诗的人，大概是骗骗小姑娘的，不是我不想见你啊，是我离你太远了。孔夫子就一针见血地说，“未之思也，未何远之有？”孔子说，你哪里想她，你要是真想她，会觉得这点路远吗？如果真的想她，即便远隔千里也会赶去。这句话出现在《治学篇》里。那么，再看我们的学习，你说你忙，但真要想学习，还会忙吗？古人有“三上”[①]。上厕所的时候，入睡前的枕头上，马上，利用这“三上”的零碎时间用来读书，珍惜时间。时间是靠挤出来的，是靠你自己去安排的。我相信大家工作很忙，肯定不止8小时，也可能12个小时。相信大家一天睡觉大概也就8小时，顶多9个小时。还有其他时间去娱乐、消遣，甚至有一部分看电视。那你一天还能有半个小时、一个小时用来看点东西吗？所以，学习的问题全在于自觉。

关于“识”

“识”，认识，见解。作为一名职业经理人，必须要有好的见解，必须能够识别人和事。我们看问题要看得准。例如，我们每个人都会面临用人的问题，用人当中，什么人该怎么用？什么人适合做什么？这个人品行如何？可不可以用？我们都要一一识别。我觉得这就是“识”，当然还包括其他很多方面。

(1) 众恶之，必察焉，众好之，必察焉。

大家都在说这个人非常不好，你要用他，那你必须好好考虑；大家都说这个人很好，那你也要好好地考虑。“不好”是因为什么？“好”是因为什么？察，考虑，考察。这个考察是多方面的，要多角度地去观察、去调研、去了解。

(2) 君子不可小知而可大受也，小人不可大受而可小知也。

君子，我们职业经理人，有能力的，品行高尚的，不能只让他做些琐碎的小事，而该大用，给他一些重要的事情做，不然就浪费了。“小人不

---

① 出自《欧阳文忠公文集·归田录》：钱思公虽生长富贵，而少所嗜好。在西洛时尝语寮属，言平生惟好读书，坐则读经史，卧则读小说，上厕则阅小辞。盖未尝顷刻释卷也。谢希深亦言：宋公垂同在史院，每走厕必挟书以往，讽诵之声琅然，闻于远近，亦笃学如此。余因谓希深曰：“余平生所作文章，多在‘三上’，乃‘马上’、‘枕上’、‘厕上’也，盖惟此尤可以属思尔”。作者介绍了钱惟演、宋绶两人的读书故事，又补充了自己“三上”的写作经历，意谓：成功来自勤奋，做事要集中精力，方可有所成就。

可大受而可小知也”，这个“小人”是泛指。我们一般都认为小人指不好的人，这里有两个用法，一是指品行不端正的人，另一种指能力平庸的人、普通人。这里指的是普通人。普通人相对地能力不够，不能委以大任，只能给他些琐碎的小事。这就是我们职业经理人的用人之道。这个人可以大用吗？可以挑重担吗？你把他放在小事情上就浪费了。这个人只能做些琐碎的工作，你就不能给他担大任。当然，现在若是只凭我们七十来个职业经理人是不可能创造出几千万甚至上亿的利润的，还要靠我们一线的一千多名员工。换个角度说，如果把我们今天在座的各位放回一线，我相信这里有一大半是干不过我们的一线员工的，铺床可能没他们铺得标准，没他们快，尽管原来你们也可能是服务员出身，毕竟很多年没做了，生疏了。同样，如果把这些操作能手放到我们今天职业经理人的岗位上来，他们也许也做不好。所以，用人的道理就是该用什么人就用什么人，该担负多大的责任就担负多大的责任，能岗匹配，不应该把不合适的人放到这个岗位上来。

(3) 视其所以，观其所由，察其所安，人焉廋哉？

“视其所以”，就是，你去看一个人，他做什么事情怎么样，你要考虑、观察他的动机。任何事情都讲动机。“观其所由”，观察他做人做事的方法、方式，是用欺诈的手段，还是正当、合法的手段？他博取你的信任，是用虚假的语言，还是用真诚的表现和行为？“察其所安”，你要看这个人他平时关注的是什么？如果说这个人关注的是钱，若这个钱是利润的话，那是对的。倘若只关注自己腰包里的钱，那他一有机会就会在我们企业里“捞钱”。“廋”，是隐藏的意思。

(4) 始吾于人也，听其言而信其行，今吾于人也，听其言而观其行。

这是孔夫子的感叹。孔子说，我原来看一个人，他说什么我信什么。当然，孔子讲这个话的时候，年纪已经比较大了，这也是他的亲身感受。所谓三千弟子，背叛的人也有，品行不端的人也有，有些最后还走上了不归路。“今吾于人也，听其言而观其行”。现在我看一个人，不光要看他怎么说，还要看他怎么做，观察他的行为。我们作为职业经理人，会用很多人，我们手下还有很多员工，把这些员工用好，你要听其言、观其行，不能光听他说，当然，说得好听也很重要，但更要做得好。说得好，做不好，就没用。

(5) 人之过也，各于其党，观过，斯知仁矣。

人啊，是有各种不同类型的，有各种各样的群体，各种各样的生活经历，每个人都有每个人的活法。但你要观察他的时候，可以观察他犯错误的方式，犯错误的动机，犯错误的程度，你就知道这个人是不是好的，是不是符合道义的。“观过”，过，过错，看他的错误。所以，你在观察人时，不管他有千变万化，都不可避免会犯错误。终归有一点你要注意，你必须要观察他犯错的方式、动机。

(6) 君子不以言举人，不以人废言。

还是一样的道理。我们作为职业经理人，不能别人说什么你就提拔他。“言”，说话的意思。你要听其言、观其行。“不以人废言”，就是说，任何人说话都可以，要兼听则明，不是说谁的职务大，谁说的就是真理，谁的职务小，就认为他说的是错的，就不听了。任何人说话你都不能以他的身份地位来评定他说的话，只要他说的有道理，说的对我们有好处、有帮助，我们就应该多听听。

(7) 群居终日，言不及义，好行小慧，难矣哉。

“群居终日”，大家一群人混居在一起，“言不及义”，互相之间说的、做的都是不符合道义的，或者说是乱七八糟的，经常耍些小聪明，即好行小慧。孔夫子说，这种人啊，就没办法教育了，教育他们很难。他们一群人坐在一起，喝酒、聊天，说些言不及义的话，当然有的是开玩笑，放松一下，这是正常的，但如果说的话影响团结，无端地猜测人家，揣摩领导的意图，然后相互攻击，说一些家长里短的事情，就是有很大危害的。我们提倡大家一起喝喝酒，讨论一下事情，这是可以的。实际上，我们的很多想法都是在酒桌上谈出来的。晚上，几个人在一起喝酒、聊天，谈想法，很多事情和想法都是这么碰撞出来的。所以说，三人行必有我师焉，我们在一起应该互相启迪，互相指点，互相开导。偶尔我们也可以放放松，说说笑话，这无伤大雅。但是你不能影响团结，互相猜疑，那就失掉原则了，那就是“言不及义”，我们要符合道义，不要耍小聪明。这也是我们考察干部和员工的原则。

(8) 狂而不直，侗而不愿，悾悾而不信！吾不知之矣。

“狂而不直”，很狂妄，但又不正直。我们有些艺术家，很狂妄，不修边幅，但他为人正直，做人做事很认真。“侗而不愿”，很幼稚，但又很不谨慎。“侗”，幼稚、无知，“愿”，谨慎。本身是一个还很幼稚的职业经理人，做事情又非常不谨慎。有些狂妄，但本领又不大。所以我们说，如果我们有这样的毛病就要改掉。不管怎么样，我们当职业经理人的，任何时候都没有狂妄的理由，哪怕本领再大，业务再好，做事情也要谨慎。

(9) 岁寒，然后知松柏之后彫也。

到天气寒冷的时候，万木都萧索了，只有松树、柏树仍然昂然挺立。

一个人要经过长期的考验，要经得住困难的考验。白居易曾有诗：“周公恐惧流言日，王莽谦恭未篡时。向使当初身便死，一生真伪复谁知！”什么意思呢？周公，就是周文王的儿子，周武王的弟弟。周灭商后，周朝确立。武王死后，武王之子周成王即位。成王那时很小，武王的弟弟周公旦，当时是摄政王，其实整个国家的政权都在他手上，他如果想自己称王，简直易如反掌。其实，在他大权独揽的时候，流言非常多，有人说周公旦要把周成王的天下变成他自己的天下了，等等之类的话。他一直坚忍下来，是个很有作为的人。周朝，文化高度发达，孔夫子所说的“克己而复礼”，指的就是周礼。当成王长大成人，周公旦立即还政于他，大家才明白过来，哦，周公旦原来是这样一个贤良的好人。但是，如果周公旦半路死掉了呢？大家又会说，周公是个大奸臣。王莽是西汉末年的大司马，相当于后世的宰相。他废掉了当朝皇帝，建立了自己的政权，叫“新”。

秦淮河畔——明清民居博览城

在他未夺取政权、未当大司马之前，每个人都说王莽很好，是个难得的大贤人，他自己也表现得很谦恭。大家都很确定，要是由王莽来出任大司马，一定会有好日子过，于是纷纷向皇帝举荐。但当王莽当了大司马之后，党政军的大权一旦在握，他翻手为云，覆手为雨，横征暴敛，后来干脆自己做皇帝，把刘姓的王朝改成王姓的了。于是，人们马上就起义了，最后刘秀建立了东汉王朝。如果说王莽没篡位时就死掉了，或许我们现在就会说王莽是个非常贤良的大忠臣，流芳千古。

同样是这个道理，我们在考察干部、考察员工时，也需要一个相对的考察期。所以说，我们职业经理人要经得起考验。就像今天你是干这么个职务的，哪天把你降一级，或者免掉了，你要思考怎样修身养性，把自己的本领练好，通过努力再重新回到这里，要经得起困难的考验。对我们职业经理人来说，任何一个人都可能会碰到这种事业上的坎坷，不可能一直

都一帆风顺，你能否经受得住、能否度过去？我们作为一个领导人，对部下应该允许他们犯错误，允许他们改正错误，给他们改正错误的时间，给他一个过程。

关于“智”

“智”，就是专业、能力，一个人是否聪明，看他是否有很多办法去解决问题。

（1）工欲善其事，必先利其器。

这句话用得太多了。我们职业经理人要做好自己的事情，必须“利其器”，积蓄你的资本。在古代，战士要有好的兵器，我们职业经理人靠的是什么呢？是我们的专业知识。我们的“器”，就是我们的专业水平，就是我们的业务能力。如果我们不把自己的业务能力和专业水平提高，要做好经理人，要干好事，是不可能的。

(2) 君子不器。

作为职业经理人，不能像工具一样只有一种功能，你应该是多元化的、多面手的。就像搞营销的不能只懂营销，当职业经理人必须懂财务，懂工程，虽然不需要你亲自做，但必须知道工程原理，了解财务的有关政策。我们当总经理的要成为通才。

(3) 百工居肆以成其事，君子学以致其道。

百工，就是各种工匠，他必须要有他的作坊，在那里锻炼他的手艺，才能做成东西。就是说，任何一个工匠没有他自己的基本工具，没有他的作坊，他不可能成事。铁匠要有铁铺，要有火炉；做豆腐的人要有磨，要把豆磨好，磨好后，还要有盐卤。“君子学以致其道”，也就是说，君子要实现理想，达到心目中的道，那也得有一定的修炼手段和方式，这就是学习。要做事情必须要通过“学”，把治学之道和工作之道建立起来。通过学习和工作，建立知识平台、专业平台，才能成其事。

(4) 智者不惑。

只有当你的专业水平到了一定程度，你才不会彷徨，不会迷惑。试想一下，下属来请示我们问题，说什么什么该怎么怎么了，你若是不懂，就不知道怎么回答他。有人或者还装，“这事情这么简单，还需要问我吗?”或者干脆不懂装懂，瞎指挥。我们要反思，你对你自己所管辖的范围、专业，是不是足够了解?

(5) 不逆诈，不亿不信，抑亦先觉者，是贤乎?

就是说，不预先怀疑人，我们对任何人都不能预先怀疑他，再者就是我们不能预先对人无端地猜测，而要用人不疑。但我们要有这样的本领，就是疑人不用、防人于前。当事情有了苗头的时候，你要及早察觉，然后遏制它。这才是本领。

有经济活动，就会有人来钻空子，牟取利益。怎么办呢？这就要求我们管理人员精通业务，让对方无机可乘。而一旦有这样的动向时，我们要能见微知著，比如通过一张报表，从费用中看出问题。

（6）不患人之不已知，患不知人也。

我们不怕、不担心别人不了解自己，怕的是我们不知道人家，不知道我们所管辖范围的这些部下、员工是怎样的人，有什么样的特点。我相信大家都有这个自信，没有这点自信，当不了职业经理人、当不了总经理。不要怕别人不知道，永远不要怕，今天把你免掉，我还要东山再起，还要从头来过。但是，我们当职业经理人的，要时刻担心你对你的部下是否足够了解，不要等到事情无法挽回了，你再去处理。

（7）温故而知新，可以为师矣。

我们要不断地努力，旧的东西、学过的东西也可以重新拿出来，一遍一遍地看，不断地思考，不断地看出新的东西，得到新的理解和体会，凭借这一点就可以成为老师了。

（8）君子之于天下也，无适也，无莫也，义之与比。

职业经理人做任何事情都无所谓。这个事情一定要做，这个事情一定不要做，永远没有定论。但是，做事情你要看是否符合道义，是否符合“适”。

我们职业经理人做任何事情，都要看符不符合制度。哪些事情可以做，哪些事情不可以做，这是不确定的，没有标准，但是要遵循大道理，要符合道义。当然，我只提了我们的制度，还有道德，还有要尝试着怎样把握度，这个度过了，就是错误，不知道就是失误。必须要有一个合适的度，这个度要把握好。当你用人等各方面的能力达到了一定层面的时候，你怎么来考虑，怎么来变化，都不会违反制度，但又能做到恰到好处。

关于“治”

治是什么呢？管理。我们都是管理人员。

(1) 以不教民战，是谓弃之。

我们把没有受过训练的老百姓送到战场上去打仗，就是抛弃他们，让他们去送死。所以，我们管理者就要对我们的员工进行培训。你不培训就把他送到岗位上去，他把客人得罪了，把盘子摔烂了，也被你解雇了，这就是我们害了他，也把我们自己的形象损害了。所以，问题出现了，责任不在员工，在于我们管理者。我们要做好管理，首先对我们的员工要负责任。

(2) 举直错诸枉，能使枉者直。

我们提拔正派的、有本领的人，把他放在品行不端的或能力比较差的人上面，然后通过我们的影响和管理，让这些“枉者”也变得正直起来，变得有能力。

(3) “何为则民服？”孔子曰：“举直错诸枉，则民服。举枉错诸直，则民不服。”

“何为则民服？”怎样才能让老百姓服从服气？孔子这样回答。管理也是一样的道理，怎样才能让员工服气？举直错诸枉。让正直的、有本领的人来管理，把品行不端的、没有本领的放在领导岗位上，下面的人会服气吗？会听他的吗？所以，我们管理者要用好人。

(4) 宽则得众，信则民任焉，敏则有功，公则说。

做人宽厚，就能得到群众的拥戴。“众”，群众、员工。作为管理者，虽然要从严办企，但办事要宽厚，用人文精神对待我们的员工，对于他的顾虑、他的喜好，我们要多去关注他。“信则民任焉”，就是我们要讲信用，讲诚信，员工就会拥护你，客户就会信任你；“敏则有功”，勤奋、认真、努力，就会取得成功；“公则说”，“说”，是“悦”，你的公正、正直会让你的员工、客户满意。宽、信、敏、公，这就是我们日常管理中要做到的。

对待员工宽厚、关心、关爱，是我们这些管理人员应该学会的，宽则得众。大家是和谐的一体，我们的品牌价值观就包含了“和谐共赢”。

(5) 子路问政。子曰：“先之劳之。”请益。曰：“无倦。”

子路问政，问孔子，管理者应该怎么当？孔子说，“先之劳之”，以身作则啊。如果我们这些管理者、职业经理人自身上班就很松懈，工作也不主动，很贪玩，你还能希望你的属下有多么敬业吗？你要让我们的员工干8个小时，我觉得，你就要干8个小时零1分，多出1分钟。这就是要以身作则。我们这些职业经理人就是要比普通员工付出更多的劳力，因为我们的薪水已经包含了你的加班费了，不然凭什么要给你这么多薪水？更何况这是你的职责所在。当然，一天班上下来是很累，像我们一天在外，回到家里，回到房间，累得一句话都说不出来的时候也是有的。那么还有呢？“无倦”。不懈怠，永远不懈怠，这叫无倦。职业经理人在自己的职业生涯中，永远不能懈怠。

(6) 其身正，不令而行；其身不正，虽令不从。

只有你以身作则，为人表率，下面的人才会听你的指令；你自己都做不好，很偷懒，却要让我们的员工拿出睡觉时间去加班，做得更漂亮，那是不行的，没用的，虽令不从。你发号施令时，员工根本就不听你的，他会阳奉阴违。

(7) 居之无倦，行之以忠。

这个“居”，就是在位子上，在岗位上。我们职业经理人在这个位子上，永远不能懈怠，你的行为永远要忠诚。当然，孔夫子说这句话是对从政的官吏而言的，你在这个位子上，对君王、对朝廷要忠诚。

(8) 临之以庄，则敬；孝慈，则忠；举善而教不能，则劝。

就是我们待人接物时，我们的员工出去工作、开会也好，平时的行为

1
2
3

1. 2012年2月，殷旭（中）获“创始人文荣奖”
2. 2014年9月8日，“中秋轰趴”殷旭（左）与尔冬升导演（右）畅谈
3. 2013年5月30日，殷旭（左三）陪同集团董事参观调研企业发展情况

处事也好，都要庄重。你不能轻浮，不能油腔滑调，或者说是行为不端。只有这样，大家才会尊敬你。敬老爱幼，孝，孝悌，慈，慈爱。讲究敬老爱幼的人才会忠诚。我们经常在讲，一个人连自己的父母亲都不孝顺，你想他能够忠吗？我们职业经理人如果不孝顺，你可以想像他会怎么做事、怎么做业务了。举善，就是提拔优秀的人，举善而教不能，就是对能力不够的人，我们要不断地对他培训、教化。这样的话，才会让我们的员工、我们的企业越来越好。

临之以庄，是职责所在。孝慈，是我们行为的准则，这样我们才会得到别人的尊敬和信赖，才会觉得自己是忠诚的，才会得到提拔、培养的机会。这也就是我们管理者在管理中要做到的。

关于“行”

“行”，就是处世的行为，我们的行为准则，平时的表现。

(1) 见善如不及，则不善如探汤。

你碰到好的人，好的事，你抢着做，就怕赶不上。见到不好的事情、不好的人，赶紧离开，就好像你手伸进开水一样，要迅速逃离。逃得越快，你受的伤就越少，你再放下去，你的手就烫烂了。

(2) 饱食终日，无所用心，难矣哉！不有博弈者乎？为之，犹贤乎已。

吃饱了饭也不想事情，不用心，如果是这样的职业经理人，想要进步，很难。对这种人，我们也是很失望的，但他倒常常是神态平和的，因为他不想心事，也就是不用心，这样的话，还不如下下棋呢。“为之，犹贤乎已”。下下围棋、象棋之类的益智活动，还能训练你的思维。我们从业者不要饱食终日，无所事事。

(3) 或曰:“以德报怨，何如？”子曰:“何以报德？以直报怨，以德报德。”

学生问，如果其他人对我不好，用我的恩德来报答他，可不可以？孔子倒不同意这种大度，他认为，要用公正来报答仇恨。换句话说，当这个人违反了制度，你就不能以宽恕对待，但是我们要公正。从企业的利益出发，我可以和你沟通，但我绝对不陷害你，不会用以怨报怨的手法来对待你。对于恩德呢，我们当然也要用恩德来对待，所谓你敬我一尺，我敬你一丈。

(4) 躬自厚而薄责于人，则远怨矣。

多对自己责备，而对别人的责备要少得多，这样的话，你周边的人就不会对你有怨言了。凡事要多挑担子，下面的人犯错误了，我们职业经理人要批评他，你不批评他，他就不会知道错，就不会改，但要是上面的人责备下来，要处分，我们要站出来，要挑这个担子，你不能说这个事情你不知道。就算你是真不知道，但这个事情你肯定有责任，因为你作为主要领导，必须要率先承担责任。

(5) 子温而厉，威而不猛，恭而安。

孔子的学生评价孔子，说他温和亲切，但非常严肃，非常威严，却不暴戾刚烈，平时神态很安详而庄重。

(6) 君子有三变：望之俨然，即之也温，听其言也厉。

君子有三种状态，远望过去，是端正的，庄重的。跟他接触了之后，发现他也挺温和，很亲切。听他说话也都是义正词严的，说的都是有道理的。我们作为职业经理人，也要做到这三点。

(7) 君子耻其言而过其行。

君子对言过其实感到羞耻。我们作为职业经理人也不要言过其实，要用行动来证明自己说出的话是实打实的，不是夸夸其谈。

(8) 先行其言而后从之。

先把自己想做的、要做的事做好，然后再说出来。而不是做都没做，就把它说得天花乱坠。

(9) 君子欲讷于言而敏于行。

我们职业经理人不能在语言上夸夸其谈，而在行为上没有成效。光说得好听是没用的，要敏于行。

(10) 君子成人之美，不成人之恶，小人反是。

我们要帮助人家做好事，而不帮助人家做坏事，小人则相反。

(11) 事君，敬其事而后其食。

君，国君。作为职业经理人，事君，就是事老板。首先要把工作做好，克尽职守，然后再考虑工资报酬。当然，有些职业经理人或者普通员工，在他没有进入这个企业之前，对企业不是很了解，提些要求也是正常的，是可以理解的，但当你进入了这个企业，成为这个企业的一员之后，作为一名职业经理人，你要考虑的首先就是怎样才能把自己的工作做好。如果你的工作做好了，老板自然会考虑给你加工资，加薪水。假如老板给你的薪酬没有达到你的期望，你不要老是想老板对我怎么薄，怎么不好，而是首先要想到老板给我的这份薪酬，我到底值不值？如果你工作做得好，你有这份自信，总能找到让自己满意的岗位或者单位。

关于“和”

“和”，就是团结。

(1) 君子周而不比，小人比而不周。

周，团结，不是勾结，二者有区别。我们作为职业经理人，要和大家保持团结，但是不相互勾结，做些蝇营狗苟的事。小人则相反，他是勾结而不团结。昨天还是铁哥们，一有利益冲突立刻反目为仇，翻脸不认人，这就是小人。

(2) 君子和而不同，小人同而不和。

和，合群，协调。我们作为职业经理人，就像我们今天这个团体，要合群，要融入其中。虽然相互之间性格有差异，习惯有不同，但是在一个团队里面，大家要互相容忍，包容，和睦相处，绝对不搞帮派。关于赌博。赌博跟娱乐很难区分，集团明令禁止员工不能赌博，甚至不能打牌、玩牌。一个人提议去玩牌，说没人知道，就与三个人去了。第二天领导知道了，很后悔，说是他们叫我去的呀。他们叫你去你可以不去嘛，不要盲从。你不去并不代表你不合群。所以，要区别“和”和“同”，要和而不同，不要盲从。小人相反，小人只有盲从。

(3) 君子矜而不争，群而不党。

君子很高贵，平时待人处事很恭敬，也不会做无原则的斗争，有些事情笑笑就过去了，争了没用。君子在一起，很合群，很和谐，但绝对不拉帮结派。

上面这三句，很好懂，就是我们要团结，不要勾结；要协调，而不要盲从；要待人接物有礼貌，而不做无原则的斗争。团队的“和”，就是整个团队的核啊。

(4) 其恕乎！己所不欲，勿施于人。

你对人家要宽容，人家做错了，你要宽恕人家。在平时处世中，你自己都不愿做的事情，为何要强加给别人呢？人有不同的爱好，不同的习惯，你不能强加给别人。作为职业经理人，你的待人之道是要求团结，有损团结的事我们坚决不做。

(5) 子之燕居，申申如也，夭夭如也。

燕，yān，燕居，就是闲居，指在平常的生活当中，我们应该态度平和，而不是严肃的。就像散会以后，我们可以在一起娱乐，开玩笑。“夭夭如也”，和颜悦色。

坦率地说，在这一点上，我好像还要再努力。在单位，我太过严厉，那你要说我“骂人”呢，我又不太愿意承认，只能算批评或者批评得严厉了一些。但大家都说我“骂人”，我也姑妄接受。所谓活到老，学到老，我也尽可能地做到和颜悦色。

(6) 己欲立而立人，己欲达而达人。

我们要建功立业，要做自己的事业，在做的同时，也要帮助人家建功立业。“立”，三十而立的“立”。我们不能说只管自己建功立业，而不管别人。所以，一个好的职业经理人，不仅要立己，还要立人，要再造你身边的人，再造你的部下，让他们也去建功立业，成为一个堂堂正正的优秀的人。达，发达，发财。你自己发财了，也要让人家发财。职业经理人要带领大家让企业的利润更高，让各自的收入更多。

(7) 放于利而行，多怨。

放，放纵。一个人在与人的交往中，放纵自己的私利，只要对我个人有好处，我就要拿到手，对我个人没有好处的，我就不管。这样的话，你不会成功，不会有好的朋友、同事。

(8) 德不孤，必有邻。

只有像上面说的那样做了，你才会成为一个有道德的人，有道德的人永远不会孤单，一定会有好朋友、好同事、好同伴。做到道德高尚，要态度平和，要和颜悦色，要宽以待人，要乐于帮助别人，你会觉得很愉快。

“和”就是讲团体合作，这个团体合作，实际上就是我们现在强调的团队精神。怎样才能成为一个团队？只有我们的内部合作做好了，我们的团队才能建立起来。我们有共同的对职业成就的追求，对什么是责任、什么是道德有差不多的认识，作为职业经理人把操守、能力、声誉看得像生命一样。有人说，看得比生命还宝贵。我说，不可能，生命是根本，人只有活着才有意义。但是，当我们职业经理人把自己的能力、声誉看得跟生命一样重要时，你还会担心他贪污受贿吗？这些构成了我们的团队精神。这些都体现了一个“合”字，合力，起到了粘合作用。

关于“修”

(1) 修己以敬，修己以安百姓，修己以安人。

我们的品牌价值观包含“修己安人，义利并重，和谐共赢”,“修己以敬”，修养自己，才会得到人家的敬重。“修己以安百姓，修己以安人”，是一个意思。春秋时期，人民人民，人是人，民是民，人是贵族、士大夫，民是平头百姓。“修己以安百姓”的意思是，修养自己才能使老百姓安乐，对我们职业经理人来说，才能让员工对我们满意，在我们的企业里安心工作和生活。只有我们员工的职业素质提高了，服务水平提高了，我们才能让游客感到舒适，感受到良好的环境。“修己”是基础，“安人”是目的。

(2) 君子泰而不骄，小人骄而不泰。

君子，非常安详，非常自信，做事很严谨，但他永远不傲慢。我不管你怎么说，怎么做，我可以很泰然，因为我有我的操守。一个人成绩再好，能力再高，也不要傲慢。小人则相反，他有傲慢可不自信。

(3) 君子之过也，如日月之食焉；过也，人皆见之；更也，人皆仰之。

君子就像天上的太阳、月亮，太阳、月亮这么伟大，尚且有日食、月食。君子、职业经理人身上的缺点，也像日食、月食一样，不管你本身多伟大，也都有缺点。当你的缺点被人家看到了，怎么办？更也，改正。当月食过去了，月亮还是那么圆满皎洁。我们职业经理人错了不要紧，改正之后照样能得到大家的尊敬。

(4) 以约失之者鲜矣。

约，是制度。任何人都要约束自己。制度是对不自觉的人而言的，对自觉的人而言不存在约束。有句话，“一个失去制约的政府，必定是腐败的政府。”何况我们人呢，人从一出生就有约束，你要摆脱约束是不可能的。就像一个企业，制定制度是很自然的。对我们职业经理人来说，正是有了制度的约束，工作才好做，每个人都用制度来约束自己，犯错的人就很少了。

(5) 道听而途说，德之弃也。

我们要学会分辨，学会判断。不要路上听来一句话，没经过鉴别调查，就把它传播出去，好像没文化的长舌妇，喜欢道听途说。我们作为职业经理人，听到一则消息之后，首先应该想想这可不可能。如果有可能，再去调查、调研，进行确认。作为经理人，我们的道德标准要求我们必须要做到言之有据。

(6) 奢则不孙，俭则固。与其不孙，宁固。

孙，是“逊”，谦逊。奢侈了，则不谦逊，俭朴了，就容易寒酸。但如果说奢侈已经造成不谦虚了，那我宁可俭朴。所以，我们做一件事，不要做过头，哪怕你条件好了也要保持谦虚。该俭朴的俭朴，该谦逊的谦逊。我们宁可俭朴，也不能不谦虚。

(7) 过而不改，是谓失矣。

过，过错。你对你的错误不但不改正，还要去辩解，这是更大的错误。犯了错不要紧，任何人都会犯错，关键是对错误的认识态度。事情做不好，不要找借口。

对于职业经理人，这话很好懂，但道理很深。因为这样的事是我们常见的。犯了个小小的错误，他会找一百个甚至更多的理由来辩解。这一点，到今天为止，我们在座的也还存在这种情况。作为职业经理人，不过这一关，不会进步。

(8) 见贤思齐焉，见不贤而内自省也。

见到优秀的人，互相看齐，见到不好的人，要从他身上看看自己有没有这样的毛病。

(9) 大德不逾闲，小德出入可也。

“德”，德操，大德即大节。对我们职业经理人来说，大德是什么？忠于职守，能力、操守、行为举止各方面都很规范，不逾闲即不越规矩，这就是大德。至于大德具备之后，小德可不可以有所出入呢？可以的。我们职业经理人，只要大德不出问题，在细微小节上有点出入是可以的。孔夫子都讲，金无足赤，人无完人。人在一生当中肯定会有缺憾，不可能什么都做到位，我们更不能多所苛求。当然，“小德出入可也”的前提是“大德不逾闲”。

(10) 质胜文则野，文胜质则史。文质彬彬，然后君子。

文质彬彬，我们现在用得很多了，但意思有些不一样了。“质”，很质朴，缺乏文采，缺乏文化，你就会显得粗野。我们有些人讲话非常质朴，但会让人觉得这个人不太有修养，好像不大有文化。

“文胜质则史”，你很有文采，但不质朴，那就显得虚伪。“史”，虚假浮夸。也有一些有文化的人很“酸腐”，讲话都不符合实际，还拉了个架子，好像高人一等，其实只是绣花枕头，给人的感觉很虚浮，这种人大家也不喜欢跟他打交道。也就是说，文和质要兼备，你要有文化、文采，同时要保持质朴的本性。当文和质相协调了，才能成为君子。

关于“仁”

“仁”，所涉及的东西很广泛，为人的标准，做人的道德、态度、观念、宽厚之心。为什么叫“志士仁人”呢？仁人就是品德高尚的人。孔子说，仁者爱人，我们说职业经理人要宅心仁厚，要包容人，同情人，帮助人，要有爱心。

(1) 居处恭，执事敬，与人忠。虽之夷狄，不可弃也。

居处恭，就是你在家里，在平常的工作生活中，要保持一种礼貌、庄重。家里来客人了，你很随便，也不给人家倒茶，人家会觉得你很看不起他。“执事敬，与人忠”，做事情认真，与人交往要忠心真诚。一个人庄重，有礼貌，做事认真，与人交往真诚，哪怕到了蛮夷之地，这些品质也不能放弃。

说来也很惭愧，几千年前，我们叫西方人蛮夷，认为他们野蛮，没有受教化。现在我们国人出国去，随地吐痰，大声喧哗，我们中国本来是礼仪之邦，现在中国人出国去反而没有礼貌了，处处惹人笑话。在国外，我们中国人给人的印象真的不好，只有购买力还是被人家看重的。当然，这是国民素质问题，需要一个民族的共同努力。作为我们职业经理人，当然要做好恭、敬、忠。

(2) 刚、毅、木、讷近仁。

“刚”，刚强，堂堂正正做人；“毅”，坚毅，坚韧不拔；“木”，质朴；“讷”，少言，不虚浮。明代有本书叫《菜根谭》，用语浅白，很质朴。其中有一句格言，“立业建功，事事要从实处着脚，若稍慕虚名，便成伪果”，这句话我们职业经理人可以借鉴一下。就是说你图虚名，就像企业报假利润，报假业绩，领导面前讲一套，回去以后另做一套，这些都是图虚名。你稍慕虚名了，肯定不可能结正果。一个职业经理人的行为处事很虚假，他虽然表面开了花，但结出来的果子也肯定是涩果。这是《菜根谭》中讲的道理，要质朴、脚踏实地，不妄言。

(3) 能行五者于天下，为仁矣……恭、宽、信、敏、惠。恭则不侮，宽则得众，信则人任焉，敏则有功，惠则足以使人。

君子有此五者，就是仁人了。哪五者？恭、宽、信、敏、惠，庄重、宽厚、守信用、勤奋敏捷，惠及他人。你做人庄重、自重了，也不会自取其辱，人家也无法来侮辱你。你自己看不起自己，行为不端，人家会说你这个人没教养。比如在公交车上见到老弱病残也不让座，人家说你没教养，你就受到了侮辱。你若自重，就不会有这样的事情。宽则得众，宽是宽厚，你宽厚了，群众就会信任你，员工就会信任你。“信则人任焉”，讲话要算数，职业经理人在会上宣布的事情要做到，承诺的事情要做到，要守信用。君子一诺，价值千金。一个人很讲信用，别人跟他打交道就感觉放心。“敏则有功”，敏，勤奋，做事情勤奋、敏捷，有效率。惠，你让人家给你办事，要给人家报酬，就像要给员工发工资，他才会尽心做。惠，也很重要，员工也要生活。我们企业效益好了，我们自己发达了，也要让员工生活得到改善。

(4) 其为人也孝悌，而好犯上者，鲜矣；不好犯上，而好作乱者，未之有也。君子务本，本立而道生。孝悌也者，其为仁之本与？

孝是对父母孝顺，悌，是对兄弟敬重，这种人很少会对领导傲慢的。如果对父母不亲不孝，对领导也不会忠诚的。真是一个品行高的高人，他不会犯上。既然不好犯上，而好作乱就更不可能了。你不是个犯上的人，怎么会去作乱造反呢？不会的。当然，也不否认存在这样的人。当企业的利益与个人利益起了冲突，他说反就反，把公司的机密透露给别人，在单位里做些小动作，散布一些小道消息。如果是一个得道的人，他很少冒犯人；一个小人，通常也就是好作乱的人。所以，君子务本，治国、做人的道理本来就是相通的，这个“本”，就是根本，孝顺父母，尊敬兄长。治国也好，管理企业也好，有了这个根本，才能走得更远。

(5) 子路问君。子曰:“勿欺也，而犯之。”

子路问孔子，对国君我们应该怎样？孔子说，不能去欺瞒，但可以犯颜直谏。就是说，哪怕领导是十分严肃的，我今天一定要把该说的说出来，我觉得这个是不对的，建议老板该怎么调整。可能这么做也不对，但我要敢于去说，敢于说真话，敢于发表真知灼见。我不欺瞒领导，而是敢于说出自己的意见，用我的专业知识来提出更好的意见。

(6) 攻乎异端，斯害也已。

就是对不好的事、不好的人、不好的话要加以批驳，对那些异端邪说要攻击、批驳，那么他才无从害人。

这一点我觉得很重要，因为现在大家在行为中有“多一事不如少一事”一说，我不去得罪人，看到不好也不指出来，我装作看不见。我们职业经理人就要批驳这种事情，尤其要敢于得罪人，不会得罪人就不是个好干部。一个好的经理人就是敢于得罪人。一个单位、一个企业不可能不出现违反制度、违反规定的行为，那你敢不敢指出来？假装看不见，让他放任自流？要推广好事很累，但要变坏却很容易。所谓从善如登，从恶如崩，面对那些追求个人私利而损害企业的行为，你作为职业经理人该怎么去处理？如何阻止？这一点，我们职业经理人必须要坚持原则。

(7) 君子忧道不忧贫。

忧，担心，君子担心的是我的行为举止是不是符合道德，但是不怕清贫。“君子”，我们的管理者，“道”，就是我们企业的管理之道、经营之道。我们担心我们的行为处事，而不担心我们的企业有无达到效益。哪怕现在没达到相应的效益，但只要我们上了“道”，困境一定会得到改善。

(8) 苟至于仁矣，无恶乎。

一个遵守道德规则、行为准则的人，他不会去做坏事。

(9) 不患无位，患所以立。不患莫己知，求为可知也。

我们不怕没有位子，就像现在在座的通过自己的努力都有了位子。就算现在没位子，但通过努力，终究会有位子。但是我们怕给了你位子，你坐不稳，你凭什么在这个位子上？有了位子，我要考虑怎样把它做好。在没有位子的时候，我怎样做好准备，一旦有了位子，我可以做进一步的努力。

(10) 巍巍乎，舜、禹之有天下也而不与焉。

舜、禹时期，天下平和，国泰民安。但舜和禹得到天下，却从不为自己谋取利益。我们今天在座的职业经理人多少也有那么点权力，我们这点权力用来干什么？如果这些权力是用来谋取私利的，那就严重违反了我们的职业道德。

我们职业经理人要提倡蚂蚁精神。因为实际上，我们的团队就像一个蚂蚁的团队。从我们团队来说，就应该像蚂蚁一样分工明确。蚂蚁虽然很小，但它的生命力很顽强，它们有什么呢？它们有五种蚂蚁精神：

第一是永不放弃的信念。你看蚂蚁，前面放个砖头阻止它前进，它一点犹豫没有，立刻从旁边绕过去。再放块砖头，它再绕，再放，再绕，绝不会说走不过去就掉头回去了。我觉得我们的团队不管碰到什么困难，都要像蚂蚁一样，具有永不放弃的精神。

第二，未雨绸缪的准备。我们作为一个团队、一个企业，一定要懂得未雨绸缪。我们5年前做的规划到今天基本实现了，今天会对接下来的5年做一个规划。蚂蚁过冬，工蚁会先把蚁后安排好，把家安好，之后，造房子的造房子，搬食物的搬食物，储存食物。

第三，竭尽所能的努力。蚂蚁在春夏秋三个季节为过冬储备食物，从早到晚永不停歇，大量地搬东西。我们也要求我们的团队，朝着既定的任务目标，尽我们的全力去努力完成。

第四，团结协作的方式。对蚂蚁来说，面对一粒米饭，若是一个蚂蚁抬不动，就会叫来二十个、三十个蚂蚁。哪怕是一块大骨头，也会有成百上千的蚂蚁浩浩荡荡地把它拖走。这是多么大的协同力啊！让我们人来做，几百个人拖一样东西，多么不容易。我们能做到吗？所以，一个团队要完成一项艰巨的任务，一定要团结协作。上五年我们做市场，接下来做品牌，做管理，大家协力来带动整个企业良性的循环。

第五，满怀期待的坚韧。就是充满希望，持之以恒的努力。

2 为儒家“理学”正名①

在2006年的年度会议上，我发言的题目是——《解读〈论语〉，学做职业经理人》，今年的发言题目是《吸取儒家理学精华，做好职业经理人》。

“学”与“做”是一个问题的两个方面，从哲学上看这是一个从认识到实践的飞跃过程。公司高中层干部，都是企业工作与管理的实践者，如何使每个职业经理人做好这个从认识到实践的飞跃，这是公司管理班子重点思考的课题。

我们认为职业经理人是一个神圣的职业。改革开放以来，我国学习了

① 摘自2007年9月12日，《吸取儒家理学精华　做好职业经理人——在浙江横店影视城有限公司2007年度工作会议上的讲话》一文。

国外许多先进的管理体制，形成了一支具有专业技能、敬业精神以及崇高理想的队伍，这就是职业经理人。从各方面的综合情况来看，尽管我们公司的这支队伍还很年轻，但经过几年的运作证明我们的队伍是在不断进步的。因为企业在发展，我们必须与时俱进，提高我们职业经理人的思想认识和管理能力。对此，我谈谈个人的一些学习心得，与大家共享。

儒家理学的产生及历史意义

去年讲儒家理论，为什么今年还要讲？因为儒家学说博大精深、内涵丰富，它是中华文化的精华和根基。从今天的实际看，仍然非常值得职业经理人学习。我今天主要讲的是对宋明理学[①]的一些体会。

儒家学说发展到北宋后有了一个新的升华，即出现了宋明理学。当时的历史情况是这样的：北宋刚刚结束了我国历史上的一个非常混乱的时期，即经过了隋唐藩镇割据、黄巢起义、五代十国战乱，直至到了北宋赵匡胤再次统一。在这个长期的失序的历史进程中，人们的思想是纷杂的，有推崇道家的，有信奉佛教的，也有追捧儒家的。当时还出现了道家与佛家相互残杀的现象。经过了这样的反复，思想上就比较混乱。儒家在动乱中也有了一些变化，有人已经抛开了原来那种关心社会、关心人文、关心国家前途的责任感。因为整个社会的秩序被破坏了，儒家的伦常也开始衰败，进而造成了理想的失落。两汉时独尊儒术，而儒学渐渐退化，变成了一种经学，即钻进故纸堆里专门研究文字上的东西，如训诂学。何谓训诂

---

① 关于宋明理学："余论先秦子学，为'阶级之觉醒'，魏晋清谈，为'个人之发见'，则此六百年之理学，亦可以一语括之曰：'大我之寻证'是已。盖自魏晋以降，虚无浅薄之个人主义既不足以餍人心，乃遁而求之于佛理。而佛之为道，虽有闳大幽眇之境，而其所持戒律，与其生活之方式，又与我先民历古相传社会家族所以维系永久之道格不相入，则终亦何以推行而无阻？亦复何以据守而自安？于是翻经求法，所孜孜兀兀以得之者，仅亦以为参考之一说；而修齐治平相生相养以善吾之生者，终且反求之于古籍。遂以心性说儒书，亦复时参阴阳老庄之言以自广。要其宗旨血脉所在，则与夫老、释者不同也。后世或专以迹老、释为理学家病，亦岂为知理学之真哉？"摘自《宋明理学》，钱穆《国学概论》卷八，九州出版社2011年版，P245。

学？训，指用较通俗的话去解释某个字义，如人言为信；诂，指用当代的话去解释字的古义，训诂学即研究古书中词义、查证字词来源的学问。到了魏晋时期，又有了玄学，即以综合道家和儒家思想学说为主的哲学思潮，大家坐而论道，不讲具体的事物，就讲玄妙之论。到隋唐，佛学盛行。北宋时，汉唐经学开始向宋明理学转变。北宋时也有很多战乱，整个国家的统治也是很短暂的，很快就剩南宋半壁江山了。但在唐宋以前的历史上，除了唐代之外，这是最辉煌的一个阶段。唐代人文科学比较发达，而自然科学发展中里程碑式的阶段出现在宋代。在这样的时代里，产生了沈括的《梦溪笔谈》，英国的李约瑟博士称它为“中国科技史上的坐标”，也就是说这时候中国的科技在当时世界上处于领先地位。这一阶段发明了活字印刷术，指南针真正用于航海，火药也有了火枪、火炮的应用。

正是在这样的历史背景下，宋明理学应运而生。西方学者将宋明理学称之为新儒学，中国学者称其为“道学”“理学”“宋学”“性理之学”“心性之学”“义理之学”等，后来统一认定称“理学”。宋明理学的历史意义在于，它在发轫之初是一次思想解放运动，它重新唤起了人们的良知和社会担当。

理学到了明清时期确实有了其消极的一面，这体现在哪几个方面？一是逐渐趋为宗法社会的惰力，制约了发展，阻碍了接受外来科技知识和成就，扼杀了资本主义的萌芽。其实在明代时，我国的经济是很发达的，航海水平居世界一流，发生了郑和下西洋的壮举。经济发展到一定程度以后，就有了资本主义的萌芽，而由于宋明理学的强大、泛滥，统治者把它定为官方的理论基础，遏制了民间的创新思维。二是由当初思想解放的思潮转化为束缚人民思想的绳索。比如“三纲五常”，特别是“三纲”，即君为臣纲、父为子纲、夫为妻纲。“五常”指仁、义、礼、智、信。今天我们已经把“三纲”扔到历史的垃圾堆里了，但在当时，“三纲”却是绝对的真理，谁都不能违背。三是给社会造成了巨大的祸害和损伤，特别是在明清后期、民国时期，在强化“存天理，灭人欲”的理念时所造成的祸害是非常残酷的。清朝从雍正开始起大兴文字狱，这一举措要比秦始皇“焚书坑儒”的破坏还要大。它奴化了人们的思想，同时更是对人性的摧残，特别是对妇女的摧残，比如“饿死事小、失节事大”，所以我们说它是一个巨大的祸害和损伤。

以上是对儒家理学发展的背景进行的介绍。知道了它有那么多不好的地方，为什么今天我们还要把理学作为职业经理人学习的课题？因为宋明理学的精华部分仍有其积极的现实意义。今天的社会和那个时期有很多相似的地方，为什么这样说？经过五四运动以后，打倒了孔家店，在没有建立新秩序的情况下，经过军阀混战、八年抗战和三年国内战争，国家开始重整。本来这个时候是建设国家的好时机，但建国以后却随着党内的一些不民主现象的出现又有了一个转化，开始了反右、大跃进等。如果自此努力发展经济可能会好一点，紧接着却又是文化大革命。文化大革命可以说是把中国历史上所有传统的东西都统统打碎了。关于它的严重后果已有定论，这里就不再重复了。

正是在这样的情况下，中国改革开放，将国门一下子打开了，很多东西涌了进来，这股新鲜之风改变了整个中国的历史。实际上，我们每一个人都在享受着改革开放的成果。随着经济的发展，现在有点像北宋时期了，经过了很大的破坏、战乱、政治动乱，经过了很多思潮的泛滥，思想上比较混乱。虽然科技水平高了，生产力发展了，但仍然需要一个道德重整的过程。其实我们可以注意到，我国几代领导人都谈到过，从“富而思源”开始，到“三个代表”，再到“先进性的学习”“八荣八耻”。虽然这些主要是针对党内和公务员的，但无不带有道德重整的意味。

我们正好处于这样一个时期，企业要发展，社会要进步。作为职业经理人，应该是一个有理想的群体，不光是逐利，精神上还要有所追求。若只有经济上的追求，到了一定的程度后就会出现迷惘，失去动力。但如果有精神上的追求，就会持续不断地产生新的动力。联系到现实工作中，我们公司发展到今天，如果在五年前说这些话，大家也许不愿听。因为我们的奖金和收入都很少，还谈什么理学、义理、精神？当然，即便现在我仍觉得我们的收入还不够理想，但只要努力将会有更大的提高。现在大家也看到了我们企业的成长，我们自身的收入、期望值与企业的发展基本相吻合了。那么，在这样的背景下，我们的企业要想有更大程度的发展，依靠什么呢？就要依靠人，尤其是我们今天在座的各位，因为在座的是整个企业的精英。公司要依靠在座的来带动我们2000多位员工，以更快的速度、更高的效率来推动企业的发展。正因此，我们要借鉴理学精华，回归中华文化本来具有的优良传统。

宋明理学从当初的担当拯救秩序、价值失落和方向迷失的责任，引入融汇了佛家、道家的“养心”“修身”思想，再引向入世的“齐家”“治国”“平天下”理念，激励人们担当起先天下之忧、后天下之乐的社会责任，强调经世致用，利济苍生。这些理学精华具有强烈的现实意义。作为一位职业经理人，至少要有些经世致用的本领吧。你读了一些书，经历了诸多的社会实践，用它来做什么？就是要经世致用。对于利济苍生，我们还不敢说自己有多么大的能量，但心向往之还是有的。

我们把自己的工作做好，把一个企业经营好了，实际上就是一种利济苍生。宋明理学的积极性在于，它改变了当时佛教、道家的只图自身清修，而社会责任意识淡薄的状态，给予了人们积极向上、追求理想价值观的安身立命之说和精神家园。直到今天，这种精神还对我们职业经理人有着强烈的现实意义。

儒家理学对我们职业经理人的现实意义

具体说，理学上这七个方面的精神值得我们把握：

(1) 求理精神：穷理尽性以至于命。即无止境地用自己的生命去追求真理，这是古代知识分子的使命感，其穷理精神可转换为现代人对科学的探索和人文社会科学的求索。用在我们身上，就是我们对职业的一种探索。我们身上仍然有很多弊病，妨碍着我们进一步提高。因此，我们要以积极的态度来追求真理，配合企业的发展之路来拓展我们的职业愿景。

(2) 主体精神：天地无意度，人却有心灵。就是说天地是没有意念和思想的，但人是在整个自然界中最具灵性、最有思想的群体，所以理学强调人在天地万物中承载着主体价值的作用。“天地之性人为贵”是儒家的信仰，强调人与自然的和谐共存，关心文化道德的生生不息，有视“天下为己任、天地为己心”的道德情怀。人不是被动的，而是能主宰自己、能动地改造世界的群体。

(3) 忧患精神：通过人的生命力时刻去抗争困难，自强不息。人类从诞生那天起，忧患就一直是不断的。即便在今天这样的和平时期，相信大家对职场中的竞争仍心怀隐忧。虽然我们今天的生活比较富裕，但是明天将会怎样呢？所以儒家强调要有忧患意识，即“生于忧患、死于安乐”。人有忧患意识而不怕困难，仍然是能度过困难并不断前进的。现在，我们有了这样安稳的生活，虽然有时也会感到前途叵测，但只要有自强不息的精神去面对困难，必定会度过险阻，不断前进。

(4) 力行精神：投身现实社会，奋发进取，在追求自身价值的同时，追求社会进步的理想，身体力行，注重事功。理学并不讳言它是经世致用的学问。我们要想在社会上有所贡献，有更大的作为，也要经世致用，讲事功，讲功利。但必须要力行，这也是我下面将要讲的“知”与“行”之间的关系。即你必须注重实践，必须投身于社会，也就是说，我们今天的职业经理人在社会上应该是一个积极入世的群体。我们身上所承载的责任比一般的员工要多，对于这些责任，你一定要把它全力担当起来，要率先垂范。

(5) 求实精神：提倡有现实针对性的实学，有逻辑概括性的实理。在理学中经常提到“实学、实理”。理学兴起以后就是针对知识分子的，即士人。当时国家的文官制度就是通过士人这一阶层组建起来的，是掌管整个国家机构的群体。用到我们企业里，我们这个团队也是企业机构的掌管者。作为掌管者，你必须要有真才实学，讲的道理必须是实理，要贴近现实，并不要很多天花乱坠的理论。比如我们营销公司的“一城一策，统分结合”，这个理论我们已经提出好几年了，但直到今天还在用。这里面并没有虚理，就是实实在在的道理。“一城一策”涵盖了我们多少市场经济的理念在里面，一切从实际出发，并没有今天是这样的理论，明天又改成了其他的。我们认为没有必要搞得云山雾罩，年年更新，我们追求的是实理，不需要过多的追求花哨的说法。

(6) 道德精神：在功利与理想、利益和道德、公与私的冲突中，提升理想、道德和公心的地位。其实在中国的文化传统中，只要是促进社会进步的做法永远是一脉相承的，即便共产主义理论也要与中国的传统文化相结合，所以说，具体到我们职业经理人，就应该在精神层面上有所追求，追求理想、追求道德、追求公心，这都是理学所强调的。我们员工对管理者最为注重的是你是否不贪，是否出于公心，为什么？你拿的薪水高，员工没有意见，因为你的贡献大、能力强、工作繁重。但你要获取非分之利，我们的员工就会有意见。更不要说国家的法律在等着你，集团的制度在规范制约着你。所以对于我们职业经理人来说，我们提倡追求精神层面上的理想，要讲道德。毕竟你掌管着一方机构，你的手下有那么多员工，他们都在看着你。你怎么为人表率？怎么以身作则？这时候的道德感召力是非常重要的。

(7) 兼容精神：经过了这么多年，儒家学说为何至今仍有积极的现实意义？理学有一个很大的贡献，即不断地吸取营养完善自己。在北宋初年，儒学融合了佛家思想和道家思想，从道家吸收了宇宙生成论，从“阴阳五行”“天人感应”到“道生一，一生二，三生万物”和“太极生两仪，两仪生四象，四象生八卦”等等。直至今天，我们有很多科学家仍在研究“太极”“八卦”的理论，所有的“天人合一”“天人感应”之说，与今天的大自然息息相关。台湾学者南怀瑾先生至今都认为在我们人类之前存在着更有智慧的生物，“太极八卦”就是他们留下来的最有价值的东西，这些用现代人的思维是解释不了的。这也再次体现了理学务实的态度，即吸取整个社会人文资源中有营养的成分。同时，它也吸收了佛家哲学的思辨性和悯人情怀、人文关怀。佛教对人文关怀是非常讲究的，它能给人心灵上的安慰。为什么现在在我国信仰佛教的人最多？其中佛教的悯人情怀不可忽视。另一方面，佛教在改革的过程中也吸收了儒家的文化。

如产生于印度的佛教在印度本土几乎已经隐没了，却在中国发扬光大，并传至亚洲乃至整个世界，今天真正的佛教文化就是从中国传出去的。理学又从佛学吸取了营养，学习了思辨的方法，这个阶段对巩固儒家思想在中国的传统地位起了很大作用。

理学大师对我们职业经理人的启迪

作为职业经理人，我希望大家对明清时期的两位理学大师有所关注。一位是在宋明理学中占有主要地位的明代理学大师王守仁（即王阳明），另一位是清代理学的力行者曾国藩。

宋明理学由有“北宋五子”之称的周敦颐、邵雍、张载、程颢、程颐开端奠基，经朱熹、王守仁、王夫之三人完整的诠释，而集道学、心学、气学之大成。其中明代理学大师王守仁就是一个很有才能的人，他一辈子没打过败仗，有很好的军事才能；同时他还是一个教育家、政治家、哲学家等，文武双全。正可谓：上马杀敌、下马作文，这是过去知识分子追求的理想境界。今天已经不需要我们上马杀敌了，但如果做业务就要将业务做得很漂亮，抓管理要将管理抓得井井有条，另一方面，又要爱学习，有较为厚实的文化功底。职业经理人具备了较高的文化水平和崇高的理念，才谈得上具备很好的职业素养和技能。

王守仁的“知行合一”是一个有争议的学说。在“知”与“行”的问题上有这样一个衍变过程。最早可能出于春秋时代的“知之非艰，行之惟艰”。就是说掌握道理是不难的，但若要去付诸实施则很难。还有孔子的“生而知之”“学而知之”[①]之论，到了孟子，提出了“知先行后”，即做任何事情，要先掌握它的道理，然后再动手。到了程颢、朱熹时，又将这一思想发扬光大，形成了一个完备的理论。王阳明则一改前说，提出“知行

① 出自《论语·季氏》，原文：“生而知之者，上也；学而知之者，次也；困而学之，又其次之；困而不学，民斯为下矣。”译文：孔子说：“生来就知道的是最上等的；通过学习才知道的是次一等的；遇到困难才学习的又是次一等的；遇到困难仍然不学习的人是最下等的了。”

合一”。但到了王夫之时，又推翻了王阳明的提法，提出“行先知后”，有些像我们现在提倡的“实践出真知”，等等。在“知”“行”的问题上，先后经历了以上这些阶段，到现在我们比较认定的是实践是检验真理的唯一标准。

从认识论上，“知行合一”被列入了唯心主义的范畴，但从伦理学的角度，“知行合一”在改过迁善、道德修养方面有着重要意义。王守仁出于救世的情怀和社会责任感，认为程朱理学中把知行二分是给不善的恶念以生存的地盘，他认为知行必须紧密不可分，认为“一念动处便是知，亦便是行”。我们觉得这是很有道理的，你有了这个念头，其实很可能就会去实施。他认为假如一个小偷躺在床上计划着晚上去偷东西，这时候已经动了做贼的念头了，哪怕走到半路又回来了，他还是贼，因为这个念头已经有了，或许改天还会去。这也是他所说的“破山中贼易，破心中贼难”。关于这一点，可能有人不赞同，认为没有行为怎么就会是贼呢？这从法理学上说是对的，因为法理论迹不论心，是按实际行为定罪的；但从伦理学上说，论心不论迹，这就是一种恶念，一个有道德的人不应有这种恶念。对一个有道德修养的人来说，一念之贪都不应有。实际上，多少贪官就是从一念之贪开始走上贪腐的不归路的。作为职业经理人，有份合理的薪水是正当的，但利用职权去贪非分之财，甚至是明显的违纪违法，那就是犯罪了。

我们在颁布公司制度的时候就说过了，制度颁布后对我们很多人来说，可能一开始是不适应、不习惯的。但如果养成了良好的职业习惯，这些制度对我们并没有太大的约束。就像面对刑法一样，不去犯法的人并不觉得对自己有什么不便。事实上，在我们企业当中会出现很多违反制度的问题，事后追究起来，大部分事先都知道制度的规定，有一些甚至事先都已经做出了规避的举措。王守仁提出“一念而善，即善人”“一念而恶，即恶人”。从道德观念上来说，这一点非常有道理。任何事情肯定是起于念头，只有动了念头，才会有行动。因此你要想做好，就不要动这个念头，这就是我们在日常工作中一直强调的要不贪不占，要做一个纯粹的人。人心底纯粹，工作才会全身心投入。如果你做任何事情，首先想到的是我做完这件事情对我个人有什么好处，这样的工作动机就不纯了，工作的效率肯定要受到影响。从“知行合一”的角度讲，你动了念头而不消除的话，一旦有条件你就会去做。所以说一个道德修养好的人，表里如一，知行一体，不要说出于私欲去行动了，就是一个念头都不能有，要回到人的本体“良知”，“是非之心，人皆有之，即所谓良知也。”对于良知，任何一个普普通通的人都会有，更何况我们都是有知识的职业经理人。

想要达到“知行合一”是一个道德修养的过程，王阳明在晚年总结出了四句话，是对其心学思想精华的概括，即“无善无恶是心之体，有善有恶是意之动，知善知恶是良知，为善去恶是格物。”也就是三字经里所说的“人之初，性本善”，心是本体、源头。当“意”未发之时，人心无善无恶，相当于“至善”；当意念一动，就有善恶之分，“意念”发在善上即善，发在恶上即恶；“良知”像规矩尺度，是检验方圆长短的标准，以“吾心良知”为检验善恶的道德标准；朱熹提出“存天理，灭人欲”，王守仁依其“心外无理”，提出“存天理，去人欲”，认为人欲是自然天生的，人欲既然有了，肯定也是一种现象，所以是灭不掉的，只有去排除它。“此心无私欲之蔽，即是天理，不须外面添一分。”职业经理人就应该这样，你为单位做事情，要出于公心，去除了私欲，就是“存天理”了，所以“善念存时，即是天理，此念即善，更思何善，此念非恶，更去何恶。”格就是格除,“格其不正以归于正”，格物就是格除不正的私念和物欲以归于正。

“省察”“克己”“事上磨练”，这是有志之士要遵循的。古代影响之大、读诵之广仅次于《三字经》的少儿启蒙读物《弟子规》，提出“无心非，名为过，有心非，名为恶；过能改，归于无，倘掩饰，增一辜。”人非圣贤，孰能无过？只要不是原则性的大错误，不是有意为之的，都可以理解和原谅。但要勇敢地承认，若在发生错误的时候去掩盖，其掩盖的过程将比原来的错误更不可原谅。同圣人一样具有“天理”“良知”，去掉“邪思枉念”，就会“点石成金”“人皆可以为尧舜者”。职业经理人在出现错误时，要主动地承担责任并改进，这样就会不断进步，逐步成为一位称职的、优秀的职业经理人。

接下来我要说的另一位理学大师是曾国藩。曾国藩出身于农家，从秀才中举逐步发展到六部的侍郎。历史上，对他的评价很复杂。但不管怎么说，曾国藩个人品格修养方面是克己严谨、勤于政事的，从来不贪不占。对于曾国藩提出的一些个人道德修养和行为处事方面的言论，用到我们职业经理人的身上仍非常有用，如：

(1) 人才高下，视其志趣。卑者安流俗庸陋之规，而日趋污下。高者慕往哲隆盛之轨，而日即高明。

人才的高低怎么来区别？就要看他的志趣。志趣安于低俗、鄙陋，他的人品会日益变得卑鄙；志趣高雅的人，则羡慕以往的先贤，热烈响应先贤的行为，就会越来越高明。我们经常提出好的职业经理人要有好的志趣，多去读书。比如说打麻将，并不是说这一行为多么低俗，偶尔陪家人玩一下也未尝不可，但不能一味地沉迷于其中，甚至到了最后完全是出于功利的目的。因此，人的志趣决定了一个人的发展，你是否能有所成就，就取决于你的志趣。现在我们培养干部也会看他的志趣，看其业余生活是否会有一个好的作为，这一点很重要。

(2) 集思广益本非易事，要当内持定见而六辔在手，外广延纳而力流赴壑，乃为尽善。

广泛采纳别人的意见，本身就不是一件很容易的事情，更重要的是你自己要有主见。如果自己没有主意，只是一味地收集意见，最后还是会拿不定主意。就像驾马，如果没有人拉住马的缰绳，是不能把握好方向的。只有自己有一定的主见，才会有做好事情的基础。我们提出的“屈己广纳”里的“广纳”就是多听意见，但作为一名职业经理人也必须要有自己的主见。有了自己的主见和方向，在吸取别人的意见时才会真正做到有的放矢，不会人云亦云。

(3) 苍苍者究竟未知何若，吾辈竭力为之，成败不复记耳。

我们在做很多事情的时候，事先很难预料到底会做成什么样。我们职业经理人在很难做出预测的情况下，要用心、用力地认真去做。如果你一直想着完成不了，到最终肯定是完成不了的，因为你没有完成它的勇气，太计较成败得失了。所以我们确定目标时要多谋慎重，一旦开始执行了，就要抛开成败得失，尽心去做。

(4) 敬以持躬，恕以待人。敬则小心翼翼，事无巨细皆不敢忽。恕则凡事留余地以处人，功不独居，过不推诿。

做事情要兢兢业业，事必躬亲，用宽容的心态对待别人。做事情要谨慎，正如我们公司企业文化里提到的“严谨勤奋”。“事无巨细”是指大事小事都不要忽略，也是我们提倡的要抓细节。与人相处时，做事情、讲话给别人留有余地。职业经理人更要“功不独居，过不推诿”，我们一直强调，一件事情能够做成功，其实是一个团队努力的结果。横店影视城有现在的成就，是我们这个团队做成的，是在我们集团提供的平台上形成的。我们的营销、产品以及企业文化，都是我们的团队共同努力的结果。

(5) 心常用则活，不用则窒，如泉在地，不凿汲则不得甘醴；如玉在璞，不切磋则不成令器。

人的脑子会越用越灵活，不用就会呆滞、迟钝、窒息。井水不断地抽取，才会越来越多，如果不用，则会被堵塞。一块璞玉，不雕琢就不能成美玉。人也是，所以，我们要多学、多思、多用。

(6) 骄惰未有不败者。勤字所以医惰，慎字所以医骄。此二字之先，须有一诚字，以立之本。

这也是我们一直强调的一定要去掉骄气、懒惰之习。用心要诚，诚为事业成功的根本。

(7) 信只不说假话耳，然却极难，吾辈当从此一字下手。今日说定之话，明日勿因小利害而变。

这是在强调守信的重要性。不仅不说假话，说定的事，不可碰到困难就反悔。

(8) 我辈办事，成败听之于天，毁誉听之于人，惟在己之规模气象，则我有可以自主者，亦曰不随众人之喜惧为喜惧耳。

职业经理人在日常工作中，肯定会有很多不测因素。可能你很努力，却没有做成，因为做事情不是只凭你的努力，很多时候还有做事的方法、机遇等多种因素，所以我们允许出现失败。但自己的精神面貌不能被众人的言论所主宰，即不能别人说好就兴高采烈，说不好就垂头丧气。职业经理人做事要百折不挠，要保持良好的精神面貌，始终保持高昂的斗志。

(9) 士人第一要有志气，第二要有见识，第三要有恒。有志则断不甘为下流，有识则知学问无尽，不敢以一得自足，有恒则无不成之事，三者缺一不可。

要做成事业，一是要立志，有志者不甘落后；二是要有眼光，作为职业经理人，你的学识已经够了吗？我们永远不敢自称专家，你不学习，很快就会落伍，哪怕做得再好，也不能放弃学习。三是有恒心就没有做不成的事，要持之以恒。

(10) 牢骚太甚者，其后必多抑塞。盖无故而怨天，则天必不许，无故而尤人，则人必不服，感应之理然也。

不要发牢骚，越发牢骚心情就会越压抑，怨天尤人天也不会理你的。你自己做错被上级领导批评了，你回去如果骂自己的员工，员工也不会服你的。

(11) 古之成大事者，规模远大与综理密微，二者缺一不可。

作为职业经理人要想有所作为，必须要管大事，但细小的事情也不能忽略，要抓细节，正如我们总裁强调的“精细经营，精致服务”。抓大事也抓小事，两者缺一不可。

(12) 习劳为办事之本。引用一班能耐劳苦之正人，日久自有大效。

我很欣慰，我们这个团队在一起，汇聚了大批能吃苦耐劳的正直的人，长期下去一定能做出更大的绩效。

(13) 用人极难，听言亦殊不易，全赖见多识广，熟思审处，方寸中有一定之权衡。

我们每个管理者都牵扯到用人的问题，你怎样去真正认识一个人？全在于你的阅历和经验，经过你的深思熟虑和核查，在整个权衡当中才能找准对人才的定位。

(14) 知己之过失，即自为承认之地，改去毫无吝惜之心，此最难之事。豪杰之所以为豪杰，圣贤之所以为圣贤，便是此等处磊落过人。

知道自己的过失就要努力去改，这一点身为一个大儒的曾国藩自己也说很难。我们在座的很多同仁也经常出现这样的情况，你批评你的下属，如果他第一次不肯改，第二次、第三次犯同样的错，你或许就会觉得很生气。一次过失不要紧，但不要屡次犯同样的错误，有了错误之后就要及时改正。希望我们用这句话共勉。须知豪杰、圣贤知错就改，就是其为人光明磊落超过他人之处。

(15) 为政之道，得人、治事二者并重。得人不外四事，曰广收、慎用、勤教、严绳。治事不外四端，曰经分、纶合、详思、约守。

我们组建队伍时要广收，让大量的人才涌入，用的时候要谨慎使用，要懂得扬长避短，不用小人，得用之人就将其放在合适的位置。任何队伍都要“勤于教导”，要培训、培养。严格管理，用制度约束每个人。管理工作要做好四个方面，要纵向分析、横向综合、详尽思考、信守简约。

(16) 凡菜茹手植而手撷者，其味弥甘。凡物亲历艰苦而得者，食之弥安也。

我们职业经理人要学会自己亲手做事，就像种菜一样，自己种植采摘来的会更加香甜，做事情要亲力亲为后才能尝到甘苦，这时享受的是一种心中泰然。

/

(17) 人苟能自立志，则圣贤豪杰何事不可为？何必借助于人？我欲仁，斯仁至矣；我欲为孔孟，则日夜孜孜，惟孔孟之是学，人谁得而御我哉？若自己不立志，则虽日与尧舜禹汤同住，亦彼自彼我自我矣，何与于我哉？

人是要自己立志的，作为职业经理人，我要学什么，行什么，人家是挡不住的，一切全在于自己把握。不立志，哪怕天天与圣贤在一起，也是他是他，你是你，学不到任何东西。

(18) 不能威猛，由于不能精细，事事被人欺侮，故人得而远易之也。

身为一名管理者，如果你在本单位的权威不够，是因为你对人和事的鉴别能力不够，所以被人欺负、被人玩弄就太容易了。因此面对着各种各样的人，我们要先自身精细、精明过人。

(19) 盖凡带勇之人，皆不免稍肥私囊。余不能禁人之不苟取，但求我身不苟取。以此风示僚属。

当时曾国藩在练乡勇的时候，社会上有这样的风气，即带兵的人都有贪腐的现象，但曾国藩却不这样。他表示虽然自己不能阻止这种现象，但自身要做好示范。我们在座的总经理也要这样，你们做好了能够带动整个单位。

(20) 宜以真心相向，不可常怀智术以相迎距。凡人以伪来，我以诚往，久之则伪者亦共趋于诚矣。

要真诚、和善地对待别人，特别是要这样对待我们的员工。你真诚地对待员工，他们才会积极地配合你的工作，不敷衍你。一个总经理下属有上百个员工，唯有真诚待人，长此以往员工才会一样真诚地对你。

(21) 凡人作一事，便领全副精神注在此一事，首尾不懈，不可见异思迁，做这样，想那样，坐这山，望那山。人而无恒，终身一无所成。

做事要集中精力有始有终，持之以恒，这山望着那山高，终将一事无成。

(22) 精神愈用而愈出，不可因身体素弱过于保惜；智慧愈苦而愈明，不可因境遇偶拂遽尔摧沮。

精神是越用越旺盛的，不可借口体弱而惜用；智慧是越多磨难而越明白的，不要遇到一点小挫折就沮丧、颓废。

(23) 众口悠悠，初不知其所自起，亦不知其所由止。有才者仇疑谤之无因，因悍然不顾，则谤且日腾。有德者畏疑谤之无因，而抑然、自修，则谤亦日息。

众口铄金，每个人生活在社会上，尤其是作为职业经理人，总免不了被人议论。有才能的人得知自己被诽谤后，并不去分析原因，依然我行我素，这样诽谤你的人会越来越多。有修养的人会去分析原因，会去避嫌，提升自我修养，把别人的批评当成“无则加勉”的勉励，这些不利于你的说法就会慢慢消失了，所以我们要虚心，要屈己广纳。

(24) 凡富贵功名，皆有命定，半由人力，半由天事。惟学作圣贤，全由自己作主，不与天命相涉。吾有志学为圣贤，少时欠居敬工夫，至今犹不免偶有戏言、戏动。尔宜举止端庄，言不妄发，则入德之基也。

一个人成功，一半是依靠自己努力，一半是机遇。但你去学圣贤，就与机遇不相干了，自己有主动权。“言不妄发”就是说不要无原则地乱说话。举止要端庄，这是学习圣贤的德行基础。

(25) 天下凡物，加倍磨治，皆能变换本质，别生精彩，何况人之于学！但能日新又新，百倍其功，何患不变化气质，超凡入圣？

当得知那个从国外进口来的望远镜，其实是一块玻璃磨光而成时，曾国藩非常感叹，一块玻璃尚能如此，人通过学习又怎能不超凡入圣？学习就是磨砺，日日学，日日新。

先贤们值得学习的言论还有很多，由于时间关系我只引用这些。如果我们职业经理人能把这些作为座右铭，那么对自己的进步与成长将会有很大帮助。

3 法、势、术在企业管理中的现代转换①

2008年的公司年度工作会议至今刚好一年。这期间，是公司发展历程中一个相对复杂的关键时段，主要表现在这样一个对立问题上：一方面正值公司发展战略成功转型，从一个大型影视拍摄基地转型为超大型影视主题公园之际，正需要一个良好的经济发展环境；另一方面，我们又遭遇到百年一遇的国际金融危机给国内带来的经济危机，国内40%的民营中小型企业破产、40%的民营企业在破产边缘挣扎……

这么一个严峻形势给公司的发展带来了严重的不利因素。这是一个很大的挑战。这一年来，我们秉承公司“修己安人，义利并重，和谐共赢”的品牌价值观，以人为本，坚持创新，深化管理，在国内多数主题公园经济效益急剧下滑的情况下，仍取得了不错的业绩。

公司在转型后遭遇严重经济危机时，仍保持较强的抗压能力并继续发展，说明公司这几年来的建设之路是健康的，应对之策是恰当的，尤其是2008年公司年度工作会议所提出的工作方针，对指导转型后的工作思路、化解金融危机的不利影响起了积极的作用。

我们当时提出的“戒惰破满、提升管理；知难而上、再立新功”这个工作方针，重点突出了“管理”这个要素，针对这个管理问题，《横店影视通讯》杂志社2008年还搞了专项的系列访谈，出了七期的《企业经营管理实务系列访谈》。时至今日，在不断积累和总结的基础上，我们公司取得了突飞猛进的发展，各项制度正在逐步完善，新修订的管理制度即将出台，标准化手册也要在春节以前完成第一稿。

---

① 摘自2009年8月12日《古“法”今用　儒法互补——在浙江横店影视城有限公司2009年度工作会议上的讲话》一文。法：管理制度；势：管理权威；术：管理技巧。

在我们致力于制度化建设和提升管理的过程中，我想提醒我们的职业经理人，在学习现代西方的企业管理学知识时，千万不要忘记更符合中国国情的管理知识，还是应当从本国博大精深的传统文化中去学习、借鉴。

管理，尤其是制度化管理，其文化内涵从中国传统文化讲是属于法家范畴的。基于此，我们不妨再去学学古人，从古人智慧中汲取我们需要的养分。

在此，我想结合管理中制度的制定、制度的执行、标准化课题这些问题，谈谈“法家”思想给我们的启示。

古“法”今用

严格的企业管理制度源自中国传统文化中的法家思想。

在2007年的公司年度工作会议上，我们曾共同学习了儒学。在我们的企业文化建设中，“修己安人，义利并重，和谐共赢”的品牌价值观所体现的就是儒家的“德治”思想，目的旨在宣示我们是一个负责任的、有道德的企业。然而，企业发展的内在要求又使得我们的企业必须讲究效率，关注经济效益，成为一个盈利的企业。如此，制度管理的必要性和重要性自然就凸显了。对于制度管理，从中国传统文化讲，其实就是“法治”思想，属于法家思想的范畴。

说到“管理”，不少年轻的职业经理人认为它是从现代西方国家传入的，并把西方的企业管理理论奉为经典。其实，如果了解中国历史的话，就知道管理思想的提出，中国要早于西方几千年，并且更丰富。如早在2000多年前的春秋战国时期，古代哲学家墨子就提出了对劳动过程的分工管理，他说:“譬如筑墙然，能筑者筑，能实壤者实壤，能欣者欣，然后墙成。”

接下来我要谈的法家思想的代表作《商君书》和《韩非子》，更是我们得以古“法”今用，推动企业提升管理、搞制度化建设的思想源泉之一。

儒法互补

严格的企业管理制度是儒家的德治与法家的法治既相互对立又相互依存的矛盾统一体。

从表象上看，儒家的德治与法家的法治好像是对立的，其实这种对立是建立在相互依存、互补的基础上的，它们的关系如同一个硬币的两面、地球的南极与北极，是对立统一的。怎么理解这个“互补”、这个对立统一呢？比如，我们强调要做一个“有道德的企业”。这里，道德与企业是对立的。因为企业追求的是利润最大化，这与道德的追求恰恰相反。这两者的关系怎么处置？这就涉及到企业价值观问题，涉及到企业的社会责任。而我们公司是奉行“修己安人，义利并重，和谐共赢”这种价值观的。这样一来，我们就很自觉地把道德理念——如遵纪守法、关爱员工、共享发展成果这些思想融入、贯穿在整个企业的经营管理中了。换句话表述就是：企业在追求利润最大化，完成其目标追求的同时，又要遵纪守法，成为良好“公民”。而这样有机结合的结果就是我们的企业成为了一个“有道德的企业”。因此，在讨论企业制度化管理的问题时，如何处理儒家的德治与法家的法治的关系，所涉及的也是同样的原则和方法。

法家思想的历史价值与现实意义

概括地说就是：法家破天荒地提出和实践了“法治”的理念，成为从古至今治理国家的基本原则，至今还发挥着重要作用，如当代中国践行的“以法治国”，现代企业奉行的“制度化管理”。

关于“法家”，其年代离现在确实有些远了。所以，我在这里扼要介绍一些与法学兴起相关的历史背景和法家代表人物。

“法家”在中国的历史上有着特殊的地位。它第一次在国家层面的伟大实践就兴旺了一个国家——秦，而这个国家的兴旺在我国历史上具有非凡的意义，是真正意义上的汉文化大帝国一统天下的开始。秦虽然短暂，但其完整的国家制度、基本的管理理念却延续至今。

宋代丞相赵普曾说“半部论语治天下”，但到了近代，大学者章太炎又说靠论语或者儒学治理国家是不行的，需要依靠法家，即“半部韩非子治天下”。

春秋时期，百家争鸣，墨家、道家、儒家、法家、阴阳家、纵横家等各成体系，流派纷争。其中儒家传统文化对于做人做官提出了一个理想标准——“修身齐家治国平天下”。这句话来源于“四书”之首——《大学》，原文是“古之欲明明德于天下者，先治其国；欲治其国者，先齐其家；欲齐其家者，先修其身；欲修其身者，先正其心；欲正其心者，先诚其意；欲诚其意者，先致其知；致知在格物。物格而后知至，知至而后意诚，意诚而后心正，心正而后身修，身修而后家齐，家齐而后国治，国治而后天下平”。可见，儒家也是想要治理国家，只不过用的是修身养性的“以德治国”的理念。当时儒学在百家争鸣时已经发展成了一个很大的流派，为什么秦国却没有将这一学术作为治国之策？就因为儒家的理论不适合当时的秦国。

秦国，位于今天的陕西、山西、内蒙一带，是一个相对比较贫弱的国家，在成为战国七雄中的一员时，其土地没有楚国大；经济实力、科技文化没有魏国强；矿产资源、国家财富比不上韩国；兵力落后于齐国。秦国当时面临的主要危机是国力相对较弱，列强环伺，迫切需要一种能尽快富国强兵的崛起之策。为什么六个国家几次联合进攻它，不但没有将其打垮，最终反而由它一统天下？这就是秦国选择了法家治国的结果。

法家思想的代表人物首推商鞅，他对中国历史的主要贡献是：首次提出并建立了依法治国的思想体系。秦孝公嬴渠梁时，向天下公开招贤，卫国国君的后裔商鞅应求贤令入秦。与秦孝公面谈了三次。第三次，商鞅讲法家的霸道，富国强兵，秦孝公很感兴趣，并开始重用商鞅。从此秦国一直把法家思想作为治国方略，而商鞅的《商君书》也成为秦国的国书。到了嬴政时期，其完备的国家法制、众多的法家人才聚集在一起，使得秦国得以迅速平定六国。

商鞅之后，法家思想的另一位代表人物是韩非，他是法家学说的集大成者。他创立的法家学说，为中国第一个统一专制的中央集权制国家的诞生提供了理论依据。其代表作《韩非子》，是一部帝王书，主张法治，提出重赏、重罚、重农、重战四个政策。韩王室诸公子之一的韩非，非常有才气，就学于荀子，与李斯是同学。他目睹了战国后期的韩国积贫积弱，内政涣散，心中非常忧虑，多次上书韩王，希望改变当时治国不务法制、养非所用、用非所养的情况，但其主张始终得不到采纳，于是退而著书，写出了《孤愤》《五蠹》《内外储》《说林》《说难》等著作。后来，他的著作流传到了秦国，被秦始皇偶然看到，极为赏识，于是以派兵攻打韩国相威胁，迫使韩王让韩非来到秦国为其效力。从此法家的思想在秦始皇手上得到了实施，其思想和成果一直延续至今。

此外，还有慎子的“势”以及申不害的“术”，这些与“法”一起形成了以“法”为中心的法、术、势相结合的法家思想体系。纵观历史，历代统治者都在推行法家思想，无论是秦代纯粹的重法，还是汉武帝之后很多朝代的外儒内法，法家思想都起了重要的作用。

撷取法家思想精华建章立制

我们现在所说的公司制度化管理、标准化建设，其实就是公司的法，是要求每个员工都要遵守的约束性文件。企业要想建设一个强势品牌，必须要有严格的管理制度，有一个员工共同奉行的价值观，有一整套标准化的执行手册。我们吸取儒学《四书》《五经》里面“易”的核心思想——“和”的积极意义，确立“修己安人，义利并重，和谐共赢”的品牌价值观。同时，我们也要以法家思想来弥补儒家过于理想化及缺少刚性的一面。

怎样建立行之有效的制度？怎样长期一以贯之地执行？怎样才能做得更好？法家代表人物在其所著的法家思想经典《商君书》和《韩非子》中已经

为我们提供了有价值的见解和启迪。

其一，为什么要定制度。

(1) 故王者刑用于将过，则大邪不生；赏施于告奸，则细过不失。治民能使用大邪不生、细过不失，则国治。国治必强。①

国家的君主、统治者，必须先用刑法来告诫民众，将可能犯的过失消灭于未犯之前，才不会出现大的违法乱纪行为。同时，要制定一整套的监理制度，让民众一起来监督、举报，这样，民众就会连小错误都不犯。如果能使民众大错不生，小错不犯，国家就治理得相当好了。国家治理好了，就必然强大。

“儒家”与“法家”看似相对，实则相通。“儒家”推行性善说，认为只要用“仁”来引导民众，他们就会走上向善的路。法家认为人性本恶，必须用强制手段规制民众向善。两者的认识不同，最终目的却一样——让人向善。对于企业来说，不能指望每个人都具有自觉行为，必须要用制度来规范，让大家知道哪些可以做，哪些不可以做，这样才能防患于未然，这样的企业管理才是有效的。企业管理好了，才能做强做大。

(2) 圣人之为国也，壹赏、壹刑、壹教。壹赏，则兵无敌；壹刑，则令行；壹教，则下听上。夫明赏不费，明刑不戮，明教不变，而民知于民务，国无异俗。明赏之犹至于无赏也，明刑之犹至于无刑也，明教之犹至于无教也。②

圣明的君主治理国家，要赏罚分明，要对民众进行教化，要有刑法作为保障，只有这样国家才能所向无敌。

今天的企业除了要有严格的规章制度，还要有和谐的企业文化，通过培训和教育，提高员工的工作技能和个人素养，才能激发全员工作的积极性。

赏赐得当，就不浪费财物，因为真正用在明处的奖赏花费不了多少钱。

---

①② 摘自《商君书》。

刑罚严明，人民就很少犯法而被杀。否则，社会秩序将会乱套。教令明确，让老百姓有所适从，便不会发生变乱。明确了教化的大旗，整个民间的风俗才会正。明确了奖赏的方法，做到极致就不再需要特别的奖励。正如企业若是有了稳定、合理的薪酬机制和绩效挂钩，员工反倒不会斤斤计较。明确了处罚制度，就不会有人去故意触犯刑法，那刑法就用不到了。正如对我们来说，不去做违法乱纪的事，就不会感受到法律对我们的约束力。制度之于企业，也是同样的道理，很多制度制定下来，可能很少或根本不会去用来处罚员工。制度一旦被员工接受，成为自觉的行为习惯，也就不需要再去教育了。

(3) 名分定，则大诈贞信，民皆愿悫（què）而各自治也。故夫名分定，势治之道也；名分不定，势乱之道也。故势治者不可乱，世乱者不可治。夫世乱而治之愈乱，势治而治之，则治。[①]

国家制定法律以后，就有了规矩和标准，有了执行规矩和标准的法官，即名分定。名分定了以后，即便大奸大恶之人，也会变得诚实，因为约束多了。人民则更加谨慎，就不需要约束了，大家都能本本分分做人。所以名分要定，纪律要严明，执行一定要坚决，要有一个非常公正的执行机构。今天，在我们企业里，职业经理人要带好2000多名员工，首先就要自己先做好，同时在执行制度时，一定要公正严明，一以贯之，不要随意改变制度，否则将会越管越乱。

(4) 必以严莅人，夫火形严，故人鲜灼；水形懦，人多溺。[②]

大家都知道火是会烫伤人的，所以没有人会主动走进火里。人人都知道水一般不会伤人，很多人还会游泳，即便在深水里也不怕。正因此，如果不是由灾害性的外因所引起，人往往不会被火烫伤，反倒经常有人被淹死。制度就像火，要想建设好一个国家或企业，必须要从严治理，严格的

① 摘自《商君书》。
② 摘自《韩非子》。

制度一定要到位，才能让人们意识到，违反它是会伤己的。

(5) 夫奸，必知则备，必诛则止；不知则肆，不诛则行。夫陈轻货于幽隐，虽曾、史可疑也；悬百金于市，虽大盗不取也。不知，则曾、史可疑于幽隐；必知，则大盗不取悬金于市……母之爱子也倍父，父令之行于子者十母；吏之于民无爱，令之行于民也万父……故母厚爱处，子多败，推爱也；父薄爱教笞，子多善，用严也。[1]

做奸邪之事，如果必然被知，就会有戒备，必然被诛，就会停止作恶；如果不会被知，就会放肆，不会被诛，就会为所欲为。事先没有去防范，就会有人违反做坏事，如果有严格的刑罚，就会阻止它。若不去纠正，坏的行为将会更加放肆。不去处罚，将会有人随意乱行。企业也是一样，如果我们没有一整套严格的管理方法，也会有人肆意妄为，做很多损害企业利益的事。

小利小惠在人看不见的地方，就是曾参、史鱼这样的贤人也有可能会去获取，因为不会被人发现。悬百金于市，众目睽睽之下，大盗也不去取，因为会被人发现。在企业，我们提倡做事公开透明，不要出现只有个别人清楚的情况。不透明、不公开，那么曾参、史鱼那样的廉洁之士都可能在隐秘处私下行贪；公开透明了，即便惯偷大盗也不会去拿悬挂在街市上的黄金。

在家庭里，母亲对子女的爱往往比父亲要加倍，父亲对子女"做规矩"却是十个母亲都比不上的，因此我们常说"慈母严父"。官吏对民众没有什么爱，其命令对于民众却是父亲对子女的万倍。所以母亲以溺爱对待子女，子女多半会道德败坏，这是因为溺爱的结果；父亲用很少的爱管教鞭笞子女，子女多半品行善良，这是因为有规矩、有威严。在我们企业也是同样的道理，管理者如果都无原则地做老好人，这其实是在害员工，严格管理才是对他们真正的爱护。

① 摘自《韩非子》。

其二，制度怎么定。

(1) 故圣之为国也，观俗立法则治，察国事本则宜。不观时俗，不察国本，则其法立而民乱，事剧而功寡，此臣之所谓过。[①]

圣明的君主在管理国家的过程中，要根据当地的民情风俗来立法，不能照搬照套别国的法规，只有根据本国的根本制度定出的法规政策才是合适的。不观察时俗，不观察国情，乱立法反而容易让民众引起混乱。这样，管理者虽然忙碌繁杂，却很少，如果出现这种情况，那才是真正的过失。

今天，我们制定制度也必须立足于企业的现状和根本，而我们企业的根本就是创造利润最大化，让员工在获得合理收入的同时，在职业上得到进步和提高，让游客获得快乐等等，只有符合这一根本的制度才是合适的、有效的。

(2) 是上法古而得其塞，轻刑以去赏。夫上设刑而民不服，赏匮而奸益多。故民之于上也，先刑后赏。故圣人之为国也，不法古，不修今，因世而为之治，度俗而为之法。故法不察民之情而立之，则不成；治宜于时而行之，则不干。[②]

在执行法令时，不能一味照搬照套以往的经验，就像今天我们用法家的思想来指导企业制度建设一样，若是把《商君书》里提到的诸如农耕作战等思想照搬进来，那就行不通。赏罚要公平，不能有偏颇。只有赏赐没有处罚，容易引起民众不服。赏赐少了，做坏事也就越多。所以对民众来说，要先刑后赏，先用制度去约束民众，再辅之以奖赏。

圣明的君主管理国家，不完全照搬前人，也不拘泥于现状，会根据不同的形势、不同的时代来作为，会衡量民间的习俗来制定法规。所以，制定法规时如果不考察民情是不会成功的。若治理时用的法规符合现状，顺应民情，就不会有很多抵触。同样，我们制定管理制度和标准化手册时，也要循序渐进，要结合企业的外部环境、员工的总体素养等因素，这样才

①② 摘自《商君书》。

有成功的可能。

(3) 凡治天下，必因人情。人情者有好恶，故赏罚可用；赏罚可用，则禁令可立，而治道具矣。[①]

治理天下，必须要体察人情世故，要考虑社会风俗和周边环境。人有好恶之分，所以赏罚得当，禁令才可以推行，此时治理国家的方略才能得以贯彻。我们公司的管理制度正是秉承“以人为本”的宗旨，进行逐步调整修正的。

(4) 故赏贤罚暴，举善之至者也；赏暴罚贤，举恶之至者也：是谓赏同罚异。赏莫如厚，使民利之；誉莫如美，使民荣之；诛莫如重，使民畏之；毁莫如恶，使民耻之。赏罚必知之，知之，道尽矣。[②]

最好的“法”是奖赏好的处罚坏的，最恶的“法”是奖赏坏的处罚好的。治理国家或企业，必须要赏大家认同的，罚大家反对的，民众必须要遵守国家的法律。赏赐越丰厚，民众越满意；赞扬越不吝惜，民众越感到光荣；刑罚不怕重，让民众畏惧，他才不会触犯刑法；批评不怕犀利，把道理讲透，民众才会感到耻辱，才会谨记。让大家都明白了什么是赏罚，一个国家的政治法规就完整、顺畅了。同样，这也是制度对于企业及员工的意义。

其三，制度的执行。

(1) 国之所以治者三：一曰法，二曰信，三曰权。法者，君臣之所共操也；信者，君臣之所共立也；权者，君之所独制也。人主失守则危，君臣释法任私必乱。故立法明分，而不以私害法，则治。民信其赏，则事功成；信其刑，则奸无端。凡赏者，文也；刑者，武也；文武者，法之约也。故赏厚而信，刑重而威；必不失疏远，不违亲近，故臣不蔽主，而下不欺上。[13]

君主要治理好国家，必须借助三种工具：一是制定民众共同遵守的法

①② 摘自《韩非子》。

③ 摘自《商君书》。

律，二是要建立威信，三是要握有权力。法律是君臣与民众共同制定的，威信是君臣与民众共同建立的，权力则是君主独有的，大权不能旁落。有了这三者，才有了做好管理的基础。

不有效监督，不有力执行，或马马虎虎、迷迷糊糊、好好先生等，这些都是权力丧失的具体表现。这样的领导、这样的企业总经理就形同虚设，就管理不好企业。若君臣抛弃法律，完全由着个人的意志去行事，必然会大乱。所以，法制一旦建立了，任何人都不能去违反，不以私犯法才能管理好。老百姓若相信国家给自己的奖励，事情一定能做成。若相信刑法，就不敢去作奸犯科。在国家治理的过程中，要文武结合，奖罚分明，这是法的总方向。奖赏丰厚自然就建立了威信，处罚严重并且必须施行，必然会树立威严。跟你关系比较疏远的人，若真的有功了，一定不要忘了给他们奖赏。如果有人违法了，也不能因为他跟你关系亲近就不处罚他。这样坚持下来，臣下才不会蒙蔽君主，百姓也不会欺骗上级。企业也是如此。

(2) 国之乱也，非其法乱也，非法不用也。国皆有法，而无使法必行之法。①

国家的混乱不是法乱了，也不是用不了法，而是没有很好地去执行，即我们所说的执行力没跟上。因此，制度制订出来，必须要有很多的配套措施，如绩效、督察、考核、检查等。

(3) 故绳直而枉木斫，准夷而高科削，权衡县而重益轻，斗石设而多益少。故以法治国，举措而已矣。法不阿贵，绳不挠曲。②

绳：木工用的墨线；枉木：曲木；准：定平的工具；夷：平；高科：木材的凸出处。

要把弯曲的木头砍直，必须先用墨绳弹过，依照墨线砍才能砍直。所以，以法治国，关键在于制定法律。法律即使是对高贵的人、有权势的人

①② 摘自《商君书》。

也不徇情。我们做任何事情也都要有个准则，有了明确的方向和制度，就要认真地去执行，不能受任何牵制。

(4) 智术之士，必远见而明察，不明察，不能烛私；能法之士，必强毅而劲直，不劲直，不能矫奸。[①]

治理国家，要通晓管理的办法，要有远见卓识，既要明察秋毫，又要看得准。不能明察秋毫，就不能看到那些可能损害整体利益的私利。执行法律的过程中，若不能坚决果断，刚强坚韧，就不能纠正那些损害国家利益的行为。企业执行制度时要坚决、坚持，否则，就不能纠偏、惩邪。

法家思想对我们的启示

综上所述，我们可以明白：所谓法家管理思想，就是以“法”即管理制度为核心，注重“法”“势”“术”，即管理制度、管理权威与管理技巧的完美结合。强调法治，强调他律，强调管理手段的运用，这对我们职业经理人有着很好的借鉴意义。所以，当我们以儒家的德治、以人为本的思想作为管理之魂时，我们还需要规范的、严格的管理制度。也就是说，只有德治与法治的交融互补，才能管理好企业。

4 功夫在诗外：给职业经理人的七个字[②]

作为企业管理者，除了要掌握基本业务知识外，还必须掌握其他一些相关的专业知识，像财务、工程、营销等等。但是这类专业知识只有理论

① 摘自《韩非子》。

② 摘自2007年1月12日企业经营管理实务系列之《职业经理人需要把握的七个字》一文。

是不够的，很大一部分知识还需要从工作岗位的实践中获取。当专业知识在理论和实践上结合起来，事业上才会有发展。

我相信，进入一个行业，如果严格要求自己，少则一年，就会在专业上有很快的进步。比如进入一个酒店，我们从端盘子、铺床开始，到前厅、后勤保障管理，一路认真地做，如果每个岗位你都干过了，那么只需两年时间，你对这个酒店的整体运行就会有基本的把握。但这是不是就意味着我们过一两年就一定会成为一个合格的管理者呢？不一定。

能不能成为一个合格的管理者，还要有很多专业知识之外的东西，就像我们古人所说：要写好诗，就要“功夫在诗外”。

就是说，写诗作词，固然要通晓格律，懂得平仄、押韵、对仗、比兴等基本的技巧，知道“沁园春”的词牌该怎么填。但是，知道这些常识，只能说你会写诗词，要真正能写好，还必须“功夫在诗外”。今天我所要说的就是要想成为一个好的管理者，更重要的是我们要在品行、修养、知识等各个方面加以深化，就是还要把功夫下在专业知识之外。

关于这个问题，我想通过7个字，谈以下几点思考：

第一个是“博”字。“博”是博学、广博。现代企业管理者，尤其重要的就是知识的广泛。除了专业之外，还要涉猎很多东西。比如，从大的方向来说，历史、地理、文学、艺术、体育、社会、经济、军事等，这些都可以运用到管理学中来。怎么排兵布阵？怎么攻击？怎么占领？怎么巩固？怎么扩大？这些都是兵法上的问题，用到营销学上同样成立。

我们从事一个行业，首先应该在大的方面有所把握，再考虑细节的问题。比如说建筑、园林、书画、音乐、礼仪、医学等等，这些知识在我们今后的管理上全部都能用上。对于这类知识，不要求我们学得很精，但要有所了解。

比如书法，至少该知道我们中国书法的大概情况。知道中国书法经历了篆书、隶书、草书、正楷、行书这样一个演变过程，我们在选择应用的过程中就会有个确切指向。秦王宫景区里的文字，我们选择用篆书。大篆、小篆，是秦汉时代的文字。当然我们更多的是选择小篆，小篆更好认，它是秦始皇的宰相李斯整理出来的一种书体。再比如清明上河图景区，景区的标示牌将全部换成瘦金体，瘦金体是宋徽宗独创的书法，符合那个时代的特色。

再说绘画，如果懂一点绘画知识，在看某一个酒店时，就可以看出它是什么风格的，这样的风格适合挂什么画。如果是欧式的，就应该挂幅油画。作为酒店的管理者应该根据酒店的风格来设定它的装潢和摆设。如果在某些中式的酒店挂字画，是选择水墨画，还是工笔画，再或者是大写意？效果都不一样。这就要求我们在书画方面有基本的鉴赏能力。这些都不需要你会画，成为画家，但要会鉴赏，能够选择。再说园林。中国园林特别是南方的园林讲究疏密有致、小中见大。而法国的园林则不一样，他们讲究的是成片的、呈几何图形的、大块面的园林风格。对从事风景旅游的人来说，基本的原理要知道。

再从园林方面看横店影视城。清明上河图景区选择树种，就不能把南方的樟树种进去，柳树、槐树倒是可以的。北宋的汴梁就大量种槐树，所以，种槐树就和那个朝代的区域和风格相适合。在广州街·香港街景区选择树种时，可以选择桂花、罗汉松、夹竹桃、松树这一类常绿的树种。这些原理要弄清楚，不然就可能不合适。再说建筑，我们不需要会画图、设计，但酒店、景区要进行设计时，作为管理者必须根据企业定位来设定风格。这要求管理者必须要有一定的眼光和基本常识，才能够选择。

再说餐饮，作为管理者本身就必须是美食家。要知道什么酒有什么香型、口味，什么酒适合配什么菜。比如海鲜就适合白葡萄酒，去腥，助消化，而不适合用红甜葡萄酒。再如我们中国的白酒，有浓香型、酱香型、清香型、米香型等四大香型。那么，作为业者来说，也要会根据不同的特点向客人推荐不同的酒。尤其是我们的菜式，作为管理者，我们不能只是吃，还要知道它的烹饪手法，如何向客人推荐。再如西餐的基本礼仪，接待外宾，和外国人一起就餐时，刀叉该怎么摆，都有讲究。所以，不管是从事旅游行业，还是从事其他工作，我们都要去探究，要能说出其中的原理。这样的话，我们在管理处事中才能胸有成竹、进退有度。

同样，很多日常的知识对于我们从事旅游行业的人来说都是有帮助的。哪怕是天气，也需要我们关心。特别是风景旅游，天气对于我们来说至关重要，就像农民“看天吃饭”一样。你对天气要了解，什么季节什么时段会出现什么状况。我们不是有二十四节气嘛，这些对我们搞旅游的人来说都有用。如何记住二十四节气呢？有一首诗可以帮助记忆，“春雨惊春清谷天，夏满芒夏暑相连，秋处露秋寒霜降，冬雪雪冬小大寒。”还有12生肖，12生肖实际是天干地支中的地支。天干——甲、乙、丙、丁、戊、己、庚、辛、壬、癸。十二地支——子、丑、寅、卯、辰、巳、午、未、申、酉、戌、亥。十二地支和十二生肖是相对应的，子鼠、丑牛、寅虎、卯兔、辰龙、巳蛇、午马、未羊、申猴、酉鸡、戌狗、亥猪。我们景区当中有很多地方都用得到十二生肖、天干地支。

由此看来，我们涉猎越广泛越好，让自己成为一名杂家。这个杂家，并不需要你对每个所涉及的行业都很精通，但要了解常识，这些常识对我们今后的职业生涯都将是有用的。当我们掌握了各种各样的知识以后，在管理中我们就能知道选择，知道取舍。人家拿了一套方案给你审阅，你一眼就能看出这套方案的价值，可行在哪里，不可行在哪里。这就是眼光。这种眼光源自广博的知识储备，来自于专业知识以外的、看似雕虫小技的，甚至风花雪月的、旁门左道的东西，包括儒道佛教、阴阳八卦等等，都是有用的。我们横店影视城目前正在紧张排练的一台名为《梦幻太极》的大型全景式舞台情景剧，用的就是阴阳太极的和文化，和则两利、斥则相残，相生相克的易经之说。它看似旁门左道，但《易经》在国际上被认为是非常科学的，甚至按照南怀瑾先生所说的，《易经》是上一个冰河世纪以前，比现在更先进的智慧生命留下的唯一的东西，现代物理学、化学都能在《易经》中找到本源。

第二个是“勤”字。“勤能补拙”“业精于勤荒于嬉”等等，这些话都是常识，很老套的说法，但是“勤”于我们、于现今，我觉得还是很重要的。大家都看到，我们的旅游管理者，酒店的总经理、员工，穿着西装皮鞋，上班都在空调里面，看上去很舒适。其实，从事旅游管理的人很辛苦，一年365天，差不多天天都得面对各种可能会发生的意外。在这个行业中，有些人非常卓越，有些人很平庸，有些人虽然在这个单位做了很多年，但是没有进步。仔细分析一下，能够成功的人，大部分都是非常“勤”的。他比跟他同时进来的同事要“勤”，领导交待的事情，他会在第一时间把它做好，甚至很多时候，不等领导交待他就做好了。而不像有些人，领导不交待他就不做，有些甚至领导交待了他还要拖一拖。

勤奋的人，花很多功夫努力完成一件事。不勤奋的人，只用很少的功夫做几件事情。领导布置他写篇文章，他就到网上找一篇凑合。“勤”的人，会老老实实地经过自己的思考，认认真真地完成自己的文章。效率当然是抄的那个人高，一天写个两三篇也没问题，却没经过他思想的加工。这就是业精于勤的问题。学习、工作是同样的道理，我们要有刻苦坚忍、埋头耕耘、兢兢业业、勤奋用心的精神。因为每个人都要从基层干起，必须在第一线的岗位上做出成绩，才会被你的上司所发现，脱颖而出，才会有机会成为企业的高管。这个就要靠“勤”，要靠大量的细小工作的积累。

第三个是“实”。“实”就是不虚妄，做实事，不气馁，论实力。要成为一个好的企业管理者，必然是个非常实在的人。为什么现在说很多成功的企业家、有识之士都很低调？其实，我们从他们的低调中不难发现，他们这是不张扬，不修饰，是内心的一种沉稳，是自信的表现。所以，一个浮浅的人，喜欢把身边的一点事无限地放大，当时会有一点光环，会很好看，但是经过时间的淘洗，它会褪色。就像我们现在有些劣质的服装一样，会很快褪色。而经典的服装，虽然过了很多年，穿在身上仍然不过时。做事情如果不用功、不用心是成不了事的。用实力说话，用自信来巩固自己，这就要求我们脚踏实地。

明清时期有本格言集叫《菜根谭》，它是把民间的各种格言汇集起来的一本书。其中有一句格言“立业建功，事事要从实处着脚，若稍慕虚名，便成伪果”。就是说，要建功立业，成为一个成功人士，就要每一步都从实处做起，一步一个脚印地走。如果不这样，而是去追求虚名，最后是修不成正果的。

第四是“容”。容，是相融、容忍。不管我们以后能不能成为一名企业家，或者说做一名职业经理人，哪怕只是一名普通员工，今后的企业越来越大，进行集约化经营，肯定会相对地组成某些团队。那么，在一个团队中，你能不能和大家团结，融入这个团队？这就体现了一个“容”字。这要求我们要有宽大的胸怀，要会容忍，因为不遂意的事情是随时会发生的，可能会来自你的同事、你的上级。他们也许能力平平，心胸很小，处处压制你，甚至给你找麻烦。这时候除了用实力、自信去创出业绩以外，还要有一个平常心，要宽容，所谓“宰相肚里能撑船”。

关于这个成语还有则小故事。清代有个叫张英的大学士，是安徽桐城派的一个主要人物。张英家里造房子，墙基被隔壁邻居占了，家人写信到京城，让他回来干预，他写了一首打油诗寄回去，“一纸书来只为墙，让他三尺又何妨。长城万里今犹在，不见当年秦始皇。”他是个宰相，完全可以打个招呼就把这个邻居灭了。在封建社会，一个宰相要灭一个小小的百姓多么容易，但他用自己的胸怀包容了——“让他三尺又何妨。”家人得此信后当即拆墙退让三尺。对方一看这样子，深受感动，也后退了三尺为谢。今天安徽桐城西后街还留着这个“六尺巷”。因此，我们也要学会调整自己，有些调整很重要。调整好自己，一些事情就能解决得很好。但如果和人家不协调，事情的结果十有八九都是不太好的。因为你不善于和人家打交道，没有一颗宽容的心。

人们常说“我们要有雅量”。这个雅量可以体现在一张桌上吃饭。梁实秋说过一个故事：两个人坐在一张桌子面对面吃包子，一个人一口咬下去，把包子的汤汁溅到对面那位先生的脸上。那位先生面不改色，眼珠子都不转，无事一般。咬包子的人不知所措。店小二拿块毛巾要帮着擦擦，那位先生却说“不忙不忙，他还有两个包子没吃完呢。”这种胸怀，这种雅量多么大度美好。对方尴尬了，他自己倒不尴尬。他用了很幽默诙谐的方法化解了尴尬。

我们从事旅游行业，作为管理者，也一定要有雅量。一个人的性格与生俱来，很难改变，但我们可以改变自己的行为方式，要允许不同性格的人和自己形成一个团队。

第五个是“度”。“度”是适度，就是做任何事情合适是最好的。有些人问，我们的管理工作，到底是从严管理好还是从宽管理好？其实，这是没有绝对的。“严”，肯定是没错的，但当你的员工队伍没有达到一定水准的时候，这个“严”就要适当。让一个二星级宾馆的服务员一下子达到五星级宾馆服务员的水平，按照五星级的标准来管理二星级的宾馆，这不是马上就能做到的。所以说，只“严”是没用的，我们只能够在二星级标准的基础上，给他略微提高，往三星级的水平上靠。这就是“严”要讲究的“度”。我们刚才讲宽容、宽厚，但是在企业管理中，仍然会碰到有些管理者不善于把握分寸。在企业管理中，很多制度、条款都是刚性的，谁都不能走样，必须按照严格的制度来管理，不能宽。

东北有一家企业，日本人接收之后，一分钱都没多投，用的还是原来的制度。这个企业原来亏损几千万，三年之后盈利了几千万。日本人就是在原来的制度上强调了执行，严格执行了制度。但是，这不妨碍他实施的行为科学管理，为员工提供舒适的工作环境，为员工安排人性化的作息时间和业余生活，让员工感受公司发展带来的共同利益。这种严与宽的结合带来了公司的飞速发展。所以，在企业管理上，有很多地方涉及到“度”。任何事情只有适度是最好的。

我们鼓励大家为企业多做贡献，但是不鼓励大家永远在拼命，不知道休息。现代企业要求员工要懂得休息。为什么国家要定双休日？就是要我们在工作中适当地调整，让自己有个宽松的环境、放松的心态。修整好，再战。全天候加班，每周都加班，就一定是最好的？不一定。懂得休息，才能在自己岗位上保持旺盛的精力，这才是一个好的方式。但是，过分强调宽松，使得一个企业松松垮垮，那肯定也做不成一个好企业。这个就是要我们管理者把握好分寸的问题。

第六个是“勇”。勇于承担责任，勇于坚持原则，勇于承认错误。尤其难能可贵的是勇于承认错误。只有承认，才会改正错误，才能在今后的工作中避免再犯同类的错误。人非圣贤，孰能无过？知过即改是需要勇气的。为掩饰自己的过错而找种种理由来推托，是一种最大的错误。

第七个是“德”。“德”包括正直、坦诚、富有同情心，不取非分之财。当今社会，品行操守日趋被利益所替代，一个职业经理人如何坚守一份淡泊情怀将决定其成就的得失。商人逐利是逐企业之利，在此过程中，个人的利益本已在其中。如又心生贪念、萌生追逐个人非分之财，则是一个职业经理人之大忌。具备以上六方面素质却贪财的人，不会成功，即便是暂时的成功也不会长久，终究会垮。所以，一个成功的职业经理人一定首先是个有德的人。

5 “公生明，廉生威”：职业经理人必须清正廉洁①

为何说管理层必须洁身自好

这几年来，在全体员工的不懈努力下，横店影视城取得了不错的成绩，沿着健康的方向快速发展。我们认为，越是在此时，越应抓紧企业“清正廉洁”的建设，这缘于两方面的原因：

一是企业发展的需要。最近，集团总部领导在之前就清正廉洁等问题下发文件的基础上，又在新的一年开始之时面向全体员工做出了清正廉洁的签名承诺，这对我们来说是一个很大的鞭策，让我们感受到了总部领导

① 摘自《职业经理人应当清正廉洁——在职业经理人恪守清正廉洁动员大会上的讲话》一文。2010年3月5日，横店影视城职业经理人恪守清正廉洁动员大会在汴京大酒店会议室举行，175名职业经理人在《横店影视城职业经理人恪守清正廉洁承诺书》上签名，为打造一个清正廉洁的企业表明决心。

建立清正廉洁企业的决心和魄力。作为集团下属的子公司，我们必须积极响应这一号召，继续强化职业经理人“清正廉洁”的观念，加强职业经理人“清正廉洁”的建设。

由于任何事物的发展都是有起伏的，会随着外部环境的变化发生转化，原来好的地方有可能会发生迁变乃至质变，从而走向它的反面，更何况在我们的企业仍或多或少地存在一些不好的现象。尽管问题不是很多，但却会在员工中产生很不好的影响，不处理好这些问题会影响企业的团结与和谐。这些在客观上又要求我们努力紧抓这个问题。

二是历史与现实的借鉴。从历史上看，腐败会带来政权的灭亡。我们看到，历朝历代，在落后、挨打之前往往有着大规模的腐败现象，腐败其实远比落后更危险。晚清和民国时期，我们受到外敌侵略，民不聊生，除了落后之外，还有一个更大的因素，那就是整个当权者的腐败。再如北宋，它是我国封建王朝发展史上的一个高峰，其经济实力、科技水平均超过之前的汉朝和唐朝，可谓繁华至极，但就是这样一个国富民康、经济繁荣的国家，为何却被一个小小的后金用两年时间灭掉，最后逃到南方成了南宋？当时后金的辖区只有五六百万人，军队有20万，可以用以攻宋的军队仅仅12万，兵临开封城只有8万人，而北宋的辖区则占据了当时中国的大部分，人口有1个亿，军队更是超过了100万，经济实力和科技水平在整个世界均遥遥领先。就是这样两个力量悬殊的国家，上演了一段令人沉思和叹息的历史。究其原因，唯一的解释就是腐败。蔡京、童贯、高俅等人组成的腐败的官僚机构掌握了整个国家的行政大权，而宋徽宗沉迷于自己的享乐。就是在这样的背景下，北宋迅速消亡了，这就是腐败比落后更易灭国的一个例证。

反过来说，落后却未必一定会挨打，如果有好的精神和斗志也能扭转乾坤，如朝鲜战争和越南战争。当时，以美国为首的联合国军，武器装备精良，后勤保障完善，而武器落后的中国人民志愿军竟然把这支号称世界一流的军队打服了。在世界历史上，美国军队在停战书上签字的只有朝鲜和越南战争，而这些都是有中国军队介入的。中国军队当时虽然装备落后，但政治清明，官兵思想高度统一，有着崇高的理想和献身的精神。

在现实中，我们经常看到这样的情况，改革开放以来，生活的各方面都有了翻天覆地的变化，但为什么还有不少人在享受这一成果的同时牢骚越来越多？追根究底就是因为社会存在着腐败和不公的现象。人总是会比较的，当有人不是通过自己的劳动和才华获得了利益时，周围的人当然会感到不公。仇富心理在中国为什么会这么普遍？而在印度，贫富差距比我们还大，这种心理却并不明显，因为他们通过民主治理缩小了腐败发生的概率，让老百姓感受到虽然目前还很穷，但通过自身努力是有可能改变贫富问题的。

对企业来说同样如此，观察一下我们身边，不难发现，凡是一个蒸蒸日上的企业，它的管理层大都非常注重自身的廉洁，会把更多的精力投入到员工的利益上。凡是管理混乱并最终走向倒闭的企业，除了少数是因为决策错误、资金链出现问题等原因，很大一部分都是由内部的争权夺利、利用职权牟取私利引起了员工的不满，继而葬送了整个企业。

从以上这些例子可以看出，大到一个国家，小到一个企业、个人，清正廉洁都至关重要。横店影视城这么多年走下来，在这方面我们一直做得比较好。今天，我们是继续坚持并做得更好，还是放松对自身的要求？结论不言而喻。企业要发展，管理层必须先洁身自好。

正解“承诺书”

在现实生活中，每个人都难免会遇到社会上很多不好的现象，作为一个清正廉洁的企业的一分子，我们如何应对？现在，我们所有职业经理人都在《横店影视城职业经理人恪守清正廉洁承诺书》上签字了，这里，我具体解读一下这份承诺书的相关内容。

就企业外部而言，民营企业要生存和发展，在目前的社会环境下，我们避免不了必要的应酬和交往，这是企业发展的润滑剂，但关于这一点，我们向来控制得比较严格，本着合理、必须、节俭的原则，并且有规范的审批制度。这一切，我们应当明白它的差异性和必要性。

而在企业内部的人际交往方面，比如说送礼，集团总部和公司本部都下过文件，明确规定下级不能给上级送礼，在各位签署的承诺书中我们也有写明。之所以这样硬性规定，是源于事物的复杂性。因为既可以说送礼是一种陋习，也可以说是中国人特有的、亲朋好友间礼尚往来的亲情和友谊的一种表现，所以这一尺寸很难把握。为了减少矛盾和防患于未然，在企业里，我们必须要有严格的规定。目前我们界定为上级给下级适当地送点礼品是可以的，但下级绝对不能给上级送，因为上级掌握着下级的收入、升迁、工作等方面的决定权，相对来说，这二者之间在地位上存在某些不对等。如果上级有了这样的意向，很难避免下级会做违心的事。既然这样，平级之间又如何界定？我们对此曾做过两次研讨，最终界定为平级之间也不能送，虽然你们之间不是上下级关系，但会在企业内部形成一种不好的风气，尤其可能会引起管理层之间的猜忌。这种关系间的送礼起先可能是自己掏腰包相互送，但我们有二十多个子公司，若是蔓延开来，这么多的量不排除其中会产生有人直接从企业公款支出的可能。所以，我们必须防患于未然，杜绝这种情况的发生，彻底卸掉大家心中的包袱。

我们还在承诺书中提出“不收受任何业务关联单位或个人的佣金、回扣、礼物，不接受任何业务关联单位或个人的宴请和娱乐休闲邀请”。收受回扣、佣金，这本身就是违法的行为，触犯了国家的刑律。业务关联的单位过来跟我们谈业务，作为东道主，如有需要我们请人家吃顿饭是可以的，但若是别人请我们，就不能接受。因为时间一长，次数一多，就有可能发生演变，如既然吃饭可以，那么送点小礼品可不可以接受？再大点的礼品呢？唱歌可以，打牌、搓麻将行不行？等等。所有这些都可能会随之而来，如从涓涓细流到滔滔洪水乃至不可收拾，我们必须控制这样的局面发生。所以我们必须要有一个很明确的界定。

至于打牌等赌博现象，可以肯定地说，直到今天，我们身边仍有少许这样的情况存在。关于这一点，公司从来没有放松过对大家的要求，甚至比其他单位更为严格，不仅规定不准公开参加任何形式的赌博，还不允许本单位员工之间一起玩，这一文件目前仍然有效，我们要进一步强化、重申。在这里，我们要对营销公司市场部的一些人提出批评。从市场上回来后，某些人不是抓紧时间休息，而是凑在一起搓麻将、打牌，有时甚至玩至通宵，既损害了身体，还影响了工作。曾经有过这样的情况，有些人敢在上班时间打麻将，我们查获后就坚决予以辞退，所以目前这一现象已基本杜绝。不要觉得这仅仅是一项娱乐活动，坦率地说，之前我们也认为如果员工之间偶尔短时间地玩一下，不影响工作和生活是可以理解的，但我们说过事情都会演化，会影响到我们的身体、工作和友谊，所以公司才下决心要在内部坚决杜绝。

此外，我们在承诺书最后一点提到“不做任何违反国家法律和损害企业利益的事情”。企业利益涵盖的范围很广，不以权谋私，对工作兢兢业业，忠于职守，都是不损害企业利益的表现。我们都处于同一个企业，在同一艘航船上前行，这条船就是我们赖以生存的载体，如果它进水了就会沉船，所以我们要齐心协力地爱护它。企业有了更好的发展，我们也会受益良多，这一点大家都应该深有感触。横店影视城成立以来已经连续9年给员工增加薪水和奖金，我们都是见证人，在感到自豪的同时，更应该倍加珍惜。

清正廉洁是企业文化的一部分

可以这么说，如果大家真正了解、认可并脚踏实地地践行我们公司的企业文化，那么清正廉洁建设当然就是不成问题的，因为这个问题本身就是企业文化建设的一个重要组成部分。当今社会上，凡是好的企业都有自己的文化内涵。企业文化看似是一个很大的课题，有着很丰富的内容，其实都大同小异，落实到我们日常管理中就是要在企业里建立一个良好的工作氛围、和睦的人际关系、融洽的合作态度。今天，在座的各位都在管理岗位上，希望人人都能以身作则来管理我们的队伍，让2000多名员工每天都能开心地上下班，继而把我们的开心和愉悦传递给顾客。要做好这项工作，管理人员至关重要，我们做到位了，企业自然会朝着好的方向发展，这也是我们这么长时间来持续、高调地强调企业文化的原因所在。

清正廉洁有助于职业经理人养成良好的工作习惯，有助于在企业内部营造一个良好的氛围，让员工放下心理上的负担，愉快地投入工作。

那么除了养成良好的工作习惯，职业经理人还应该做好哪些方面呢？

首先还要养成一种良好的学习习惯，注重自身建设。爱好学习，善于接受新鲜事物，始终保持求知的心态和热情，绝不允许自己的思想僵化。一个热爱学习的人，他的管理水平自然会逐步提高，而当自身的积累达到一定的程度时，就会成为专家型、学者型的管理者，这时人的气质也会变化，会变得儒雅，除了工作做得很出色，其为人、行为处事也会得到越来越多人的尊重。

其次是还要养成良好的生活习惯，培养好的爱好。爱好有好多种，吸烟也是一种爱好，但我们却要禁止，因为这一行为对个人和整个环境都会造成不好的影响。我们公司的正副总经理已经开始戒烟了，希望部门经理级别的员工也开始响应起来，这是大势所趋，像杭州这么一个开放式的城市都要求这么严格，我们做旅游行业的人更应努力做到。为何不培养看书、旅游、摄影、散步、旅游、跑步、球类运动等爱好？这不仅会强健体魄，还会提振精神，激活思维，愉悦身心，让你更加热爱生活。

我们一直提倡要在公司内部给员工营造一种好的氛围，今后会加大力度，只要不影响企业正常的经营，相关职能部门不妨充分利用旅游淡季多举办一些趣味比赛和培训班。既能培养员工的兴趣，还能增进管理人员和普通员工之间的交流，营造融洽的氛围，有了这样的氛围，我们的工作才能更有效率。今年春节，我特意在给各位正、副总经理家属的一封信中提到要“文武兼修”,“文”是学习,“武”是锻炼，这一准则对全体员工同样适用。

公司没权力去干预员工的业余时间，但我们倡导健康、向上的生活方式，这于个人、家庭和工作都有百利而无一害。我们希望每位员工都能在业余时间努力培养自己的爱好。

6 机密档：中层管理人员考评样本[①]

2008年12月5日，公司召开了全体中层管理人员会议，我代表公司考评小组通报了中层管理人员的综合考评情况，并做了具体评析。

考评的作用与目的

关于考评的作用。通过此次考评，大家都能体会到我们主要是围绕德、能、勤、绩、廉等方面进行的，这些要素其实就是公司对每一位干部的要求。同时，公司又认识到：一方面考评与其他考试一样，有其局限性，无法百分之百地准确反映各位在工作学习中的情况。我们所能做的就是，从公平性上讲力争让所考核的内容对每个人都是一视同仁，从客观性上讲这些也都应该是每个干部所应当具备的。另一方面，公司还明白，在实际的考评过程中难免存在某些人会带着个人感情打分的现象，这些主观因素难免会影响考评分数的客观性。比如，可能某些干部因为工作一丝不苟，严格按规章制度办事，最终却得罪了人，这就不排除个别人会带着感情因素去给他打分。所以，对这次考评，公司将本着实事求是、全面分析的客观辩证的态度，采取自下而上、领导评估与群众意见相结合的形式。当然，我作为公司总经理，对各位自然也有评估，如果我就直接下判断也未尝不

① 摘自2008年12月5日企业经营管理实务系列之《企业管理者永远不要有满足感——在中层管理人员综合考评情况通报会上的讲话》一文。

可。但我为什么不这样做，而使用现在这种看起来很费时间很费精力的考评方式呢？为什么要在考评中倾听广大员工的意见呢？就是为了对每个干部的考核力争做到尽可能的公正、客观和民主。

关于考评的目的。我讲过多次，考评的目的无非是通过考评肯定成绩，提出不足，明确努力方向。说得再详细一点就是，考核工作实际上就是一种阶段性工作的分析总结，从中得出每个干部德、能、勤、绩、廉诸方面的评价。而这样的考评，也就是每年的考评结果就具有了两个方面的现实意义：对公司来说，及时动态地了解每个管理者的成绩与不足，以便更好地量才使用；对管理者本人来说，则明确了自身的优势与潜力，明白今后具体的努力方向。这里，我举一个例子，这次我们发觉去年考评中的最后一名，今年已有了很大的提升。去年考评成绩出来后，考评组在肯定他工作积极性的基础上，明确指出了其中的不足，使他认识到自身存在的缺陷。正因此，经过今年一年针对性的努力，他才有了现在的进步。我希望公司年轻的管理者通过这个例子，能学会用辩证思考的方式，比如，当公司指出你工作中的不足与缺陷时，也许有时是用比较严厉的形式，你能否用辩证思考的方式认识到其实你还有很大的潜力，一旦纠正了不足与缺陷，成绩、进步还有能力的提升不就是属于你的了？

考评情况通报

从2008年10月份开始，我们对52名中层管理人员进行了考评，现在已把考评结果发放到每个人的手中，包括理论考试和综合考评。与以往一样，此次考评我们仍不实行末位淘汰制，不公开大家的成绩，但希望每个人根据成绩总结一下自己在理论知识和日常管理工作中的不足，尤其要注意考评小组根据综合意见给每个人所做的总结，有则改之，无则加勉。

下面我把此次考评中各项具体考核细则以及大家完成的情况公布一下，以便每个人进行对照和改进。

完成较好的方面：

一、敬业精神颇佳，占96%。

这点比较满意。作为职业经理人，敬业是最基本的要求。

二、言行举止成熟、得体，占80%。

总体来说也还可以，说明这几年通过培训和在旅游行业的熏陶，大家在礼仪礼貌方面有了很大的进步。

三、讲道理，不推卸责任，占62%。

四、工作认真，占60%。

这点让人比较遗憾，我们一直强调对工作要认真务实，但仍有40%的人没有做到。这也提醒了我们，如果大家再认真一点，把集团总裁提出的“精细经营、精致服务”贯彻得更到位一些，我们的业绩将会更好。

五、工作上无论难易都能在第一时间里组织安排，占58%。

六、严格按照制度开展工作，占40%。

这也有点遗憾，我们本身就是制度的制定者，如果我们自己都不去执行，又怎样去要求员工？

七、为企业考虑成本，注重节约，占40%。

八、廉洁自律，注意工作上的关联回避，占30%。

九、平易近人，占27%。

作为一个管理者，权威是要有的，但千万不要有架子，不要和员工产生距离感，尤其是对待一线员工一定要亲切，要有足够的尊重。

十、看到员工工作不到位的地方会及时提出，占25%。

这本来应是管理人员的基本职责，但这点大家做得不好。

十一、做事有始有终，占25%。

十二、管理能力突出，占23%。

十三、专业知识与技能较强，占21%。

十四、注重自我学习和提高，占20%。

十五、能公正处理部门或员工之间的纠纷，占15%。

十六、公平对待企业员工，占14%。

职业经理人可以有失误，认识可以有深浅，但一定要本着公平公正的态度去对待每一个员工，这点很重要。

十七、认真听取员工意见并在工作中落实，占14%。

十八、注重实干，不平庸度日，占12%。

不足之处：

一、在一线的企业正职坚持每月顶岗上班的没能达到100%。

这一点虽没形成制度强制执行，但也是我们在会议上明确提出的要求。既然没能100%都做到，我们此次也做些调整，从现在起，一线的企业正职每月必须有半天时间到一线顶岗上班，此项将列入考评内容。这半天不一定非要亲自在岗位上操作执行，跟班也可以。坦白来说，我们当前的一些正职在当初提拔起来时是有些仓促的，也就是说他在这个行业里的基层待的时间太少，经历的事情不够多，所以即便现在走上了管理岗位，实际上对一线的了解还是不够的。我们这样做正是对这些不足进行弥补，这既是一个很好的学技术、学管理的手段，也是下基层调研的途径，如果你放弃了这样的机会，每天只坐在办公室里听听报告，不亲力亲为，那将是很有害的。我们每个人也都可以认真想想是否对自己所管辖的每个部门都了如指掌？有些干部的管理之所以一直抓不深，抓不到点子上，其实都与一线的了解不深有关。除此之外，要求大家每个月还要抽出半天时间集中到公司图书馆去看书，逐步养成好习惯。

二、工作上的创新不够，没有突破，占77%。

这个比例相当高。“不断创新，追求完美”是我们公司职业精神的一贯要求，也是我们企业文化建设的重要一环。提到创新，大家可能觉得非常难，但我们身边也不乏有一些人做得很好。创新可大可小，只有始终带着挑剔的眼光来审视我们的工作，才会发现问题，之后用更加科学、合理的模式予以改进，这就是创新。在一些人眼里，创新都是由管理层来负责的，大家只是跟着领导走。的确，我们对管理层有这样的要求，希望永远不要满足，但创新要在各个层次上有所体现，这样才能取得整体效益的进步。即便我们已经做得很成功的营销，也不是十全十美，还有很多问题亟待解决。像上海市场已经连续三年出现了滑坡，难道我们不需要创新思维吗？大家若能把工作进行一点一滴的细分，创新就不难。

三、不够主动关心员工，占71%。

四、与公司本部部门及关联企业的协调性不够，占67%。

作为一个现代型的企业，职责分明、利益分开是必须的。比如艺术团公司负责演艺，就要向景区收取费用，景区也要对节目的质量进行监督。但要指出的是，作为同一个公司，大家不能不近情理，遇到问题时，在对自己单位利益考虑的同时，不要忘了影视城以及集团的整体利益，必要时要放弃小利。树立大局观意识是职业经理人必须要做到的。

五、主动了解员工工作和生活情况不够，占65%。

六、毫无保留地将专业知识和技能传授给员工做得不够，占60%。

这里有主观和客观两种情况，主观条件上可能有些人的确因为忙，抽不出时间。客观上不排除一些职业经理人真的没什么能够传授，知识欠缺或不善于表达。我们知道，职业经理人一个很重要的功能就是带队伍，即传道授业解惑。传道包括企业的文化之道、经营之道。授业就是业务技能，一个合格的职业经理人的业务必须是一级棒的。有了技能，就要无私地传授给员工，这是你的职责，你个人才会有更大的进步和突破。解惑，即解决员工不明白的问题。如果你在这些方面有所欠缺，就要抓紧补上去。

七、专业知识与技能不够，占50%。

八、工作效率不高，占50%。

九、没有亲自进行岗位培训，占40%。

十、企业内部员工的活动策划和组织不够，占40%。

我们举办的全体员工歌咏大赛，就是一种很好的振奋员工精神、活跃员工业余文化生活的方式，让奋斗在一线的员工登台献艺，增强他们的集体荣誉感。去年为迎奥运，我们组织全体员工进行了长跑活动，2009年春节后我们还要组织全员进行一次长跑。

十一、不够注意工作上的关联回避，占40%。

廉洁自律是我们的一贯要求，作为一个管理者，尤其要有意识地回避一些容易让人产生瓜田李下印象的事情，自己心里一定要有杆秤。当你自己能够真正做到廉洁自律时，你在员工中的威信一定会提高，这就是职业经理人的品牌。

十二、没有公平对待，包庇某些员工，占35%。

十三、不够廉洁，占30%。

十四、认真听取员工意见并在工作当中落实方面做得不够，占27%。

十五、上班时间与员工接触不多（除分管营销的人员），占27%。

这一点让人有些费解，你们天天都在企业里，怎么会与员工接触不多呢？请大家对此做些思考。

十六、看到员工有困难不太主动帮忙，占25%。

十七、很少表扬工作出色或有进步的员工，占25%。

十八、工作中带有较重的个人情绪，占23%。

人的性格很难改变，但这里的情绪包含一定的牢骚在里面，牢骚太盛防肠断，对人对己都不好，更不能解决问题，希望大家注意。

十九、耐心指导员工的工作不够，占20%。

二十、工作上不够精细，占15%。

二十一、改变管理方式，管理能力有待提高，占15%。

二十二、有工作任务时不能在第一时间组织安排，占15%。

二十三、不能严于律己，宽以待人，占14%。

二十四、很少自主学习，提高自己，占13%。

二十五、有时不能公正处理部门或员工之间的纠纷，占13%。

二十六、有时做事虎头蛇尾，任务布置后监督不够，占12%。

二十七、看到员工工作不到位的地方没有及时提出，占10%。

二十八、言行举止需要注意的，占10%。

二十九、碰到困难，有时会推诿的，占10%。

三十、平平庸庸，很少做实际工作的，占10%。

三十一、会跟员工或其他管理人员发生争吵的，占9%。

对于争吵，大家要有所区分，有些因工作上的意见不同，大家发生了争议，对事不对人，这不叫争吵。我们主张有不同意见要提出来，真理有时就掌握在少数人的手里，而争吵是无原则、蛮不讲理的吵闹。

三十二，不能严格按照公司制度开展工作，占8%。

三十三，不注重节约的，占8%。

三十四，对企业内各岗位的岗位职责和工作流程不够熟悉的，占7%。

三十五，员工向你打招呼时没有回应的，占7%。

三十六，将上级信息准确传达到各部门做得不够的，占7%。

以上就是我们此次考评的大致情况，再次提醒大家必须要不断学习，现在的学习量是远远不够的。在此次考试中，理论考试分数比较高的人，不仅仅是因为文凭高，更重要的是他平时爱学习。明年我们还会再考，并且会比今年更加严格和规范。考核不仅是公司对你的摸底，也是你检验自己的方法。大家必须要从思想上提高认识，端正态度。

公司进行多种形式的考评和测试，目的就是进一步提高我们这个团体的综合素质。希望大家能以积极的心态对待，因为这也是促使自己进步的一种很好的途径。

有不少干部说工作压力很大，身心也很累，这点也不否认。公司所取得的成绩当然是与大家的努力分不开的。问题是，在竞争如此激烈的今天，不努力工作是很容易被淘汰的。你们有没有想到，当公司对你们的工作要求高于普通员工的同时，给你们的福利待遇也是高于他们的。权利与义务总是平衡的。享受多大权利就得尽多大义务，这是现代社会的一个基本法则。

2000多年前，韩非子在《五蠹》里分析尧舜禹年代为什么能实行禅让制时说，不仅仅是因为他们道德高尚，还有物质待遇低下的原因。因为在那个时期生产力低下，当领导很累，比别人付出的更多、更苦，但得到的并不多，所以比较容易实行禅让制。韩非子所说的就是这里面有个利益关系。用现在的话讲就是有一个权利与义务不平衡的关系。在这种情况下，出让权力，出让头领位置就比较容易。

现在就不同了，干部的福利待遇高于员工，自然就得承担比员工更多的责任和压力，接受公司更严格的要求与管理。最近我们对营销公司一位市场部经理经济上的违规行为进行了处理，此人违反了不能向有业务关联的人借款的公司规定，擅自向客户借了1.5万元钱。这种违规行为是不允许的。虽然经过公司多年的培养，他的业务已做得很不错，但我们还是决定把他的工作调整了一下。

切记，我们每个人在为公司发展做出更多贡献的同时，个人通过合法渠道获得更好的收益，才是我们要走的正道。

7 思想归队：做个有担当的职业经理人①

前几天我找一个总经理谈话，从他做一线员工开始，公司就给予他很多的培训和提升的机会。说起来，他的日常具体工作做得还是好的，但在我与他的交流中发现，他的理念却有离我们团队越来越远的趋势，其思想与企业现在的价值观、文化产生了距离，或许是没跟上，或许是跑得偏了，必须尽快“归队”。

所谓归队，是指作为一个管理团队应当是思想一致、目标一致、步伐一致，不能偏离。世界著名企业家稻盛和夫讲过这样一段话：用人不勉强，如果不能使对方与自己同心同德，那就毫不留恋地辞退。再优秀的人，如果不能齐心协力，其巨大能量不仅不能发挥，还可能是副作用。而另一位管理大师韦尔奇也讲过相似的话，他说，价值观相同，能力强的人，应该

① 摘自2012年8月30日《企业的发展需要有坚定的信念和细致的管理——在浙江横店影视城有限公司2012年度工作会议上的讲话》一文。

发展成同盟；价值观相同，能力一般的人可培养；价值观不同，能力很强的人，根据情况短期合作，但无法长期共事。这二位世界管理大师的名言，就是我讲的思想“归队”的含义。

我们企业的品牌价值观很重要的一点是修己安人，其中的“修己”，你们做到了吗？有个别人这么多年下来，仍不认为公司所提倡的理念是正确的，只不过迫于压力，只在表面上遵守而已。比如说不得收礼这项铁律，某些人内心深处会认为所谓的不要收礼，只要公司不知道，就不会有事，帮别人做事自己拿报酬是天经地义的事。不要以为神不知鬼不觉，世上哪有不透风的墙？的确，人都不是生活在真空中，有些人情世故必须要顾及，但基本的原则必须坚守。

比如像我们营销公司和影管公司这样的热门企业，很多人想进去，当你照顾一些关系让某人进入是可以理解的，但进入后的考评却是人人都要坚持的，不合格、不能胜任就不能继续留用。在我们公司这样的制度和氛围之下，某些管理者再想沿用那套方法是走不通的，所以才会出现有个别人将事情转到外面，再从人家手里拿到钱财。对于这些，我有耳闻，手里也有把达摩克利斯剑，只是考虑到培养的成本和情感，舍不得因为这些不太严重的事情就将其免掉，但今后肯定会更加严格，绝不姑息。

奉劝思想离队的人赶紧归队，用自己辛勤的劳动赢取应该属于你的那份薪水以及更重要的无形资产。此外，事不关己高高挂起、阳奉阴违、多一事不如少一事、不想得罪人、不作为，怀有这些思想的也大有人在。怎么能跟我们目前的发展进程相匹配？员工的工作量已经在成倍增加了，管理层的工作量跟上没有？希望我们这支团队不管外面有怎样的风吹雨打，都要努力做好自己。这支队伍中的绝大多数都是靠着自己的能力一步步走上来的，你唯一靠得住的就是基本技能和职业操守，所以继续依靠这些来赢得越来越好的生存条件和职业空间才是正道。尤其是我们的年轻员工，你们还有很长的职业生涯，何必被一些蝇头小利绊住脚？

每个人都要保持童真和对理想的追求，多点激情，遵守规则，珍惜岗位，做一个有担当的职业经理人。

8 经营之道：给职业经理人的九字真经①

几年来，大家都看到，我们横店影视城乃至横店集团的发展，之所以能取得良好的成绩，其中一个重要因素就是我们努力响应和积极实践了集团徐总裁倡导的抓企业文化、建立学习型企业的号召，充分调动了全体员工的积极性和创造性。因此，尽管目前西方百年一遇的经济危机给我们带来不少影响，但我们仍信心百倍，坚信能度过难关，取得更好的成绩。

今天我用“职业经理人读书会”的方式召集大家来图书馆集中学习，一方面固然是在具体步骤上进一步践行集团徐总裁倡导的建立学习型企业的号召，另一方面还有在思想上进行反思的考量。这个反思就是我们从美国金融界职业经理人所犯的违背经济规律的错误中吸取怎样的教训，从而使我们的决策符合经济规律、经营之道。那么，影视旅游的经营之“道”是什么呢？坦率地讲，我也一直在学习探索中，在座的各位把握了多少？各自又有多少独特体会？所以我们需要进一步的学习和交流。在今天的“职业经理人读书会”上，我正是本着这个想法与大家一起探讨职业经理人的经营之道。

关于“道”这个概念，它用得很广泛，从老子的“道可道，非常道”中讲的“天道”，到香港电影中经常看到黑帮的“盗亦有道”。这说明“道”既有普遍性，又有特殊性，并且任何“道”都是普遍性与特殊性的辩证统一。而职业经理人的经营之道，这个“道”也是这样的，它既是职业经理人经营的基本原则，又是经营过程中具体的行为方法、手法、办法。在俗语中我们常听到的就是“这个人做企业很有一套，很有道行”。

① 摘自2009年2月8日企业经营管理实务系列之《职业经理人的经营之道》一文。

这就是我理解的“道”的含义。今天我把几十年来从事经营工作的体会概括成九个字，并结合工作中的具体案例，与大家交流。

第一个字：准。这个“准”指的是我们在宏观上的、方向性的判断要正确，以及对具体事务的认识、操作方式的把握要正确。作为企业领导人这一点很重要，在我们“购进卖出”的过程中，必须要考量什么价格能买进，什么价格可以卖出，这就要我们把握一个“准”字。炒股中也有“踏空”一词，就是看我们有没有把握住点位。相信这一点大家都很有体会。2007年10月梦幻谷刚推出时，我们考虑要做直销，但对如何做直销、有多少游客量、多少盈利等方面，在当时都不太有把握。后来尝试了部分地区，按照之前定的思路、价格、范围进行直销，效果很好，这里就是一个定位准不准的问题。

还有一个例子，就是我在当副食品公司经理时的事。当时我们公司主要经营干鲜果品。在上世纪80年代初，荔枝干在农村是送礼上品。有一年荔枝大丰收，有一部分荔枝干卖不掉成了存货。荔枝干是一种季节性很强的食品，每年秋季进货，冬季卖货，春季就开始滞销，到了夏天很多荔枝干就会霉变掉，成为废品。那么在新的一年荔枝干是进还是不进？我拿不定主意。于是带了我们公司的副经理和业务员去了两趟广州。第一趟是去看荔枝的花期。从它的花期上看，我判断当年的荔枝要减产。第二趟就有备而往，是它的产量出来之后，我当即决定把广州三大荔枝产区的所有优质荔枝统统买断。等我们这边合同签了，准备发货了，浙江其他采购员才醒过神来，大家蜂拥而至，但是广州最好的荔枝干已经都在我们手上了。当年，我们就靠这个荔枝干赚了整整80万元的利润。再回过头来看，当时我是怎么分析和决策的呢？第一，在产地，上一年的库存没有，只有销售地才有少量；第二，它的产量只有上一年的60%，但是作为主销区来说，销量是不会减少的，而且市场的销量一年比一年大，再加上当时进货的人少，我们选购的余地大，同样的价格我们进的货是最好的。那一年，浙江好的荔枝干都是从我们这里进的货，以至于名气都做出来了。

从这个例子可以看出，判断准不准取决于我们的正确分析、调研，就像这几年我们营销公司做市场，为什么我们的指标总会定得八九不离十？这是建立在对历史数据的同比分析、最近趋势的环比分析，以及从同比、环比分析上对未来的预测，还有我们现有的基础、广告投入、新产品的开发等综合因素的分析基础上得出的结论。除了分析之外，还有一个很重要的方面就是调研，看我们对市场的把握程度如何。再有一点就是直觉，直觉是哪里来的？是靠我们多年工作经验的积累，加上对事件的高度关注和思考，在前面调研、分析的基础上形成直觉。一件事判断准不准，三分靠调研，五分靠分析，两分靠直觉。

第二个字：快。一旦解决了这个“准”字后，“快”就是最重要的了。还是从我自己做过的事中谈一点体会。当年我在做供销员，一个人做的利润占了整个公司的2/3。我当时做的是桂圆干，那时的桂圆大都是福建产的，传统的做法是用木箱子装好，再用火车托运回来。当时火车的车皮很不好弄，要公关，要请客吃饭送香烟，要开后门。每年一到这个时候，浙江的采购员就跟打架似的做这个事情。那时我就在想，为什么一定要按这个思路走呢？能不能换汽车运？因为桂圆干是个要抢时间的果品，如果我们最早一批进入市场，可以卖15元左右的批发价，第二、第三批的价格可以维持在13元，再后面进来的就只能在12元了。后来我去了解了一下，汽车运货的价格是高些，但快。就这么一下，我们抢了个早，又比人家多赚了十多万元的利润。当时的老采购员想不通，说我坏了规矩，从来没人用麻袋来装桂圆干的，也没有用汽车来运的。我笑笑，干了再说。第二年，大家竞相效仿。从这个例子说明，做生意一定要快，时间很要紧。

那么，我们现在的“快”要体现在什么地方呢？我们的产品是不是走在其他景区的前面？当他们有了，我们的是不是比他们的更好，翻新更快？我们对市场的反馈、对事件的反映程度快不快？当我们出击市场时，政策的执行快不快？这个快的范围很广，不单是抢时间，还有执行力如何。

第三个字：狠。这个“狠”字，是加引号的，做生意的人一定要狠得下心来。世界上只有买错的，不会有卖错的，老板说卖这个价钱是要亏血本了，这是他讲讲的，真的要亏血本他也不会卖，砍价的时候我们不要怕狠。在采购问题上，这几年我们已经尝到甜头了，采用竞标的办法，收效比较明显。除了竞标，还有议标，这也存在漫天要价的情况。最近我们跟福州公交公司的谈判就是一个很好的例子。我们认为现在是全世界范围的金融危机，很多单位都会削减广告开支，至少不会增加，福州公交公司有那么多公交车的广告位空在那里，我们又跟它是多年的合作关系，信誉一直很好。与其空在那里，不如便宜些卖给我们，金融危机大家都相互承担一点。我们把这层意思传递给他们，他们也都非常认同。现在这单广告已经谈妥并签付了第一笔款项，价格同比去年下降了26%，这一刀砍得非常厉害。可能有部分人有些担心我们的价会不会砍得太狠了，我觉得不会。现在金融危机，很多事情都不确定，做广告的人肯定相对少了，他能抓到一个客户就是一个，砍它26%的价他也不会亏，总比空着好吧。

在谈判问题上，我总觉得我们很多人狠不下心来，虽然我们在做人准则上提倡宽容友善之心，但这与经营之道又是两码事，做生意一定要狠得下心来。就像菜市场买菜，很多会精打细算的人在买菜时左挑右拣，为一两毛钱讨价还价。其他人就弄不懂了，又不差这几毛钱，何必呢？他们不这样认为，他们认为小账要大算，我天天买菜，天天差这几毛钱，一年累计下来也是个不少的数字。再说菜贩们本来就留了还价的余地，不砍价是我们自己做傻瓜。同理，假如我们买100万元的设备，砍了15万元，这个成绩很不错；买10万元的东西，砍它2万元，也还行；买1000块钱的东西，砍它200元，也还愿意去做，但碰到买100元的呢？十几块钱就不会去砍了，宁可这钱我们自己出了。作为职业经理人，这种思想千万要不得，做生意就是做生意，大钱小钱要一视同仁，尤其是企业里，往往这类百来块钱的东西、千把块的设施是买得最多的，这个钱日积月累都不是个小数字。我们在为企业采购物品时，一定要狠下心来砍价，而且你这次砍下价来，就为我们下次购买奠定了价格基础。我们在座的每个人都有机会代表公司出去谈判，就看我们如何谈。

除了买，卖也是同样的道理。我们要有同情之心，必要时也要给人一些优惠，但是在讨价还价的过程中，心一定要坚如磐石。商业社会就是这样，利润就只有这么一点，不是你多点，就是别人多些，所以一定要争取。

第四个字：活。“活”字比较容易解释，我们制定的“一城一策”的营销战略体现的就是高度的灵活。“活”字还反映在对市场的灵敏度上，过去说，做生意的人要“说得虾皮会跳白鲞会游”，意思是做生意的人要有很好的口才。现在，除了要有很好的口才外，更要有灵活的手法，对市场变化要有高的灵敏度。就像去年清明上河图景区的两位营销员针对学生市场的手法就相当“活”，他们在给学生团队打折优惠的基础上，再免费赠送几张票给教职工，拉动这一地区的学生市场。我认为他们这样的做法是可行的，在特定的环境之下，经过有关部门的审批，我们可以适当做些让步。假如我们不做这笔生意了，那这一年这整批客人都不会来了。当然，如果说这件事情会给我们带来连锁影响，引起大片市场的不良反应，得不偿失，我们也不会批准。“活”还是要在一定的限定范围之内。

第五个字：精。这里的精主要是指在计算时要通盘考虑，要有大局观的精明、高明、精于计算。做任何生意都要会算账。我经常接到申请购买设备的请示，问这个设备这个价钱能不能买？我想反过来问一下，在你请示的时候算过账没有？就在前几天，酒店服务公司问我一个设备要不要换，我就问，这个设备新买要6万元钱，但修一修只要3000元，而且维修后的寿命与新机器的寿命差不多，那有必要买新的吗？有些机器只是其中的零件坏了，而其他部分都还完好，可能坏的零件换一下很贵，但与购整机相比，总还是便宜的。但也有时今天这个零件坏一下，明天那个坏一下，几次下来的维修费也抵得过买个新机器了，这可能就该买新的了。这里就要大家去算账，看哪个更合算。眼光要放长远，这种机器是不是过几年就会被淘汰、不用了之后还能不能转卖掉等等方面都要有所考虑。现在的设备跟以前的不一样，以前的设备立足长远，质量好，不太容易坏，而现在的设备更新率很快，过几年就会被淘汰，连零配件都很难买到。

最近我们也在讨论明清宫苑的地砖问题，是用水泥板还是石板？水泥板价格便宜，但汽车一压就容易坏，而且一坏就报废，如果换成石板，虽然买进的价格会高一些，但不容易坏，就算被压坏了，切割一下还能用到其他地方，而且石板年数越久越值钱，更能增加景区的沧桑感。这样算来，你说用水泥板合算还是石板合算？

总之一句话，大家一定要学会算经济账，不要盲目。

第六个字：避。规避风险。我指的不是单纯地、一味地躲避风险，而是攻中有守，守中有攻。这方面有很多例子可以举，其中最典型的就是巴菲特，他被称为“股神”，纵横股坛这么多年，一度成为世界首富。为什么他可以成功？他有一句著名的话可以说明，“当别人贪婪时我恐惧，当别人恐惧时我贪婪”。就是当别人都认为有利可图，蜂拥而上时，他撤退了，他恐惧了，他规避了；当别人都认为有风险的时候，他看准时机大胆地去做。这在股市里有太多的例子，像中国的杨百万，很多跟他同一时期开始炒股的人现在已经音信全无，而他仍坚持下来，还牛得不得了。2007年，上海股指飙升至6000多点的时候，他在5500多点时就将手头的所有股票彻底清仓。到了2008年下半年，当股指降至2000多点又重新杀入，并预测2009年的股指将上升至4000多点。我们且不去看他对这一波的股指预测准不准确，但有一点，他知道规避风险，当股指从三、四千点上升至6000多点时，很多人都开始预测股指2007年一定会上升到8000点，大家都开始贪婪了。这时，杨百万恐惧了，5000多点就开始割，到了5500多点时全部割完，规避了很大一个风险。

我们做企业也要学会规避风险。为什么梦幻谷我们早也不投迟也不投，而且还由我们自己设计建造？这里就是一个规避风险的问题。早了，游客量没有保证，只有游客量达到50万人次才能保证盈利，2007年江南水乡（梦幻谷的一部分）的游客达到了46万人次，我们觉得可以了。最初设计时，我们一开始请了美国的公司帮我们出了个方案，花了160万元人民币，后来准备签合同请他们设计时，说要1200万元。如果这个1200万元我们用来购买设备，那国产设备有很多可以买了。如果我们再用他们的设计去建造去购买设备，没有1.5~2亿元下不来。但是假如我们的梦幻谷一旦需要1.5亿元来建造，靠我们现有的游客量、现有的消费水平肯定是亏损的。我们剩下唯一的办法就是靠自己的设计策划能力，用国内的设备制作来做好梦幻谷。事实证明，我们的做法是正确的，整个梦幻谷连同设计、建造、设备一共花了五千万元，这五千万元用三年时间来还清是非常从容的，去年一年就已经拿回了一半投资。这都是规避风险的一个内容。规避风险也要看我们的判断准不准，计算精不精确，时机掌握得是不是火候。

第七个字：舍。要舍小博大。最典型一个例子就是美国的美孚石油公司，它要向中国推销它们的煤油。当时中国的电力还不发达，又没汽车、重机械，照明的问题有钱人家用蜡烛解决，穷人家用豆油灯，美孚石油公司该怎么推销煤油呢？他们想了一个办法，每户人家都送一个煤油灯和一小瓶煤油，大家点了之后果然很亮，又没有烟气，马上去买了它的煤油。他们就用了这么一个小办法打开了中国市场。过去说美孚公司是奸商，用一个小煤油灯“骗”了中国这么多钱，但我们现在看来，这是一个很成功的案例。

关于舍小博大，还有一个“度”的问题。我们在跟人家进行业务谈判时，就常会碰到。比如这些年我们在跟剧组谈判时，有些因为资金有困难，需要让点利，我们在经过审慎的考虑之后也会答应。至今在影视界传为美谈的一个案例就是张纪中先生。2006年以前，张导一直不肯来横店拍戏，我们请了几次都没来。2006年，张纪中筹拍《鹿鼎记》，我们再次找他，他就提出来，“你们那么大一个明清宫苑，里面空空的，一点家具都没有，能不能给我们造几套家具？”我当即答应，本来我们就有自己的道具库，本来明清宫苑就应该配上像样的家具，本来我们还要请人设计，现在都不用了。

我跟他说,"你把图纸给我，我现在就请人给你做。"虽然这套家具花了我们20多万元，但自从那以后，只要是张纪中的剧组就一直来横店拍，而且他在很多场合帮横店做了很多宣传。这都可以说是以小博大。有些地方我们舍一下小利说不定会有大的斩获。当然，我们不是说任何地方都用贱价、让利、附送等手段来以小博大，而是说在经营活动中有舍小博大的这么一种方式，至于如何运用则要具体情况具体分析，灵活把握。总之，我们一定要学会算，我们的根本利益是不能让的，但一些合理的、对方有困难的情况下，我们可以做出适当让步。

第八个字：奇。出奇制胜。这一点在兵法上用得最多，我们经营之道上也经常要用到。"奇"反应在产品就是人无我有。《暴雨山洪》在全国我们是第一家,《梦幻太极》是全国第一家室外火山，这就是奇的范围，因为旅游就是个求新、求奇、求异的过程。我们的营销手段也要出奇制胜。比较成功的就是上海公交车广告。当时旅游企业做公交车广告的还没有，我们率先进去，一举占领上海的公交车广告，一炮打响。我们启动农村市场、温州市场，都是比较早的。还有我们策划的"千人游横店"活动，都比别人早一步，后来宋城等景区纷纷效仿，奉化也送出一千张票，结果报名的还不到三百人。所以，任何东西当别人还没做的时候你去做了，这就是"奇"。人家做了，但你的手法比他更高明，与他有很大的差异，这也是"奇"。

第九个字：诚。我们现在所有的百年老店，如果问它们为什么能坚持到现在？只有一个字，那就是"诚"，诚心、诚信。胡庆余堂的店规就是两个字:"戒欺"，到现在杭州人打算花大价钱购买好的老山参时，不会去别的地方，一定是去胡庆余堂买。这样的百年老店，绝不欺骗客人，该是什么价钱就是什么价钱，野的就是野的，家养的就是家养的，几年的就是几年的。

我们做企业，都希望开成百年老店，徐永安总裁也倡导要让企业"基业永青"。企业在我们职业经理人手里要保持向上的、旺盛的趋势，必须做到诚信经营。一个讲诚信的企业对社会就具有公信力，只有以诚相待、诚恳、戒欺、守信，才可以实现“基业永青”。

9 职业经理人的历史使命[①]

我始终抱有这样一个观点：企业的长远发展才是职业经理人更重要的历史使命。我也始终拿这两个问题鞭策自己：职业经理人是用什么形式体现自身的价值？就是业绩！用什么东西来完成职业经理人的历史使命？还是业绩！

莎士比亚说过：世事的起伏本来就是波浪式的，人们要是能够乘着高潮勇往直前，一定可以功成名就；要是不能把握时机，就要终生蹭蹬，一事无成。

我们全体职业经理人都是幸运的。因为集团花了巨额投资给我们造就了这么一个平台。如果没有徐文荣主席的高瞻远瞩，在当时的一片反对声中建造了这么大规模的影视城，我们根本不会有现在这样好的机会，皮之不存，毛将焉附？而如果我们早一点进来，影视城还没建好，形成不了生产力，业绩也显示不出来。如果再晚一点，将会有更多、更强的企业产生，面对的压力更大，或许我们也不会有现在这么好的发展机会。

坦率地说，如果今天的横店影视城是七年前的状况，我也未必有勇气来接手。但七年前我上任时却是信心满怀的，2002年我们提出的规划现在都已经一一实现了，没有一句妄言。

当初曾提出争取2008年实现利润达到1个亿，尽管国家经济形势遭遇国内外的不利影响而使企业目前困难重重，但我们有把握完成这个目标。因

① 摘自2008年8月6日《戒惰破满 提升管理 知难而上 再立新功——在浙江横店影视城有限公司2008年度工作会议上的讲话》。

为我们有这样好的平台，所以我们要认识到这种幸运。若干年后，当我们退出了工作的舞台，新的职业经理人接管我们的工作时，他们可能会羡慕我们这批人创造的辉煌。像明清宫苑景区刚建成时，我们财务部拿着100万元的利润指标去景区签承包经营合同，结果一周都没有签下来，但是今天，面对2000万元的指标，他们眼睛都不会眨一下就签下了，该景区全体员工就是这100万到2000万元变化的见证人。

我们说，历史不是总处于高潮期，你赶上了这个时机并抓住了它，你就会跑得更快。我们现在所做的就是延长我们企业上升的趋势，让它保持一个健康的体魄。因此，我们有什么理由来荒废时间？有什么理由不加倍工作？今天在座的各位大都还有比较漫长的职业生涯，若干年后，当我们的企业有了更好的发展时，你能以一名参与者的身份存在，别人定会对你肃然起敬。就像昨天发言中提到的“打工皇帝”唐骏，被微软定为终身名誉总裁，这是一个多么光荣的认可。

“不断创新，追求完美”是我们的品牌理念。正是在这种情况下，我们提出要戒惰破满。经过这七年的发展，我们的工作日益走上正轨，效率逐步提高。对此我深有体会，前三年绝对比后四年要累得多，那时经常开会开到很晚。从去年开始，我们晚上几乎不再占用太多的时间了。而越是在这种时候，如果不加以注意，惰性、自满之情便容易滋生。如果我们的职业经理人滋生了自满的情绪，那是非常危险的。这也是我最担心的。一旦这样的情况蔓延开来，企业将会停滞不前。作为横店影视城的主要负责人，我对企业这七年来管理的打分是不及格。所谓不及格是说，我们企业达到国内一流水平了吗？完成公司愿景了吗？超越了美国迪士尼了吗？这么一考虑的话，我们就会警醒。我们提出要在三年内使我们的企业达到国内一流水平，现在已过去半年了，时不我待啊！目前在国内旅游企业中，我们的现况是：哪怕是一流的营销，如果不继续努力，马上就会被别人赶上；虽说是二流的产品，如果再努力一下，就可以达到一流水平；而对于三流的管理，我们有信心抓上去。所以抓管理将成为我们今后的工作重点，而产品、营销，哪一个都不能有丝毫松懈。

我们现在处于这样一个高潮期，大家能否把握住这个机会？比如营销公司绩效挂钩的市场部。大家应该还记得曾经的宁波市场，前几年打了一个非常好的基础，但当时的市场部经理一看形势这么好就回家做别的事了。到了年底，又提出奖金太少。我当时就说，如果他把握好了这个机会，宁波市场可能是当年奖金最高的。同样，其他管理者也到了需要更加努力的时候了，只有继续加把劲，才能得到更好的福利待遇。当然，我们认为一个称职的职业经理人，不能仅限于追求自己薪水的高低，更多的要考虑自己的职业生涯，为自己创造更好的职业辉煌。比如梦幻谷整个产品几乎都是我们自己完成的，并在市场上赢得了好评，大家至今提起来不都很自豪吗？这样的机会我们能遇到多少呢？既然遇到了，为什么不把它用好？对于职业经理人来说，在某种程度上，职业生涯就是你生命的一部分，想想以后要创造更大的辉煌，将人生装点的更加美好，我们还有什么理由现在就开始自满、懈怠？

任何事情不进则退。我时常反问自己，有没有墨守成规？是不是不敢大胆破题？每个人都会碰到家庭、社会甚至个人情感的困难，但不管怎样，如果你想成功，就必须要正视这些困难，要有坚韧、坚忍的精神，知难而进，不断超越自我。下半年、明年就是对我们的考验，难道我们甘愿让利润和游客量下降吗？如果以前我们用了十分的劲，现在就需要十二分的力气才能过好这一关。这是我对“知难而上、再立新功”内涵的一个阐述。

10 大环境与大方向：转折关口上的产业想象①

任何一个社会、企业，包括大自然，都是在历史长河中行进的，历史之所以被称为“长河”，就是因为它永无止歇，不断流淌。若是我们把历

① 摘自2015年1月25日《在转折点关口上的横店影视城》一文。

史发展的时间列为“经”，同一时间横向展开发生的事列为“纬”的话，那么，在发展过程中碰到的经纬相交的节点，就是这一时间最重要的出发点。每个企业也一定会有相应的相交点。

如图1所示，作为企业来说，纬度代表企业所取得的成效，经度代表时间，下方代表完成的业绩，从节点向上延伸代表对下一步的准备。如图1所示，从节点到A1和A2的距离相同，就代表上线越长，对应下一步，则下一段下线也越长。节点就是出发点，对下一步谋划越充分，下一阶段就有更好的业绩。反之亦然，如图2所示。

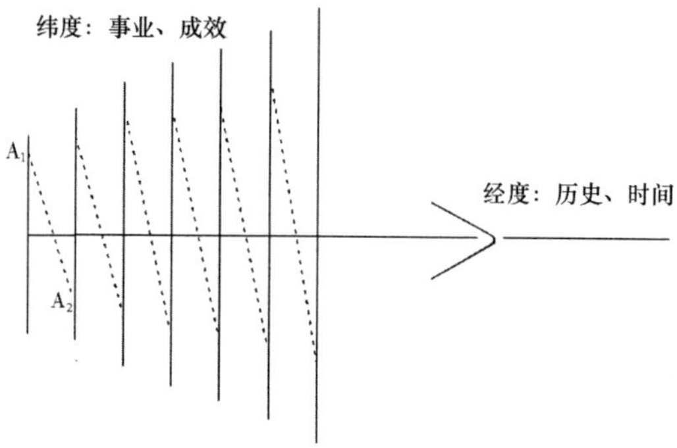

图1

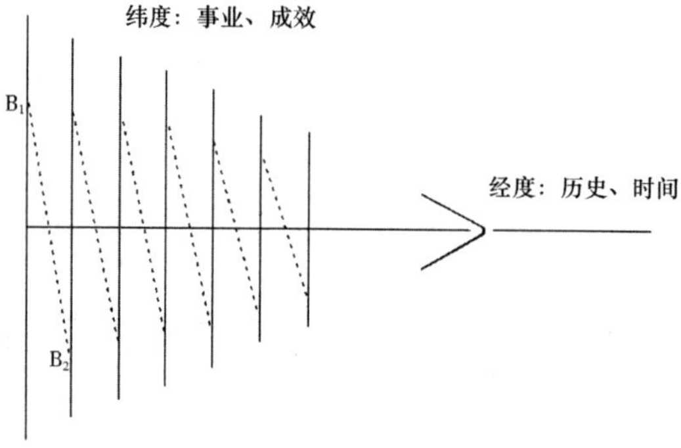

图2

但历史往往是螺旋型上升的，河流也一定是弯曲的，历史长河也如是。在发展曲线上，企业要有对应的纬，这个节点在某个时段就是转折点，这个点的走势将决定下一步走长走短，如图3、图4所示。

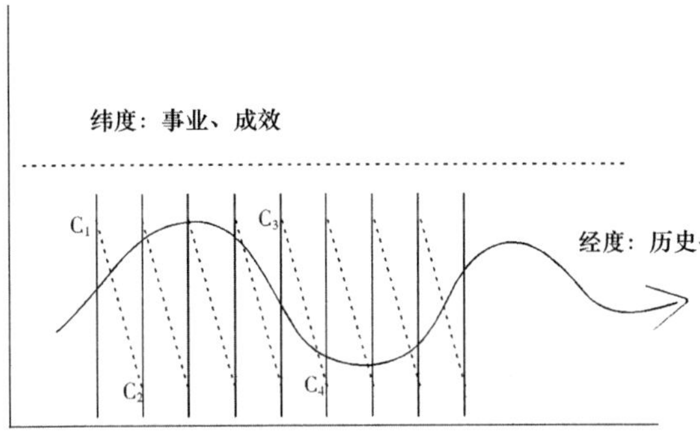

图3

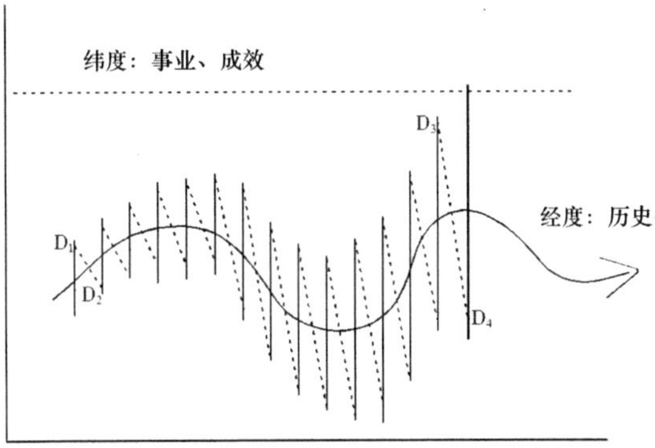

图4

因为外部环境有所变化，事物的发展和走向并不会如图一图二所示意的那般平顺，会出现变数，有可能会产生图三C1–C2的状况，也即虽然你在前一段时期内没有做到充足的准备，但大环境朝好的方向走，你也有可能获得一定的收益；但也有可能会出现C3–C4的状况，也即就算你做了再充足的准备，筹划的很充分了，但也可能收效甚微。所以我们做好自身的时候，也一定要关注外部，关注大环境。一个企业的健康有序的发展，最好的模式应该是如图四所示那般，要关注大环境，并根据历史的走向，随之变动自己的坐标体系。尤其是在每个节点上，要把握住方向，才能最终带动企业稳步、向上发展。当今，历史发展对于企业来说，正处于一个较大的弯曲处，而我们影视城在完成第一阶段观光型的十年，正在向观光和休闲复合型的第二个十年行进中，所以说，我们横店影视城正站在一个转折点的关口上。

那么，我们就来说说横店影视城发展到今天，当前的经纬交织的关节点是什么？论述将从两方面展开，一是大环境，即我们所处的社会背景、经济环境，这对我们企业的影响是巨大的；二是我们横店影视城往哪个方向发展，具体应该做些什么。

互联网带来的思维革命和社会变革

管理学家柯林斯研究了数以万计的企业，试图从中寻找伟大企业家的共同点，最后他发现了几个规律，其中有一条他称之为“照镜子和看窗外”。他指出，优秀的企业家，在一切顺风顺水的时候，习惯归结为运气等外在因素，也就是“看窗外”。而当遭遇困难的时候，会从自己身上找原因，也就是说“照镜子”。而很多最终失败的企业家则恰恰相反，他们在成功的时候照镜子，认为是自己的能力强。他们在不顺的时候看窗外，认为是运气差。我们横店影视城该怎样“看窗外”和“照镜子”？

应该说，我们横店影视城这些年的运气不错，赶上了好时候，改革开放三十年之后让部分人进入了相对小康阶段，有能力有时间出门旅游，寻求精神文化的体验，保守地说，这种运气至少还可以保持一二十年，我们公司所涉及的影视业、旅游业还会有更大的生长空间。现在，国内的大佬们也看到了这块空间，投资风向已经渐渐往文化旅游方面转向，如万达、阿里巴巴等都开始投资影视和旅游。在这个过程当中，我们的职业经理人也能实现个人价值的提升。这是“看窗外”。

但是在这样的顺境当中，我们不仅要“看窗外”，也要照照镜子。大家在年会发言中都谈到了我们存在的问题、改进的措施，分析得很透彻。我想说的是，“照镜子”是永无止境的，我们要一直居安思危，不断发现问题、解决问题，这个过程是永无止歇的，要不断追求完美。

为什么说现在是横店影视城转折点的关口呢？关键是因为当前的经济出现了很大的变数，会在将来的几十年内影响到企业的走向。随着互联网的崛起，实体店发生了巨大的变化。沃尔玛，曾经作为全球第一的零售商，现在开始大幅裁撤市场和人员；李宁，几乎处在倒闭的边缘，好不容易发展起来的连锁店已关闭了1800多家；杭州，曾经风光无限的武林路的女人街已沦落到大部分关门的地步，十分萧条……很多经济学家在预测，在三至五年之内，80%的书店将关门，35%的服装店、鞋店将关门。随着电商的兴起，除了跟老百姓密切相关的社区小超市还会有点空间外，其他的个体商户将逐渐消失。在这样的大背景下，两年前电商的销售额就已经超过了实体店。“双十一”期间，全国的物流运力都陷入瘫痪状态。那么，未来我们的主流是什么？是电子网购，直销。

前几年我在和朋友聊天时，看到这么多商场、实体店关门，还有点得意，想想我们旅游业、影视业应该不会被冲击，认为电影电视总是要看的、总要来拍的，风景也总不能快递过去，还是要游客上门来看的，相反，我们可以借助电子商务做大销售。事实也是如此，经过两三年的努力，搭上了电子商务这艘大船，我们的网络销售额突破了一个亿，也省去了部分的销售费用和人员费用，吸引了部分客源。我们想想都十分乐观。但是，当一个社会出现大的动荡时，覆巢之下，焉有完卵？怎么可能独善其身？当我们顺应潮流时，或许可以勇立潮头，逆潮流而行时，只会被浪打翻。虽然总体是乐观的，但是我们真的一点问题都没有吗？我们要应对这样一个大的社会变革，应对互联网带来的大革命，我们自己首先就要有互联网思维。

现在到处都在讲互联网思维，什么蓝海、红海、众筹等概念，都已经被讲滥了。蓝海原来是海洋学上深海的概念，用在经济学上，就是指未知的市场空间，而红海就是已知的市场热门，众筹就是大众筹资。然而“大道至简”“高手在民间”，民间总结了这些概念，用几个段子就很精妙地概括并总结出来了——

昨天在香格里拉门口停车，看见一个车位，这时有辆迈巴赫要停进车位。我走上前敲了敲他玻璃，甩出去一百块钱对他说：“这个车位我看中了，你去别的地方停。”他觉得我小看他了，冲我脸上甩来十几张一百的叫我滚一边儿去。后来，我又如法炮制，一晚上竟然赚了两万多。这就叫蓝海。

我把自己的赚钱经历传上网了，大家都在转发，一下子有许多人都想学习我，如法炮制。这时候，满大街都是手持百元钱的人，他们都在寻找找车位的豪车。这就叫红海。

看到这么多人拿着一百元在街上转悠，我知道自己的机会来了：于是，我租一辆豪华迈巴赫车开到大街上，冲着这些手持一百元等豪车的人开过去。这时候，谁递过来一百元要让车位，我就直接收下他的一百元。

这就叫互联网思维。

什么是众筹？

天冷了，想吃火锅，又懒得出去，咋办呢？首先你要邀请5个人。给第1个电话说："顺路买点菜来，就差蔬菜了。"接着跟第2个说："顺路买点羊肉，就差肉了。"然后第3个："顺路买点冻豆腐各种丸子啥的，就差这个了。"之后第4个："就差酒了。"最后第5个说："火锅底料不太够了，带点底料来。"最后，你挂了电话，烧锅开水坐等其他几个人到来。

所以，什么是互联网思维？它比我们以前讲的“做事要有灵气”还要再灵上千百倍，因为它有更广泛的信息渠道、更快捷的传播方式、更大的空间，有像蓝海一样的大量的财富源泉和主意，有像红海一样的众多愿意帮助和参与的人，也有更多愿意投资的众筹。这个就可以被称为“社区”，或者“社群”。那这些跟我们又有什么关系？必须有关系。

2012年12月，在央视中国经济年度人物评选现场，马云与王健林对赌10年后电子商务能否超越传统实体零售。赌注是1亿元。最近，格力的董明珠和小米的雷军对赌10亿元，赌五年之后小米的营业额能否超过格力集团。小米是从做手机起步的，实体出身，在中国的手机界算是非常成功的，现在小米表面上还在做智能手机、做智能空调，但实际上已经悄悄地转型了。雷军关注的早已不是手机。他关注的有两个：一个是年轻一代消费者，小米依靠手机聚集了庞大的年轻用户群；另一个是生活设备的智能化，智能电视、智能冰箱、智能空调，并让这些东西都互通互联，统一到顾客的智能手机上。这是一个数万亿的大市场。小米要实现这样宏伟的战略目标，依靠的是什么？是小米网和线上线下活动，依靠这个把年轻人组织起来形成社区。简单地算一下，小米有多少忠诚的顾客？100万？1000万？1亿？小米每年为每个顾客提供多大价值？1千？1万？10万？做个乘法算一下，小米的未来能做多大？所以，等雷军这个局做大做成了之后，未来无可限量。

我们再来看马云。目前阿里巴巴可算是最成功的，但也有人提出，照目前的发展方向，腾讯（马化腾）与阿里巴巴（马云）之间的“两马之争”，阿里已经落了下风。有人比喻马云建造了一艘大航母，很多小船在濒临沉没时，如要逃生，只有交钱给阿里巴巴上航母。可是哪怕这艘航母再大，能维持多久？阿里体系有一定的价值，但在渠道建设上，没有形成社区，有一定的封闭性。为此，在微信依仗强大的社交功能，一直悄悄渗入支付领域，并有斩获时，阿里也针对腾讯，在支付宝依仗庞大的支付交易群体，推出免费的聊天功能，深化社交属性。虽然“来往”没有成功，但这次显然准备逆袭。有人认为腾讯的模式更优越，因为它除了建造自己的大船外，还联合其他船组成航母群，建立大社区，而非是承载。这种航母战斗群的模式更符合现代战争。之所以说这些是想说明，不论是小米，还是阿里巴巴、腾讯，都是在通过互联网往“社区”这条路上走。古时讲“得民心者得天下”，而现在是“得用户者得天下”。

再说王健林，大家都说他和马云的打赌必输无疑，但王健林并不傻，他在扎扎实实地向新生代学习，先拿出一小部分业务到阿里，再拿大部分业务与腾讯、百度联合，成立一家新的公司——“万达电商”，目标是做成全球最大的O2O电商平台。他的另一个方向是娱乐和旅游业：在青岛投资500亿建电影城，在武汉打造了一台“汉秀”就投了15亿，还有万达房地产的主打项目“城市商业综合体”。城市商业综合体又合并打造娱乐业和旅游业，人们可以完成购物、餐饮、娱乐、体验等一站式全程的休闲活动，这些举措都在跨界来抢旅游生意。我们设想，如果我们没有改变，没有顺应消费者的产品，游客到那时又何必再来横店？万达的这一举措，对我们行业的格局和方式都有重大的影响。这一模式韩国乐天已经有了一个很成功的范本，而万达所要做的规模，比乐天还要大。而我们到现在还在讨论怎么做直销，怎么做网络销售。

将来的营销模式，依靠中介是做不长的，现在网上讲O2O、B2C有这样一个段子：

大款O以每月20000的价格包养女大学生B，B女生竟每月从包养费中拿出10000包养适龄男学生C（也就是B2C），C男觉得不平衡，每月花5000包养起O小女生，O小女生发现自己是这条生物链的最底端后，很不爽，直接微信了大款，于是两人踢了B和C（砍掉中间环节），直接交易，每月8000。这就是O2O。

以横店影视城目前的规模，我们如何做好O2O？这就是互联网思维要带给我们整体思维的改变，因为有了这种思维，很多产业都要发生转变，也就是“互联网转型”，这些都是互联网思维发散出来的模式，线上线下的紧密配合，将来的主流也肯定是这样的，砍掉中介，直接交易。

综合各方面因素，经过总结思考之后，我认为跟我们相关的互联网转型大概可以有这样几种：

（1）商业模式的转型，即盈利模式的变化。

2014年10月1日晚上，我召集了公司几个主要负责人，对他们说，“你们记住，横店影视城的转折点就从今天晚上开始了。”在黄金周之前，我曾提醒过大家，情况要起变化了，今年没有这么多人，不要再留那么多房在自己手上。但大家都比较保守，拿着房间不肯让。果然，10月1日至3日，各酒店都没有满房，是横店影视城有史以来唯一一个营收比上年下降的黄金周。这并不是夸我自己神机妙算，而是这些事情也都是有苗头的。在黄金周前一个多月，所有媒体都对中国景区高票价持有一致的反感态度。中国有句古话叫“千夫所指，无疾而终”，当一件事情大家普遍反感时，则危矣。我们的门票经济真正走到头了。虽然在今后的三五年内，甚至十年之内我们仍然要靠门票做主导，靠门票维系利润点，但从这一刻开始，门票经济开始走下坡路了，会渐渐趋向于免费或低费。这种旅游方式更受人们喜欢。杭州西湖就是很好的范例，免票之后，间接收入大大超过以往的直接收入。我们若是还要吊死在门票这一棵树上，三五年之后，将真正走向衰落。所以，互联网崛起之后，将促进并提供我们转型的思路拓展。

(2) 服务形式的转型，即注重个性化和情感式体验。

几年前我们就提出过“散客时代到来了，我们准备好了吗？”随着互联网的兴起，散客还会越来越多，那么，我们的导游服务体系以及餐饮、客房的服务方式做好调整了没有？随着大量的网络预订和个体行为的出现，个性化、情感式的服务更加重要。虽然以前我们也有个性化服务，但这里的“情感”是指你真正了解顾客的需求，私人定制，一对一有针对性的服务。这不仅仅是微笑就可以了，更要了解他、针对他。对这些情况的了解，未来我们可以通过“大数据”来提取，谁最先使用了“大数据”，用好了，谁就能在服务方式的转型上获得更大的优势，反之亦然。

(3) 管理架构的转型，即注重效率，降低成本。

随着互联网的兴起，更注重用数据说话，用电脑、系统、软件等来管理。当我们应用智能化的自动检售票系统之后，是否还需要这么多检售票人员？管理层级是否还要这么多？如酒店管理服务公司，若是有相应的智能化控制中心，在酒店量快速扩大时，是否要同时扩充那么多驻店经理？所以，若是这样，我们可以节省大量的人力成本。这也是我们未来的必由之路。今后，我们的方向仍将是扩充一线员工，减少管理层级。

(4) 企业文化的转型，即思维的转型和更多参与的转型。

我们一直在做企业文化，有了互联网之后，企业文化会更便捷、快速地渗入员工中去，很多指令、政策、理念不再需要通过开会来传达，而员工也可以将工作碰到的问题随时反馈回来，这就是参与。我们也要建立鼓励员工参与的机制，提出更多的合理化建议，监督和促进管理，形成人人都是管理者的氛围。这种便捷、透明和参与感，正是互联网思维的精神所在。而且发展起来之后，员工之中也会形成若干群体或群落，出现意见领袖。他的意见甚至会超越总经理，员工会更乐意接受。而解决这个问题的最好办法就是总经理自己成为意见领袖，除了行政上的领袖，还要是精神领袖，用自身的亲和力来引导、团结员工。另外，还有对价值观的改变。并不是仅仅埋头苦干的就是好员工，用省力的办法达到更好的效率和效果的，才是好员工。在这种模式下，先进的理念、先进的工作方法会得到激发并广泛传播。这些都是社区概念形成之后，对我们企业文化带来的新的挑战、新的活力。

(5) 价值体系的转型，即分享、互利。

因为透明，因为有更多的表达渠道了，不再可能有像过去那样赚100元给5元10元。还有员工，因为透明了之后，员工也会对比，为什么同工却不同酬？唯一的办法就是分享、互利，要做到更加公平、公正。在这个基础上，才能讲“义”，因为互利了，公平、公正才能深入人心，“义利并重”才能成立，企业和员工的价值观也才能维系得更紧密。

(6) 传播路径的转变，即快捷、口碑。

或许到了哪一天，我们真的做得非常好，可能就不需要广告费了，每一个产品、服务都会通过互联网传播出去。员工也会成为一个传播源。不论是对内还是对外，传播路径发生了变化。而我们自身的营销方法也要随之发生改变，当我们的平台更大时，也会拥有自己的社交群体，拥有忠诚的顾客。一次营销成功，客人进入了我们的社群之后，还可以进行后续多次的营销，当然这个需要一定的过程。而且这也不单单只是网络销售公司的事情，而是跟我们每个人都有关联，一定要有线上线下共同的紧密度，线上流传什么，线下马上要进行改变。有了这样的传播路径之后，口碑变得更为重要，好的会越来越好，而不好的也会变成病毒，迅速传播开去。所以，我们一定要确保口碑是正面的。当然，我们线上的粘度要足够好！

(7) 产品更新的转变，即注重体验和带来惊喜。

将来产品更新的频率会更快，产品也一定要跟上互联网上的消费习惯，与获知渠道、个人需求相对应，逼迫我们要随时随地更新产品。现在国内的大部分传统老景区都处在不死不活的状态，反而新崛起的如长隆、方特、恐龙园等产品很尖端，游客成长很快。

互联网思维起来后，会颠覆很多东西，科学史上有一个著名的“普朗克定理”，意思是原有的思想总是和原有的那批人结合在一起，要打破旧格局，主体力量必须是新人。当然，新人是指有创新思维和创新行为的年轻人，也包含有“两创”能力的中老年人。我们职业经理人如果还是墨守成规、停滞不前、骄傲自满的话，下坡之路就已经开始了，就算年纪再轻，也不再是新人。虽然新和旧不是绝对的年龄概念，但主力还是具有创新思维和创新能力的年轻人。我们的管理团队总体并不算年轻，总有年轻人要起来，若是自己不想被淘汰，就要有创新思维，以全新的面貌走好职业生涯的路。

横店影视城应该怎么走？

未来的竞争已经不是同行业的竞争，而是跨界竞争，就如移动对电信和联通，打了多少年，最后发现腾讯才是真正的对手；对出租车行业造成冲击的，也不是黑车，而是滴滴打车。而我们横店影视城在这种新形势的竞争中，该如何转型？具体的路径和模式是怎样的？

其实面对这样的形势，我们还是有所准备的，在公司成立之初就有这样的意识，但当时受制于生存压力，我们只能以观光团队为主，团队为主要客源，门票为主要收入。这一仗我们打赢了，但接下去的路是否还能这么顺利？

2010年我们编制了十年规划，强调了要在未来十年完成向观光和休闲复合型的旅游目的地的转变，在观光已有一定基础上，着重向休闲产业拓展。之前，我们的演艺可以说是观光的补充，也可说是休闲产业的起步。而后有了梦幻谷，有了水世界，在景区中融入了更多的休闲成分，从单纯的观光景点加入更多可体验的项目，有更强的参与感。但这还不是复合型景区，它的本质还是以门票经济为主。我们接下来要建造的温泉度假区，就是纯粹的休闲产品，并且力图和景区的概念结合起来，除了酒店和温泉之外，还融入了美食、体育、养生项目、亲子游项目等。还有正在筹建的酒吧一条街和民宿式酒店，以及在总裁的直接指令下筹建的博物馆群，这些都是纯粹的休闲产品，都在试图让整个横店变成一个复合型的旅游目的地。

除了这些之外，我们还打算做大体育休闲项目。体育休闲①是大产业，就以马拉松这个项目来说，国外10万人口以上的城市都有马拉松比赛，而国内比较有名的只有北京马拉松和厦门马拉松，浙江只有杭州马拉松。2014年初我们就开始在为横店马拉松做准备，年底横店集团成立了体育发展公司，打算将横店的体育休闲产业做大。借着国家体育局将审批权力下放的东风，今年5月17日，横店首届马拉松大赛将要正式落地举办了。紧接着还有自行车赛、门球赛、钓鱼大赛等，赛马、赛狗等若有机会也会上。近日又在与户外探险联盟谈合作事项。体育场馆也在不断开拓。休闲是个全新的产业，国家旅游局也十分重视。1月8日，我们在明清民居博览城举行了“中国休闲三十人·横店炉边漫谈”，来了休闲、文化、养生、温泉、体育、户外探险等方面的专家，提了不少宝贵的意见，让我们获益良多。

---

① 2015年，横店影视城在旅游与体育休闲产业结合发展上，迈出了坚定的步伐。横店影视城与浙江横店体育发展有限公司联手举办的全国U16男篮俱乐部联赛、横店马拉松、飞·梦想/何润东明星公益篮球赛、罗伯特·巴乔横店慈善行、万人瑜珈大会、全国老年气排球邀请赛等，向世人展示了横店旅游与体育休闲产业结合发展的丰硕成果和独特魅力。此外，2016年11月份在横店成功举办了第32届全球华人篮球邀请赛，全球华人篮球爱好者欢聚横店，以球会友，共享了规模浩大的篮球盛宴。

这更让我们坚定了横店影视城要大举向休闲产业跨进，争取创造出更多的休闲模式。

虽然做这些项目大多是公司本部的层面在具体实施，但是休闲概念是需要渗入到所有地方的，做休闲仅公司本部层面是远不够的，应该全体员工动起来，景区、酒店要率先改变。如何改变？就是我们前面所说要用互联网思维，要跨界。

有人做过一个预测：从上世纪开始，已经有几个职业消亡了，如打字员、铁匠、电话接线生；而马上即将淘汰的几个职业是：记者（人人都可以是记者）、银行柜员（自动服务机）、司机（无人汽车的推出）、车间的装配工（机器人）、安装工、加油站的加油工（智能化加油）、中介商（O2O直接交易）、模特（未来基因可定制，人人都是模特）、个体商户、小商品生产者（3D打印技术的推出）等。在这里说这些，主要是想说明这是一种新的发展方向。

面对这样的变化，我们的景区酒店要怎样应对？《大话飞鸿》中有个段子“二奶是奶吗？姑娘是娘吗？”按正常的思维，二奶当然不是奶，姑娘也不是娘，但是按互联网思维，二奶也可能成奶奶，姑娘也可能成为娘。那么对应的，酒店还是酒店吗？景区还是景区吗？酒店为什么不可以变成一个青少年活动中心？（我们办的员工子女暑假托管班就是个例子）是不是还可以变成网络产品实体展示店，将虚拟的网络产品实体展示出来，二维码一扫即可购买？面对书店的日薄西山，能不能在酒店大堂或行政中心设立一个小型的可看可买的微型书店？我们公司开发的几种旅游商品，如八宝鸭、嘉丽饼、横店酱宝等，除了在本单位推出外，能不能也做网购，能不能在各酒店大堂展示推出？同理景区也是一样，互联网时代了，还要年年招标吗？这个还能做多久？我们要迎头赶上，做一些文创产品，开发有我们自身特色的东西，网络购物和实体经营并行。如利用3D打印技术，设计系列模板，游客可现场拍照片，现场打印，制作成旅游商品，更有成就感。

总之一句话，我们做产品不要再局限于传统思维，而是要有社区概念，每个景区、酒店都要打造自己的小社区，小社区再组成我们横店影视城的大社区，到那时，我们的营销将不再仅仅依靠营销员，游客也可以成为我们的营销员，可以成为我们的直销员，拉进多少游客、消费多少就可获得相应的积分或奖励。到时景区就不单单只有门票收入，游客有更多的机会逗留，可以增加二次消费的机会。我们的景区酒店要改变自己的思维，建立自己的社区，针对游客群，尤其年轻的游客群，为他们提供有趣的、好玩的、互动的、从商品到精神上的服务和机会。

今后，我们每个单位都要围绕互联网思维动起来，酒店的要去做景区的，景区的要去做商场的，商场的要去做演艺的，演艺的要去做餐饮的……实现跨界。尤其是发展体育休闲产业之后，每个景区都要为自己景区所适合的体育项目建立一个体育群落，组建自己的粉丝，像俱乐部一样。用网络语言就是“不做游乐场的酒店不是好景区”！这样说，并不是改变主业，而是在自己主业的主干上，嫁接更多的衍生产品。

台湾是我们很好的学习榜样，它是把生意做成文化，把文化做成生意，文创产品非常出色。台湾故宫2013年推出了“朕知道了”的创意胶带纸非常火，甚至变成了文化现象。去年它的购物收入达到了4.8亿新台币。那我们酒店和景区是不是可以根据自身的特色创造一些文化产品？而且我们的景区更有优势，本身就是拍摄基地，什么朝代、身份的都有，都可以依此创造。还有台湾花莲的民宿，用荧光在天花板上画上星空、海水、游鱼等，非常浪漫，那我们的主题酒店除了摆设外，屋顶部分是不是也可以做点这样的文章？还有，台湾有个叫桃园的地方，弄了一个“桃园三结义”的邮票，盖上“桃园”的邮戳，八竿子打不着的地方，他们都可以这样做，那何况是我们呢？我说的这些都是跟互联网思维、和休闲产品的开发有关系，没有止境，打开我们的思路，发动全体员工一起想点子，人人参与。

还有健康服务业，也就是养生保健，也是我们将来要做的内容，目前已有初级计划。北京的慈铭集团在这一块已经做得非常大了，打出了“中央首长保健式的服务”的口号。健康服务业是很大范围，横店现有的推拿、汗蒸等是否也可以融入我们的服务。还有养老产品等，这些都可以融入进来，使我们横店成为一个综合性旅游目的地。

总之，在我们现有业态里，仍有很多增量的空间，有一个说过多次的教案，一个大口玻璃瓶，装满了鹅卵石，看似已经没有容量了，可是捧一把粗砂放上去，摇一摇就装进去了，再细砂，再粉末，以此类推，仍可装入。最后，固体是无法装入了，可你再添一瓢水，不是还可以装进去吗？我们的业态如何衍生出新的业态，全凭我们的创新思维和永不满足的追求！

最后，我想推荐一本书，是美国作家纳西姆·尼古拉斯·塔勒布写的《黑天鹅》。塔勒布原先是证券交易员，目前担任马萨诸塞大学阿默斯特分校随机科学系教授。他在“9·11”之前大量买入行权价格很低，看似毫无价值的认沽权证，用一种独特的方式做空美国股市，直到恐怖分子劫持飞机撞向纽约世贸大楼，由此获利丰厚，一举成名。然后第二波，美国次贷危机爆发前，他看准“两房”危机后的趋势，先知先觉，重仓做空，又大赚了一笔。在此书之前，他还出过一本书《随机致富的傻瓜》。

黑天鹅事件：在发现澳大利亚的黑天鹅之前，欧洲人认为天鹅都是白色的，“黑天鹅”曾是他们言谈与写作中的惯用语，用来指代不可能存在的事物，但这个不可动摇的信念随着第一只黑天鹅的出现被打破了，这种用语也随之消失。黑天鹅的存在寓示着不可预测的、与人们日常经验不符的重大稀有事件，它在意料之外，却又改变一切。怎样才能真正认识这个社会的运行方式？怎样才能避免小概率事件带来的重大损失？怎样才能在不确定的世界中占得先机？这本书教会人们以全新视角来理解现实世界，采取有效的应对策略防范风险，并把握黑天鹅带来的机会，从中受益。颠覆我们惯常的思维，重新掌握自己的命运。

我们应该有面对不可预测的事件的准备，准备好面对黑天鹅，时刻做好迎接黑天鹅的准备，就能够在它出现的时候迅速辨认出来，避免负面的结果，积极扩大正面效应。

我们企业在运行过程中，虽然有大规律可循，但往往一些小概率的事情就会对我们造成很大影响，如2003年的非典，谁也预测不到，但是当我们做好准备来应对这只“黑天鹅”了，就不会惊慌失措。黑天鹅也有正面的，如去年房地产出现问题，而社会资金又很充裕，就有人预测股票一定会上来。像这种正面的“黑天鹅”来临时，你做好准备了没有？在未来的发展过程中，不管我们做了什么预判，仍然会有“黑天鹅”出现。当出现突发事件了，我们如何应对？当出现机遇了，我们准备好了吗？

旅游发展到今天，随着互联网的兴起，随着大家兴趣的改变和理念的转变，我们的休闲产品是否针对他们已经设计完成并做好了准备？当它兴起时，我们能否应运而生？那时，在我们大致可以预测到的事情上做好了充分准备，我们在迎接“黑天鹅”、在应对所有不可测的小概率事件时，就可以从容应对，也有重新调整的时间和机会。

我们正处于一个文化、娱乐、旅游业发展的极好时机，又面临互联网带来的大变局；历史为我们提供了施展抱负的极好平台，又对我们提出了不同以往的新要求。让我们勇敢应战，张开双臂迎接新时代的到来吧！

后　记

我的青少年时代

我的青少年时代正赶上文化大革命，那时候图书很少，能找到几本书很不容易，好在家父有些藏书，虽经“文革”洗劫，尚有留存，再加上到处借阅、多方搜罗，所以开始的时候有点饥不择食地乱看，慢慢也就看出些兴趣和名堂来了。

起先是看古典小说，从十二三岁到十八九岁，是广泛阅读的阶段。从《水浒》到《三国演义》，从《三侠五义》《三言二拍》到《红楼梦》，然后是外国小说，托尔斯泰、契诃夫、巴尔扎克、大仲马、小仲马、司汤达等外国作家的书大部分看了一遍。其中，《战争与和平》描写的旧俄时代的生活图景给我的印象很深；印度史诗《摩诃婆罗多》里主人公们的神勇和宫斗的诡谲令我惊叹；尤其是《斯巴达克斯》里描写的那些勇士的无畏、勇气、剽悍、豪情使得我这样一个刚迈入18岁的年青人血脉贲张，对我的人生观都有很大的影响。

后来，我被单位选拔进了“毛泽东思想宣讲团”搞批林批孔。这个过程当中，我发现自己满脑子的东西支离破碎甚至矛盾百出。哪怕只是为了去了解宣讲或批判的对象，我都觉得自己需要系统地学点东西了。这时候，我通读了范文澜先生主编的《中国通史》以及一系列中外历史书籍。

20多岁时，我在商业局的食品公司跑采购，模糊地觉得自己以后可能要搞企业。扪心自问，如果去了企业，自己会怎么管理？还是得学习。于是，我就委托一个亲戚，从中国人民大学找来一套商业管理学的课程，有目的地自学了一遍。

这个阶段，我觉得原来学的古文都太浅显，还有意识地从《诗经》开始背起，直到唐诗、宋词、元曲，再到《古文观止》等，特地给自己打了一点古文基础。像范仲淹的《岳阳楼记》等名篇，当时都能一字不差地背诵，至今如果复读一遍，大致还能背出来。

古文诗词阶段以后，开始涉猎国外各种译著。最早是看日本行为科学的书。行为科学也不是日本人原创的，它从美国的泰勒工作法转变过来，到日本变成“行为科学”，其实也类似于我们当时说的思想政治工作。

当时国外引进的杂志上也经常提到行为科学，那其实就是活生生的文化表现，完全不同于官样文章。可以说，我做企业文化的自觉意识，最早就是从这里得到启蒙，是从这个时候开始萌芽的。

什么是文化

当初刚刚参加工作时，单位每天晚上都要组织政治学习，也就是读报纸。我本能地排斥这种刻板的办法，但是又觉得一个企业要想做好，确实需要抓学习，尤其是文化学习。下意识地觉得，有武事必有文备吧。

比如，什么是好的领导？我们当时印象就很深，哪个领导水平高，大家就服他。领导的权威从哪里来？从文化中来。什么是文化？如果一位领导说话有道理，做事情到位，处理问题公正，待人宽厚，我们就觉得这位领导是有文化的人。因为文化终究要体现为一种行为、一种人格。

古圣先贤中，我最崇拜的就是王阳明与曾国藩。到今天，我越来越信奉王阳明的心学，所谓知行合一、历事练心，“人须在事上磨”。我最早接触心学，就是在文化大革命期间批儒家的时候，那时曾经提到过，“明代的王阳明是个典型的唯心主义者”。其实王阳明最早的启蒙也是程朱理学，他也属于理学中人。我觉得理学尤其是程朱理学，把儒家提到了一个新的高度，奠定了儒家整个格局，完成了它的体系化，使儒家学说成为一门宏大开阔、集大成的学说，对儒家是有巨大贡献的。但是回过头来看，也正因为太规整了，走入一个死胡同，就把学问做死了，人为的行为也就做死了。

儒家学说到宋明时期，产生了理学、气学和心学。王阳明的心学也是理学的组成部分，虽然他有很多东西都是反程朱理学的，但那反而在某种程度上把儒家广义的理学提高到一个返本开新的境界。

文化的宿命

文化是一个慢慢找到精神上的归属的过程，是有宿命的。我的思想倾向最后就归属到儒家理学上去了。

一路走来，从批林批孔，参加宣讲团，最后认同了古圣先贤讲的很多道理。在批判的同时，我心里觉得那些道理是对的——现在社会上也正缺乏这些东西。

在横店影视城刚成立时，我们做品牌手册，我当时就在想，我们要做的究竟是什么东西？后来我就提炼出来“品牌价值观”——“修己安人、义利并重、和谐共赢”。这十二个字不是我随便总结的，其实是概括了很多先贤的一些治世原则，比如做事讲求义利并重，做人追求内圣外王等，这就是我们“修己安人”“义利并重”等理念的来源。任何人要想做大事，都要修己安人。因为，我要服众，必须首先提高自己的水平。做服务员就要求服务水平高，做厨师就要求做菜的水平高，做导游就要求讲解的水平高。先是修己，然后才能安人，这个范围很广泛。比如我作为一个领导，要让下属有好的方法能够执行下去，大家先是要信服我，相信我，才能够按照我说的去做。要下属从心理上认同你，那你自己的修养、技能一定要好。当你体恤下属，能让下属感受到你的真诚，他会有三分信服；当你用行动证明你的做法是对的，你的业务是精到的，他会更加认可你；如果你教的方法或者你亲自实操的方法卓有成效，他跟着你一起做，结果也很好，他才会彻底信服你。

我从28岁担任企业领导，做任何企业，从来没有过败绩，没有一年亏损过，而且没有一年比上一年业绩下降。我做副食品公司的经理是如此，后来做旅游局长、旅游总公司的总经理也是如此。我觉得这些东西都是自己的修为。你做好了，让你的员工信服，相信自己跟着你不会去做那种无效劳动，跟着你工资多、奖金多、福利待遇也好，有干头还有盼头，你的团队才有凝聚力，这就叫修己才能安人。所以，我选择了“修己安人”作为第一条，还有“义利并重”，儒家从来不只讲大道理，他是务实的，要讲吃饭的。就像孔子教书，也不是无偿的，他也要收几条肉干，我认为这就是“义利并重”。

“和谐共赢“的理念，来自《易经》。中国文化浓缩在《易经》中，万事万物无不合乎易理，所以我概括企业文化就用了这三个词。我觉得企业能把“修己安人”“义利并重”“和谐共赢”这三个方面用好就足够，就可以抵达内圣外王的境界了。

知行合一，致良知

在后来的企业文化建设过程当中，我发现有很多理念，到了我们实际工作当中会打一点折扣，就是道理太多，实际贯穿到行为中的有限。还是王阳明的“知行合一”最有概括性，他把天下的大道理归结到简单的三个字，就是“致良知”。一个人有了良知，就没有什么说不通的道理、做不通的事。王阳明晚年讲“无善无恶心之体，有善有恶意之动，知善知恶是良知，为善去恶是格物”，后人称之为阳明心学“四句教”，是王阳明良知学说的核心宗旨。我特别服膺这样的说法，所以希望用心把它贯彻下来。我从王阳明讲到曾国藩，起先从《论语》开始，然后做着做着，发现万学之宗是我们中国的《易经》。

《易经》是我平生唯一通过自学学不进去的东西。后来我到北京大学报了一个《易经》的国学班，通过聆听教授的讲解，以及对社会上各种流派的参考学习，边学理论边学应用，才略有了解。《易经》是儒家学说的渊薮，孔子自己也讲《易经》是万经之首。从现代科学来说，它并非迷信，其实是一种预测学。我是一个彻底的无神论者，但通过对六爻、八卦、四柱、命理、梅花易数、奇门遁甲等的基本理解，我会相信这些易理和现代科学是异曲同工的。就像我们的气象预报，也无非是总结了大自然的现象，推测、编成很多谚语。现在通过卫星云图，通过历史资料分析，几点几分下雨都可以算得出来。

文化给人最多的是思维方式、行为方式上的潜移默化，这一点会慢慢体现在工作和生活中。我后来在制度建设尤其是制度创新上，在演艺产品的打造中，都得益于对传统文化的学习和体会。

信仰：在文化之上

在企业文化之上，还有一个需要探讨的层面，这就是信仰。

我的信仰基本上还是儒家的范畴，常存敬畏之心，确信人与自然、人与人之间需要有一种和谐相处的关系，然后以天下为己任，穷则独善其身，达则兼济天下——我所抱持的，基本上就是这种类型的“信仰”。

我认为无论是佛家的信仰、伊斯兰教的信仰还是基督教的信仰，都值得尊重，只不过表述和形式不一。其实佛教很大程度上是儒家文化的延伸，更多地融入了易经文化。在中国，佛教并不是印度的佛教，而是中国化的佛教，带有太多中国儒家文化元素。佛教正因为融入了儒家的文化，才获得了更大的生命力。现在，印度的佛教信徒很少，印度人信奉的主要是印度教和伊斯兰教。我觉得宗教值得尊重，因为它有一个信念，它对自己认同的社会是有担当的。当然，没有宗教信仰的人也会有与人为善、助人为乐的信念，这是一种对社会有责任感有担当的表现，而儒家所倡导的担当，就是人立于天地之间，养浩然正气，为天地立心，为生民立命，为往圣继绝学，为万世开太平。

以礼佛之心对待员工，属于人本管理的一种说法，按照佛家的说法，心中有佛才是敬佛。当你用心去尊重佛，用一种虔诚的心来对待我们的员工，那员工就是你心中的佛。

佛家倡导的是什么？就是一种觉悟，要普渡众生，让全人类、让所有的生灵和谐相处。佛家一直这么宣传，高僧大德讲起来如出一辙。

佛，其实是一个统称。如果类比我们中国的传统就是上天，用到基督教就是上帝，对于我们，他不是单纯的释迦牟尼佛，还有很多泛指。像文殊菩萨、观世音、十八罗汉、五百罗汉，还有我们供奉的关公也就是伽蓝菩萨，包括我们的济公活佛，都属于佛的概念，所以礼佛之心，指的就是一颗虔诚的、理解人、尊重人的心。

所以信仰总是要有的，实际上儒家也是讲究信仰的。“先天下之忧而忧，后天下之乐而乐”就是一种信仰；“故天将降大任于斯人也，必先苦其心志，劳其筋骨，饿其体肤，空乏其身，行拂乱其所为，所以动心忍性，曾益其所不能”，也是一种信仰……当我自己吃苦，却能给普天下的人带来利益，带来幸福，我觉得这才是我最大的幸福。这就是一种信仰。

关于这本书

出这本书的初衷，有三个方面的考量。

一方面，是对内传承。对内，这是一本企业营运实录，很多新员工可以看看我们共同走过来的轨迹，而且这条道路，在今后相当长的历史时期还要继续走下去。已经工作了几年的员工，对这种企业文化都有体验了，再看一遍，会对企业的发展历史、经过、走向有一个整体的把握。

第二个方面，对外，这本书是一种技术类型、业务类型的实用书籍。希望有心人看了会有所启迪。

第三个方面，我在书中讲的都是正面的真实的内容，没有矫饰，也没有虚假，某种程度上也是宣传我们横店影视城。读者看了这本书以后，会知道横店影视城发展到今天，积累了很多经验。有些内容即使很好，也需要传播出去，才能更好地发挥它的社会价值。

另外，很多文化旅游类企业的职业经理人或者创业者，也许会想看一下我在做企业的时候，是怎么做判断的，参考一下我对趋势的判断。还有在管理方面，涉及管理的这部分内容，由于是在不同时机、不同场合、对不同话题做的思考和讲述，不一定有很紧密的逻辑关系，但是希望任何一个方面，单独拿出来，对人们都有或多或少的参考意义。

总之，希望这些话题的覆盖面足够广，能够让读者同仁都能看到对各自有用的东西。

殷　旭

2017年6月6日